증권집단소송과 화해

박 철 희

景仁文化社

서 문

증권시장에서 발생하는 기업의 분식회계·허위공시·부실감사·내부자거래·주가조작 등과 같은 각종 불법행위로 인하여 투자자들이 입게 된 집단적 피해를 효율적으로 구제하고 이를 통하여 기업의 경영투명성을 제고하기 위한 목적으로 제정된 '증권관련 집단소송법'이 이른바 과거 분식회계에 대한 2년 동안의 유예기간을 거쳐 2007년부터 전면적으로 시행되었다. 이에 따라 증권관련 불법행위로 인하여 손해를 입게 된 투자자들 중 일부가 법원의 허가를 얻어 대표당사자가 된 후 구성원 전체를 위하여 소송을 수행하게 되면, 제외신고를 하지 않는 이상 그 판결 내지 화해의 효력은 소송에 직접 참여하지 아니한 다른 구성원들에게도 미치게 되어 다수의 소액투자자들은 개별적으로 소송을 하지 않더라도 권리를 쉽게 구제받을 수 있게 되었다.

증권관련 집단소송법은 집단적 분쟁의 효율적 해결을 위하여 제정된 것으로서 캐나다, 호주, 스웨덴, 프랑스, 핀란드, 네덜란드, 스페인, 독일 등도 유사한 입법을 마련하였거나 추진 중이라고 한다. 그러나 이러한 나라들의 경우 아직까지 충분한 사례가 집적되어 있지 않고, 그 법률의 내용이 우리의 것과는 다르기 때문에, 우리나라 증권집단소송제도의 원활한 운영을 위해서는 결국 우리법의 모법이자, 오랜 역사를 바탕으로 충분한 사례가 집적되어 있는 미국법과 미국에서의 운영실태를 참고할 수밖에 없다.

미국에서는 증권집단소송의 복잡성과 소송에 소요되는 시간과 비용,

승소가능성, 패소시의 부담, 소송에 휘말림으로써 생기는 소송외적 비용, 조기 분쟁해결의 이익, 변호사의 이해관계 등의 이유로 증권집단소송이 화해로 종결되는 경우가 많다고 하는데, 통계자료마다 다소의 차이는 있으나 적어도 60% 이상의 사건이 화해로 해결된다고 볼 수 있다. 그런데 미국의 집단소송에서는 당사자가 아닌 소송대리인에게 절차적 주도권이 인정되고, 구성원이나 대표당사자의 경우 소송대리인을 감독할 경제적인 동기나 자원 및 능력이 부족하기 때문에 화해 절차에서 소송대리인에 대한 통제가 어렵다고 한다. 소송대리인을 견제하기 위해 법원으로 하여금 화해의 공정성 여부를 심사하도록 하고 있으나, 제한된 시간과 정보로 인하여 법원의 심사능력 역시 한계가 있을 수밖에 없다. 이와 같이 화해를 선호하는 경향과 집단소송의 화해절차에 대한 주도권이 사실상 원고측 소송대리인에게 있다는 사정으로 인하여, 증권집단소송과 화해제도를 악용하는 사례, 예컨대 구성원의 피해구제라는 집단소송 본래의 목적에는 관심이 없고 대신 변호사 보수나 대표당사자로서의 이익 등에만 관심이 있는 직업적인 원고나 변호사들에 의하여 집단소송이 남용되는 사례가 나타나고 있다.

우리나라의 경우에도 증권집단소송의 복잡성과 소송에 소요되는 시간과 비용 등 앞서 본 화해요인은 그 사정이 같고 특히 조정과 화해를 적극적으로 권유하는 최근 법원의 경향 등에 비추어 보면, 우리나라에서 제기될 증권집단소송 역시 화해의 형태로 종료될 가능성이 높다. 그리고 우리나라의 소송현실상 당사자가 아닌 소송대리인에게 절차적 주도권이 인정되고, 이들에 대한 적절한 통제가 곤란할 것이라는 점도 쉽게 예상할 수 있다. 이와 같이 화해절차에서 대표당사자나 원고측 소송대리인에 의하여 구성원들의 이익이 적절하게 대변되거나 보호되지 못하였음에도 불구하고, 구성원은 화해의 기판력에 따라 부당한 화해의 결과에 구속될 수밖에 없다고 한다면, 구성원의 권리구제를 이념으로 하는 집단소송의 취지가 몰각된다는 점에서 문제가 아닐 수 없다. 따라서 증권집단소송제도의 본격적인 운영을 앞두고 있는 우리로서는 이러한 폐단을 사전에 예방하고 기왕에 마련된 증권집단소송제도가, 집단적인 피해를 효율적으로 구제하고 이를 통해 기업의 투명성을 높이고자 하는 그 입법취지에 부합하게 운영될 수 있도록 하기 위해서, 바람직한 화해제도의 운영을 위한 방안 마련에 관심을 기울여야 할 것이다.

이 책은 이와 같이 우리의 증권집단소송 역시 화해로 종결될 가능성이 높다는 점에 주목하고, 증권집단소송의 화해과정에서 나타날 수 있는 문제점을 예상한 다음 이에 대한 해결책을 찾아봄으로써, 증권집단소송에서의 바람직한 화해제도의 운영을 위한 개선방안을 모색하는데 그 목적이 있다. 이를 위해 먼저 증권집단소송제도를 전반적으로 살펴보고(제1장 증권집단소송제도의 소개), 우리법의 모법인 미국 증권집단소송에서의 화해제도의 운영실태를 살펴본 다음(제2장 미국 증권집단소송에서의 화해), 화해집단, 일부화해, 비금전 화해 등 실제 화해절차에서 빈번하게 등장할 수 있는 쟁점들을 중점적으로 분석해 보기로 한다(제3장 증권집단소송에서의 화해에 관한 각론적 고찰). 그리고 증권집단소송에서의 화해제도가 제도의 취지에 부합하게 운영될 수 있도록 하기 위한 방안을 제시해보고자 한다(제4장 화해제도의 개선방안).

출간을 빌어 부족한 필자를 끊임없이 지도해 주신 송상현 · 김건식 교수님을 비롯한 서울대학교 법과대학 은사님들, 곽동효 전 특허법원장님을 비롯한 선후배 판사님들, 김영무 변호사님을 비롯한 김 · 장법률사무소 선후배 변호사님들께 진심으로 감사의 말씀을 드리고자 한다.

끝으로 필자에게 '헌신'과 '사랑'의 진정한 의미를 깨우쳐주신 존경하는 어머니께 이 책을 바치고자 한다. 아울러 사랑하는 아내와 자랑스러운 형제들과 함께 출간의 기쁨을 나누고 싶다.

2007. 9.
박철희

〈목 차〉

◇ 서 문

〈표 차례〉

〈그림 차례〉

제1장 증권집단소송제도의 소개

제1절 개 관

'증권관련 집단소송(또는 증권집단소송)'이란, 유가증권의 매매 그 밖의 거래과정에서 다수인에게 피해가 발생한 경우 그 중의 1인 또는 수인이 대표당사자(법원의 허가를 받아 총원을 위하여 증권집단소송절차를 수행하는 자)가 되어 수행하는 손해배상청구소송을 말한다[증권관련 집단소송법(이하 '법'이라고만 한다) 제2조 1호]. 즉, 피고측의 일정한 행위로 인하여 손해를 입게 된 증권투자자들 중 일부가 법원의 허가를 얻은 뒤 대표당사자가 되어 총원(손해의 전보에 있어서 공통의 이해관계를 가지는 피해자 전원)을 위하여 소송을 수행하게 되면, 제외신고(구성원이 증권집단소송에 관한 판결 등의 기판력을 받지 아니하겠다는 의사를 법원에 신고하는 것)를 하지 아니한 이상, 그 판결·화해의 효력은 소송에 직접 참여하지 아니한 다른 구성원들(총원을 구성하는 각각의 피해자)에게까지도 미치게 되는 소송형태이다. 법은 이러한 집단소송절차를 통하여 유가증권의 거래과정에서 발생한 집단적인 피해를 효율적으로 구제하고 이를 통하여 기업의 경영투명성을 높이기 위하여 증권집단소송에 관하여 민사소송법에 대한 특례를 정하는 것을 목적으로 하고 있다(법 제1조).

이 장에서는 증권집단소송의 개념을 제대로 이해하기 위하여 먼저, 미국과 우리나라에서의 역사, 현황, 입법경과 및 제도의 특징을 살펴보고, 나아가 현행법과 증권관련 집단소송규칙(2004.12.29. 제정된 대법원 규칙 제1916호, 이하 '규칙'이라고만 한다)을 중심으로 우리법상 증권집단소송제도를 간략하게 소개하고자 한다.

제2절 연혁과 특징

Ⅰ. 개 설

우리 법이 모델로 하고 있는 것은 분명 미국의 증권집단소송제도라고 할 것이므로, 우리나라 증권집단소송제도를 제대로 이해하고 원활하게 운영하기 위해서는 먼저 미국에서의 제도 발전을 살펴보아야 할 필요가 있다. 자본주의가 고도로 발달한 미국에서는 증권시장의 발달을 통한 기업경제의 발전을 도모하기 위하여 증권시장이나 기업에 대한 투자자의 신뢰보호를 중요시하였고, 그러한 신뢰보장의 수단으로서 증권집단소송제도가 특히 발달하게 되었다고 한다. 이에 비하여 우리나라의 경우 근대적 의미의 자본주의의 역사는 그리 길지 않고, 증권집단소송제도가 보호하고자 하는 증권시장의 역사 또한 서양에 비하면 일천하다고 할 것이며, 특히 기본적으로 소송법의 근간이 미국과는 다르기 때문에 증권집단소송의 도입과정에서부터 많은 논란이 있어 온 것도 사실이다.

이하에서는 미국의 증권집단소송제도의 역사와 현황, 그리고 우리나라에서의 입법과정을 살펴보고, 증권집단소송제도를 시행하고 있는 미국에서의 논의를 중심으로 제도의 순기능과 역기능을 살펴봄으로써, 증권집단소송의 전반적 이해를 도모하고자 한다.

Ⅱ. 역 사

근대적 형태의 집단소송은 영국 형평법 법원의 관행에 근거를 두고 있다. 연방대법원에 의하면, "오늘날의 집단소송제도는 형평법상의 남소

방지소장(bill of peace)에 기원을 둘 뿐만 아니라, 형평법상 엄격한 필요적
당사자 원칙(necessary party rule)의 예외"라고 한다.

　미국에 도입된 집단소송제도는 1842년 연방형평법규칙(Federal Equity
Rule) 제48조에 최초로 성문화되었는데, 그 내용은 "다수당사자가 관련
된 소송은 모든 당사자가 법정에 출석할 필요 없이 대리인을 통하여 진
행될 수 있지만, 그 결과는 소송에 관여하지 아니한 당사자의 권리를 침
해할 수 없다"는 것으로서, 소송에 관여하지 아니한 당사자의 선택에 따
라 판결의 효력이 그들에게 미칠 수도 있고 그렇지 않을 수도 있었다.
1912년에는 연방형평법규칙 제38조가 위 제48조를 대체하였는데, 그 차
이는 제한적인 범위에서 소송에 관여하지 아니한 당사자에게도 판결의
효력이 미치도록 한 것이다. 하지만 언제 기판력이 미치는가에 대하여는
법원마다 의견이 갈렸다. 이때까지는 형평법 분야에서만 집단소송이 인
정되었으나, 1938년 연방민사소송규칙(Federal Rules of Civil Procedure)[1] 제
23조의 제정으로 비로소 형평법 이외에 보통법상 소송에서도 집단소송
이 가능하게 되었다. 이 규정은 집단소송을 구성원 간의 법률상 관련성
을 기준으로 집단소송을 세 가지 부류로 분류하였는데 즉, 진정 집단소
송(true class action), 혼합 집단소송(hybrid class action), 의사 집단소송
(spurious class action)으로 구별되고, 각 유형별로 관할, 판결의 효력, 제소
기간 등에 차이가 있었다. 그러나 이러한 분류는 실제 소송이 위 유형
중 어느 것에 해당하는지 불분명할 뿐만 아니라, 개념의 정의조차도 어
려웠다. 게다가 의사 집단소송의 경우에는 소송당사자가 아닌 구성원들
에게는 판결의 효력이 미치지 못하였고, 1938년의 규정은 구성원에의 고
지(notice)[2]와 같은 절차적 공정성을 확보하기 위한 조치를 포함하고 있

---

　1) 이하에서 편의상 Rule이라고만 표현하는 경우가 있는데, 구체적인 부가 설
　　명(예컨대 SEC Rule)이 없는 경우에는 모두 Federal Rules of Civil Procedure(연
　　방민사소송규칙)를 의미하는 것이다.

　2) 일반적으로 미국 증권집단소송을 소개하는 문헌들에서는 미국 법과 판례에
　　서 말하는 'notice'를 '통지(通知)'라고 번역하는 경우가 많지만, 우리 법 제

지 않았다.

이러한 문제점을 시정하기 위하여, 그 후 1966년 Rule 23이 개정되었는데, 종전에 개별적 유형으로 구분한 집단소송형태를 일반적 규정형식으로 바꾸게 된 것이다. 무엇보다 중요한 변화는, 판결 결과에 상관없이 모든 구성원에게 집단소송의 판결의 효력이 미치게 되었다는 점인데 그 전제로서, 집단소송의 공정성을 확보하기 위한 여러 가지 장치들이 마련되었다. 현재의 Rule 23의 기초는 1966년 개정으로 마련된 것이다.

그 뒤 1998년에는 집단소송 허가결정[3])에 대한 불복을 인정하는 명문의 규정이 도입되었고, 2003년에는 뒤에서 살펴볼 집단소송 운영상의 몇 가지 폐단을 시정하기 위하여, 개별 구성원의 보호증대, 법원의 관리감독 강화, 소송대리인의 선임절차, 구성원에 대한 고지 확대, 제외신고 기회의 추가 부여, 변호사 보수에 대한 법원의 결정 등의 새로운 조항을 추가하였으며, 이러한 내용들이 현재의 미국 집단소송을 규율하는 데 가장 기본이 되는 Rule 23의 기틀을 이루고 있다.

한편, 집단소송의 구조적 문제점 즉, 화해를 선호하는 경향과 화해과정에서의 원고측 소송대리인에 대한 통제의 어려움으로 인하여, 대표당사자와 구성원들은 소송에 사실상 관여하지 못하고 변호사가 절차를 주도함으로써 집단소송제도가 구성원들의 이익을 보호하기 위해서라기보다 원고측 소송대리인의 이익을 도모하기 위하여 남용되는 경향이 나타나자, 연방의회는 증권집단소송의 주도권을 대표당사자에게 돌려줌으로써 기존의 집단소송제도의 병폐를 해결함과 동시에, 자본시장의 규제역할을 담당하는 증권소송의 기능을 더욱 향상시키고자 1995년의 증권소

　　35조 제2항에서는 '고지(告知)'라는 용어를 사용하고 있으므로, 이 책에서는 우리 법과 미국법상의 용어를 통일하여 '고지'라고 부르기로 한다.

3) 일반적으로 미국 증권집단소송을 소개하는 문헌들에서는 미국 연방민사소송규칙 Rule 23(c)의 'certification'을 '인가(認可)'라고 번역하는 경우가 많지만, 우리 법 제15조에서는 '허가(許可)'라는 용어를 사용하고 있으므로, 이 책에서는 우리 법과 미국법상의 용어를 통일하여 '허가'라고 부르기로 한다.

송개혁법(The Private Securities Litigation Reform Act of 1995, 이하 '1995년 개혁법'이라고만 한다)을 제정하였다.[4] 그런데, 1995년 개혁법의 시행 이후 위 개혁법의 남소방지 조항들을 회피하기 위해 증권집단소송을 주 법률에 따라 주 법원에 제기하는 사례가 증가하자, 다시 연방의회는 1998년의 증권소송통일기준법(The Securities Litigation Uniform Standards Act of 1998, 이하 '1998년 통일기준법'이라고만 한다)을 제정하게 되었다.[5]

그 밖에도 구성원들에게는 쿠폰이나 실질적인 혜택이 별로 없는 보상을 주면서, 변호사는 막대한 보수를 챙기는 등의 집단소송의 폐해를 시정하기 위하여 2005년에는 '집단소송 일반'에 대하여 적용되는 '집단소송 공정화법(Class Action Fairness Act of 2005)'이 제정되기도 하였다.[6]

III. 현 황

미국에서는 증권투자관련 분쟁, 공해관련 환경분쟁, 제조물관련 소비

---

4) 그 주요내용은 대표당사자의 결정방법 명시, 소장기재요건(pleading requirement)의 강화, 미래예측정보 면책범위 확대, 증거개시절차(discovery)의 정지, 연대책임의 축소, 대표당사자의 구성원에 대한 고지의무, 대표당사자의 보상범위 제한, 변호사 보수액의 제한, 손해배상액 산정의 기준설정 등인데, 자세한 내용은 Michael A. Perino, "Did the Private Securities Litigation Reform Act Work?", 2003 *U. Ill. L. Rev.* 913, 919 (2003) 참조.
5) 그 주요내용은 첫째, 집단소송 중 50명을 초과하는 자를 구성원으로 하는 일정한 증권집단소송의 관할권을 연방법원으로 한정하고, 둘째, 같은 증권집단소송이 연방법원과 주법원에 동시에 계속되어 있는 경우, 주법원에서 행해지고 있는 증거개시절차도 정지시킬 수 있다는 것이다. 자세한 내용은 David M. Levine & Adam C. Pritchard, "The Securities Litigation Uniform Standards Act of 1998: The Sun Sets on California's Blue Sky Law", 54 *Bus. Law.* 1, 6-11 (Nov. 1998) 참조.
6) 그 주요내용은 연방법원의 관할권을 확대하는 것과 화해허가의 심사요건에 관한 내용들인데, 자세한 내용은 Andree Sophia Blumstein, "A Road to Resolution", 41-APR *Tenn. B. J.* 16, 18 (2005) 참조.

자분쟁 등의 집단소송이 자금력이나 전문인력 면에서 상호 차이가 현격한 개인과 대기업 사이의 분쟁에서 실질적으로 상호 대등한 지위를 보장하는 수단이 되어 왔으며, 일반 소비자나 증권투자자 등의 높은 권리보호의식 덕분에 갈수록 활성화되어 왔다. 그 중 증권집단소송의 현황을 살펴보면, 1990년대 중반까지 증가 추세를 보였던 제소건수는 1995년 개혁법과 1998년 통일기준법의 각 제정 직후 일시적으로 감소하였으나 이내 증가세로 돌아섰다고 한다.

증권집단소송의 경우 허위공시, 내부자거래 등의 이른바 '전통적 소송' 이외에 2001~2003년 사이 매년 새로운 유형의 집단소송이 유행하였는데, 2001년에는 최초 기업공개(initial public offering, IPO)와 관련하여 주식인수인(underwriter)들이 끼워팔기(tie-in) 또는 laddering(주식 배정인들로 하여금 공개 이후 추가로 일정한 주식을 매수할 것을 강요) 등을 통하여 인위적으로 주가를 조작하였다는 이유로 300건 이상의 'IPO'소송이 제기되었고, 2002년에는 투자은행과 그 소속 analyst들을 상대로 투자은행이 자신의 고객인 기업에 대하여 지나치게 후한 평가를 발표함으로써 투자자들의 판단을 오도하였다는 이유로 제기되는 소송이 유행하였으며, 2003년에는 mutual fund의 공시의무 위반과 신인의무 위반을 이유로 한 소송이 증가하였다. 이러한 일시적인 유행의 소송을 제외하고 이른바 전통적인 사건들만을 기준으로 보면, 2004년에 제기된 사건 수는 211건으로 2003년의 186건보다 약 13% 증가하였고, 이는 1996년~2003년의 평균 193건보다 약 10% 증가한 수치이다(<그림 1> 참조). 그런데 2005년 하반기부터는 제소건수가 대폭 감소하여 2005년에는 178건이 제기되었고, 2006년에는 110건만이 제기되었다고 한다.

〈그림 1〉 연도별 증권집단소송 제소건수7)

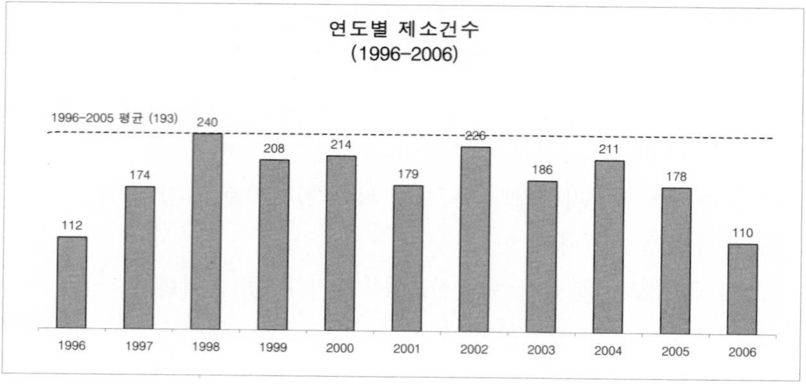

연도별 제소건수
(1996-2006)

이러한 제소건수의 급격한 감소는 첫째, 증권거래위원회(SEC)와 법무부의 강력한 규제 및 엔론, 월드컴 사례에서의 교훈 그리고 사베인즈-옥슬리법의 시행 등으로 인하여 기업들 스스로 문제의 소지가 있는 행위를 자제하고 있다는 점, 둘째, 증권집단소송은 주가가 급락하는 경우 많이 제기되는데 미국 주식시장의 주가는 2005년과 2006년 초반까지 호황이었다는 점 등에서 그 원인을 찾을 수 있다고 한다. 따라서 미국에서는 과거처럼 증권집단소송이 광범위하게 제기될 가능성은 낮아 보이지만, 시장상황에 따라 주가가 급락하는 경우 또다시 투자자들이 증권집단소송을 통하여 손해를 전보 받으려고 할 가능성은 여전히 높다고 하겠다.

한편, <표 1>에서 보듯이 2005년과 마찬가지로 2006년에 제기된 사건 중 대다수가 Securities Exchange Act of 1934(이하 '1934년 증권거래소법'이라고만 한다) Sec. 10(b)와 SEC Rule 10(b)-5를 근거로 제기되었고, 구체적으로는 허위부실기재(101건, 92%)와 잘못된 미래예측정보(80건,

---

7) Cornerstone Research, "Securities Class Action Case Filings 2006: A Year in Review" at 3 (2007) (available at http://law.stanford.edu). 위 통계는 1995년 개혁법 통과 이후의 증권집단소송의 제소건수인데, IPO 소송과, analyst 상대 소송, mutual fund 소송 등 일시적 사건은 제외한 것이다.

73%)를 이유로 한 사건이 대부분이었고, 회계기준 위반 사건은 75건 (68%)이었다.

<표 1> 증권집단소송의 청구원인[8)]

	2005		2006	
	건수	전체 건수 대비 비율	건수	전체 건수 대비 비율
일반적 특징				
Rule 10b-5 청구	165	93%	97	88%
Section 11 청구	16	9%	13	12%
Section 12(2) 청구	9	5%	10	9%
인수인이 피고인 경우	9	5%	5	5%
감사인이 피고인 경우	5	3%	1	1%
청구원인				
허위부실기재	157	88%	101	92%
미래예측정보 오류	146	82%	80	73%
회계기준 위반	78	44%	75	68%
내부자거래	80	45%	42	38%

IV. 우리나라의 입법경과

최근 소비자분쟁,[9)] 공해분쟁,[10)] 증권분쟁[11)] 등 집단적인 법률분쟁이

---

8) Cornerstone Research, *supra* note 7), at 20.
9) 서울중앙지방법원은 2002년 전국 46개 지역의 학부모 3,525명이 "교복 제조·판매업체의 가격 담합으로 인해 비싸게 교복을 샀다"며 C모직, S네트웍스, S 기업 등 업체 3곳을 상대로 낸 손해배상 청구소송에서 "원고 1인당 평균 5만 8,000여 원씩 모두 2억여 원을 지급하라"고 원고 일부승소 판결했다(한겨레, 2005.6.20).
10) 대법원은 2005.1. 김포공항 주변 주민 197명이 "항공기 이·착륙 소음 때문에 고통을 당하고 있다"며 국가를 상대로 낸 손해배상 청구소송에서 "1인당 28만~143만 원을 지급하라"고 판결한 원심을 확정했고(한겨레, 2005.2.1), 서울고등법원은 2005.1.28. 녹색연합과 군산주민 1,965명이 제기한 항공기

우리 사회에서 급증하고 있다. 이러한 집단적인 분쟁은 다수의 당사자가 개입되어 있기 때문에, 전통적인 소송형태를 이용할 경우 절차가 매우 복잡해지고, 개별 원고들의 손해액과 인과관계의 입증이 쉽지 않다는 문제가 있다.12) 따라서 전통적인 소송형태는 이러한 유형의 분쟁에 있어서, 공정하고 신속하며 경제적인 분쟁해결 수단이 되지 못한다는 지적이 있어 왔고, 이에 따라 이들 분쟁에 대하여 신속하고 적정한 사법적 해결 방법을 도입할 필요성이 대두되었다.

이러한 필요성에 따라 정부는 수년 전부터 현대적·집단적 분쟁을 보다 효율적이고 간이하게 그리고 일회적으로 해결하기 위한 집단적 구제 절차를 모색하기 위하여 많은 노력을 하였으나 결실을 보지 못하였다. 예컨대, 법무부는 1990.12.6. 학계·법조계·실무가 등 전문가 12명으로 '민사특별법제정분과위원회'를 발족하여 논의를 진행한 결과 1996.6. 적용대상 청구권에 제한을 두지 않는 '집단소송법 시안'을 마련하였으나,

---

소음으로 인한 손해배상 청구소송 항소심에서 40억 4,659만 원을 배상하라는 원고 일부승소 판결을 내렸으며(한겨레, 2005.5.5), '대구공군기지소음피해대책본부'는 대구공항 인근 주민 1만 5,600여 명이 항공기 소음으로 인한 피해를 보상받기 위해 국가를 상대로 사상 최대 금액인 1,500억 원대의 집단 손해배상 청구소송을 제기했다고 한다(연합뉴스, 2005.1.7).

11) 서울중앙지방법원은 2005.1.13. 대우전자 소액주주 351명이 대우전자와 대우 그룹 임직원 9명, A회계법인을 상대로 낸 145억 원의 손해배상 청구소송에서 원고 일부승소 판결을 내렸다. 재판부는 "1997년과 1998년의 사업보고서를 허위 공시해 낮은 가치의 주식을 높은 가격에 매입하도록 해 투자자에게 피해를 준 사실이 인정된다"고 밝혔다. 그런데 위 소송은 대우그룹의 분식회계 사실이 알려진 뒤 2000년 10월 "대우전자에 투자해 손해를 보았다"며 소송을 제기하여 약 4년 3개월 만에 1심 판결이 내려진 것이다(동아일보, 2005.1.14).

12) 예컨대, 2003.1.25. 있었던 이른바 인터넷 대란 사건을 둘러싼 인터넷 이용자들의 서비스제공업자 등을 상대로 한 손해배상 청구소송의 경우, 원고측은 참여연대 외 1,586명으로 이루어진 다수 당사자로 구성되어 있어 개별적인 손해액이나 인과관계의 입증이 매우 어렵고, 이로 인해 소송이 지지부진하다고 한다(아이뉴스, 2004.1.19. 및 2005.1.24).

제도의 전면적 도입에 따른 부담과 현 법체계와의 부조화를 이유로 국회에 제출조차 되지 못하였다. 그 후 1997년 말 외환위기의 발생으로 그 원인을 기업지배구조의 투명성 부족에서 찾는 여론이 팽배하면서 기업의 경영투명성 확대를 위한 주요 정책의 일환으로 증권관련 집단소송의 도입이 요구되었고, 1998.9. IBRD 등과의 차관협상에서 차관제공의 조건으로 증권분야에서의 집단소송제도 채택을 강력히 권유받고 그 도입을 약속하였다.

　1998.11. 김원길 의원 등이, 2000.11.29. 송영길 의원 등이 의원입법안을 각 제출하였고, 2000.10.26. 시민단체인 참여연대가 입법청원을 하였으며, 정부 역시 2001.12.28. 그 동안의 여러 법안과 연구 성과를 토대로 정부안을 마련하여 국회에서 심의를 벌이던 중, 2003.6.5. 임태희 의원이 새로운 법안을 제안하여 논의한 끝에 국회 법제사법위원회는 2003.12.17. 절충적인 형태의 새로운 법안을 본회의에 상정하였고, 이렇게 마련된 '證券關聯 集團訴訟法案'은 2003.12.22. 국회 본회의를 통과하여 2005.1.1.부터 시행하게 되었으나, 재계는 회계의 연속성상 과거 분식회계가 연속적으로 반영되어 증권집단소송의 대상이 될 수 있다는 이유로 위 법의 시행연기를 강력하게 주장하여 왔고, 이에 따라 2005.3.2. 국회는 "2005.1.1. 전에 결산일이 도래한 사업연도의 재무제표를 회계처리기준을 위반하여 작성한 사실이 있는 경우에 그 이후부터 2006.12.31.까지 결산일이 도래하는 사업연도의 재무제표 작성 시에 그 위반한 내용을 그대로 반영하거나 실질에 맞는 방향으로 해소하여, 그 재무제표가 포함된 유가증권신고서 등을 금융감독위원회 또는 한국증권선물거래소에 제출하거나 공람시키는 행위에 대하여는 증권관련 집단소송법을 적용하지 않도록" 하는 내용의 '증권관련 집단소송법 일부 개정법률'을 의결하여 결국 법의 시행은 일부 연기되었다.

V. 제도의 특징

이와 같이 도입된 증권집단소송제도에 대하여 국내외 학자들 간에 다양한 평가가 존재한다. 즉, 소액·다수 피해자의 권리구제에 도움이 될 것이라는 순기능이 있는 반면, 제도를 이용하기 어렵고 그 제도의 파괴력으로 인하여 기업경영에 크나큰 부담을 줄 수 있다는 역기능도 함께 주장되고 있다. 이하에서는 위 두 가지 측면을 간단하게 살펴보기로 한다.

1. 순기능

증권집단소송제도는 기존의 전통적 민사소송제도에 비하여 다음과 같은 장점이 있다고 한다.

첫째, 집단소송은 직접 소송에 참가한 당사자는 물론 제외신고를 하지 아니한 모든 구성원들에게 기판력이 미치기 때문에 해당 분쟁과 관련된 소송절차를 1회에 해결할 수 있을 뿐만 아니라, 동일 사안에 대한 서로 다른 판결의 존재가능성을 없앨 수 있다. 둘째, 기존의 민사소송은 소송비용이 많이 들고 기간도 많이 소요되는 등 기회비용이 크기 때문에 손해배상청구액이 적은 소액투자자들로서는 개별적으로 소송을 제기할 엄두를 내지 못하고, 만약 소송을 제기한다 하더라도 가해자와 피해자간의 힘의 불균형 때문에 실효를 거둘 수 없는 경우가 대부분인데, 집단소송은 다수 소액투자자들의 권리를 누적하여 소구함으로써 협상력을 증대시키는 효과가 있기 때문에 위와 같은 경우 피해구제를 받을 수 있는 가장 적절한 수단이 될 수 있다. 셋째, 집단소송이 제기된 기업이나 개인들은 소송이 제기된 사실만으로도 사회적 명예나 경제적 신용이 실추되고, 패소할 경우에는 심각한 경제적 타격을 입게 되는바, 기업들은 집단소송을 제기당하는 것을 두려워하여 스스로 위법행위를 자제하게 되고, 이로 인한 법률분쟁의 감소로 인해 사법자원의 효율적 운영에 도움이 된다. 넷째, 이와 같은 시장의 자정기능으로 인하여, 시장의 신뢰가 확보되면 국내외의 투자자를 국내 증권시장에 유인하는 촉매제가 될 수 있다.

2. 역기능

한편으로는 증권집단소송제도 자체의 폐해와 남용의 우려와 관련하여 다음과 같은 부작용도 지적되고 있다.

첫째, 집단소송의 피고가 되었다는 사실만으로도 기업의 대외신뢰도가 추락하고, 연이어 주가하락, 금융기관의 자금회수, 거래업체의 현금결제 요구 등으로 인한 기업경영의 위축, 기업도산 등의 우려가 있다. 둘째, 대표당사자라 할지라도 소송으로부터 얻을 수 있는 이익이 적기 때문에 소송대리인을 감독하고자 하는 동기가 부여되지 않음으로써, 효과적으로 변호사를 통제하리라고 기대하기가 어렵게 된다. 따라서 피해주주의 권익보호에는 미흡한 반면 소송의 주도권을 노린 브로커 또는 기업가형 변호사(entrepreneurial attorney)에 의하여 남용될 우려가 있다. 셋째, 고액의 변호사 보수, 복잡한 손해배상액 산정을 위한 감정비용 증가, 구성원에 대한 각종 고지비용 등 전통적 소송과 비교할 수 없을 만큼의 각종 비용이 너무 많이 소요되어 소액투자자들의 권리구제에 장애물이 될 수 있다. 넷째, 집단소송을 제기당한 피고들 중에는 위법행위가 극히 경미하고 피해가 크지 않은 경우도 많이 있지만, 피고들은 보통 소송을 기피하려는 경향으로 말미암아 다소간의 배상액을 지불함으로써 소송을 조기에 종결하고자 할 것이다. 이런 경향이 반복됨으로써, 기업의 사소한 실수에 대한 집단소송의 남발을 야기하고, 집단소송이 사실상 주가하락의 일부를 보상받는 장치로 전락하게 될 수도 있다.[13] 다섯째, 집단소

---

13) Janet Cooper Alexander, "Do the Merits Matter? A Study of Settlements in Securities

송의 진행은 법원이 절대적인 역할을 하게 되므로, 법원에 과중한 업무 부담으로 작용하며, 전문분야에 대한 지식부족으로 적절한 소송 진행을 하지 못하거나 그 진행이 현저히 지연되는 사태가 발생할 우려가 있다.

3. 검 토

현재까지 우리나라에서 증권집단소송이 제기된 바 없기 때문에 위와 같은 순기능과 역기능이 실제로 어떻게 작용할 것인지 예측하기는 힘들다. 그러나 증권집단소송제의 시행을 앞두고 많은 기업들이 이에 대한 대비책으로서 내부회계관리자·경영진·감사위원회에 의한 내부회계관리제도의 운영실태에 대한 평가 및 확인, 감사위원회의 실질화, 자발적인 외부감사의 수감 등을 통한 내부통제시스템의 강화 및 나아가 자회사의 내부통제제도에 대한 점검까지도 많은 관심을 기울이게 되었다고 하는바, 적어도 이런 차원에서 보면 법이 추구하는 기업 경영의 투명성 확보에는 어느 정도 성과가 있다고 할 수 있을 것이다.

본격적으로 증권집단소송의 화해제도에 관한 논의에 들어가기에 앞서, 이러한 제도의 연혁적 이해를 바탕으로 다음 절에서는 우리 증권집단소송절차에 대한 개략적인 이해를 도모하고자 법과 규칙을 중심으로 증권집단소송이 전개되는 일반적 소송절차 및 화해절차의 규정을 간략하게 살펴보고자 한다.

Class Actions", 43 *Stan. L. Rev.* 497, 501, 519-520 (1991).

제3절 일반적 절차

I. 개 설

증권집단소송은 기본적으로는 개인의 권리구제절차이지만 소송에 직접 관여하지 아니한 상당한 다수인들에게까지 기판력이 미치기 때문에 공익성이 강조되고, 법원의 후견적 개입이 요구되는 소송절차이다. 우리 법은 따라서 일반 민사소송절차와 달리 소송허가절차와 본안소송절차를 분리하고, 그 밖에 분배절차를 규정하고 있으며, 소송절차 이외에 분배절차까지도 법원이 관리감독을 담당하게 하였으며, 제반 절차상 직권주의에 입각한 여러 가지 특칙을 두고 있다. 법은 총칙, 소의 제기 및 허가 절차, 소송절차, 분배절차, 시행규칙, 벌칙 등 6장으로 구성되어 있는바, 이하에서는 이러한 법의 체계순서에 따라 그 내용을 간략하게 설명함으로써 증권집단소송의 일반적인 진행절차를 전반적으로 이해하는 데 도움이 되고자 한다.

II. 총 칙

1. 적용대상

증권집단소송은, 증권거래법 제14조 소정의 유가증권신고서, 사업설명서와 같은 법 제186조의 5 소정의 사업보고서, 반기보고서 및 분기보고서의 허위공시, 중요사항의 공시누락으로 인한 손해배상청구, 같은 법 제188조의 3 소정의 미공개정보 이용 내부자거래행위 또는 같은 법 제

188조의 5 소정의 시세조작행위로 인한 손해배상청구, 같은 법 제197조 소정의 부실감사행위로 인한 손해배상청구에 한하여 제기할 수 있도록 되어 있다(법 제3조 제1항). 증권집단소송에 의한 손해배상청구는 증권거래법 제2조 제13항 제3호의 규정에 의한 주권상장법인 또는 증권거래법 제2조 제15항의 규정에 의한 코스닥상장법인이 발행한 유가증권의 매매 그 밖의 거래로 인한 것이어야 한다(법 제3조 제2항). 2007.1.25. 현재 전체 주권상장법인은 735개,[1] 전체 코스닥상장법인은 967개이다.[2]

2. 적용시점

제정 당시 법은 시행일(2005.1.1.) 이후 최초로 행하여진 행위로 인한 손해배상청구부터 일반적으로 적용하기로 하되(법 부칙 제2항), 자산총액이 2조 원 미만인 주권상장법인 또는 코스닥상장법인의 경우에는 미공개정보이용 내부자거래행위와 시세조작행위 등에 대한 손해배상청구를 제외하고는 2007.1.1. 이후 최초로 행하여진 행위부터 법을 적용하기로 하였다(법 부칙 제3항). 그러나 2005.3. 법의 일부 내용이 개정되어 자산총액이 2조 원 이상인 주권상장법인 또는 코스닥상장법인의 경우에도 이른바 과거의 분식을 해소하는 방향으로의 분식회계에 대한 손해배상청구와 이에 따르는 감사인에 대한 손해배상청구에 대해서는 2년간 법의 적용이 유예되었다(법 부칙 제4항, 제5항).

3. 변호사 강제주의

증권집단소송의 원고와 피고는 변호사를 소송대리인으로 선임하여야

---

1) 유가증권시장본부, "상장기업검색" 참조(available at http://sm.krx.co.kr/webkor/ sang/sang_index.jsp).
2) 코스닥시장본부, "코스닥현황" 참조(available at http://km.krx.co.kr).

한다(법 제5조 제1항). 이는 증권집단소송의 수행을 위해서는 고도의 법률지식과 소송기술 등 전문성이 필요하다는 점과, 증권집단소송의 공익성을 반영한 것이다. 변호사 강제주의와 관련하여 대표당사자나 피고가 변호사 자격을 가진 경우에도 변호사를 소송대리인으로 선임하여야 하는지에 대하여는 견해의 대립이 있다.3) 생각건대, ① 법 규정상 명문으로 변호사 강제주의를 택하면서 헌법재판소법 제25조 제3항과 같은 예외규정을 두고 있지 않다는 점, ② 뒤에서 보는 바와 같이 소송대리인의 적절한 감독을 위해서는 소송대리인에 대한 대표당사자의 독립성 확보가 필수적인바4), 하물며 양자의 지위를 겸할 경우에는 소송대리인에 의한 독주를 견제할 장치가 그만큼 줄어드는 셈이 된다는 점 등에 비추어 대표당사자나 피고가 변호사 자격을 가진 경우에도 변호사를 소송대리인으로 선임하여야 할 것이다.

III. 소의 제기 및 허가절차

1. 소의 제기 및 소송허가신청절차

1) 소송허가주의

증권집단소송을 진행하기 위해서는 법원의 허가를 받아야 한다(법 제15조). 대표당사자가 구성원들로부터 명시적 위임을 받지 아니한 채 구

---

3) 긍정설: 김상수, "증권관련집단소송제도에 관한 법률안에 대하여", 「인권과 정의」, 대한변호사협회, 1999.9, 85쪽.
　부정설: 이태종, "증권관련집단소송법시안에 관한 토론(IV)", 「증권관련집단소송법 제정 공청회 자료집」, 법무부, 2001, 61쪽; 이규호, "증권관련 집단소송제도의 법적·경제적 분석", 「규제연구」 10권 2호, 한국경제연구원, 2001, 103쪽.
4) Zylstra v. Safeway Stores, 578 F.2d 102, 104 (5th Cir. 1978); Bachman v. Pertschuk, 437 F. Supp. 973 (D.D.C. 1977) 참조.

성원들을 대표하여 집단소송을 진행하고, 그 판결의 효력은 소송에 참가하지 않은 구성원에게도 미치게 되므로, 대표당사자가 아닌 구성원들의 이익이 부당하게 침해되지 않도록 하기 위해서 법원으로 하여금 집단소송절차를 감독하게 한 것이다. 법원의 심리대상은 소송허가 이전에는 소송허가의 당부이고, 소송허가 이후에는 본안의 당부로서 그 대상이 다르며, 소송허가 여부의 결정에 대하여는 독립하여 불복할 수 있으므로(법 제15조 제4항, 제17조 제1항), 소송과 소송허가신청은 독립된 사건으로 취급된다. 따라서 대표당사자가 되기 위하여 증권집단소송의 소를 제기하는 자(이하 '소제기자'라고만 한다)는 소장 외에 별도의 소송허가신청서를 법원에 제출하여야 한다(법 제7조 제1항).

소장에는 ① 소제기자와 그 법정대리인, ② 원고측 소송대리인, ③ 피고, ④ 청구의 취지와 원인, ⑤ 총원의 범위를 기재하여야 한다(법 제8조). 원고측 소송대리인은 그 이름과 주소 등을 기재하면 족하고, 총원의 범위는 피해기간, 유가증권 발행법인, 유가증권의 종류, 거래행위 유형 등에 의하여 특정할 수 있다. 예컨대 "2007.3.1.부터 2007.4.1.까지 사이에 갑 주식회사의 주식을 매수한 자"라는 식으로 표시하면 된다.

소송허가신청서에는 ① 소제기자와 그 법정대리인, ② 원고측 소송대리인, ③ 피고, ④ 총원의 범위, ⑤ 소제기자와 원고측 소송대리인의 경력, ⑥ 허가신청의 취지와 원인, ⑦ 변호사 보수에 관한 약정을 기재하여야 한다(법 제9조 제1항). 소제기자는 소송허가신청서에 ① 당해 증권집단소송을 수행하기 위하여 또는 소송대리인의 지시에 따라 당해 증권집단소송과 관련된 유가증권을 취득하지 아니하였다는 사실, ② 최근 3년간 대표당사자로 관여한 증권집단소송의 내역을 진술한 문서를 첨부하여야 하고(법 제9조 제2항), 소송대리인은 ① 최근 3년간 소송대리인으로 관여한 증권집단소송의 내역, ② 법 제5조 제2항의 규정(후술)에 위반되지 아니한다는 사실을 진술한 문서를 첨부하여야 한다(법 제9조 제3항).

2) 소 제기의 통보와 공고

법원은 소장 및 소송허가신청서가 제출된 사실을 한국증권선물거래소에 즉시 통보해야 하고, 한국증권선물거래소는 그 사실을 일반인이 알 수 있도록 공시해야 한다(법 제7조 제4항, 한국증권선물거래소법 부칙 제18조). 위 규정을 둔 취지는 법 제10조에 따른 소제기의 공고 이전에 증권집단소송 제기 사실을 즉시 투자자들에게 알림으로써 소제기 사실을 모른 채 해당 유가증권을 거래하려는 투자자들을 보호하고, 피해자들에게는 소송에의 참가 또는 제외신고 여부의 결정을 할 시간을 주기 위함이다. 법원은 소장 및 소송허가신청서를 접수한 날부터 10일 이내에 ① 증권집단소송의 소가 제기되었다는 사실, ② 총원의 범위, ③ 청구의 취지 및 원인의 요지, ④ 대표당사자가 되기를 원하는 구성원은 공고가 있는 날부터 30일 이내에 법원에 신청서를 제출하여야 한다는 사실을, 전국을 보급지역으로 하는 일간신문에 게재함으로써 공고해야 한다(법 제10조 제1항, 제2항, 규칙 제6조 제1항). 아울러, 법원은 인터넷 대법원 홈페이지 법원공고란(http://www.scourt.go.kr)에도 위 사항을 공고하여야 한다[증권관련 집단소송에 관한 예규(재민 2004-7, 이하 '예규'라고만 한다) 제8조 제2항]. 이는 미국의 1995년 개혁법에서 구성원들에게 대표당사자 신청의 기회를 보장하기 위한 것과 마찬가지로 구성원들에게 대표당사자 신청 및 이에 수반하는 소송대리인 선임의 기회를 보장함으로써 직업적 변호사가 형식적인 대표당사자를 내세워 소송을 주도하는 현상을 예방하기 위함이다.

3) 대표당사자의 선임

대표당사자가 되기를 원하는 구성원은 경력과 신청의 취지를 기재한 신청서에 법 제9조 제2항의 문서를 첨부하여 법원에 제출하여야 하고(법

제10조 제3항), 법원은 공고일부터 50일 내에 소제기자와 대표당사자 선임신청을 한 구성원 중 법 제11조의 요건을 갖춘 자로서 총원의 이익을 대표하기에 가장 적합한 자를 결정으로 대표당사자로 선임한다(법 제10조 제4항). 대표당사자는 증권집단소송으로 인하여 얻을 수 있는 경제적 이익이 가장 큰 자 등 총원의 이익을 공정하고 적절히 대표할 수 있는 구성원이어야 하고(법 제11조 제1항), 최근 3년간 3건 이상의 증권집단소송에 대표당사자로 관여하지 않았어야 한다. 다만, 제반사정에 비추어 위 요건을 충족하는 데에 지장이 없다고 법원이 인정하는 자는 그러하지 아니하다(법 제11조 제3항). 최근 3년간 3건 이상의 증권집단소송에 대표당사자로 관여한 자를 대표당사자에서 배제하는 이유는 증권집단소송을 전문적으로 수행하는 직업적 원고의 출현을 방지하기 위한 것이다. 미국 1995년 개혁법에는 3년간 5건으로 한정하고 있음에 비추어 보면 우리 법이 더욱 제한적이다. 최근 3년간 관여한 증권집단소송은 소 제기일부터 역산하여 3년 이내에 대표당사자 또는 대표당사자의 소송대리인으로 선임된 증권집단소송을 의미한다(규칙 제5조 제1항). 처음부터 대표당사자나 그 소송대리인으로 선임되었는지 또는 소송 진행 중에 대표당사자나 소송대리인의 변경 등 사정으로 선임되었는지 여부는 불문한다. 다만, 소송 진행 중에 선임된 경우에는 그 선임 시점을 기준으로 3년의 기간을 계산하여야 할 것이다. 그리고 일단 대표당사자나 그 소송대리인으로 선임된 이상 소송 과정에서 소송수행금지·사임·변경·해임·교체 등의 사정이 발생하여 대표당사자나 그 소송대리인의 지위를 잃게 된 경우에도 최초 선임된 시점에 그 증권집단소송에 관여한 것으로 본다(규칙 제5조 제2항). 이와 같이 선임된 시점을 기준으로 3년의 기간을 계산하게 되므로, 제소시에 아직 종결되지 않은 다른 증권집단소송의 대표당사자 또는 대표당사자의 소송대리인이라고 하더라도 그 소송에서 대표당사자 또는 대표당사자의 소송대리인으로 선임된 시점이 제소시를 기준으로 3년 전이라면 최근 3년간 관여한 증권집단소송에 포함

되지 않는다고 한다.[5]

대표당사자는 소송에 직접 관여하지 않는 구성원의 이익을 대변하는 기능을 수행하여야 하므로 총원의 이익을 공정하고 적절히 대표할 수 있는 자를 선임하도록 하였고, 법은 특히 '경제적 이익이 가장 큰 자'를 그 예로 들고 있다. 이 규정은 미국 1995년 개혁법의 대표당사자 선임조항과 유사하다.[6] 대표당사자는 증권집단소송의 원고가 되는바, 제외신고를 하지 아니한 구성원들로부터 명시적으로 소송수행권을 부여받지 않고도 그들의 권리의무에 관한 소송수행권을 가지게 되므로, 특수한 유형의 제3자의 소송담당의 지위에 있다고 할 것이다.

4) 소송대리인의 선임

앞서 본 바와 같이 원고와 피고는 반드시 소송대리인을 선임하여야 한다. 원고측 소송대리인은 사실상 증권집단소송절차에서 주도적 역할을 하기 때문에, 적극적 요건으로서 총원의 이익을 공정하고 적절히 대리할 수 있는 자이어야 하고(법 제11조 제2항), 소극적 요건으로서 소송의 대상이 된 유가증권을 소유하거나 그 유가증권과 관련된 직접적인 금전적 이해관계가 있는 등의 사유로 인하여 증권집단소송절차에서 소송대리인의 업무를 수행하기에 부적절하다고 판단될 정도로 총원과 이해관계가 충돌되어서는 안 되며(법 제5조 제2항), 최근 3년간 3건 이상의 증권집단소송에 대표당사자의 소송대리인으로 관여하지 않았어야 한다. 다만, 제반사정에 비추어 위 요건을 충족하는 데에 지장이 없다고 법원이 인정하는 자는 그러하지 아니하다(법 제11조 제3항). 위 요건들 중에서 최근 3년간 3건 이상의 증권집단소송에 대표당사자의 소송대리인으로 관여하지 않았어야 한다는 요건은, 미국의 집단소송에서는 요구되지 않는, 남소 방지에 초점을 맞춘 우리 법상 특유한 제도이다. 3년간 3건의

---

5) 법원행정처, 「증권관련집단소송 실무」, 2005, 48쪽.
6) 1933년 증권법 제27조 (a)(3)(B), 1934년 증권거래소법 제21D조 (a)(3)(B).

기준은 대표당사자의 그것과 같다. 하지만, 이 규정에 대하여는 많은 비판[7]이 이어지고 있는바, 법원은 법 제11조 제3항이 부여한 재량권을 적절히 행사하여 비판론이 제기하는 문제점을 최소화하여야 할 것이다.

2. 소송허가절차

1) 소송허가요건

증권집단소송에 있어서는 일단 소송허가결정이 있어야 본안절차의 진행이 가능하므로, 소송허가절차는 매우 중요한 단계라고 할 것이다. 그 허가기준이 바로 소송허가요건인바, 아래에서 살펴보기로 한다.[8]

(1) 다수성

구성원이 50인 이상이고, 청구의 원인이 된 행위 당시를 기준으로 이 구성원의 보유 유가증권의 합계가 피고 회사의 발행 유가증권 총수의 1만분의 1 이상이어야 한다(법 12조 제1항 제1호). 위 요건은 소가 제기된 후 그 요건을 충족하지 못하게 되더라도 제소의 효력에는 영향이 없다(법 제12조 제2항). '50인 이상의 구성원'은 제소 당시에 이들을 특정하여야 하는 것은 아니고, 소송허가결정 이전까지 법원에 소명하면 된다. 특히 소제기 당시 50인 이상의 동의나 소송위임이 있어야 하는 것도 아니다. 구성원의 보유 유가증권 및 피고 회사 발행의 유가증권 총수는 수

---

7) 이태종, 앞의 글, 앞의 주 3), 66쪽; 김주영, "증권관련집단소송법시안에 관한 토론(Ⅵ)", 「증권관련집단소송법 제정 공청회 자료집」, 법무부, 2001, 108쪽"; 고창현, "증권관련집단소송법시안에 관한 토론(Ⅶ)", 「증권관련집단소송법 제정 공청회 자료집」, 법무부, 2001, 124쪽.
8) 미국의 집단소송요건은 Robert H. Klonoff & Edward K. M. Bilich, *Class Actions and Other Multi-Party Litigation —Case and Materials*, American Casebook Series, West Group, 41-260 (2000) 참조.

시로 변동될 수 있으므로 그 기준시점으로 '청구의 원인이 된 행위 당시'를 제시한 것이다.

(2) 쟁점의 공통성

법 제3조 제1항 각호의 손해배상청구로서 법률상 또는 사실상의 중요한 쟁점이 모든 구성원에게 공통되어야 한다(법 제12조 제1항 제2호). 증권집단소송에서 미공개정보이용을 통한 내부자거래 및 시세조종과 같은 불공정거래행위, 기망의 수단으로 간주되는 피고의 허위공시·누락에 대한 고의, 공시 내용의 중요성 등이 문제되는 경우에는 일반적으로 법률상 또는 사실상 중요한 쟁점이 모든 구성원에게 공통되는 경우라고 인정할 수 있다.[9]

(3) 적합성 및 효율성

증권집단소송이 총원의 권리실현이나 이익보호에 적합하고 효율적인 수단이어야 한다(법 제12조 제1항 제3호). 위 요건은 미국의 Rule 23(b)(3)에 의한 '공통문제에 대한 집단소송'에서 요구되는 집단소송의 우월성 (superiority) 요건과 유사하여, 다수 구성원들의 피해 회복을 위하여 소송경제상 집단소송이 다른 구제수단보다 경제적일 것을 요구하는 것이다. 따라서 선정당사자제도나 공동소송제도를 이용하여 소송을 수행하는 것이 보다 적합하고 효율적이라고 판단될 때에는 이 요건을 구비하지 못한 것으로 된다.[10]

(4) 형식의 구비

법 제9조의 규정에 의한 소송허가신청서의 기재사항 및 첨부서류에 흠결이 없어야 한다(법 제12조 제1항 제4호).

---

9) 법원행정처, 앞의 책, 앞의 주 5), 57쪽.
10) 법원행정처, 앞의 책, 앞의 주 5), 58쪽.

2) 소송허가절차

소송허가절차는 그 소송이 집단소송이라는 특수한 절차로 진행되어야 할 필요가 있는 것인지에 대하여 판단하는 절차이므로, 원칙적으로 본안소송에서 다루어질 손해배상책임의 성립, 손해배상액 등의 문제는 심리의 대상이 아니라고 할 것이다. 그러나 소송허가요건의 심리와 관련해서는 손해배상청구의 원인행위 등에 대한 조사를 할 수도 있다.

(1) 심문절차와 소명

증권집단소송의 허가 여부에 관한 재판은 소제기자와 피고를 심문하여 결정으로 한다(법 제13조 제2항). 소제기자 아닌 자가 대표당사자로 선임된 경우에는 그 대표당사자를 심문할 수 있다(규칙 제8조). 집단소송의 제기로 인하여 피고의 사회적, 경제적 신뢰에 큰 타격을 입을 수 있기 때문에 피고를 심문하도록 하여 방어권을 보장하고 있다. 대표당사자는 소송허가신청의 이유를 소명하여야 한다(법 제13조 제1항). 그 대상은 법 제12조 제1항 각호의 소송허가요건이지만, 쟁점의 공통성 등을 소명하기 위해서는 청구원인이 되는 위법행위 등이 밝혀져야 할 필요가 있고, 이 때 법원은 손해배상청구의 원인행위 등에 관하여 이를 감독, 검사하는 감독기관으로부터 손해배상청구 원인행위에 대한 기초조사 자료를 제출받는 등 직권으로 필요한 조사를 할 수 있다(법 제13조 제3항).

(2) 소송허가신청이 경합된 경우

동일한 분쟁에 관하여 수 개의 증권집단소송의 소송허가신청서가 동일한 법원에 제출된 경우 법원은 이를 병합 심리하여야 한다(법 제14조 제1항, 제3항). 동일한 분쟁에 관한 수 개의 증권집단소송의 소송허가신청서가 각각 다른 법원에 제출된 경우 관계법원에 공통되는 직근상급법원은 관계법원이나 소제기자, 대표당사자 또는 피고의 신청에 의하여 결정으로 이를 심리할 법원을 정하고, 심리할 법원으로 결정된 법원은 이를 병합 심리하여야 한다(법 제14조 제2항, 제3항).

한편, 법원은 수 개의 사건을 병합 심리하는 경우 각 사건의 소제기자, 대표당사자 선임신청을 한 구성원 또는 대표당사자들의 의견을 들어 소송을 수행할 대표당사자 및 소송대리인을 정할 수 있고(법 제14조 제4항), 병합된 사건에서 소송을 수행할 대표당사자 및 소송대리인으로 지정된 대표당사자 및 소송대리인은 병합된 사건 전체의 대표당사자 및 소송대리인이 되며, 다른 대표당사자 및 소송대리인은 그 지위를 상실한다(규칙 제12조 제1항, 제2항).

3) 소송허가 여부의 결정

(1) 소송허가결정

법원은 청구원인이 법 제3조 소정의 적용대상이고, 대표당사자 및 소송대리인의 요건(법 제11조)과 소송허가요건(법 제12조)이 갖추어진 경우 결정으로 증권집단소송을 허가한다(법 제15조 제1항). 법원은 상당하다고 인정하는 때에는 결정으로 총원의 범위를 조정하여 허가할 수 있다(법 제15조 제3항). 예컨대, 소송허가절차에서 심리한 결과 소송허가신청서에 기재된 피해기간이 잘못된 경우 소송허가결정에서는 피해기간을 달리 인정함으로써 총원의 범위를 조정하여 허가할 수 있을 것이다. 총원의 범위를 조정할 것인가에 대하여는 주요 쟁점, 피해기간 및 공격·방어방법의 공통성 여부 등이 판단의 근거가 될 것이다. 한편, 법원은 소송허가신청 중 일부에 대하여는 이를 허가하고 나머지 부분에 대하여는 이를 불허가하는 결정도 할 수 있을 것이다. 예컨대, 수인을 피고로 하여 제기된 증권집단소송 및 소송허가신청에 대하여 소송허가절차에서 심리한 결과 일부 피고에 대하여는 소송허가요건이 결여되었다고 판단되는 경우에는 그 피고에 대하여만 소송불허가결정을 할 수 있을 것이다.

(2) 소송불허가결정

법원은 소송허가요건이 갖추어지지 않았다고 판단되면 소송불허가결정을 한다. 소송불허가결정이 확정되면 증권집단소송의 소가 제기되지 아니한 것으로 본다(법 제17조 제2항).

(3) 즉시항고와 확정 후 소송요건 흠결

총원의 범위를 조정하여 한 소송허가결정을 비롯하여 소송허가결정 및 소송불허가결정에 대해서는 즉시항고를 할 수 있다(법 제15조 제4항, 제17조 제1항).

한편, 소송허가결정이 확정됨으로써 본안소송인 증권집단소송이 적법해지고, 소송절차를 진행할 수 있게 된다. 그런데 소송허가결정이 확정된 이후 소송허가요건이 결여되거나, 소송허가결정 당시 소송허가요건이 흠결된 상태이었음을 소송허가결정 확정 후 발견된 경우에 아무런 규정이 없어 논란이 되고 있다.[11] 앞서 본 바와 같이 미국의 집단소송허가결정은 종국적인 것이 아니라서 본안소송의 심리 중 언제라도 이를 취소할 수 있지만, 우리의 경우에는 명문의 규정이 없어 문제이다. 생각건대, 집단소송의 요건은 소송허가결정시 뿐만 아니라, 본안판결에 대한 전제요건이라고 본다. 예컨대, 집단소송의 요건 중 하나인 적절한 대리의 원칙은 집단소송의 판결의 효력을 확장시킬 수 있는 근거 중 하나인데, 이 요건이 갖춰지지 못한 경우에도 판결의 효력을 강제하는 것은 부당하므로, 이러한 상태에서 집단소송의 본안판결이 내려지는 일은 없어야 할 것이다. 그러나 이미 소송허가결정이 난 상태에서 명문으로 그 허

---

11) 이에 대해서는 크게 소각하설 내지 소송허가결정취소설과 집단소송유지설의 대립이 있는바, 자세한 내용은 법원행정처, 앞의 책, 앞의 주 5), 68·69쪽 참조.

가결정을 번복하는 규정이 없는 이상, 일단 대표당사자에게 흠결요건의 보정을 명한 다음 보정이 이루어지지 않을 경우 변론을 종결시키고, 본안소송을 각하하는 방식이 바람직하다고 본다.

4) 소송허가결정의 고지

(1) 의 의

증권집단소송의 판결 등의 효력은 제외신고를 하지 않은 모든 구성원에게 미치게 되므로, 구성원들에게 증권집단소송이 제기되어 허가되었다는 사실을 알려주는 것은, 구성원들에게 대응기회를 보장하기 위한 최소한의 절차라고 할 수 있다. 법원은 법 제15조 제1항의 규정에 의한 소송허가결정이 확정된 때에는 지체 없이 ① 대표당사자와 그 법정대리인의 성명·명칭 또는 상호 및 주소, ② 원고측 소송대리인의 성명·명칭 또는 상호 및 주소, ③ 피고의 성명·명칭 또는 상호 및 주소, ④ 총원의 범위, ⑤ 청구의 취지 및 원인의 요지, ⑥ 제외신고의 기간과 방법, ⑦ 제외신고를 한 자는 개별적으로 소를 제기할 수 있다는 사실, ⑧ 제외신고를 하지 아니한 구성원에 대하여는 증권집단소송에 관한 판결 등의 효력이 미친다는 사실, ⑨ 제외신고를 하지 아니한 구성원은 증권집단소송의 계속 중에 법원의 허가를 받아 대표당사자가 될 수 있다는 사실, ⑩ 변호사 보수에 관한 약정, ⑪ 그 밖에 법원이 필요하다고 인정하는 사항을 고지하여야 한다(법 제18조 제1항).

(2) 고지의 방법

고지는 구성원 모두에게 주지시킬 수 있는 적당한 방법으로서 대법원규칙이 정하는 방법으로 하여야 하고, 그 고지내용은 전국을 보급지역으로 하는 일간신문에 게재하여야 한다(법 제18조 제2항, 제3항). 소송허가결정의 구성원에 대한 고지는 '구성원 모두에게 주지시킬 수 있는' 적당

한 방법으로 행하여져야 하나, 구체적인 고지방법의 선택에 따라 대표당
사자가 부담하여야 하는 고지비용 및 법원의 업무량이 크게 달라진다.
규칙은 구성원에 대한 원칙적인 고지방법으로 우편법 제14조 제1항 제1
호의 규정에 의한 통상우편을 발송함으로써 하되, 법원은 우편물발송 대
행업체에 위 발송업무를 위탁할 수 있도록 하였다(규칙 제15조 제1항).
법원은 그때까지 제출된 자료(주주명부나 기타 유가증권의 거래내역이
기재된 서류 등)에 의하여 주소가 확인된 구성원에 대하여만 통상우편에
의한 개별고지를 하면 족하다. 법원은 필요한 경우 대표당사자, 피고 또
는 증권예탁원, 한국증권선물거래소 등에게 법원이 지정하는 방법에 따
라 구성원의 성명 및 주소가 입력된 전자파일의 제출을 요구할 수 있다
(규칙 제15조 제2항). 구성원이 그 우편물을 실제로 수령하였을 것을 요
하는 것은 아니므로 법원이 이를 확인할 필요는 없고, 통상우편인 이상
이를 확인할 방법도 없다. 한편, 합리적 노력에 의하여도 주소 등을 확인
할 수 없는 구성원에 대하여는 법 제18조 제3항의 규정에 의한 일간신문
에의 게재로 구성원에 대한 고지를 한 것으로 본다(규칙 제15조 제3항).
법원은 인터넷 대법원 홈페이지 법원공고란에도 공고하여야 한다(예규
제8조 제2항).

　이와 관련하여, 개별 구성원에 대한 고지내용과 신문 공고 또는 인터
넷 게시의 내용이 불일치하는 경우, 예컨대 개별 고지내용보다 인터넷
게시에 따른 제외신고의 기간이 더 길어 이를 믿고 제외신고를 해태한
경우의 구제방법이 문제될 수 있다. 법 제18조의 체계상 개별 고지가 원
칙적 방법이고, 신문공고나 인터넷 게시는 일종의 보충적 방법이라고 해
석되므로, 당해 증권집단소송에서의 처리는 개별 고지내용에 따라야 할
것이다. 따라서 인터넷 게시만을 믿고 제외신고기간을 도과한 구성원에
게는 어쩔 수 없이 당해 증권집단소송의 판결 내지 화해 등의 효력이 미
친다고 보아야 한다. 다만, 그로 인하여 개별적 제소권을 상실당하고,
증권집단소송이 부실하게 진행되어 결과적으로 자신의 권리를 침해당

하게 되었음을 입증할 수 있다면, 인터넷 게시의 오류를 지적하여 그 원인제공자를 상대로 손해배상청구의 소를 제기할 수는 있지만, 입증책임이 원고에게 있어 실제로 인과관계나 손해액수를 입증하기란 쉽지 않아 보인다.

(3) 소송허가결정의 통보 및 공고

법원은 법 제18조 제1항 각호의 고지사항을 한국증권선물거래소에 즉시 통보해야 하고, 통보를 받은 한국증권선물거래소는 그 내용을 일반인이 알 수 있도록 공시하여야 한다(법 제19조, 한국증권선물거래소법 부칙 제18조).

3. 소송허가결정의 변경

1) 대표당사자의 변경

(1) 구성원에 의한 소송관여

구성원은 증권집단소송의 계속 중에 법원의 허가를 받아 대표당사자가 될 수 있다(법 제21조 제1항). 대표당사자로 선임된 자가 적절한 소송수행을 하지 못하는 경우에 구성원들의 이익을 보호하기 위하여 다른 구성원이 대표당사자로 소송에 관여할 수 있는 길을 마련한 것이다. 소송 계속 중에 대표당사자가 되는 자도 대표당사자로서의 일반 요건(법 제11조 참조)을 갖추어야 한다. 한편, 구성원의 절차참여와 관련하여, 구성원이 법 제21조의 규정에 따라 법원의 허가를 받아 대표당사자가 되는 외에 재판의 효력이 미치는 자로서 민사소송법 제78조의 공동소송적 보조참가를 할 수 있는지에 관하여 견해의 대립이 있다. 먼저, 보조참가를 부정하는 논거는, 공동소송적 보조참가인은 피참가인의 행위와 저촉되는 행위를 할 수 있고, 참가인에게 소송절차 중단사유가 있으면 소송절차가 중단되며, 그 밖에 상소기간이 독립하여 계산될 뿐만 아니라 일반 보조참가인과 마찬가지로 공격과 방어, 이의, 상소 등의 소송행위를 할 수 있으며 특히 참가를 불허가하는 결정이 확정될 때까지 이와 같이 독립적으로 소송행위를 할 수 있기 때문에(민사소송법 제75조, 제76조), 만일 이를 허용하게 되면, ① 증권집단소송은 보조참가인의 소송행위와 불복절차의 지연 등으로 인하여 산만해지고, ② 무엇보다 구성원 개인의 이익을 위해 참가한 보조참가인이 공익목적을 위해 선임된 대표당사자와 사실상 대등한 지위에서 소송에 관여하게 된다는 문제가 생긴다. 그렇게 되면, ③ 총원의 이익을 공정하고 적절하게 도모할 것을 전제로 엄격한 요건 하에 대표당사자를 선임하고, 엄격한 절차에 의하여 대표당사자를 추가하려는 법의 취지가 몰각되기 쉽다는 점을 내세운다.[12]

그렇지만, 다음과 같은 이유로 공동소송적 보조참가를 허용하여야 한다고 본다. 첫째, 부정설은 참가를 허용하게 될 경우 소송행위의 저촉문제와 절차지연의 문제를 우려하고 있으나, ① 공동소송적 보조참가에서는 필수적 공동소송에 관한 규정이 준용되므로, 그 중 1인의 소송행위는 모두의 이익을 위하여서만 효력을 가지므로 소송행위의 저촉은 문제가 되지 않고, ② 참가를 하기 위해서는 법원의 허가가 있어야 하는데, 법원이 구체적인 사안의 특성과 참가신청 단계에서의 소송 진행정도 등을 감안하여 참가의 필요성을 심사할 수 있으므로, 절차지연 등의 문제점은 어느 정도 막을 수 있다고 본다. 둘째, 구성원 개인이 공익목적을 위해 선임된 대표당사자와 사실상 대등한 지위에서 소송에 관여하게 된다는 지적에 대해서는, ① 공동소송참가와 같이 소송의 당사자가 아닌 보조참가인으로서 관여하는 것이고, ② 우리법상 구성원의 절차관여 기회가 미흡한 현실을 감안하면 개인의 권리구제와 적법절차의 보장이라는 헌법상 이념 역시 양보할 수 없는 명제라는 점에서 공동소송적 보조참가는

---

12) 법원행정처, 앞의 책, 앞의 주 5), 74쪽 참조(한편, 명백한 입장표명은 없으나 한충수, "증권관련집단소송에서의 손해산정과 분배절차", 「저스티스」 72호, 한국법학원, 2003.4, 48쪽도 부정설에 가깝다고 보인다).

허용되어야 할 것이라는 반론이 가능하다. 참고로 법은 구성원의 절차참
여방법에 관하여, 소송의 계속 중에 대표당사자 허가신청을 할 수 있다
는 규정(법 제21조), 소송허가결정을 고지받고 제외신고할 수 있는 권리
(법 제28조), 화해 등의 허가 시에 그 내용을 미리 고지받아 이에 대한
의견을 진술할 수 있다는 규정(법 제35조 제2항), 변호사 보수가 과다하
다고 생각되면 그 감액을 신청할 수도 있다는 규정(법 제44조 제3항)과
대표당사자가 상소를 제기하지 아니하는 경우 법원의 허가를 받아 상소
를 목적으로 하는 대표당사자가 될 수 있다는 규정(법 제38조)을 두고 있
지만, 뒤에서 보는 바와 같이 이러한 절차는 구성원의 관심과 능력의 부
족으로 인하여 사실상 소송대리인의 주도권을 정당화하는 장식물로 전
락할 우려가 있다. 셋째, 법에서 구성원의 참가를 배제하는 명문의 규정
을 두지 않고 있는 이상 민사소송법에 의한 공동소송적 보조참가를 금
지할 이유는 없다고 본다. 그 밖에 구성원이 대표당사자와 완전히 대등
한 지위에서 소송에 관여하는 공동소송참가가 인정되지 않는다는 점에
는 의견이 일치하는 것 같다.

(2) 대표당사자의 소송수행금지 등

법원은 대표당사자가 총원의 이익을 공정하고 적절히 대표하고 있지
못하거나 그 밖에 중대한 사유가 있는 때에는 직권 또는 다른 대표당사
자의 신청에 의하여 그 대표당사자의 소송수행을 결정으로 금지할 수
있다(법 제22조 제1항). 대표당사자는 정당한 이유가 있는 때에는 법원의
허가를 받아 사임할 수 있다(법 제23조). 대표당사자는 구성원을 대표하
는 자로서 법원의 허가를 받아 선임된 자이므로 임의로 사임할 수 없고
법원의 허가를 받아야만 사임할 수 있도록 한 것이다. 법원은 법 제21조,
제23조 또는 제24조의 규정에 의하여 대표당사자가 변경된 경우에는 상
당한 방법으로 구성원에게 이를 고지하여야 한다(법 제25조). 대표당사
자 변경의 고지는 소송허가결정 중 일부 사항의 변경에 대한 고지이고

그 시기는 소송허가결정이 구성원에게 개별 고지된 이후여서 관심 있는 구성원들은 소송의 진행을 감시할 수 있으므로 법 제18조 제2항, 제3항의 고지방법과는 달리 상당한 방법으로 족하고, 구체적으로는 인터넷 대법원 홈페이지 법원공고란에 공고하는 방법으로 하면 된다(규칙 제17조, 예규 제8조 제1항).

2) 소송대리인의 변경

원고측 소송대리인은 정당한 이유가 있는 때에는 법원의 허가를 받아 사임할 수 있고, 대표당사자는 상당한 사유가 있는 때에는 법원의 허가를 받아 소송대리인을 해임·추가선임 또는 교체할 수 있다(법 제26조 제1항, 제2항). 반면 피고측 소송대리인의 사임 등에는 법원의 허가를 요하지 아니한다. 법 제26조 제2항의 규정에 의하여 새로 선임되는 소송대리인에게도 법 제5조 제2항, 제11조 제2항, 제3항의 요건이 필요함은 물론이다. 원고측 소송대리인 전원이 사망 또는 사임하거나 해임된 때에는 소송절차가 중단된다(법 제26조 제3항). 그러나 피고측 소송대리인의 결원으로는 소송절차중단의 효과가 발생하지 아니한다. 법원은 대표당사자가 변경된 때와 마찬가지로 소송대리인 변경에 관한 사항을 인터넷 대법원 홈페이지 법원공고란에 공고하여야 한다(예규 제8조 제2항).

3) 총원의 범위 변경

법원은 필요하다고 인정하는 때에는 직권 또는 신청에 의하여 결정으로 총원의 범위를 변경할 수 있다(법 제27조 제1항). 총원의 범위 변경은 증가와 감소가 있을 수 있는데, 그 원인으로는 피해기간의 변경, 청구원인의 변경 등이 있을 수 있다.[13] 법원은 총원의 범위를 변경하는 결정을 한 경우에는 그 결정에 의하여 구성원에서 제외되는 자와 새로이 구성

---

13) 법원행정처, 앞의 책, 앞의 주 5), 79쪽.

원이 되는 자에게 결정내용을 고지하여야 한다. 이 경우 새로이 구성원이 되는 자에 대하여는 소송허가결정시의 고지사항도 함께 고지하여야한다(법 제27조 제3항). 고지방법에 관하여는 소송허가결정에 관한 규정을 준용하므로(법 제27조 제4항), 변경결정이 확정된 후 통상우편에 의한개별고지 및 일간신문에의 게재, 전자통신매체 공고를 병행하여야 한다(법 제18조 제2항, 제3항, 규칙 제15조, 예규 제8조).

4. 제외신고

1) 의 의

증권집단소송의 판결·화해의 효력은 구성원에게도 미치므로, 구성원은 자신의 의사와 상관없이 제기된 소송의 결과에 따라 자신의 권리관계가 확정되는 지위에 있게 된다. 그러므로 위와 같은 판결·화해의 효력 확장이 정당화되기 위해서는 구성원들의 권리보호를 위한 적법절차의 보장이 전제되어야 한다. 이와 관련하여 미국 집단소송에서는 고지받을 권리(notice), 청문권(the opportunity to be heard), 제외신고의 권리(the right to opt out) 및 대표당사자에 의하여 적절하게 대변되었을 것(adequate representation) 등이 적법절차의 기본요소라고 한다.[14]

우리 법에서 구성원이 집단소송에 적극적으로 참여할 수 있는 방법은 스스로 대표당사자가 될 것을 신청하거나(법 제10조 제4항, 법 제21조), 화해 등의 공정성 심문절차에서 의견을 진술하는 방법(법 제35조 제2항), 보조참가를 하는 방법(민사소송법 제78조) 등이 있는 반면에 증권집단소송으로부터 벗어날 수 있도록 하는 방법이 바로 제외신고이다. 제외신고

---

14) Phillips Petroleum Co. v. Shutts, 472 U.S. 797, 812 (1985). 이 판결은 나아가 당해 소송에의 참여권(the opportunity to participate in the litigation)도 적법절차의 내용이라고 하고 있으므로, 앞서 본 보조참가를 허용할 것인가의 논쟁에서 긍정설의 근거가 되기도 한다.

는 첫째, 개별적으로 소송을 진행하고자하는 구성원들에게 기회를 보장
하기 위한 절차적 보호 장치의 기능을 하고, 둘째, 제외신고를 하지 않은
구성원은 법원의 관할권과 법원의 판결에 따르기로 동의한 것으로 간주
된다는 점에서 의의가 있다.

적법한 시기와 절차를 밟아 제외신고를 한 구성원에게는 판결·화해
의 효력이 미치지 않는다(법 제37조). 현행법상 제외신고가 인정되는 경
우는 최초 소송허가결정을 고지할 경우(법 제18조 제1항)와 총원의 범위
변경결정으로 새로이 구성원이 되는 자에게 소송허가결정사항을 고지할
경우(법 제27조 제3항)의 두 가지 경우뿐이다.

2) 제외신고의 기간 및 방법

법원은 소송허가결정에 제외신고의 기간과 방법을 기재하여야 하고
(법 제15조 제2항 제8호), 그 내용을 구성원에게 고지하여야 한다(법 제
18조 제2항, 제27조 제3항). 미국에서는 보통 제외신고 기간이 30일에서
60일이라고 하는데, 이 기간을 준수하지 못한 제외신고자가 있더라도 그
에게 정당한 사유가 있다면 법원의 재량으로 구제해 줄 수 있다고 한
다.[15] 고지를 받은 구성원은 집단소송의 구속력을 받기를 원하지 않을
때에는 제외신고를 할 수 있으며, 제외신고를 하지 않고 집단소송에 참
여하거나 반대자(objector)로서 소송수행을 감시할 수 있다. 새로이 구성
원이 된 자에 대하여 하는 소송허가결정의 고지에는 제외신고의 기간을
다시 정하여야 한다. 다시 정하여진 제외신고의 기간은 새로이 구성원
이 된 자에 대하여만 적용되므로, 종전의 제외신고의 기간에 제외신고
를 하지 않은 구성원은 새로운 제외신고의 기간에 제외신고를 할 수 없
다.[16] 구성원은 소송허가결정 또는 총원 범위 변경시의 고지내용에 포

---

15) Robert H. Klonoff, *Class Actions and Other Multi-Party Litigation in a Nutshell* (2nd
   ed.), West Group, at 156 (2004).
16) 법원행정처, 앞의 책, 앞의 주 5), 82쪽.

함된 제외신고의 기간 내에 서면으로 법원에 제외신고를 할 수 있다(법 28조 제1항).

3) 제외신고의 간주와 고지

제외신고기간이 만료되기 전에 증권집단소송의 목적으로 된 권리와 동일한 권리에 대하여 개별적으로 소를 제기하는 자는 제외신고기간 내에 그 소를 취하하지 않는 한 제외신고를 한 것으로 본다(법 제28조 제2항). 소송허가결정 전에 독립하여 소를 제기한 자에 대하여도 마찬가지이다. 증권집단소송의 피고는 구성원이 개별적으로 제기한 위 소에 관하여 법원에 신고하여야 한다(법 제28조 제3항). 법원은 구성원이 한 제외신고 및 피고가 신고한 구성원들의 소제기 사실을 대표당사자와 피고에게 고지하여야 한다(법 제28조 제4항).

IV. 소송절차

1. 증거조사의 특칙

1) 직권증거조사

통상의 민사소송절차에서는 변론주의의 원칙상 소송자료의 수집과 제출은 원칙적으로 소송당사자가 그 책임을 지게 되므로, 법원에 의한 직권증거조사는 보충적이어야 한다(민사소송법 제292조). 그러나 증권집단소송은 대표당사자가 구성원들을 대표하여 제기하는 소송으로 소송에 관여하지 않는 구성원들의 이익을 보호하여야 할 필요성이 높아서 대표당사자가 제출한 증거에 의하여서만 판단을 하는 것은 부적절하기 때문에, 법원으로 하여금 필요하다고 인정하는 때에는 직권으로 증거조

사를 할 수 있도록 함으로써(법 제30조), 직권증거조사의 보충성을 완화
하였다.

2) 구성원 및 대표당사자의 신문

법원은 필요하다고 인정하는 때에는 구성원 및 대표당사자를 신문할
수 있다(법 제31조)고 함으로써, 2002년 개정 민사소송법 제367조와 마찬
가지로 당사자신문의 보충성을 폐지하였다. 다만, 법은 대표당사자 외의
구성원에 대하여도 신문할 수 있다고 규정하고 있는 점이 특징인데, 구
성원은 증권집단소송의 형식적 당사자는 아니지만, 판결 등의 기판력이
미치는 실질적 당사자의 지위에 있으므로, 구성원에 대한 신문은 당사자
신문에 준하여 시행한다(규칙 제20조).

3) 문서제출명령 등

법원은 직권이나 대표당사자 또는 피고의 신청에 따라 필요하다고 인
정하는 때에는 소송과 관련 있는 문서의 소지자에 대하여 그 문서의 제
출을 명하거나 송부를 촉탁할 수 있고, 위 문서제출명령이나 문서송부촉
탁을 받은 자는 정당한 이유 없이 그 제출이나 송부를 거부할 수 없다.
이는 민사소송법과 마찬가지로 문서제출의무를 당사자의 입증편의를 위
하여 증인의무와 같이 일반적인 사법협력의무로 끌어올려 법원의 판단
에 일임하도록 한 것이다.[17] 이러한 문서제출명령은 피고나 증권회사 등
제3자에 대하여 증권의 실제 거래기록을 제출하게 하여 피해규모를 확
보하여 화해나 판결의 증거로 삼는 수단이 될 수 있고, 집단구성원의 인
적사항이나 연락처 파악을 위한 자료를 확보하기 위하여도 유용하게 활
용될 수 있다.

---

17) 법무부, 「증권관련집단소송법 시안 해설」, 2001, 63쪽.

4) 증거보전

일반 민사소송에서는 미리 증거조사를 하지 아니하면 그 증거를 사용하기 곤란할 사정이 있다고 인정한 때에 한하여 증거보전을 할 수 있음(민사소송법 제375조)에 반하여, 증권집단소송에서는 미리 증거조사를 하지 아니하면 그 증거를 사용하기 곤란한 사정이 있지 아니한 경우에도 필요하다고 인정하는 때에는 당사자의 신청에 의하여 증거조사를 할 수 있도록 하여(법 제33조), 증거보전의 요건을 완화하였다. 다만, 민사소송법상의 증거보전은 법원이 직권으로 할 수도 있음(민사소송법 제379조)에 반하여, 증권집단소송의 경우에는 당사자의 신청에 의하여서만 할 수 있다.

2. 화해절차

일반 민사소송절차에서는 처분권주의의 원칙상 소의 취하, 소송상의 화해 또는 청구의 포기(이하 '화해 등'이라고 한다)가 제한 없이 허용되고 있으나, 증권집단소송의 경우에는 대표당사자와 피고 등이 담합을 하여 구성원의 이익에 반하는 내용으로 소송을 종료시킬 위험성이 있으므로,[18] 이를 방지하기 위한 법원의 감독방법으로서 허가를 받도록 한 것이다(법 제35조 제1항). 화해 등의 허가절차는 화해 등의 허가신청, 고지전 심리, 구성원에 대한 고지, 허가여부의 결정 등으로 이루어진다. 이에 관하여는 다음 '제4절 화해절차' 부분에서 자세하게 살펴본다.

---

18) 법원행정처, 앞의 책, 앞의 주 5), 95쪽.

3. 판결과 기판력

1) 판 결

판결서에는 민사소송법 제208조 제1항 각호에서 정한 사항(당사자와 법정대리인, 주문, 청구의 취지 및 상소의 취지, 이유, 변론을 종결한 날짜, 법원) 이외에 ① 원고측 소송대리인과 피고측 소송대리인, ② 총원의 범위, ③ 제외신고를 한 구성원을 기재하여야 한다(법 제36조 제1항). 주문은 "피고들은 연대하여 대표당사자 ○○○에게 금 원을 지급하라"는 방식으로 기재하면 된다. 소송비용의 재판 및 가집행의 선고도 해야 한다.[19] 법원은 금전지급의 판결을 선고함에 있어서는 제반사정을 참작하여 지급의 유예와 분할지급 그 밖에 상당한 방법에 의한 지급을 허락할 수 있다(법 제36조 제2항).

법원은 판결의 주문과 이유의 요지를 구성원에게 고지하여야 하고, 고지 방법은 소송허가결정의 고지에 관한 규정을 준용한다(법 36조 제3항, 제4항). 따라서 통상우편에 의한 개별고지 및 일간신문에의 게재를 병행하여야 하고(법 제18조 제2항, 제3항, 규칙 제15조), 판결의 주문과 이유의 요지는 인터넷 대법원 홈페이지 법원공고란에 공고하여야 한다(예규 제8조 제2항).

2) 기판력

민사소송법상 확정판결의 효력은 그 당사자에 대하여만 미치는 것이 원칙이지만, 증권집단소송의 확정판결에 대하여는 제외신고를 하지 아니한 이상 소송에 관여하지 아니한 모든 구성원에 대하여 그 판결의 효력이 미친다(법 제37조). 집단적인 법적 분쟁에 관한 일회적 해결이라는

---

19) 법원행정처, 앞의 책, 앞의 주 5), 106~107쪽.

집단소송의 제도적 기능은 이와 같은 판결효력의 확장으로 인해서 달성된다. 제외신고를 하지 아니한 구성원은 기판력의 효력에 의하여 별소로써 증권집단소송의 확정판결과 다른 내용의 청구를 하거나, 다른 내용을 선결문제로 주장할 수 없다. 그러나 집행력은 대표당사자에게만 있으므로, 구성원이 강제집행을 할 수는 없다.

4. 상 소

상소의 취하 또는 상소권의 포기(이하 '상소취하 등'이라고 함)에 관하여도 화해 등의 제한에 관한 법 제35조의 규정이 준용된다(법 제38조). 따라서 상소취하 등을 하고자 하는 당사자는 상소취하 등에 관련된 일체의 합의내용을 기재한 서면을 첨부하여 법원에 그 허가신청을 하여야 하고, 법원은 상소취하 등이 구성원의 정당한 이익을 해하는지에 대하여 심리한 후 그 취지 및 내용을 구성원에게 고지하여 의견진술의 기회를 부여하여야 하며, 당사자 및 구성원을 심문한 후 허가 여부를 결정한다(규칙 제22조 내지 제24조). 또한 상소취하·상고권포기에 관한 사항은 인터넷 대법원 홈페이지 법원공고란에 공고하여야 한다(예규 제8조 제2항). 대표당사자가 기간 이내에 상소하지 아니한 경우에는 상소제기기간이 만료된 때로부터 30일 이내에 구성원이 법원의 허가를 받아 상소를 목적으로 하는 대표당사자가 될 수 있다(법 제38조 제2항). 상소를 목적으로 하는 대표당사자가 되기를 원하는 구성원은, 소송계속 중 대표당사자가 되기를 원하는 구성원과 마찬가지로 경력과 신청의 취지를 기재한 신청서에 법 제9조 제2항 각호의 문서를 첨부하여 법원에 제출하여야 한다(규칙 제27조, 제16조). 상소를 목적으로 대표당사자가 된 자는 허가를 받은 날부터 2주 이내에 상소하여야 한다(법 제38조 제3항).

V. 분배절차

1. 개 설

분배절차란, 판결 등에 따라 피고로부터 권리실행한 손해배상금을 구성원의 권리신고를 받아 확인된 권리금액에 따라 구성원에게 개별적으로 분배하는 절차로서, 크게 대표당사자의 권리실행(법 제40조), 분배관리인의 선임(법 제41조), 분배계획안의 작성(법 제42조), 분배계획안의 인가(법 제43조 내지 제46조), 권리의 신고와 확인(법 제49조), 분배 및 분배종료(법 제52조, 제54조), 잔여금의 처분(법 제55조) 등의 절차로 구성된다. 증권집단소송의 마지막 단계인 분배절차는, 증권투자자 개개인에게 손해배상금액을 현실적으로 배분함으로써 그들의 권리구제를 최종적으로 완성시키는 절차이므로, 허가절차나 소송절차와 마찬가지로 구성원의 이익을 보호할 필요성이 있다. 따라서 법은 분배절차에 관하여도 법원으로 하여금 후견적 개입을 하도록 하였고, 이에 관한 법원의 처분, 감독 및 협력 등은 제1심 수소법원(지방법원 본원 합의부)의 전속관할로 하였다(법 제39조). 여기서는 분배절차의 기본구조를 간략히 설명하고자 한다.[20]

2. 권리실행

대표당사자는 집행권원을 취득한 때에는 지체 없이 그 권리를 실행하여야 하고(법 제40조 제1항), 대표당사자가 권리실행으로 금전 등을 취득한 경우 대법원규칙이 정하는 바에 의하여 보관하여야 한다(법 제40조

---

[20] 분배절차에 관한 자세한 내용은, 박철희, "증권관련집단소송의 분배절차", 「BFL」 제8호, 서울대학교 금융법센터, 2004.11 참조.

제2항). 권리실행이 종료된 때에는 그 결과를 법원에 보고하여야 한다 (법 제40조 제3항), 집행권원상의 권리 전부가 만족되어야 권리실행이 종료되는 것은 아니고, 피고의 책임재산 부족 등의 사유로 더 이상 집행할 대상이 없는 경우에도 권리실행이 종료된 것으로 보아 그 결과를 법원에 보고하여야 한다.

3. 분배계획

1) 분배관리인

법원은 직권 또는 대표당사자의 신청에 의하여 분배관리인을 선임하여야 하고(법 제41조 제1항), 선임된 분배관리인은 법원의 감독 하에 권리실행으로 취득한 금전 등의 분배업무를 행한다(법 제41조 제2항). 구체적으로는, 분배계획안의 작성 및 제출(법 제42조), 인가된 분배계획에 따른 분배실시, 구성원의 권리확인(법 제49조 제3항), 잔여금의 공탁(법 제51조), 분배보고서의 제출(법 제52조), 분배종료보고서의 제출업무(법 제54조) 등이 분배업무에 해당한다.

2) 분배계획안

분배관리인은 법원이 정한 기간 이내에 분배계획안을 작성하여 법원에 제출하여야 한다(법 제42조 제1항). 분배계획안에는 ① 총원의 범위와 채권의 총액, ② 집행권원의 표시금액, 권리실행금액 및 분배할 금액, ③ 법 제44조 제1항의 규정에 의한 공제항목과 그 금액, ④ 분배의 기준과 방법, ⑤ 권리신고의 기간·장소 및 방법, ⑥ 권리확인방법, ⑦ 분배금의 수령기간·수령장소 및 수령방법, ⑧ 그 밖에 필요하다고 인정되는 사항을 기재하여야 한다(같은 조 제2항). 법원은 전자통신매체를 이용하여 분배계획안을 공고하여야 하는데(규칙 제34조 제3항), 이는 구성원 등

의 변호사 보수 감액신청권(법 제44조 제3항)을 보장하기 위해서 분배계
획안의 인가결정 전에 분배계획안의 내용을 구성원 등에게 알려주기 위
함이다.21)

　　분배관리인은 권리실행으로 취득한 금액에서 ① 소송비용 및 변호사
보수, ② 권리실행비용, ③ 분배비용(분배관리인에 대하여 지급하는 상
당하다고 인정되는 액수의 보수를 포함한다)을 공제할 수 있다(법 제44
조 제1항). 여기서 첫째, 소송비용은 민사소송비용법에 의하여 산정된 소
송비용으로 한다(규칙 제35조 제1항). 다만, 민사소송법 제109조에 의하
여 소송비용으로 인정되는 변호사 보수는 별도의 규정이 있으므로 여기
에 포함되지 않는다.22) 둘째, 변호사 보수는 '변호사보수의소송비용산입
에관한규칙'에 의한 변호사 보수에 한정되지 않는다. 다만, 법원은 분배
관리인·대표당사자 또는 구성원의 신청이 있는 경우에 소송의 진행과
정·결과 등 여러 사정을 참작하여 위 변호사 보수를 감액할 수 있다(법
제44조 제3항). 셋째, 권리실행비용이란, 집행준비비용·실시비용 등 집
행에 소요된 비용을 의미한다. 분배관리인은 분배계획안 제출시 권리실
행비용을 지출하였음을 입증할 수 있는 자료를 첨부하여야 한다(규칙 제
34조 제2항). 넷째, 분배비용이란, 장래의 분배절차에서 예상되는 비용으
로서, 분배계획안 작성 당시에는 이를 확정할 수 없으므로 대체로 예상
되는 금액을 기재할 수밖에 없다.

　　분배의 기준은 판결이유 중의 판단이나 화해조서 또는 인낙조서의 기
재내용에 의하므로(법 제43조 제1항), 판결이유 중의 판단, 화해조서 또
는 인낙조서의 내용에 반하는 분배기준은 인정되지 않는다. 한편, 권리
신고기간 내에 신고하여 확인된 권리의 총액이 분배할 금액을 초과하는
경우에는 안분비례의 방법에 의하여야 한다(법 제43조 제2항).

---

21) 법원행정처, 앞의 책, 앞의 주 5), 120쪽.
22) 법원행정처, 앞의 책, 앞의 주 5), 120~121쪽.

3) 분배계획안의 인가 등

법원은 권리실행으로 취득한 금액이 분배에서 제외되는 비용(법 제44조 제1항 각호)을 지급하기에 부족한 때에는 '분배하지 아니한다는 결정'을 하여야 하고, 그 결정이 있는 경우 분배관리인은 법원의 허가를 받아 권리실행한 금액을 적절한 방법으로 소송비용 등의 비용에 분배하여야 한다(법 제45조). 법원은 분배계획안이 공정하고 형평에 맞다고 인정되는 때에는 결정으로 이를 인가하여야 한다. 법원은 상당하다고 인정하는 때에는 직권으로 분배계획안을 수정하여 인가할 수 있다. 법원은 분배계획을 인가한 때에는 상당한 방법으로 집행권원의 요지, 분배관리인의 성명 및 주소, 분배계획의 요지를 구성원에게 고지하여야 한다(법 제47조). 위 고지는 전자통신매체를 이용하여 공고함으로써 한다(규칙 제38조).

4. 권리의 확정

1) 분배관리인에 의한 권리확인

구성원은 분배관리인에 대하여 분배계획이 정하는 바에 따라 권리신고 기간 내에 권리를 신고해야 한다(법 제49조 제1항). 위 권리신고에는 ① 권리신고인의 성명 및 주소(전자우편주소 포함), ② 권리신고의 내용, ③ 분배액을 송금받기 위한 금융기관 등의 계좌번호를 기재하여야 하고, 권리확인을 위하여 필요한 자료를 첨부해야 한다(규칙 제39조). 분배관리인은 신고된 권리를 확인하여야 한다(법 제49조 제3항). 분배관리인은 권리신고를 한 자 및 피고에 대하여 권리확인의 결과를 고지해야 한다(법 제49조 제4항).

2) 법원에 의한 권리확인

권리신고를 한 자 또는 피고는 분배관리인의 권리확인에 이의가 있는 때에는 확인결과의 고지를 받은 날부터 2주일 이내에 법원에 그 권리의 확인을 구하는 신청을 할 수 있다(법 제50조 제1항). 권리신고를 한 구성원의 경우 분배관리인의 확인결과 자신의 권리 중 일부만 확인되거나 권리전부가 불확인된 때에, 피고의 경우에는 권리신고를 한 구성원의 권리 중 일부 또는 전부가 확인된 때에 한하여 권리확인신청의 이익이 있다고 할 것이다. 권리신고기간 내에 권리신고를 하지 않은 구성원은 권리확인신청을 할 수 없다.[23] 법원은 권리확인신청에 대하여 결정으로 재판하여야 한다(법 제50조 제2항). 법원은 권리확인을 위하여 필요한 때에는 권리신고를 한 자, 피고 및 분배관리인을 심문하거나 직권으로 필요한 조사를 할 수 있다(규칙 제43조 제1항).

5. 분배 및 잔여금의 처분

분배관리인은 권리확인이 확정된 금액과 분배계획에서 정한 분배기준에 따라 구성원별 분배금액을 정하고, 분배기준에서 정한 수령기간, 수령장소 및 수령방법에 따라 권리확인된 구성원에게 분배한다. 분배관리인은 분배금의 수령기간 경과 후 분배보고서를 법원에 제출하여야 한다(법 제52조 제1항). 분배관리인은 분배금의 수령기간 경과 후 잔여금이 있는 때에는 지체 없이 이를 공탁하여야 한다(법 제51조). 권리가 확인된 구성원으로서 분배금의 수령기간 내에 분배금을 수령하지 아니한 자 또는 는 신고기간 경과 후에 권리를 신고하여 권리를 확인받은 자는 수령기간 경과 후 6월 이내에 한하여 공탁금의 출급을 청구할 수 있다(법 제53

---

23) 법원행정처, 앞의 책, 앞의 주 5), 130쪽.

조). 분배관리인은 법 제53조의 규정에 의한 공탁금의 출급청구기간이 만료된 때에는 지체 없이 법원에 분배종료보고서를 제출하여야 한다(법 제54조 제1항). 법원은 분배종료보고서가 제출된 경우 잔여금이 있는 때에는 직권 또는 피고의 출급청구에 의하여 이를 피고에게 지급한다(법 제55조, 피고반환방식). 한편, 권리의 실행으로 취득한 금전 외의 물건을 분배하는 경우에는 그 성질에 반하지 아니하는 범위 안에서 금전에 준하여 분배하고, 분배관리인은 법원의 허가를 받아 권리의 실행으로 취득한 금전외의 물건의 전부 또는 일부를 환가하여 분배할 수 있다(법 제57조). 이 때 그 환가방법에 대하여도 법원의 허가를 받아야 한다(규칙 제44조).

제4절 화해절차

Ⅰ. 개 설

법은 "증권집단소송에 있어서 소의 취하, 소송상의 화해 또는 청구의 포기(이하 '화해 등'이라 한다)는 법원의 허가를 받지 아니하면 그 효력이 없다"(법 제35조 제1항)고 규정하여, 증권집단소송의 화해 등의 효력 발생에 법원의 허가를 요구하고 있다. 원칙적으로 당사자의 처분권주의가 인정되는 민사소송절차에서는 화해 등이 당사자의 의사만으로 성립되고 있으나, 대다수의 구성원들이 직접 소송에 관여하지 못하면서도 화해 등이 성립하면 그 효력이 구성원 전체에 미치게 되는 증권집단소송의 특성상 대표당사자와 피고 등이 담합을 하여 구성원의 이익에 반하는 내용으로 소송을 종료시킬 위험성이 있으므로, 이를 방지하기 위한 법원의 감독방법으로서 허가를 받도록 한 것이다.[1] 규칙은 미국의 경우를 참고하여 크게 화해 등 허가신청, 화해 등의 고지, 화해 등 허가여부 결정 및 소송허가결정 확정전의 화해 등 허가신청 등의 절차를 자세하게 규정하고 있다. 한편, 상법상 대표소송의 경우에도 소의 취하·화해·청구포기 등에 법원의 허가가 필요한데, 대표소송은 소수주주가 회사의 이익을 위하여 제기하는 것이므로, 그 공익적 성격으로 인하여 제소주주가 임의로 소의 취하·화해 등을 하는 것은 적절하지 못하다는 판단에 따라, 1998년 개정으로 "법원의 허가를 얻지 아니하고는 소의 취하·청구의 포기·인낙·화해를 할 수 없"도록 개정되었다(상법 제403조 제6항).

이하에서는 현행법과 규칙의 내용을 중심으로 우리법상 증권집단소송에서의 화해절차가 어떻게 진행되고 있는지 자세하게 살펴보기로 한다.

---

1) 법원행정처, 「증권관련집단소송 실무」, 2005, 95쪽.

II. 화해 등 허가신청

1. 적용 대상

먼저, 법 제35조에 의하면 법원의 허가가 필요한 소송종료사유는 소의 취하(민사소송법 제266조), 소송상의 화해 또는 청구의 포기(같은 법 제220조)의 경우이다. 청구취지의 감축은 일부 소취하에 해당하므로(대법원 2004. 7. 9. 선고 2003다46758 판결 등 다수), 이 경우에도 법원의 허가를 받아야 한다. 한편, 화해권고결정은 민사소송법 제226조 제1항의 기간 이내에 이의신청이 없는 때, 이의신청에 대한 각하결정이 확정된 때, 당사자가 이의신청을 취하하거나 이의신청권을 포기한 때 중 어느 하나에 해당하면 재판상 화해와 같은 효력이 있고(민사소송법 제231조), 조정이 성립하거나 조정에 갈음하는 결정에 이의신청이 없거나 이의신청이 취하된 때에도 재판상의 화해와 동일한 효력이 있다(민사조정법 제29조, 제34조 제4항). 따라서 이러한 화해권고결정, 조정, 조정에 갈음하는 결정(이하 '화해권고결정 등'이라 한다) 등의 경우에도 법 제35조에서 정한 허가나 고지절차가 필요한지 문제될 수 있는데, 법 제35조 제1항에서 화해 등에 법원의 허가를 받도록 한 이유는 법원의 관여 없이 대표당사자와 피고가 담합을 하여 구성원들 전체의 이익에 반하는 내용으로 소송을 종료시키는 것을 방지하기 위한 것이라는 점에서 본다면, 법원의 관여를 전제로 하고 있는 화해권고결정 등에는 원칙적으로 그 허가를 요구할 필요가 없다고 할 것이다. 즉, 먼저 민사조정법상의 조정절차는 비송적 성격을 가지고 있고, 수소법원 등 조정기관은 당사자 간 합의가 성립되더라도 그 내용이 상당하지 아니한 경우에는 조정불성립 결정을 할 수 있으며(민사조정법 제27조), 직권으로 당사자의 이익 기타 모든 사정을 참작하여 사건의 공평한 해결을 위하여 조정에 갈음하는 결정을 하는 것이므로(민사조정법 30조), 조정성립 및 조정에 갈음하는 결정은 항상 조정기관의 감독 하에 행해지게 된다. 또한, 화해권고결정 역시 법원·수명법관 또는 수탁판사가 직권으로 당사자의 이익, 그 밖의 모든 사정을 참작하여 사건의 공평한 해결을 위하여 하는 것이어서(민사소송법 제225조), 법원의 관여 내지 허가가 내포되어 있다고 볼 수 있다.[2] 다만, 조정기관 및 화해권고결정을 하는 법원으로서는 화해권고결정 등이 바로 구성원들에게도 효력을 가지게 된다는 점을 감안하여 그 조정이나 결정의 내용을 정함에 있어서 화해 등에서의 허가기준과 동일한 정도의 심사를 하여야 하고,[3] 화해권고결정 등 이전에 법 제35조 제2항에 준하여 구성원들에게 의견 진술의 기회를 부여하도록 하고 있다(규칙 제23조 제2항).

2. 허가신청

증권집단소송에서 화해 등에 대한 허가를 받고자 하는 당사자는 법원에 허가신청서를 제출하여야 한다(규칙 제22조 제1항). 위 허가신청서에는 대표당사자, 대표당사자의 소송대리인, 피고 및 화해 등에 관여한 제3자 사이의 화해 등에 관련된 일체의 합의내용을 기재한 서면을 첨부하여야 한다(규칙 제22조 2항). 이는 앞서 본 2003년 개정된 Rule 23(e)(2)의 내용을 받아들인 것으로서, 화해 등에 법원의 허가를 요구하는 취지가 당사자 등의 담합에 의한 구성원의 이익 침해를 방지하기 위한 것인 이상, 법원은 당사자 등이 화해 등을 하는 실제 이유 및 조건을 알아내기 위함이고,[4] 대표당사자와 그 변호사 및 피고 사이에 화해 협상에 영향을 미쳤을지도 모르는 이면합의를 밝혀내기 위한 규정이다.

---

2) 법원행정처, 앞의 책, 앞의 주 1), 101쪽.
3) 법원행정처, 앞의 책, 앞의 주 1), 101쪽.
4) 법원행정처, 앞의 책, 앞의 주 1), 96쪽.

III. 고지 전 심리

1. 의 의

법원은 법 제35조 제2항의 규정에 의한 고지 전에도 당사자를 심문하거나 직권으로 필요한 조사를 할 수 있다(규칙 제22조 제3항)고 규정하여 미국 증권집단소송에서의 예비심사절차와 유사한 절차를 마련하였다.

2. 취지 및 필요성

당사자가 허가 신청한 화해 등이 허가기준을 충족하는지에 대한 판단 없이 곧바로 법 제35조 제2항의 규정에 의하여 구성원에게 이를 고지하는 경우, 화해 등이 그대로 허가된다면 별 문제가 없으나, 만일 허가신청이 기각된다면 당사자들이 다시 화해안을 마련하여 고지를 거쳐야 하는 등 절차를 반복하여야 하기 때문에 시간 및 비용의 증가가 예상된다. 따라서 법원으로서는 법 제35조 제2항에 의한 고지 이전에 당사자가 허가 신청한 화해 등이 구성원의 정당한 이익을 침해하는 것인지 여부를 미리 심사하여 예비적으로 어느 정도 허가기준을 충족한다고 판단되는 경우에 한하여 고지절차를 진행할 필요가 있다.

법원이 허가기준을 충족하는지 판단하기 위해서는 총원의 범위, 당사자의 주장, 소송으로 진행할 경우의 승소가능성 및 손해배상액 등이 어느 정도 밝혀져 있어야 한다. 만일 화해 등 허가신청이 소송허가결정 확정 후 본안에 대한 심리가 충분히 이루어진 상태에서 이루어졌다면 법원으로서는 별도의 증거조사를 거칠 필요 없이 바로 허가기준의 충족 여부를 판단할 수 있을 것이지만, 화해 등 허가신청이 본안에 대한 심리가 부족하거나 소송허가결정 이전에 이루어진 경우에는 허가기준의 충족 여부 판단을 위하여 부족한 심리를 보충할 필요가 있을 것이므로, 법원으로 하여금 당사자를 심문하거나 직권으로 필요한 조사를 할 수 있도록 하였다. 이 경우 화해 등 허가신청이 소송허가결정 이전에 있는 경우에는 소송허가절차의 심리와 화해 등의 허가기준 충족 여부에 관한 심리를 함께 진행할 수 있을 것이다.5)

3. 허가기준

법은 화해허가에 관한 구체적인 허가기준을 명시하지 않고 있다. 다만, 화해 등에 대하여 법원의 허가를 요구하는 취지에 비추어 법원은 화해 등이 소송에 참가하지 않은 구성원의 정당한 이익을 침해하지 않는 경우에 한하여 화해 등을 허가할 수 있을 것이다.6) 미국의 Rule 23(e)(1)(C)는 화해허가의 기준으로 공정성(fairness) · 상당성(reasonableness) · 적정성(adequacy)을 요구하고 있음은 뒤에서 자세히 살펴보겠다.

4. 심리 이후의 절차

법원은 위 심리과정에서 화해 등이 허가기준에 충족되지 않는다고 판단하면 이를 당사자에게 적절히 알려줌으로써 화해내용 등의 수정을 권고할 수 있을 것이나 화해 등의 본질상 직접 화해안의 작성 등에 관여할 수는 없다. 당사자는 그 권고에 따라 허가기준에 충족되는 새로운 화해 등의 허가신청을 함으로써, 실제로 화해 등을 고지할 때에는 일응 법원의 허가기준을 충족한다고 보여지는 화해 등을 고지하도록 해야 할 것이다.7)

---

5) 법원행정처, 앞의 책, 앞의 주 1), 97~98쪽.
6) 법원행정처, 앞의 책, 앞의 주 1), 96쪽.
7) 법원행정처, 앞의 책, 앞의 주 1), 98쪽.

IV. 화해 등의 고지

1. 의 의

법원은 화해 등의 허가에 관한 결정을 하고자 하는 때에는 미리 구성원에게 이를 고지하여 의견을 진술할 기회를 부여하여야 한다(법 제35조 제2항). 화해 등의 효력이 구성원에게 미치는 이상 구성원에게 화해 등의 내용을 미리 고지하여 이에 대한 의견을 진술할 기회를 부여할 수 있도록 함으로써, 소송에 참가하지 않은 구성원의 이익을 보호하기 위한 절차이다.

2. 고지의 시기

앞에서 본 바와 같이 법원이 화해 등에 대하여 예비적으로 허가기준 충족 여부를 심리한 후 허가기준이 어느 정도 충족되었다고 판단되면 이를 고지할 것이다. 당사자가 허가기준 판단을 위한 심리과정에서 법원의 권고에 불응하는 경우에는 즉시 구성원에게 이를 고지하여야 할 것이다.[8]

3. 고지의 내용

화해 등의 고지는 구성원들에게 화해 등에 대하여 이를 수락할 것인지 또는 반대할 것인지를 판단하기 위한 정보를 제공하여야 한다. 따라서 위 고지에는 총원의 범위, 화해 등의 이유, 원고측에 지급될 총 금액

---

8) 법원행정처, 앞의 책, 앞의 주 1), 98~99쪽.

및 증권당 금액, 변호사 보수, 분배의 기준 및 방법, 규칙 제24조 제1항의 규정에 의한 심문의 일시 및 장소, 원고측 소송대리인의 주소·연락처 및 문의 방법이 포함되어야 한다(규칙 제23조 제1항).

그런데 규칙에서 분배의 기준 및 방법을 화해내용에 포함시키도록 하였는바, 이에 관하여는 다소 융통성 있는 해석이 필요하다고 본다. 첫째, 분배계획을 구체적으로 마련하는 것은 어렵고 시간이 많이 소요되는 절차인데, 구체적인 분배계획을 마련한 뒤에야 비로소 화해 등의 고지를 하고, 그 이후에야 화해 등에 대한 공정성 심리절차를 진행할 수 있도록 한다면 이는 화해협상을 극도로 복잡하게 하고 법원과 당사자 모두에게 지나친 부담을 주는 일이 될 것이고,[9] 둘째, 법은 제39조 이하에서 분배절차에 관한 세부사항을 규정하면서 특히 분배관리인으로 하여금 분배의 기준과 방법을 포함한 분배계획안을 작성하도록 하는데(법 제42조) 이 때 분배의 기준은 화해조서의 기재내용에 의한다고 되어 있는바(법 제43조), 결국 이러한 사정을 종합해 보면, 화해안에서는 분배의 기준과 방법에 대한 추상적인 기준만을 세우고, 차후 구체적인 사항은 분배관리인에게 맡기는 것으로 해석하여야 할 것이다. 따라서 구체적인 분배의 기준과 방법이 결여되었다는 이유만으로 화해 등의 허가를 거부하는 일이 있어서는 안 될 것이다.

그 밖에도, 미국 판례상 고지(notice)에 포함되어야 할 것으로 설명되는 내용들 예컨대, ① 제안된 화해의 조건과 허가될 경우 모든 구성원들에게 효력이 미친다는 뜻, ② 원래 청구의 배경, 청구취지 및 항변 등, ③ 구성원은 심리절차에 출석하여 의견을 진술할 수 있다는 것, ④ 화해 등에 대한 반대의견진술 방법, ⑤ 구성원에 따라 다른 종류의 보상을 하기로 한 경우 그 내용, ⑥ 비금전 화해요소를 포함하고 있는 경우 그 요소의 평가 근거 등[10] 및 미국 1995년 개혁법에 의하여 고지(notice)에 포

---

9) In re Agent Orange Product Liability Litigation MDL No. 381, 818 F.2d 145 (2d Cir. 1987).

10) 이 책 제2장 제3절 V. 3. 고지에 포함될 내용 부분 참조.

함되어야 하는 내용들, ① 잠재적 판결결과(원고가 승소할 것을 전제로 배상액에 대하여 쌍방이 동의한 경우는 그 금액, 동의하지 아니하는 경우 부동의 쟁점에 관한 당사자들의 의견), ② 변호사의 보수와 비용(누가 비용을 신청하는지, 얼마를 신청하는지, 그 근거는 무엇인지), ③ 기타 법원이 요구하는 사항 등11)이 추가될 수 있을 것이다.

4. 고지의 방법

고지방법에 관하여는 소송허가결정 고지에 관한 법 제18조 제2항 및 제3항이 준용되므로(법 제35조 제3항), 확인가능한 구성원에 대한 통상 우편에 의한 개별고지 및 일간신문에의 게재를 병행하여야 하고(규칙 제15조), 위 고지내용은 인터넷 대법원 홈페이지 법원공고란에도 이를 공고하여야 한다(예규 제8조 제2항).

5. 제외신고의 인정 여부

미국 Rule 23(e)(3)에 의하면, 화해 등 허가와 관련하여 구성원에게 새로운 제외신고의 기회를 부여할 수 있음을 전제로 하고 있고, 제외신고의 기회를 다시 한 번 마련하는 경우 고지시에 새로운 제외신고의 기간과 방법을 정하여 고지하도록 하고 있다.

한편, 우리 법의 경우 화해 등 고지시에 구성원들에게 제외신고의 기회를 부여할 수 있는지에 대하여 법상 명문의 규정이 없어 견해의 대립이 있다. 먼저, 가능설은 ① 화해의 본질이 당사자의 의사에 기한 소송의 종료이므로 화해 등에 대하여 반대하는 구성원에게까지 화해의 효력을 강제할 수 없고, ② 법에서 새로운 제외신고 기회의 부여를 금지하고 있

---

11) 1933년 증권법 제27조 (a)(7), 1934년 증권거래소법 제21D조 (a)(7).

지도 아니하므로 화해 등 고지와 동시에 새로운 제외신고의 기회를 부여할 수 있다고 한다.12) 이에 대하여 불가능설은 ① 법원이 허가의 형식으로 화해 등의 내용을 감독하고 있으므로 구성원에게 새로운 제외신고의 기회를 부여할 필요성이 적고, ② 법 제35조는 화해 등에 관한 고지절차에 대하여 소송허가결정의 고지에 관한 법 제18조의 규정 중 고지의 방법에 관한 제2항 및 제3항만을 준용하고 있을 뿐 제외신고에 대하여는 아무런 규정을 하고 있지 아니하며, ③ 제외신고를 허용하는 경우 남용의 가능성이 있고, ④ 피고가 화해에 응하는 인센티브를 감소시키게 되므로 새로운 제외신고의 기회를 부여할 수 없다고 한다.13)

살피건대, 화해협상에 관여하지 아니한 구성원의 의사에 관계없이 화해 등이 법원의 허가를 얻어 효력이 생기게 되면, 위 구성원도 화해 등의 효력을 받게 되고 더 이상 피고를 상대로 재판을 할 수가 없게 된다. 화해 등에 반대하는 당사자는 심문절차에서 반대의견을 제시함으로써 자기의 권리주장에 나설 수 있다고는 하나 미국의 경우 반대의견이 제기되더라도 약 90% 이상의 사건에서 화해가 아무런 변경 없이 그대로 받아들여진다고 하는 등 구성원의 의사가 반영되는 경우는 그리 많지 않아 보이고,14) 앞서 본 바와 같이 참가제도를 인정할 것인지에 대해서도 논란이 있어 실제 구성원이 집단소송절차에서 자기의 의사를 반영시킬 수 있는 방법이 마땅치 않다. 따라서 구성원의 재판청구권 확보 및 적법절차15)의 차원에서 보자면, 당연히 화해 등 고지시에도 제외신고를 부여함이 타당할 것이다. 하지만, 미국 연방민사소송규칙과는 달리 새로

---

12) 법원행정처, 앞의 책, 앞의 주 1), 99쪽 참조.

13) 이상윤, "집단소송에 있어서의 판결의 효력", 「BFL」 제8호, 서울대학교 금융법센터, 2004.11, 51쪽.

14) Thomas E. Willging, Laural L. Hooper & Robert J. Niemic, "Empirical Study of Class Actions in Four Federal District Courts: Final Report to the Advisory Committee on Civil Rules", at 56-58 (1996)(available at http://classaction.findlaw.com/research/fjcca4.pdf).

15) Phillips Petroleum Co. v. Shutts, 472 U.S. 797, 812 (1985).

운 제외신고의 기회에 관한 아무런 규정이 없는 우리 법의 경우 이러한 이념과 필요성만으로 제외신고의 기회를 인정할 수 있을 것인가에 대해서는 부정적인 입장을 취할 수밖에 없다고 본다. 예규 제6조에서도 불가능설에 따라 화해 등 고지시에는 제외신고서 양식을 동봉하지 않는다고 한다.

V. 허가 여부의 결정

1. 허가 여부 결정을 위한 심문

법원은 화해 등의 허가 여부를 결정하기 위하여 당사자를 심문하여야 하고, 구성원은 서면으로 의견을 제출하거나 심문기일에 출석하여 의견을 진술할 수 있다(규칙 제24조 제1항·제2항). 미국 Rule 23(e)(1)(C)에서 화해 등 허가시 심문절차를 반드시 거치도록 하는 것과 같은 내용이다. 화해 등에는 제외신고가 인정되지 않아 법원의 허가를 얻으면 그 효력이 구성원 전체에게 미치기 때문에 구성원들의 의견을 반영하여 최종적으로 허가 여부를 결정하기 위해 마련된 것이 바로 심문절차이다. 그 심문일시 및 장소는 화해 등 고지시에 이를 포함하여 고지하여야 한다. 심문기일에는 구성원이 서면으로 제출한 의견이나 심문기일에서의 진술을 듣고, 이에 대한 허가신청의 당사자 즉, 대표당사자나 원고측 소송대리인 또는 피고로부터의 설명을 듣는 등, 화해 등이 허가기준을 충족하는지 여부를 판단하기 위하여 필요한 사항을 심문하여야 한다.[16] 반대의견이 있는 구성원은 이 절차에서 자신의 의견을 피력하고, 필요한 경우 증거를 제출할 수도 있을 것이다.

---

16) 법원행정처, 앞의 책, 앞의 주 1), 101쪽.

2. 허가 여부의 결정

법원은 위 심문결과와 구성원의 의견을 종합하여 앞서 본 화해허가의 기준 즉, 공정성·상당성·적정성의 요건을 갖추고 구성원의 정당한 이익을 침해하지 않는 경우에 한하여 이를 허가하고, 위와 같은 허가기준을 갖추지 못하였다고 판단되면 허가신청을 기각할 것이다.[17] 공정성·상당성·적정성의 구체적 기준에 대하여는 미국의 사례들이 참고할 만하다.[18] 법원은 허가 여부를 최종 결정함에 있어 ① 화해 등의 내용과 판결이 내려질 경우 예상되는 결과, ② 소송을 계속할 경우의 시간 및 비용, ③ 화해 등 내용에 구성원 및 법원이 관여한 정도, ④ 화해 등에 반대하는 구성원의 수 및 피해액, ⑤ 당사자의 현재 자력, ⑥ 유사한 소송에서의 (예상) 결과, ⑦ 변호사 보수의 상당성 등 종합적인 사정을 고려하여야 한다.[19] 한편, 법원은 화해 등에 대하여 허가 여부를 결정할 수는 있지만, 화해 등의 본질이 당사자의 일방적 의사표시 또는 합의에 의한 것인 이상, 법원이 직접 그 내용을 수정하여 허가할 수는 없다.[20] 허가 여부 결정은 인터넷 대법원 홈페이지 법원공고란에 공고하여야 한다(예규 제8조 제2항).

3. 허가결정의 효과

화해 등이 허가된 경우에는 화해 등의 효력이 발생하여 그 내용대로 소송이 종료되고 구성원들에 대하여도 그 효력이 미치게 된다. 먼저, '소의 취하'의 경우 즉, 본안에 대한 종국판결 후에 증권집단소송의 소가

---

17) 법원행정처, 앞의 책, 앞의 주 1), 101쪽.
18) 이 책 제2장 제3절 Ⅶ. 2. 화해허가의 기준 부분 참조.
19) 법원행정처, 앞의 책, 앞의 주 1), 101쪽.
20) 이 책 제3장 제6절 Ⅳ. 수정가능성 부분 참조.

취하된 경우 구성원들에 대하여도 민사소송법 제267조의 재소금지의 효과가 발생하고, '소송상 화해' 및 '청구의 포기'는 확정판결과 동일한 효력이 있으며(민사소송법 제220조) 그 효력은 제외신고를 하지 아니한 구성원에 대하여도 미치게 된다(법 제37조).

  지금까지 증권집단소송제도의 미국과 우리나라에서의 역사와 제도의 특징을 살펴보았으며, 현행 법과 규칙을 중심으로 증권집단소송절차의 일반적 절차와 화해절차를 개략적으로 살펴보았다. 이와 같은 증권집단소송제도에 관한 이해를 바탕으로 다음 장에서는 본격적으로 증권집단소송의 화해제도에 관한 논의를 시작해 보려고 한다.

제2장 미국 증권집단소송에서의 화해

제1절 개 관

미국의 증권집단소송은 화해로 분쟁이 종결되는 경우가 많다고 하는데, 통계자료마다 다소의 차이는 있으나 적어도 60% 이상의 사건이 화해로 해결된다고 볼 수 있다. 일반적으로 화해는 소송절차에 비하여 간이하면서도 신속하고 저렴하게 분쟁을 해결할 수 있다는 장점이 있지만, 집단소송의 경우에는 일반 민사소송보다 가중된 복잡성과 불확실성으로 말미암아 화해를 하고자 하는 동기가 더욱 커진다고 한다. 예를 들어, 첫째, 시간이 오래 걸리고 비용이 많이 드는 증거개시절차(discovery)나 변론절차에 소요될 시간적, 금전적 비용을 고려하면 화해를 하는 것이 보다 경제적일 수 있다.1) 둘째, 본안심리를 하게 될 경우 언론 등에 보도될 가능성이 높아 이로 인해 사회적 명예나 경제적 신용이 실추될 우려가 있으므로, 피고로서는 이를 사전에 방지하기 위하여 화해를 하게 되는 경

---

1) Litigation Reform Proposals--S. 240, S. 667 & H.R. 1058: Hearings before the Subcomm. on Sec. of the Senate Comm. on Banking, Hous. & Urban Affairs, 104th Cong. 259 (1995); Private Litigation under the Federal Securities Laws: Hearings before the Subcomm. on Sec. of the Senate Comm. on Banking, Hous. & Urban Affairs, 103d Cong. 111 (1993).

우도 있다.[2] 셋째, 원고측의 승소가능성이 높지 아니한 사건일지라도, 증권집단소송에서 산정되는 막대한 이론적 손해배상액과 이것이 인정될 경우의 파급효과로 인하여 위험을 피하고자 하는 피고는 화해를 택하게 된다는 분석도 있다.[3][4] 넷째, 피고로서는 하나의 집단소송에서 화해함으로써 기판력의 혜택을 받게 되어 향후 발생할 지도 모르는 유사 소송으로부터 해방되고 이로 인하여 추가로 유사소송에 응소하게 될 경우 투입하여야 하는 여러 가지 자원의 낭비를 방지할 수 있다.[5] 끝으로, 피고가 실제로 불법행위를 저지른 경우 증거조사 전에 화해를 통하여 분쟁을 종결함으로써 자신들의 불법행위 사실이 탄로 나는 것을 방지할 수 있기 때문에 화해를 하는 경우도 있다고 한다.[6] 한편, 원고의 입장에서도 일정액의 확실한 보상금액을 약속받으면서 분쟁을 조기종결시킴으로써 불확실한 승소가능성, 소송비용의 부담, 시간이 많이 걸리는 소송에 따르는 시간적, 금전적 비용으로부터 해방될 수 있다는 장점이 있다.[7] 나아가 집단소송의 화해는 당사자들에게 뿐만 아니라 법원의 시간과 노력을 줄일 수 있기 때문에,[8] 법원으로서는 화해를 적극 권유하여야

---

2) Janet Cooper Alexander, "Do the Merits Matter? A Study of Settlements in Securities Class Actions", 43 *Stan. L. Rev.* 532 (1991).

3) Chris Guthrie, "Framing Frivolous Litigation: A Psychological Theory", 67 *U. Chi. L. Rev.* 163, 179-181 (2000).

4) 1993 Senate Hearings, *supra* note 1), at 16.

5) Geoffrey P. Miller, "Payment of Expenses in Securities Class Actions: Ethical Dilemmas, Class Counsel and Congressional Intent", N.Y.U. School of Law, Public Law and Legal Theory Research Paper Series Research Paper No. 52 & Center for Law and Business Working Paper Series Working Paper No. 02-10 at 26 (2002).

6) Deborah R. Hensler, Nicholas M. Pace, Bonita Dombey, Moore Beth Giddens, Jennifer Gross & Erik K. Moller, *Class Action Dilemmas: Pursuing Public Goals for Private Gain*, Rand Institute for Civil Justice, at 80 (2000); Alba Conte & Herbert B. Newberg, *Newberg on Class Actions* (Fourth Edition) § 11:11, West Group(available at http://www. westlaw.com, 이하에서는 4 Newberg on Class Actions § 11:11이라는 식으로 약칭하기로 한다).

7) Hensler et al., *supra* note 6), at 80.

한다는 미국 판례도 있다.[9]

　이 장에서는 위와 같은 이유로 집단소송의 화해가 활성화되어 있는 미국에서의 증권집단소송의 화해 통계와 구체적 사례를 살펴봄으로써 우리나라에서 증권집단소송의 전개양상을 예상해 보고, 미국법상 화해 절차를 중심으로 증권집단소송에서 화해가 현실적으로 어떠한 절차를 거쳐 진행되는지를 분석해 보고자 한다.

---

8) Martha Pacold, "Attorneys' Fee in Class Actions Governed by Fee Shifting Statutes", 68 *U. Chi. L. Rev.* 1007 (2001).

9) Central Wesleyan College v. WR Grace & Co., 6 F.3d 177 (4th Cir. 1993).

제2절 화해사례의 분석

Ⅰ. 개   설

미국에서는 대량 불법행위(환경, 공해, 제조물책임), 독점금지, 고용차별, 증권사기 등의 영역에서 주로 집단소송이 제기되는데, 대량 불법행위나 독점금지 사안에 비해서는 규모가 작지만 증권집단소송의 화해금액도 상당하다고 한다. 이는 증권법상의 수많은 공시·보고의무 때문에 증권법 위반행위는 공정거래법 위반행위보다 조기에 적발되어 피해기간이 비교적 짧고, 피해기간이 짧으면 일반적으로 구성원들의 금전적 손실도 비교적 적을 것이기 때문이다.1) 미국의 증권집단소송은 대부분 배상청구액의 약 25%선에서 화해가 이루어지고 있으며, 본안 자체는 화해금액에 영향을 미치지 않는다는 견해도 있다.2) 한편, 증권집단소송의 경우 주식이나 신주인수권과 같은 현금 이외의 증권에 의한 화해도 종종 사용된다고 한다.

이하에서는 지금까지 성사된 미국 증권집단소송의 화해사례를 기초로 여러 가지 기준을 이용한 경험적·통계적 연구결과를 인용, 제시하고, 다음으로 최근에 성사된 몇 가지 구체적 화해사례를 소개함으로써, 우리나라 증권집단소송에 있어서의 화해제도의 전개양상을 가늠해 보고자 한다.

---

1) 4 Newberg on Class Actions § 11:2.
2) Janet Cooper Alexander, "Do the Merits Matter? A Study of Settlements in Securities Class Actions", 43 *Stan. L. Rev.* 517 (1991).

II. 통 계

1. 화해로 종결되는 비율

미국에서는 일반 민사소송의 경우 화해나 소취하, 각하 등으로 종결
되는 경우가 많고 판결로 종결되는 경우는 그리 많지 않다고 한다. 그러
나 일반 민사소송이 화해로 종결되는 비율에 관한 구체적인 수치에 대
하여는 사법당국의 공식적인 화해율이나 판결로 종결되는 비율에 관한
통계가 없어 개별 사건을 조사연구한 학자들이나 조사팀마다 그 결과가
다르다. 예컨대, Janet Cooper Alexander 교수는 일반 민사소송에서의 화해
성립률이 대략 60%에서 70% 정도라고 하고,[3] 1983년의 민사소송 조사
팀(Civil Litigation Research Project)의 연구에 의하면 50% 이상의 사건들이
화해로 종결된다고 한다.[4]

한편, 증권집단소송의 경우 이러한 일반적인 민사소송들보다도 판결
에 의하여 종결되는 사례가 더욱 적고, 화해로 종결되는 비율이 더 높다
는 데에는 학자들의 의견이 일치한다. 1987년 연방지방법원에 계속된 증
권소송사건(집단소송과 개별소송 포함)을 조사한 보고에 의하면, 5,147건
중 단지 224건만이 정식심리절차로 진행되었다고 하는데,[5] 이는 그 자
체로 5%에도 미치지 못하는 수치일 뿐만 아니라 그 사건들이 모두 판결
로 종결되었다는 것을 의미하지도 않으므로, 이러한 점을 고려하면 판결
에 의하여 종결되는 비율은 더 낮아질 수도 있다고 한다.[6] 한편, 위 통계

---

3) Alexander, *supra* note 2), at 525.

4) David M. Trubek, Austin Sarat, William L.F. Felstiner, Herbert M. Kritzer & Joel
B. Grossman, "The Costs of Ordinary Litigation", 31 *UCLA L. REV.* 72, 89 (1983).

5) Alexander, *supra* note 2), at 525; Annual Report of the Director, Administrative
Officer of the United States Courts, 1987 Reports of the Proceedings of the Judicial
Conference of the United States 211 at 116, 227 (tables S-12 and C8).

6) Alexander, *supra* note 2), at 525.

를 근거로 종종 90% 내지 95%의 증권소송이 화해로 종결된다고 하는 설명이 있으나,[7] 이는 화해와 아무 관계가 없는 소취하, 각하 등을 감안하지 아니한 것이므로 화해율이 95%라는 것은 아니라는 취지의 반론이 있다.[8] 그리고 Mukesh Bajaj 등은 1988년부터 1999년까지 주로 연방지방법원에 제기된 증권집단소송 중 일정한 기준에 의하여 1,312건을 표본으로 선정하여 조사하였는데, 그 중 화해가 이루어진 사건은 모두 807건으로서 대략 62%의 사건이 화해로 종결되었다고 한다.[9] Thomas E. Willging 등은 1992.7.1.부터 1994.6.30.까지 4개의 연방지방법원에서 종결된 모든 집단소송의 화해비율을 조사하였는데, 집단소송으로 허가된 경우 화해로 종결된 비율은 각 연방지방법원별로 62%에서 100% 사이였다고 한다.[10] 그 밖에 오래된 것이긴 하나 약 71%의 증권집단소송이 정식심리절차에 들어가기 전에 화해로 종결된다는 연구도 있었다.[11] 이러한 연구 결과들을 종합해 보면 미국의 증권집단소송은 적어도 60% 이상의 사건이 화해로 종결된다고 할 것이다.

2. 화해금액

1) 연도별 화해금액

1995년 개혁법 제정 이후 소 각하비율이 증가하였지만, 일단 집단소송

---

7) 예컨대, David Rosenberg, "Class Action for Mass Torts: Doing Individual Justice by Collective Means", 62 *IND. L. J.* 561, 582 (1987).

8) Alexander, *supra* note 2), at 524.

9) Mukesh Bajaj, Summon C. Mazumdar & Atulya Sarin, "Empirical Analysis: Securities Class Action Settlements", 43 *Santa Clara L. Rev.* 1001, 1013 (2003), table 7 참조.

10) Thomas E. Willging, Laural L. Hooper & Robert J. Niemic, "Empirical Study of Class Actions in Four Federal District Courts: Final Report to the Advisory Committee on Civil Rules", at 60 (1996).

11) Franklin v. Kaypro Corp., 884 F.2d 1222, 1225 (9th Cir. 1989).

의 허가를 얻은 사건들은 실체적인 면에서 소송의 가치가 큰 사건들로
서 기관투자가들이나 대표당사자들은 더 많은 화해금액을 요구하게 되
었다.12) 1997년부터 2004년까지의 화해가 성립된 620건의 증권집단소송
을 대상으로 한 Laura E. Simmons 등의 연구에 의하면, 아래 <그림 2>에
서 보듯이 증권집단소송의 화해금액은 해마다 꾸준히 증가하는 추세이
고, 2005년도의 화해금액 총액은 약 97억 달러에 달하여, 이전(2004년 30
억 달러, 2003년 21억 달러)에 비하여 화해금액이 크게 증가하였다는 사
실을 알 수 있다.

〈그림 2〉 연도별 총 화해금액(단위 : 백만)13)

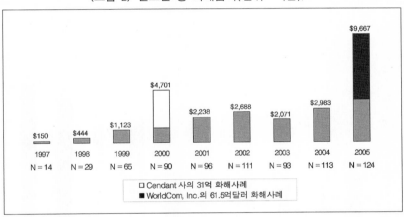

이는 화해건수의 증가와 함께 개별 사건의 화해금액의 증가에 기인하
는데 2005년의 평균 화해금액은 2,850만 달러(WorldCom 사례를 포함하
면 7,800만 달러)로서, 1997년부터 2004년까지의 평균화해금액인 2,110만

---

12) Sherrie R. Savett, "Securities Class Actions Since the 1995 Reform Act: A Plaintiff's
   Perspective", *Securities Litigation & Enforcement 2005*, Practising Law Institute, at 30
   (2005).
13) Laura E. Simmons & Ellen M. Ryan, "Post-Reform Act Securities Settlements, 2005
   Review and Analysis", Cornerstone Research, at 1 (2005), figure 1.

달러(2000년도에 있었던 Cendant 사례를 포함하면 2,680만 달러)를 크게
상회한다(아래 <그림 3> 참조).[14] 2005년에 성립된 화해 중 WorldCom
사례를 비롯하여 9건의 사례들이 1억 달러를 넘는 것들이었다.[15]

　이러한 증권집단소송의 화해 경향에 대하여 Laura E. Simmons 등은 다
음과 같은 분석을 제시하였다. 첫째, 연금과 같은 기관투자자들이 개입
함으로써 화해금액 증가에 큰 영향을 미치게 되었는바, 1995년 개혁법
제정 이후 화해로 종결된 사건 중 평균 35% 사건에서 기관투자자들이
대표당사자로 선임되었으며, 이들이 관여한 소송의 평균 화해금액은 아
래 [그림 4]에서 보듯이 기관투자자들이 대표당사자로 선임되지 아니한
소송보다 대략 2배 이상의 차이가 생겼다.

<그림 3> 연도별 평균 화해금액(단위: 백만)[16]

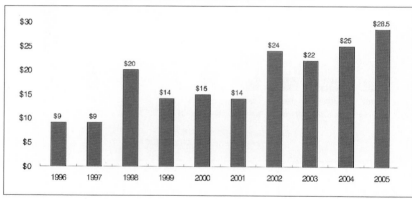

---

14) Simmons et al., *supra* note 13), at 2, figure 2.
15) Simmons et al., *supra* note 13), at 3.
16) Elaine Buckberg, Todd Foster & Ronald I. Miller, "Recent Trends in Shareholder
　　Class Action Litigation: Are WorldCom and Enron the New Standard?", Nera
　　Economic Consulting (Jul., 2005), at 4.

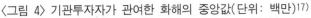

〈그림 4〉 기관투자자가 관여한 화해의 중앙값(단위: 백만)17)

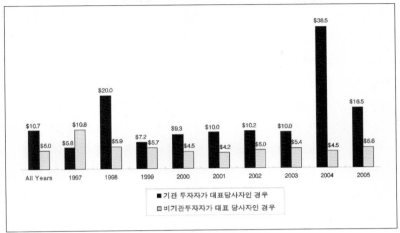

둘째, 1995년 개혁법 제정 이후 화해사례 중 55% 이상(2004년의 경우 60%)이 회계부정과 관련되어 있고 다시 그 중 40% 이상이 피해기간 도중이나 피해기간 직후에 재무제표의 수정(restatement)이 있었던 경우인데, 이러한 사건들은 회계부정과 관련이 없는 사례들보다 더 많은 금액으로 화해가 성립되었다.18) 셋째, 감사인인 회계사와 인수인인 증권회사가 피고에 포함된 사건들이 그렇지 않은 경우보다 더 많은 금액으로 화해가 성립되었다.19) 넷째, 동일한 증권법 위반행위에 대하여 SEC의 조치가 수반된 경우 중앙값으로 본 화해금액이 1,030만 달러인데 비하여 그렇지 않은 경우 중앙값이 550만 달러에 불과하였고, 주주대표소송이 병행된 경우 중앙값으로 본 화해금액이 1,500만 달러인데 비하여 그렇지 않은 경우 중앙값이 510만 달러에 불과하였는바, 이로써 SEC의 행정적·사법적 조치가 수반되는 경우나 주주대표소송이 병행되는 경우 화해금액이 증가하였음을 알 수 있다.20) 한편 여기서, 증권법 위반의 비중

---

17) Simmons et al., *supra* note 13), at 9.

18) Simmons et al., *supra* note 13), at 7.

19) Simmons et al., *supra* note 13), at 7, figure 7 및 at 8, figure 8 참조.

이 크거나 손해액이 큰 경우 SEC의 조치나 주주대표소송이 병행되므로 그 결과 화해금액이 커진 것이 아니냐는 의문을 가질 수 있겠으나, 위 연구에 따르면 단순한 화해금액 비교 이외에도 이른바 '추정 손해액 (estimated damages)'이라는 개념을 도입하여 일종의 가상적 손해액을 산정하고 이를 기준으로 화해금액을 비교하는 방법도 병행하여 피해규모 대비 화해금액이 얼마인지도 비교할 수 있도록 하였다. 이 방식에 의하면, SEC의 조치가 병행된 경우의 추정 손해액에 대한 화해금액 중앙값의 비율은 4.3%로서 SEC의 조치가 병행되지 않은 경우의 3.4% 보다 높았으나, 주주대표소송의 경우에는 주주대표소송이 병행된 경우 3.2%, 그렇지 않은 경우 3.6%의 결과가 나옴으로써 반드시 주주대표소송이 병행되는 경우 증권법위반의 비중이나 손해액이 더 크다고는 할 수 없다고 하겠다.[21]

　한편, Mukesh Bajaj 등의 연구에 의하면, 화해에 걸리는 시간이 길어질수록 평균 화해금액은 더욱 증가하는 추세에 있다(<표 2> 참조). 이러한 경향은 1995년 개혁법 제정 이후 더 뚜렷한데, 예를 들어 1996년에 제기된 총 111건 중에서 1건만이 같은 해에 50만 달러에 화해되었고, 14건은 1997년에, 15건은 1998년에 각각 화해가 성립하였으며, 14건은 1999년에 화해가 성립하였다. 1997년에 화해로 종결된 14건에 대한 평균 화해금액은 468만 9,643달러였으나, 2년 뒤인 1999년에 화해된 14건의 평균 화해금액은 757만 1,429달러에 달하였다.[22]

---

20) Simmons et al., *supra* note 13), at 11, figure 10 및 at 12, figure 11.
21) Simmons et al., *supra* note 13), at 11, figure 10 및 at 12, figure 11 참조.
22) Bajaj et al., *supra* note 9), at 1012.

〈표 2〉화해성립 연도와 평균 화해금액[23]

제소연도 (제소건수)	화해 성립 연도 (화해성립건수)									
	1991 이전	1991	1992	1993	1994	1995	1996	1997	1998	1999
1991 이전 (146)	$9,786,329 7	$6,566,200 10	$31,905,125 8	$9,956,250 12	$8,771,312 41	$7,337,346 30	$5,205,636 14	$7,130,891 5	$15,637,500 4	$7,700,000 1
1991 (112)		$3,798,750 4	$6,019,063 24	$5,012,130 27	$7,170,139 18	$9,796,830 16	$13,983,333 3	$28,700,000 2	$405,000 2	$67,250,000 1
1992 (151)			$1,290,000 2	$4,197,765 22	$6,618,908 37	$11,668,030 34	$8,331,818 11	$15,541,667 6	$5,633,122 5	$9,272,500 2
1993 (137)				$810,100 2	$4,467,037 27	$5,722,698 33	$3,634,000 19	$8,076,032 11	$20,696,429 7	$6,621,667 3
1994 (174)					$7,475,000 6	$7,543,192 26	$7,056,658 46	$6,567,632 31	$17,308,036 14	$1,971,000 5
1995 (143)						— 2	$4,466,518 28	$7,221,348 41	$8,970,323 31	$3,697,750 10
1996 (111)							$500,000 1	$4,689,643 14	$7,990,200 15	$7,571,429 14
1997 (162)								$1,700,000 1	$9,332,031 16	$13,683,714 36
1998 (47)									$3,500,000 1	$189,920,637 19
1999 (129)										— 0

2) 주장되는 손실에 따라 분류한 화해금액

(1) 잠재적 투자자손실

Mukesh Bajaj 등은 원고측에 의하여 주장되는 잠재적 투자자손실금액과 화해금액과의 관계도 조사하였는데, 이들은 잠재적 투자자손실금액 계산을 위하여 '시장가치하락(market capitalization drop)' 또는 '산업지수(industry specific index)'에 의한 계산방식을 이용하였다고 한다. '시장가치하락' 방식은 당해 주식의 피해기간 중 최고가와 피해기간 종료 다음 날의 주가의 차이로써 측정한다고 하고, '산업지수' 방식은 피고의 주가를 같은 업종의 다른 회사의 주가지수와 비교하여 '잠재적 투자자손실금액

---

23) Bajaj et al., *supra* note 9), at 1013, table 7.

(potential investor loss, 약칭하면 'PIL')'을 측정한다고 한다.[24] 이러한 방식에 의하여 계산한 결과, 위 연구가 표본으로 삼은 807건의 화해 사례들 중 산업지수 방식을 사용한 경우 79%(637건)의 사례들이, 시장가치하락 방식을 사용한 경우에는 92%(743건)의 사례들이 각각 1,000만 달러를 초과하는 PIL을 포함하고 있었다. 그러나 실제 화해결과를 보면 과반수 (80%, 643건)의 사례가 1,000만 달러 미만에 화해되었는바, 대부분의 사례들은 거액의 PIL을 포함하고 있음에도 실제로는 상당히 적은 금액에 화해가 성립되었음을 알 수 있다.[25]

(2) 잠재적 투자자손실에 대한 화해금액의 비율

아래 <표 3>은 '잠재적 투자자손실에 대한 평균 화해금액의 비율 (S/PIL)'을 나타낸다. 이 비율은 PIL 범위가 증가함에 따라 S/PIL이 지속적으로 감소하고 있음을 보여준다. 이러한 경향으로부터 다음과 같은 결론을 추론할 수 있는데, 즉 PIL이 낮은 경우에는 승소가능성이 확실하지 않으면 소를 제기하지 않는 경향이 있는 반면, PIL이 큰 경우에는 승소가능성이 불확실하다고 할지라도 소를 제기하는 경향이 있다는 것이다.[26] 한편, <표 3>에서 패널 A와 패널 B의 S/PIL열을 비교해 보면, 산업지수 방식을 사용하여 PIL을 산정하는 것이 시장가치하락 방식을 사용하는 것에 비하여 대부분의 경우 더 높은 S/PIL 평균값을 보였음을 알 수 있는데, 이러한 사실은 산업지수 방식을 이용하였을 때에 보다 실제 화해금액에 가까운 PIL 값이 계산되었다는 것과 함께, 실제 화해 협상시에 원고측과 피고측은 단순히 당해 주식의 시가하락만을 조사하는 것이 아니라 관련된 동종 산업계의 현황을 함께 고려하였을 가능성이 있다는 것을 시사한다.[27]

---

24) Bajaj et al., *supra* note 9), at 1014.
25) Bajaj et al., *supra* note 9), at 1017-1018.
26) Bajaj et al., *supra* note 9), at 1019.
27) Bajaj et al., *supra* note 9), at 1019.

〈표 3〉 평균 화해금액과 잠재적 투자자손실과의 관계[28]

A. 산업지수방식에 의하여 산정한 잠재적 투자자손실

잠재적 투자자 손실 범위 (단위: 백만)	화해 건수	평균 화해금액	평균잠재적 투자자손실	잠재적 투자자손실대비 화해금액비율의 평균	비금전화 해 사례 비율
$0.00 ~ $0.99	70	$5,793,347	$131,883	90.94%	25.71%
$1.00 ~ $1.99	16	$1,462,188	$1,392,867	73.47%	6.25%
$2.00 ~ $9.99	84	$2,903,285	$5,730,711	38.18%	15.48%
$10.00 ~ $49.99	220	$3,797,820	$27,560,426	14.21%	28.18%
$50.00 ~ $99.99	130	$6,590,579	$70,748,643	7.87%	23.85%
$100.00+	287	$26,332,873	$731,782,699	4.25%	23.00%
합계	807	$12,295,707	$279,795,724	16.66%	23.67%

B. 시장가치하락방식에 의한 잠재적 투자자손실

잠재적 투자자 손실 범위 (단위: 백만)	화해 건수	평균 화해금액	평균잠재적 투자자손실	잠재적 투자자손실대비 화해금액비율의 평균	비금전화 해 사례 비율
$0.00 ~ $0.99	45	$7,581,230	$29,885	100.00%	20.00%
$1.00 ~ $1.99	3	$1,086,667	$1,819,000	41.10%	33.33%
$2.00 ~ $9.99	16	$2,999,153	$6,520,151	34.10%	18.75%
$10.00 ~ $49.99	123	$2,193,008	$29,669,595	8.67%	24.39%
$50.00 ~ $99.99	137	$3,284,709	$73,458,989	4.50%	29.93%
$100.00+	483	$18,241,177	$1,135,057,101	2.56%	22.15%
합계	807	$12,295,707	$696,477,008	4.96%	23.67%

3) 청구원인별 화해금액

청구원인이 다른 경우에는 화해조건이 크게 다르지 않았다. 아래 <표 4>에서 보듯이 화해금액의 중앙값은 그 값이 1,000만 달러였던 회계부정(improper accounting practice) 사례를 제외하고 나머지 모든 유형의 청구원인에 관하여 일반적으로 267.5만 달러에서 450만 달러의 범위 내에 포함되었다. 그런데 회계부정 사례의 화해금액 중앙값이 가장 높았음에도

---

28) Bajaj et al., *supra* note 9), at 1017, table 11.

S/PIL 중앙값(6.78%)은 그다지 높지 않았다는 점에 유의할 필요가 있는
바, 이는 회계부정과 관련된 소송의 PIL(산업지수 방식을 사용한 경우)이
다른 유형의 청구원인보다 훨씬 높다는 것을 나타낸다. 한편, 기업공개
와 관련된 소송의 경우 산업지수 방식으로 산정하였을 때 가장 높은
S/PIL 중앙값(14%)을 보였다는 점도 주목할 만하다.

<표 4> 청구원인별 화해통계[29]

청구원인	화해건수	평균 화해금액	화해금액의 중앙값	비금전화해 사례 비율
허위·오인 표시	417	$16,366,207	$3,500,000	23.50%
중요사항의 누락	328	$7,450,803	$3,000,000	25.00%
공시규정 위반	44	$16,006,301	$3,037,500	20.45%
충실의무 위반	93	$7,604,234	$3,000,000	22.58%
유가증권신고서 관련	42	$5,692,253	$3,500,000	28.57%
내부자거래	10	$7,776,500	$4,487,500	20.00%
허위 수익 발표	23	$144,480,870	$4,500,000	34.78%
기업공개관련	62	$3,508,631	$2,675,000	27.42%
회계부정	33	$115,464,091	$10,000,000	24.24%
부당한 수익 인식	15	$8,450,000	$8,800,000	33.33%

청구원인	산업지수 방식		시장가치하락 방식	
	평균 화해금액 / PIL	화해금액의 중앙값 / PIL	평균 화해금액 / PIL	화해금액의 중앙값 / PIL
허위·오인 표시	17.78%	6.49%	4.79%	2.29%
중요사항의 누락	18.16%	6.09%	4.69%	2.01%
공시규정 위반	14.38%	4.30%	6.07%	2.34%
충실의무 위반	15.33%	4.93%	6.59%	2.06%
유가증권신고서	25.82%	9.35%	5.20%	2.63%
내부자거래	6.63%	4.86%	2.03%	1.35%
허위 수익 발표	19.01%	6.74%	7.13%	3.08%
기업공개관련	33.00%	14.00%	6.03%	3.06%
회계부정	16.80%	6.78%	6.02%	2.77%
부당한 수익 인식	12.26%	5.32%	2.95%	2.02%

---

29) Bajaj et al., *supra* note 9), at 1026, table 17.

4) 연방항소법원별 화해금액

아래 <표 5>는 연방항소법원별 증권집단소송의 제소건수와 화해건
수 등의 통계자료를 제공한다.

<표 5> 연방항소법원별 화해통계[30)]

연방 항소법원	제소 건수	화해 건수	제소건수 대비 화해종결비율	평균 화해금액	화해금액의 중앙값	비금전화해 사례비율
1	83	52	62.65%	$4,662,713	$3,117,500	28.85%
2	209	134	64.11%	$8,553,295	$2,827,500	23.13%
3	109	79	72.48%	$51,023,706	$2,625,000	21.52%
4	32	17	53.13%	$6,878,947	$3,750,000	17.65%
5	75	41	54.67%	$8,704,232	$3,050,000	24.39%
6	51	26	50.98%	$5,681,617	$3,200,000	30.77%
7	58	34	58.62%	$14,530,994	$4,300,000	14.71%
8	38	19	50.00%	$3,645,474	$2,464,000	21.05%
9	403	260	64.52%	$8,283,212	$3,900,000	25.38%
10	43	31	72.09%	$11,534,759	$5,850,000	19.35%
11	101	54	53.47%	$7,816,115	$3,387,500	31.48%
합계	1202	747	62.21%	—	—	—

<표 5>에서 보듯이 제9 연방항소법원에 가장 많은 증권집단소송이
제기되었고(403건이 제소되어 260건이 화해됨) 그 다음 제2, 제3 및 제11
연방항소법원의 순서로 많은 소송이 제기되었다. 위 법원들은 화해율(제
소건수 대비 화해 종결사건의 비율)은 53.47%에서 72.48%의 분포를 나
타내었고, 소송이 가장 많이 제기된 제9 연방항소법원의 경우 그 비율은
64.52%이었다.

---

30) Bajaj et al., *supra* note 9), at 1029, table 19.

III. 구체적 사례

1. 엔론(Enron) 사건

구체적인 증권집단소송의 화해사례를 보면, 먼저 Enron 소송은 2000년
과 2001년 사이에 있었던 일련의 중요사항의 공시누락과 허위공시 등을
청구원인으로 하여 제기된 집단소송으로서, 이 사건의 피고들 중에는
Vinson & Elkins, Kirkland & Ellis(이상 Enron사의 자문 변호인), J. P. Morgan
Chase, Citigroup, Merrill Lynch, Credit Suisse First Boston, Canadian Imperial
Bank of Commerce, Barclays Bank, Deutsche Bank, Toronto-Dominion Bank,
the Royal Bank of Scotland(이상 투자은행) 등이 있다. 원고들은 이들 피고
에 대해 Enron사가 수익을 부풀리고 인위적으로 높은 주가를 유지하며
확대된 부채를 은닉하고 적정의 투자등급을 유지하기 위한 공모에 참여
하였다는 주장을 하였고, 다수의 개인들이 회사의 희생 아래 자신의 이
익을 추구하였다는 주장도 하였다. 2006.5.24. J.P. Morgan Chase가 22억
달러, Citigroup이 20억 달러, Canadian Imperial Bank of Commerce가 투자자
들에게 24억 달러를 지급하기로 합의안이 법원에서 최종 허가되었으며
(합계 66억 달러), 그 밖에 이사회와 Arthur Anderson 및 두 개의 다른 투
자 은행으로부터의 5억 달러 화해가 성사되는 등 2007.1. 현재 화해금액
합계액이 약 73억 달러를 넘어서 사상 최대치를 기록 중이다. 아직도 몇
개의 투자은행과의 화해가 진행 중이어서 장래에 더 큰 화해액을 기록
하게 될 지도 모른다. 전직 임원들은 그들의 몫인 1억 6,800만 달러 중
1,300만 달러를 개인 자산으로 지급하기로 합의하였다.[31]

---

31) Stanford Law School Securities Class Action Clearing House, Enron Corporation Case
(available at http://securities.stanford.edu/1020/ENE01).

2. 월드컴(WorldCom) 사건

다음으로, 2002년 110억 달러의 대규모 분식회계가 적발되면서 파산 절차로 이어진 WorldCom사의 주주들이 ABN AMRO 등 8개의 투자은행 들과 Arthur Anderson 그리고 회사의 전직 이사들을 상대로 현금자산과 수 익에 관한 허위공시 등을 이유로 제기한 집단소송이 사상 두 번째의 화 해금액을 기록 중인데, 이 사건과 관련하여 Citigroup, Salomon Smith Barney (SSB), 그리고 SSB의 스타 애널리스트 Jack Grubman 역시 제3자로서 1934 년 증권거래소법 10(b) 위반 혐의로 피소를 당하였다(In re WorldCom, Inc. Securities Litigation). 원고들은 이들 피고들이 애널리스트 보고서와 신고 서에 회사의 재무상태를 허위표시한 내용을 포함시켰을 뿐만 아니라 자 신들이 회사와 불법적인 금전거래를 하고 있다는 내용을 공시하지 않았 다는 주장을 하고 있다. 특히, 애널리스트 보고서를 통하여 WorldCom의 투자은행업무 유치를 위하여 동사 주식이 저평가되어 있으므로 매수하 라는 강력한 권고를 하였다는 주장을 하였다. 투자은행 업무와 관련해서 는 회사의 고위 임원들에게 자금을 융통해 주고 공모주식을 제공하였다 는 혐의를 받고 있다. 피고측은 이에 대해 WorldCom이 허위의 재무제표 를 작성하고 있다는 사실을 소장이 적시하지 못하고 있고, 투자분석보고 서에 NASD나 NYSE가 규정하고 있는 모든 내용을 적시하였다고 항변하 였다. 그러나 법원은 피고측의 항변을 거부하고 소각하 신청도 받아들이 지 않았다. 법원의 견해에 따르면 원고측은 피고와 WorldCom 간의 비정 상적인 거래내용을 잘 적시하여 피고측이 회사의 재무상태를 잘 알고 있었으며, 따라서 분석보고서가 허위라는 점을 인식할 수 있었다는 것을 추론하기에 충분하다고 하였다. 2005.9.21. Citigroup 등 투자은행들 및 전 직 이사진과의 화해(화해금액 합계 약 61.5억 달러)가 허가되었고, 변호 사 보수로 3억 4,700만 달러가 인정되었다. 재판부는 277,862시간에 달하

는 원고측 소송대리인들의 소요시간에 여러 가지 공공적인 고려요소를
감안하고, 특히 변호사들의 뛰어난 업무수준을 고려하여 이러한 보수액
을 허가했다고 하였다. 위 화해에서 빠져있는 Arthur Anderson과는 재판이
진행 중이다. 그런데 임원들의 부담을 제외하면 회사 외부의 공동피고들
이 화해금액의 거의 전부를 부담했다는 점이 특이하고, 회사 임원들에 대
한 화해는 보통 임원배상책임(D&O) 보험에 의해 전부 지불되지만 몇몇
보험사들은 '사기면책조항'을 들어 사기가 발견되었다는 이유로 보험금
을 지급하지 않은 점도 특징이다(원고들은 2005.5.22.까지 WorldCom의
전직 이사들과, 2,475만 달러는 전직 이사들의 개인자산으로부터 지급받
고, 그 외에 3,600만 달러는 임원배상책임보험금으로부터 지급받기로 합
의하였다).[32]

3. 센단트(Cendant) 사건

Cendant사가 허위공시를 통해 인위적으로 주가를 조작함으로써 피해
를 입었다고 주장하는 원고들이 1998년 California 퇴직연금 등 3개 기관
투자자를 대표당사자로 내세워 Cendant사와 Cendant사의 전·현직 간부
및 이사 28명, Ernst & Young LLP, CUC사, HFS사, 그리고 CUC사의 독립
회계법인을 상대로 집단소송을 제기하였다. 원고측과 피고측은 증권화해
를 포함하여 32억 달러의 화해를 제안하였고, 법원은 2000.8. 위 화해를
허가하였다. 변호사 보수는 2억 6,200만 달러였다. 뒤에서 보는 바와 같이
이 사건에서는 기업지배구조의 개선에 관한 내용도 포함되어 있다.[33]

아래 <표 6>은 1995년 개혁법 제정 이후의 이루어진 화해 중에서 화
해금액 기준으로 상위 10개를 정리한 것이다.

---

32) Stanford Law School Securities Class Action Clearing House, WorldCom Inc. Case
   (available at http://securities.stanford.edu/1024/WCOM02-01).
33) In re Cendant Corporation Securities Litigation, 109 F. Supp. 2d 235, 109 F. Supp.
   2d 285 (D. N.J., 2000).

〈표 6〉 화해금액 상위 10위권 내 화해사례[34]

순위	발행인	최대가치	비고
1	Enron	$7,300.0 Million	일부 허가
2	WorldCom	$6,156.3 Million	일부 허가
3	Cendant	$3,528.0 Million	최종 허가
4	AOL Time Warner	$2,500.0 Million	최종 허가
5	Nortel Networks	$2,473.6 Million	예비 허가
6	Royal Ahold	$1,091.0 Million	최종 허가(항소)
7	IPO Allocation Litigation	$1,000.0 Million	예비 허가
8	McKesson HBOC	$960.0 Million	최종 허가
9	Lucent Technologies	$673.4 Million	최종 허가
10	Bristol-Myers Squibb	$574.0 Million	일부 허가

IV. 화해의 요인

한편 미국 증권집단소송의 화해사례에서 나타나는 화해의 요인을 정리해 보면 다음과 같다.

첫째, 화해는 판결절차에 비하여 저렴한 비용으로 조기에 분쟁해결을 가능하게 하지만, 일단 집단소송이 허가되면 구성원에게 고지를 다시 해야 하고 법원의 허가를 받아야 하는 별도의 절차가 필요하므로, 이러한 복잡성을 피하기 위해서 (뒤에서 볼 화해집단의 방식으로) 집단소송의 허가 전에 화해하려는 동기가 더 크다. 둘째, 원고측 소송대리인이 유사소송에서 성공한 경험이 풍부하거나 혹은 피고측 소송대리인이 수년간

---

34) Stanford Law School Securities Class Action Clearing House, "Post-Reform Act Securities Case Settlements Securities Fraud Top Ten Mega Settlements List"(available at http://securities.stanford.edu/top_ten_list.html)와 Buckberg et al., *supra* note 16)을 종합한 것이다(두 통계사이에 액수에 차이가 있는 것은 Stanford의 자료를 따랐다).

의 유사소송 처리경험이 있다면 화해의 가능성이 높다. 셋째, 피고의 입
장에서 볼 때 판결이 내려질 경우 거액의 손해배상금을 지급하여야 할
가능성이 높다고 판단되면 화해의 가능성이 보다 높고, 넷째, 집단소송
의 피고가 됨으로써 사회적 명예나 경제적 신용이 실추될 위험이 크면
클수록 화해의 가능성이 높다.35) 한편 구성원들이나 대표당사자가 집단
소송에 관심을 기울일 동기가 부족한 현실을 감안하면, 원고측 소송대리
인은 자신에 대한 감시가 소홀한 틈을 이용하여 구성원의 이익과는 배
치되는 화해안일지라도 자신의 이익(변호사 보수)에 부합하는 내용의 화
해에 선뜻 응할 가능성도 있다.36)

이에 반하여 원고측은 법원으로부터 집단소송의 허가결정을 받을 때
까지 화해에 소극적일 수 있는데, 그 이유는 법원에서 집단소송으로의
진행을 허가하면 원고의 협상력이 더 높아질 뿐만 아니라, 피고측에게
먼저 화해를 제안한다는 것이 본안소송에서의 약점을 암시하는 것으로
비춰질 수도 있기 때문이다. 실제로 무분별한 증권집단소송의 제기를 억
제하기 위하여 엄격한 소제기요건을 요구하는 미국 1995년 개혁법의 입
법 이후 소 각하비율은 증가하였으나 화해금액의 평균값이 818만 달러
에서 860만 달러로 오히려 상승하였다는 통계가 있는바, 이는 아무리 제
소요건이 엄격해 진다고 하더라도 일단 법원의 허가를 통과하면 여전히
강력한 협상력을 쥐고 있다는 증거가 될 수 있다.37) 피고의 입장에서도
책임여부가 맹렬하게 다퉈지는 경우 굳이 화해에 나설 필요가 없고, 집
단소송의 허가 이전에는 대표당사자 또는 일부 구성원과 개별 합의를
하더라도 나머지 구성원들을 포괄하는 기판력의 혜택을 받을 수 없어
여전히 나머지 구성원들에 의한 추가 소송의 위험을 부담하게 되므로
화해에 소극적일 수 있다.38) 또, 일단 화해를 제안하였다가 화해가 거부

---

35) Alexander, *supra* note 2), at 531; 4 Newberg on Class Actions § 11:4.
36) Alexander, *supra* note 2), at 535.
37) Savett, *supra* note 12), at 30.
38) 4 Newberg on Class Actions § 11:5.

되면 나중에 소송진행에 있어 피고가 청구원인을 인정하는 듯한 인상을 줄 수 있어 화해를 기피하는 경우도 있을 수 있다. 그러나 사실상 당사자 사이에 화해가 되면 법원이 허가를 거부하는 경우는 드물기 때문에 이런 걱정은 기우라고 한다.[39] 그리고 미국에서는 피고가 상당한 금액을 지불하기로 화해를 하였으나 많은 구성원들이 제외신고를 하게 됨으로써, 피고로서는 상당한 비용을 지불하였음에도 여전히 추가 소송의 위험에 노출될 가능성이 있어 화해에 소극적이 되는 경우도 있지만,[40] 우리 법의 해석으로는 화해절차에서 또 한 번의 제외신고는 인정되지 아니하므로, 이러한 문제는 나타나지 않을 것이다.

이 절에서는 이상과 같이 미국 증권집단소송의 화해통계와 화해사례 그리고 이러한 사례에 비추어 본 화해성립에 영향을 미치는 요소들을 분석해 보았다. 이제 다음 절에서는 미국의 증권집단소송에서 구체적으로 화해절차가 어떻게 진행되는지 살펴봄으로써 우리 증권집단소송의 해석과 운영에 도움을 제공하고자 한다.

---

39) 4 Newberg on Class Actions § 11:12.
40) 4 Newberg on Class Actions § 11:12.

제3절 화해절차의 분석

Ⅰ. 개 설

집단소송에는 대표당사자, 구성원, 원고측 소송대리인, 피고, 피고측 소송대리인, 반대자, 보험자, 법원 등 각자의 관심사가 가지각색인 다양한 이해관계인들이 관여하고 있다. 이러한 상황에서, 원고측 소송대리인과 피고가 담합하여 구성원들의 반대에도 불구하고 자신들에게 유리한 내용으로 화해하는 등 구성원의 이익을 침해하는 경우도 종종 발생한다고 한다.[1] 따라서 소송에 관여하지 않는 구성원의 이익이 침해될 수 있기 때문에 집단소송에서의 화해, 소취하(settlement, voluntary dismissal or compromise[2])(이하 '화해 등'이라고 한다)의 경우에는 반드시 법원의 허가[3]를 받도록 하고, 그 사실을 제안된 화해 등의 효력을 받게 될 모든 구성원에게 합리적인 방법으로 고지할 것이 요구된다[Rule 23(e)(1)(A), (B)]. 화해 등의 허가를 위해서 먼저, 법원은 예비심사절차(preliminary fairness review)를 통해 화해 등의 공정성·상당성·적정성을 심사하게 된다. 만약 소송허가결정 전에 화해 등 허가신청이 있다면 집단소송허가에 대한 심리절차와 화해 등 허가에 대한 예비심사절차를 함께 진행하게 된다. 다음으로, 법원은 제안된 화해 등이 위 요건을 충족하였다고 판단하면,

---

1) Robert H. Klonoff, *Class Actions and Other Multi-Party Litigation in a Nutshell* (2nd ed.), West Group, at 215 (2004).

2) 여기서는 settlement와 compromise를 포괄하여 '화해'라고 부르기로 한다.

3) 일반적으로 미국 증권집단소송을 소개하는 문헌들에서는 미국 연방민사소송규칙 Rule 23(e)(1)의 'approve'를 '승인(承認)'이라고 번역하는 경우가 많지만, 우리 법 제35조에서는 '허가(許可)'라는 용어를 사용하고 있으므로, 이 책에서는 우리 법과 미국법상의 용어를 통일하여 '허가'라고 부르기로 한다.

그 효력이 미치게 될 구성원 전원에게 상당한 방법으로 화해 등의 내용 및 심문(hearing)기일을 고지하도록 당사자에게 지시하여야 한다. 소송허가결정 전에 화해 등에 대한 허가신청이 있다면, 허가의 고지와 함께 화해 등의 내용 및 심문기일의 고지를 하게 된다. 법원이 진행하는 심문기일에서 화해 등의 제안자, 지지자들은 화해 등의 공정성·상당성·적정성을 옹호할 것이고, 반대자들은 화해 등의 문제점을 지적할 것이다. 법원은 비록 심문기일을 비롯한 정식심리절차에서 반대의견이 제출되지 않았더라도 화해 등이 위 요건을 충족하였다고 인정되는 경우에 한하여 화해 등을 허가하여야 한다.

이하에서는 미국 연방민사소송규칙 제23조(Rule 23)와 1995년 개혁법의 관련 규정을 먼저 검토하고, 화해절차의 진행순서에 따라 화해허가신청, 예비심사절차, 고지, 제외신고, 심문절차, 최종허가 등의 순서로 살펴본다.

II. 화해 관련법령

1. 종래의 규정

증권집단소송을 비롯한 일반적인 집단소송의 준거법은 기본적으로 Rule 23이고, Rule 23의 기본적 토대는 1966년 개정으로 마련되었다는 것을 앞서 살펴본 바 있다. 그런데 위 규정에는 단지 "집단소송의 화해 등에 있어서는 그 제안이 법원이 정하는 바에 따라 모든 구성원에게 고지되어야 하고, 법원의 허가를 받아야 한다"(A class action shall not be dismissed or compromised without the approval of the court, and notice of the proposed dismissal or compromise shall be given to all members of the class in such manners as the court directs.)라고만 되어 있었을 뿐, 화해의 기준이나 고지의 방법, 심문절차, 반대의견, 제외신고 등에 관하여는 언급이 없었다.

따라서 "법원이 정하는 바에 따라" 고지하라고만 되어 있었기 때문에, 심지어 법원이 구성원에 대한 권리침해가 없다고 판단하는 경우 재량에 따라 구성원에 대한 고지를 생략할 수도 있다고 보는 것이 일반적인 견해였다.4) 이렇게 화해에 대한 규정이 미비하였기 때문에 원고측 소송대리인과 피고는 담합하기 쉬웠고 구성원의 이익은 그만큼 무시되기 쉬웠던 것이다. 다만, 이러한 사례는 집단소송허가결정 이전에 대표당사자 개인과 관련된 화해의 경우에 많았다고 한다.5)

2. 1995년 개혁법

1980년대와 1990년대 집단소송이 봇물을 이루면서, 기본적으로 집단소송의 구조적 문제점 즉, ① 화해를 선호하는 경향과 ② 화해과정에서의 원고측 소송대리인에 대한 통제의 어려움 등으로 인하여, 대표당사자와 구성원들은 사실상 집단소송에 관여하지 못하고 변호사가 절차를 주도함으로써6) 화해 협상과정에서 구성원들의 이익이 적절하게 대변되고 보호되지 못하는 문제가 발생하였다.7) 뿐만 아니라 수십 년간 제도를 운영해 오면서 관련 판례(혹은 화해사례)가 집적되고 소송기법이 축적되어 집단소송의 결과에 대한 예측가능성이 높아졌다. 예컨대, Stanford Law School의 Alexander 교수가 조사한 바에 따르면, 1983년 초기 기업공개된 컴퓨터 관련 업체 8곳에 대한 증권집단소송에서 2개를 제외한 나머지 6개의 소송은 청구취지 대비 24.5%에서 30%(금액 기준으로는 $1,161,413

---

4) Shelton v. Pargo, Inc., 582 F.2d 1298, 25 Fed. R. Serv. 2d 1441 (4th Cir. 1978); Larkin General Hospital, Ltd. v. American Tel. & Tel. Co., 93 F.R.D. 497 (E.D. Pa. 1982).
5) 4 Newberg on Class Actions § 11:71.
6) Michael A. Perino, "Did the Private Securities Litigation Reform Act Work?", 2003 *U. Ill. L. Rev.* 919 (2003).
7) Mars Steel Corp. v. Continental Ill. Nat'l Bank & Trust Co., 834 F.2d 677, 678 (7th Cir. 1987).

에서 $4,118,524)선에서 화해가 성립하는 등 평균적으로 대략 청구취지 대비 약 25%의 선에서 화해가 성립한다고 보았다8) 한편, 변호사 보수가 상당히 고액화되면서, 구성원의 이익이 아니라 보수를 노리는 변호사간 수임경쟁이 치열해졌고, 충분한 사실관계에 대한 조사 없이 대표당사자가 되기 위한 '법원으로의 경주(race to the courthouse)'9)가 빈번해지고, 본안에 관한 승소가능성과는 무관하게 화해에 의하여 거액의 합의금을 도모하는 수단으로 이용되는 경우가 많아졌다. 그리하여 증권투자자의 권리구제는 게을리한 채 변호사만 거액의 보수를 챙기는 제도로 남용되어 증권집단소송이 사회·경제적 문제가 될 지경에 이르게 되었다10)는 비판이 거세졌다. 이에 연방의회는 1933년 증권법과 1934년 증권거래소법을 개정하는 내용의 1995년 개혁법(The Private Securities Litigation Reform Act of 1995)을 제정하였다.

과거 변호사주도의 집단소송에서 구성원의 이익보다 소송대리인의 이익을 위하여 화해제도가 남용되는 점을 시정하기 위하여 1995년의 개혁법에는 다음과 같은 개선안이 포함되었다. 첫째, 판결 또는 화해에 의하여 대표당사자에게 지급하는 금액은 보유주식수에 비례하여 다른 구성원들에게 지급되는 액수와 동등하여야 한다. 다만, 집단소송의 수행에 직접 관련된 합리적 소송비용은 우선 지급될 수 있다.11) 둘째, 종전에는 화해의 배경과 화해의 내용에 대하여 구성원들이 충분한 정보를 확보할 수가 없었기 때문에 소송대리인들을 적절히 통제하지 못하였다. 따라서 1995년 개혁법은 집단소송의 화해조건과 화해내용은 그 공개가 일방 당사자에게 직접적인 해악을 초래하는 상당한 이유가 있는 경우를 제외하

---

8) Janet Cooper Alexander, "Do the Merits Matter? A Study of Settlements in Securities Class Actions", 43 *Stan. L. Rev.* 541 (1991).

9) Garr v. U.S. Healthcare, Inc. 22 F.3d 1274, 1277 (3d Cir, 1994); Alexander, *supra* note 8), at 513-514.

10) James D. Cox, "Making Securities Fraud Class Actions Virtuous", 39 *Arizona Law Review* 497 (1997).

11) 1933년 증권법 제27조 (a)(4), 1934년 증권거래소법 제21D조 (a)(4).

고는 모두 공개하도록 규정하였다.[12] 셋째, 원고측 소송대리인에 대한
보수 및 비용은 총원에게 현실적으로 지급되는 금액에 대한 적절한 비
율을 초과할 수 없다.[13] 넷째, 구성원들이 제안된 화해내용이나 최종 화
해조항을 확인할 수 있도록 다음의 사항을 전달받아야 한다. ① 손해회
복액(당사자에게 배분될 화해금액, 총액 및 1주당 교부받을 금액), ② 잠
재적 판결결과(원고가 승소할 것을 전제로 예상되는 판결금액에 대하여
쌍방이 동의한 경우는 그 금액, 동의하지 아니하는 경우 이견이 있는 쟁
점에 관한 당사자들의 의견), ③ 변호사의 보수와 비용(누가 비용을 신청
하는지, 얼마를 신청하는지, 그 근거는 무엇인지 기재되어야 하고, 위 정
보는 화해안의 표지에 기재되어야 한다), ④ 변호사의 연락처(화해고지
와 관련하여 답변할 변호사의 인적사항과 연락처), ⑤ 화해이유, ⑥ 기타
법원이 요구하는 사항 등이다.[14]

증권집단소송의 남용을 억제하기 위해 제정된 1995년 개혁법의 성과
에 대해서는 긍정적인 평가와[15]와 부정적인 평가[16]로 나뉜다. 1995년의
개혁법이 나름대로의 성과를 거두긴 하였으나, 여전히 집단소송의 폐해
를 모두 극복하지는 못한 면도 있었다.

---

12) 1933년 증권법 제27조 (a)(5), 1934년 증권거래소법 제21D조 (a)(5).
13) 1933년 증권법 제27조 (a)(6), 1934년 증권거래소법 제21D조 (a)(6).
14) 1933년 증권법 제27조 (a)(7), 1934년 증권거래소법 제21D조 (a)(7).
15) William S. Lerach, "The Private Securities Litigation Reform Act of 1995-27 Months
    Later: Securities Class Action Litigation under the Private Securities Litigation
    Reform Act's Brave New World", *Washington University Law Quarterly* (Summer
    1998) 등 참조.
16) Michael A. Perino, "Did the Private Securities Litigation Reform Act Work?", 2003
    U. Ill. L. Rev. 913, 919 (2003) 및 Joseph A. Grundfest & Michael A. Perino,
    "Securities Litigation Reform: The First Year's Experience", *Securities Regulation 1997*,
    Practising Law Institute (1997) 등 참조.

3. 2003년 개정된 Rule 23

집단소송에 대한 규제를 강화하여야 한다는 사회적 분위기를 반영하여, 소송에 참여하지 아니한 구성원의 이익을 저버리고 원고측 소송대리인과 피고 사이의 담합에 의한 화해가 발생하는 것을 방지하기 위한 목적으로 2003년 개정된 새로운 Rule 23은, 사법심사의 강화와 구성원의 참여에 중점을 두고 있다. 법원은 독립적으로 제안된 화해 등을 심사한 뒤 허가하여야 하고, 구성원의 권한행사를 위하여 원고측 소송대리인에 의한 정보공개와 추가적인 제외신고의 기회를 보장하도록 하였다.

개정된 Rule 23은 화해 등 절차와 관련한 다음의 규정을 두었다.[17]

> (1) (A) 법원은 집단소송으로 허가된 집단의 청구, 쟁점 또는 항변사항에 대한 화해나 소취하에 대하여 반드시 허가(approve)하여야 한다.
> (B) 법원은 제안된 화해나 소취하로 인하여 그 효력이 미치게 될 모든 구성원에 대하여 (그 사실을) 상당한(reasonable) 방법으로 고지(notice)할 것을 명하여야 한다.
> (C) 법원은 심문절차(hearing)를 개최하여 제안된 화해나 소취하가 공정하고(fair)·상당하며(reasonable)·적절한지(adequate)를 확인한 다음에만 구성원들에게 효력이 미치게 될 화해나 소취하를 허가할 수 있다.
> (2) Rule 23(e)(1)에 의거한 화해나 소취하의 허가 신청을 하려는 당사자들은 제안된 화해나 소취하와 관련된 일체의 합의를 신고하는 진술서를 법원에 제출하여야 한다.
> (3) 법원은 Rule 23(b)(3)에 의해 집단소송으로 허가되었던 소송에서, 집단소송 허가사실을 고지받고도 제외신고기간에 제외신고를 하지 아니하였던 구성원들에게 다시 한 번 제외신고의 기회를 주지 아니한 경우, 화해의 허가를 거절할 수도 있다.
> (4) (A) 구성원은 누구든지 Rule 23(e)(1)(A)에 따라 법원의 허가를 받아야 하는 화해나 소취하에 대하여 반대의견을 제시할 수 있다.
> (B) Rule 23(e)(4)(A)에 따라서 제시된 반대의견은 법원의 허가가 있어야만 철회될 수 있다.

---

17) Federal Rules of Civil Procedure Rule 23(2004)(2003.12.1, 발표된 개정내용 포함).

원문은 다음과 같다.

> (e) Settlement, Voluntary Dismissal, or Compromise.
>
> (1) (A) The court must approve any settlement, voluntary dismissal, or compromise of the claims, issues, or defenses of a certified class.
>
>   (B) The court must direct notice in a reasonable manner to all class members who would be bound by a proposed settlement, voluntary dismissal, or compromise.
>
>   (C) The court may approve a settlement, voluntary dismissal, or compromise that would bind class members only after a hearing and on finding that the settlement, voluntary dismissal, or compromise is fair, reasonable, and adequate.
>
> (2) The parties seeking approval of a settlement, voluntary dismissal, or compromise under Rule 23(e)(1) must file a statement identifying any agreement made in connection with the proposed settlement, voluntary dismissal, or compromise.
>
> (3) In an action previously certified as a class action under Rule 23(b)(3), the court may refuse to approve a settlement unless it affords a new opportunity to request exclusion to individual class members who had an earlier opportunity to request exclusion but did not do so.
>
> (4) (A) Any class member may object to a proposed settlement, voluntary dismissal, or compromise that requires court approval under Rule 23(e)(1)(A).
>
>   (B) An objection made under Rule 23(e)(4)(A) may be withdrawn only with the court's approval.

개정 전 규정에서는 화해 등 심리에 관하여 어떠한 절차나 기준에 의하여 제안된 화해 등을 허가하거나 거절할 것인지 아무런 언급이 없었으나, 개정된 Rule 23은 이미 많은 법원이 사실상 이용하고 있는 관행을 성문화하였다. 예컨대, 화해 등의 공정성 여부를 판단하기 위한 심문절차(hearing)를 반드시 거치도록 하였고, 공정성 심사는 허가된 집단에 대해서만 가능하도록 하였으며, 공정성(fairness)・상당성(reasonableness)・적절성(adequacy)이라는 허가기준을 제시하였는데 이 기준도 사실은 이미 많은 법원에서 허가 여부를 판단할 때 사용하고 있던 기준들이었다.[18) Rule 23(e)(2)에 의하면, 화해 등 허가 신청을 하려는 당사자들은 제안된 화해 등과 관련된 일체의 합의를 법원에 신고하여야 한다(identifying any agreement made in connection with the proposed settlement)고 규정하였는바, 이는 원고측 소송대리인과 피고측 소송대리인 사이에 이루어진 것으로 서, 제안된 화해 등에 영향을 미쳤을지도 모르는 이면합의가 있는지를 밝혀내기 위한 규정이다. 이 규정은 구체적으로 어떠한 이면합의가 제안 된 화해 등에 영향을 미쳤는지, 어느 범위까지 이면합의의 내용을 공개 하여야 하는지에 관하여 특정하고 있지는 않으나 의심스러운 부분이 있 다면 모두 공개되어야 할 것이다.[19] 하지만 그 공개는 자발적인 것이어 야 하고, 구성원에 의한 증거개시(discovery)의 대상은 아니기 때문에 이를 강제할 수 없다고 한다.[20]

일단 화해 등 허가 신청이 있게 되면, 법원은 제안된 화해 등으로 인 하여 그 효력이 미치게 될 모든 구성원에 대하여 그 사실을 상당한 방법 으로 고지할 것을 명하여야 한다. 집단소송 허가시의 고지와 마찬가지로 구성원 개개인에 대한 개별 고지는 요구하지 않고 있다. 고지를 받음으 로써, 구성원은 화해 등에 대하여 반대의견을 제기할 수 있게 된다. 그리 고 개정 전 규정은 집단소송 허가시에만 구성원에게 제외신고의 기회를 부여하고 있었으나 개정 규정에서는 화해 등의 고지를 받은 경우 다시 한 번 제외신고를 할 수 있는 기회를 부여할 수 있도록 하였다. 이때의 제외신고를 요구할지 여부는 법원의 재량사항이기는 하나, 화해 등 고지 시에 제외신고의 기회를 부여하였다는 사실이 공정성 등의 판단시에 유 리한 자료로 작용될 수 있다.[21]

---

18) Report of the Judicial Conf. Comm. on Rules of Practice and Procedure at 13 (Sept. 2002) (available at http://www.uscourts.gov/rules/jc09-2002/Report.pdf).

19) 뒤에서 보는 바와 같이 견해에 따라 공개의 범위가 달라질 수 있다.

20) Mohsen Manesh, "The New Class Action Rule: Procedural Reforms in an Ethical Vacuum", 18 *Geo. J. Legal Ethics* 923, 936-937 (2005).

21) Manesh, *supra* note 20), at 937.

4. 2005년 집단소송공정화법

지난 10년간 집단소송은 구성원들과 피고 모두에게 피해를 주었고, 미국 내 상거래에 영향을 미쳤으며, 사법체계에 대한 불신을 초래하였다. 또, 구성원들은 이익을 전혀 얻지 못하거나, 너무 적게 받거나, 심지어 소송에 이기고도 손해를 입는 경우까지 발생하곤 하였다. 예를 들면 구성원들에게는 쿠폰이나 실질적인 혜택이 별로 없는 보상을 주면서, 변호사는 막대한 보수를 챙긴다든지, 일정한 구성원들의 이익을 침해하면서 다른 구성원들에게 부당한 이익을 주기도 하고, 적절하지 못한 고지로 인하여 구성원들이 자신의 권리를 적절하게 행사하지 못하는 문제가 지적되었다.22) 따라서 공화당이 다수를 차지하고 있는 연방의회에서는 이를 시정할 목적으로 '집단소송 일반'에 대하여 적용되는 '집단소송공정화법(Class Action Fairness Act of 2005)'을 2005.1. 제정하였고, 위 법은 2005.2.18.부터 발효되었다. 이 법은 정당한 청구권을 가진 구성원들에게 공정하고 신속한 배상을 보장하고, 전국적인 중요성을 갖는 사건에 대하여 연방법원에 관할권을 부여하며, 이러한 개혁과 비용의 절감을 통하여 사회적 이익증진에 기여하는 데 목적이 있다고 한다.23)

그 중 화해와 관련된 내용은 다음과 같다.24) 첫째, 제안된 화해 등의 내용이 구성원들에게 쿠폰의 형태로 보상의 전체 혹은 일부를 지급하는 것을 정하는 경우, 법원은 이를 허가하기 전에 화해의 공정성 심문절차를 열어야 하며, 화해조항이 공정하고, 상당하며, 적정하다는 사실인정을 서면으로 작성해야 한다[28 USCA § 1712(e)]. 둘째, 쿠폰에 의한 화해에서 원고측 소송대리인의 보수를 결정하는 기준은 ① 실질적으로 구성원들이 행사한(actually redeemed) 쿠폰의 가치 또는 ② 집단소송을 제기함

---

22) 28 USCA §1711 Note Sec. 2(a).
23) 28 USCA §1711 Note Sec. 2(b).
24) Andree Sophia Blumstein, "A Road to Resolution", 41-APR *Tenn. B. J.* (2005) 참조.

에 있어서 실제로 투입된 합리적인 시간을 기초로 해야 한다[28 USCA § 1712(a), (b)]. 소송대리인의 보수가 쿠폰의 가치에 기초하여 책정될 경우, 법원은 행사된 쿠폰의 가치에 대해 전문가의 증언을 참고할 수 있다 [28 USCA § 1712(d)]. 셋째, 법원은 원고측 소송대리인에 대한 보수가 지급될 경우 구성원에 대한 순손실이 초래될 수 있는 화해 등을 허가할 수 있다. 그러나 이는 그 화해 등의 내용이 집단 구성원에게 비금전적인 이익을 제공할 수 있고 이러한 이익은 금전적 손실보다 '상당할 정도로 (substantially)' 더 커야 한다는 사실이 인정되어야 한다(28 USCA § 1713). 넷째, 법원은 화해조항 중에 행사되지 아니한 쿠폰의 일정한 부분을 자선단체나 정부에 제공하도록 명할 수 있다. 그러나 자선단체나 정부에 분배된 쿠폰의 경우에는 변호사 보수를 산정할 때 고려 대상이 되지 못한다[28 USCA § 1712(e)]. 다섯째, 법원은 해당 법원에 지리적으로 가깝다는 이유만으로 일부 구성원에게 과도한 보상을 지급하는 화해를 허가해서는 안 된다(28 USCA § 1714). 여섯째, 연방 또는 주 정부는 화해조항에 대해서 감독권을 행사할 수 있다. 이를 위해 화해 등 허가신청서를 법원에 제출한 후 10일 이내에, 피고들은 화해 문서 사본을 주 감독기관이나 연방 법무장관에게 제출해야 한다. 그 제출 후 90일 동안은 화해에 대한 허가결정을 내려서는 안 된다. 위반시에는 모든 구성원은 화해의 영향을 받지 않음을 주장할 수 있다(28 USCA § 1715).

이상으로 미국 증권집단소송을 규율하는 법령의 내용의 개요를 살펴보았는바, 이하에서는 이러한 규정과 실제 사례를 중심으로 미국 증권집단소송의 화해절차를 각 단계별로 나누어 살펴보기로 한다.

Ⅲ. 화해 허가신청

원고측과 피고측이 분쟁을 화해로 종결하기로 합의가 되면 양측이 함께 합의서를 작성한 뒤 화해허가를 위한 예비심사를 위하여 법원에 제출한다.[25] 이 서면에는 화해금액, 화해금의 지불방법·형태, 화해 효력 발생일자, 잔여금 처리조항 등 합의의 중요내용이 포함되어 있어야 한다.[26] 위 합의서와 함께 화해의 지지자들 즉, 원고측과 피고측은 화해의 공정성·상당성·적정성을 소명하는 내용의 준비서면(brief)도 제출하여야 한다. 그 준비서면에는 소송의 개요와 제안된 화해의 내용, 진행된 절차의 경과, 사실관계, 법률적 쟁점, 원고측과 피고측의 주장 및 증거, 입증 가능한 손해액, 화해의 적정성 등이 포함되어야 한다.[27] 합의에 이르기 전까지 증거개시절차(discovery)나 관련된 정부기관에 의한 조치(governmental proceeding)가 있었다면 그 결과를 요약, 설명하는 원고측 소송대리인의 선서진술서(affidavit)도 첨부되어야 한다.[28] 개정된 Rule 23(e)(2)에 따라서 화해 등을 신청하는 당사자는 화해 등과 관련된 모든 합의를 밝히는 진술서를 법원에 제출하여야 한다. 법원은 진술서를 검토한 후 필요하다고 판단하면 특정 합의서 또는 관련된 자료의 공개 또는 제출을 요구할 수 있다. 원고측 소송대리인은 통상 이 때 화해금액으로부터의 보수 분배신청을 한다고 한다. 법원은 종종 변호사 보수청구를 화해 등의 허가신청과 동시에 혹은 직후에 할 것을 요구하는데, 이로써 양자의 심리절차를 병행할 수 있고, 구성원들은 화해기금에서 변호사 보수를 공제한 뒤 분배받게 될 나머지의 규모를 파악할 수 있는 장점이 있다.[29]

---

25) David F. Herr, Annotated Manual for Complex Litigation (Fourth Edition) § 30:44, West Group (2005)(available at http://www.westlaw.com)(이하에서는 Annotated Manual for Complex Litigation § 30:44 라는 식으로 약칭하기로 한다).

26) Levy, "Class Action Settlement Techniques and Procedures", 19 *Practical Law* No. 8, at 69, 75 (Dec. 1973)(4 Newberg on Class Actions §11.24에서 재인용).

27) 4 Newberg on Class Actions §11.24, n.5.

28) Philadelphia Housing Authority v. American Radiator & Standard Sanitary Corp., 322 F. Supp. 834 (E.D. Pa. 1971), judgment aff'd and modified, 453 F.2d 30, 30 A.L.R. Fed. 837 (3d Cir. 1971).

29) 4 Newberg on Class Actions §11.24.

IV. 화해 허가를 위한 예비심사

1. 의 의

예비심사절차(preliminary fairness review)는, 당사자들로부터 화해 등의 허가신청을 받은 뒤 제안된 화해 등이 Rule 23(e)(1)(B)에 따른 고지(notice)를 할 가치가 있는 것인지, Rule 23(e)(1)(c)에 따른 심문(hearing)을 해 볼 가치가 있는 것인지를 미리 결정하기 위한 절차이다.30) 이 절차는 대다수의 집단소송에서 관행적으로 이용되고 있는데31), 소송에 관심이 지대한 자들이 제안된 화해 등에 대한 의견을 진술할 수 있는 기회를 제공하므로, '공정성 심리절차의 축소판(miniature preliminary fairness hearing)'이라고도 한다.32)

이와 같이 화해 등을 구성원에게 고지하기 전에 그 가치를 심사하도록 하는 이유는, 제안된 화해 등이 애초부터 받아들여지기 곤란한 조건으로 되어 있다면, 시간과 비용이 많이 소요될 것이 분명한 고지절차와 심문절차를 진행해 보았자 결국 쓸모가 없어져 버리고 말 것이기 때문이다. 따라서 당사자들은 이 단계에서 제안된 화해 등을 허가할 가능성이 있는지 법원의 반응을 주시하여,33) 만일 법원이 허가에 소극적이라고 보이는 경우 고지와 심문절차를 거치기 전에 그에 대처할 수 있게 된다.34)

---

30) 4 Newberg on Class Actions §11.25.

31) In re Domestic Air Transp. Antitrust Litig., 148 **F.R.D.** 297-311 (N.D. Ga.1993).

32) Jack B. Weinstein & Karin S. Schwartz, "Notes from the Cave: Some Problems of Judges in Dealing with Class Action Settlements", 163 F.R.D. 369, 380 (1995).

33) In re Corrugated Container Antitrust Litig., 1979-1 Trade Case (CCH) ‖ 62,690 (S.D. Tex. 1979).

34) Weinstein et al., *supra* note 32), at 380.

2. 예비심사절차

이 절차는 관심이 있는 자들만을 대상으로 하므로, Rule 23(e)(1)(B) 소정의 고지보다 덜 엄격한 요건으로 충분하다. 예컨대, 전국적 언론매체나 전문잡지(예컨대, 석면소송의 경우 Mealey's Litigation Reporter, Asbestos and Andrews Publications' Asbestos Litigation Reporter) 등에 광고하는 것으로 족하다고 한다.[35] 이 단계에서 법원의 심사기준은 결국 Rule 23(e)(1)(C) 소정의 공정성·상당성·적정성을 의미한다. 이 과정에서 법원은 이미 파악하고 있는 자료만 가지고 예비심사를 할 수도 있고, 준비서면(brief)이나 증거신청(motion) 또는 당사자로부터 비공식적인 설명을 듣는 경우도 있다. 법원은 양측 소송대리인뿐만 아니라 대표당사자 혹은 협상에 참여하지 않은 변호사로부터의 의견도 들을 수 있다. 또 전문가나 스페셜마스터(special master)의 도움을 받기도 한다. 만약, 법원이 보기에 화해 등에 의심스러운 부분이 있다면, 당사자에게 이를 지적할 수도 있다. 허가를 원하는 당사자들로서는 기꺼이 협상을 재개하여 화해내용을 수정할 가능성이 있기 때문이다.[36]

만약 소송허가 전에 화해 등에 대한 허가신청이 있다면 소송허가에 대한 심리절차와 화해 등에 대한 예비심사절차를 함께 진행하게 된다. 법원은 만약 제안된 화해 등이 대표당사자나 구성원 일부에게 부당한 특혜를 주거나, 변호사 보수를 과다하게 지급하기로 하는 경우 등과 같이 공정성을 의심하게 하는 사정이나 기타 명백한 결함이 나타나지 않고, 허가를 받을 여지가 있다고 판단되면, 심문기일을 고지하도록 당사자에게 명하여야 한다.[37]

---

35) Weinstein et al., *supra* note 32), at 380. n. 54.
36) Annotated Manual for Complex Litigation § 30.41.
37) Annotated Manual for Complex Litigation § 30.41.

3. 공정성의 추정

일반적으로 화해협상이 당사자 사이의 결탁 없이 독립적이고, 객관적으로(at arm's length) 이루어졌다면, 허가신청을 구하는 화해 등은 일단 공정성이 추정된다. 구체적으로는 첫째, 화해 등이 당사자들 사이에서 결탁 없이 독립적이고 객관적인 협상과정을 통하여 도출되었을 것(통모의 부재), 둘째, 소송대리인과 법원이 충분한 정보를 바탕으로 한 결정을 내릴 수 있을 정도로 증거개시절차 혹은 관련 정부기관에 의한 조사[예컨대 증권법위반행위에 대한 SEC의 조사(investigation)] 등이 있었을 것(정보의 제공), 셋째, 화해의 제안자는 유사소송에서의 경험이 풍부할 것(전문지식), 넷째, 제안된 화해 등에 대한 반대자의 수와 그들의 비중이 집단 전체의 규모에 비추어 크지 않을 것(반대자의 규모) 등이다.[38] 공정성의 추정은 원고의 승소가능성에 비추어 볼 때 화해 등이 부당하지 않다고 판단되어야 유지될 수 있으며, 경험 많고 능력 있는 변호사에 의한 협상의 결과로서의 화해 등의 공정성은 강하게 추정된다고 한다.[39] 법원은 당사자들에게 화해 등의 내용을 고지하기 전에 예비심사를 위하여 심문절차를 개최할 필요는 없다.[40]

4. 정식심리와의 관계

예비심사절차를 운영하는 것은 정식심리절차를 유명무실하게 만들

---

38) In re General Motors Corp. Pick-Up Truck Fuel Tank Products Liability Litigation, 55 F.3d 768, 785 (3rd Cir. 1995).

39) McNary v. American Sav. & Loan Ass'n, 76 F.R.D. 644, 649 (N.D. Tex. 1977); Boggess v. Hogan, 410 F. Supp. 433 (N.D. Ill. 1975), 410 F. Supp. 443 (N.D. Ill. 1976).

40) U.S. v. McKenzie, 818 F.2d 115 (1st Cir. 1987).

여지가 있다는 우려가 있다. 모든 중요 쟁점들이 예비심사절차에서 논의
되고 정리된다면 정식심리절차는 단지 거수기(rubber-stamp)로 전락하고
말 것이라는 것이다. 실제로 정식심리절차에서 원고측과 피고측은 오랜
협상 끝에 마련된 화해 등의 허가를 받고자 하는 공동의 목적을 지닌 협
동관계이지, 더 이상 대립당사자의 관계가 아니기 때문에 오로지 화해 등
의 허가를 위하여 화해의 장점과 허가의 필요성 등만을 강조하곤 한다.41)
그러나 이러한 비난에도 불구하고, 보다 효율적으로 공정성 심리절차를
완수할 수 있게 하는 예비심사절차의 필요성은 부인할 수 없겠다.

V. 고 지

1. 개 설

앞서 본 예비심사절차에서, 화해 등이 공정성 · 상당성 · 적정성을 갖
추었다고 판단하면, 그 효력이 미치게 될 구성원 전원에게 상당한 방법
으로 화해 등의 내용 및 심문기일을 고지하도록 당사자에게 지시하여야
하며, 이 때 공통문제에 관한 집단소송의 경우에는 새로운 제외신고의
기회를 부여할 수 있다. 위 고지는 구성원들에게 제안된 화해 등과 선택
가능한 대안들을 알려줌으로써 적법절차를 준수하는 역할을 한다.42) 화
해에 따른 기판력의 주관적 범위가 확장될수록 피고에게 유리하기 때문
에 보통은 피고가 화해 등 고지의 비용을 부담한다.43)

---

41) Weinstein et al., *supra* note 32), at 382-383.

42) US West v. MacAllister[1992-1993 Transfer Binder] Fed. Sec. L. Rep. (CCH) ‖
    97, 269 (D. Colo. 1992)(4 Newberg on Class Actions § 11:53에서 재인용).

43) 4 Newberg on Class Actions § 11:53.

2. 고지방법

Rule 23(e)는 소송허가결정의 고지와는 달리 화해 등 고지에 포함되어야 할 내용이나, 방식에 관해서는 언급이 없기 때문에, 그 고지가 헌법상 적법절차의 원칙을 준수하고 있는 한, 고지가 상당한지(reasonable)를 판단함에 있어서 법원에 일정한 재량이 인정된다. 여기서 적법절차의 원칙을 준수하였다고 하려면, 이해관계인들에게 소송의 계속사실을 알려줄 수 있도록 합리적으로(reasonably) 계획되고 준비되어야 한다.[44] 2003년 개정된 Rule 23은 구체적인 고지방법에 관하여 '합리적인 노력으로 확인이 가능한 구성원에 대한 개별고지를 포함하여, 그 상황하에서 실현가능한 최선의 고지'를 평이하고 이해하기 쉬운 문장으로 간결하고 명확하게 할 것을 요구하고 있다[Rule 23(c)(2)(B)]. 즉, Rule 23(b)(3)의 공통문제에 관한 집단소송 유형에 있어서는 가능한 경우 개별 고지가 요구되고, 그렇지 못한 경우에는 고지나 다른 정보를 인터넷에 공고하거나, 신문이나 잡지에 광고를 하거나, 아니면 관보 등 공공서비스 매체를 이용할 수도 있을 것이다.[45] 예컨대, Eisen v. Carlisle & Jacquelin 사건에서 미연방 대법원은 확인 가능한 개인에 대한 '보통우편'을 이용한 발송과 함께 언론광고를 하는 것으로 Rule 23의 요건과 헌법상 적법절차의 원칙이 준수되었다고 하면서, 주주명부 등과 같이 구성원을 개별적으로 특정할 수 있는 자료가 있는 경우에는 그 자료에 나타난 모든 대상자에게 보통우편에 의한 개별 고지를 하여야 한다고 하였다. 법원은 이 사건에서 2,250,000명의 구성원의 이름과 주소가 알려져 있거나 쉽게 알 수 있으므로 개별적으로 고지를 하여야 한다고 하면서, 개별 구성원의 이름과 주소를 알고 있는 데도 불구하고 단순히 언론광고만 하는 것은 적법절차의 원리에 위배된다고 판시하였다.[46] 합리적인 노력으로도 신원파악

---

44) In Mullane v. Central Hanover Bank & Trust Co., 339 U.S. 306 (1950).
45) Annotated Manual for Complex Litigation § 21.312.

이 곤란한 경우에는 보충적 방법으로 신문, TV, 라디오, 인터넷 등의 매체를 이용하여 공고를 할 수 있다.[47]

개별 고지가 필요하다고 하더라도 개별 고지를 받아야 하는 모든 구성원이 실제로 그 고지를 받았어야 하는 것은 아니고, 구성원에게 고지가 전달되도록 '사전 준비를 합리적으로 하였다면(reasonably calculated)' 충분하다고 한다. 예컨대, 법원은 실질 주주들에게 전해주도록 중개인에게 고지내용을 전달하고, 명부상 주주에게는 고지를 직접 전달하였으며 그 밖에 언론광고 등을 시행한 이상 일부 실질 주주들이 실제 고지내용을 수령하지 못하였다고 하더라도 고지는 적법하다고 판시하였다.[48] 고지가 구성원에게 소송계속사실을 알려주기 위하여 '사전 준비를 합리적으로 하였다면' 아파트 호수나 우편번호가 빠져있더라도 그 구성원에게도 화해의 효력이 미친다고 한다.[49] Rule 23은 개별 구성원을 특정하기 위하여 생각해 낼 수 있는 모든 수단을 동원할 것을 요구하지는 않는다. 피고가 정확한 주소라고 알고 있는 한 부정확한 주소로 고지한 경우나 변경되기 전의 주소로의 고지도 적법절차를 준수한 것으로 본다. 그 밖에 800만 명 이상의 주주들에게 개별적으로 우편발송을 하였으며 이와는 별도로 전국적으로 발간되는 신문에 광고를 한 사안에서, 법원은 구성원의 신원확인을 위하여 상당한(substantial) 노력이 이루어졌음을 인정하면서 Rule 23의 요건에 부합한다고 판시하였다.[50]

---

46) Eisen v. Carlisle & Jacquelin, 417 U.S. 156 (1974).

47) In re First Databank Antitrust Litigation, 205 F.R.D. 408 (D.D.C. 2002); In re Lorazepam & Clorazepate Antitrust Litigation, 205 F.R.D. 369 (D.D.C. 2002); Fry v. Hayt, Hayt & Landau, 198 F.R.D. 461 (E.D. Pa. 2000); In re Vitamins Antitrust Litigation, 2001-2 Trade Cas. (CCH) ‖ 73519, 2001 WL 1772352 (D.D.C. 2001).

48) 4 Newberg on Class Actions § 11:63; National Student Marketing Litigation v. Barnes Plaintiffs, 530 F.2d 1012 (D.C. Cir. 1976).

49) Peters v. National R.R. Passenger Corp., 966 F.2d 1483, 22 Fed. R. Serv. 3d 1123 (D.C. Cir. 1992).

50) In re Prudential Ins. Co. of America Sales Practices Litigation, 177 F.R.D. 216, 39 Fed. R. Serv. 3d 498 (D.N.J. 1997).

3. 고지에 포함될 내용

고지에는 제안된 화해 등의 내용, 심문절차에 관한 내용(반대의견 진술의 기회) 등이 포함되어야 한다. In re Dennis Greenman Securities Litigation [4년 가까운 기간 동안 세 개의 다른 중개 법인에 고용되었던 한 주식 중개인이 그 기간 동안 600명 이상의 투자자로부터 8,600만 달러의 투자를 유치하면서 그 자금이 수익이 많은 재정 거래(arbitrage)에 투자될 것이라고 안심시킨 후 옵션에 투자해 실패한 사기적 관행을 둘러싼 거대 규모의 증권집단소송]에서의 고지내용은, 예비허가, 화해내용, 그리고 원고측이 화해보상액에 영향을 미칠 변수들과 변호사 보수를 검토한 서류의 사본들, 그리고 심문절차에 관한 내용들을 포함하고 있었다.[51] In re Baldwin-United Corp. 사건에서 화해 고지는 집단소송이 계속 중이라는 사실, 제안된 화해의 조건들 그리고 구성원들의 선택권에 대한 내용을 담고 있었으며, 고지는 상당한 노력을 통해서 식별될 수 있는 모든 구성원들에게 발송됐고, 발송 후 3주간 1주일에 한 번씩 월 스트리트 저널에 게재되었다.[52] 이와 같이 고지는 제안된 화해의 조건과 허가될 경우 모든 구성원들에게 효력이 미친다는 것을 포함해야 하고, 구성원들로 하여금 정보를 숙지한 상태에서 제외신고 여부를 결정할 수 있도록 원래 청구의 배경, 청구취지 및 항변 등을 포함해야 한다.[53] 또한, 고지에는 소송의 성격, 화해안의 일반적 내용, 화해조건, 그 밖의 완벽한 정보는 법원기록을 열람하여 알 수 있다는 것, 구성원은 심문절차에 출석하여 의견을 진술할 수 있다는 것 등이 포함되어야 한다.[54] 고지에는 집단과 하

---

51) In re Dennis Greenman Securities Litigation, 622 F. Supp. 1430 (S.D. Fla. 1985), judgment rev'd, 829 F.2d 1539, 9 Fed. R. Serv. 3d 415 (11th Cir. 1987).

52) In re Baldwin-United Corp., 105 F.R.D. 475, 1 Fed. R. Serv. 3d 1589 (S.D. N.Y. 1984).

53) Annotated Manual for Complex Litigation § 21.312.

54) In re Prudential Ins. Co. of America Sales Practices Litigation, 177 F.R.D. 216, 39

위 집단의 정의, 구성원에게 주어진 대안과 대안에 필요한 조치를 취하여야 할 기한, 제안된 화해안의 필수 화해조항, 대표당사자에게 제공될 특별한 혜택, 변호사 보수에 관한 정보, 심문절차의 시간과 장소, 화해안에 대한 반대의견진술 방법(제외신고를 허용하기로 한 경우 그 신고방법), 화해기금의 분배방법, 구성원에 따라 다른 종류의 보상을 하기로 한 경우 그 내용, 비금전 화해 요소를 포함하고 있는 경우 그 요소의 평가근거, 구성원들이 집단 내지 하위집단 전체의 손해배상액 및 구성원 개인에게 돌아갈 손해배상액의 평가를 하는데 도움이 될 자료들, 변호사의 주소와 전화번호 및 질문방법 등을 명시하여야 한다.55) 고지는 "심문절차에서 반대의견을 진술하려는 반대자들은 심문절차기일 이전에 법원에 서면으로 반대의견을 제출하여야 하고, 출석하고자 하는 경우 그 뜻을 미리 알려야 한다"는 내용을 포함해야 한다. 그러나 미리 서면을 제출하지 아니한 자라도 심문기일에 출석하여 반대의견을 진술하는 것을 허용할 수 있다.56)

고지는 지나치게 구체적일 필요는 없다. Bowling v. Pfizer, Inc., 사건(결함이 있다고 주장된 심장 판막을 둘러싼 제조물 책임 집단 소송)에서 펜실베이니아주 주법원에 같은 건이 계속 중이라는 사실을 알리지 않았음에도 불구하고, 법원은 화해 고지가 적절하다고 하였고,57) 제2 연방항소법원은 화해안의 고지가 분배계획의 구체적인 내용을 담지 않았다고 해서 부적절한 것은 아니라고 판시하였다.58) 이에 따르면, 분배계획을 구체적으로 마련하는 것은 어렵고 시간이 많이 소요되는 절차인데, 분배계획을 마련한 뒤에야 공정성 심리절차를 진행할 수 있도록 한다면 이는

Fed. R. Serv. 3d 498 (D. N.J. 1997).

55) Annotated Manual for Complex Litigation § 21.312.

56) Annotated Manual for Complex Litigation § 21.312.

57) Bowling v. Pfizer, Inc., 143 F.R.D. 141 (S.D. Ohio 1992), appeal dismissed without opinion, 995 F.2d 1066 (6th Cir. 1993).

58) In re Agent Orange Product Liability Litigation MDL No. 381, 818 F.2d 145 (2d Cir. 1987).

화해협상을 극도로 복잡하게 하고 법원과 당사자 모두에게 지나친 부담을 주는 일이라고 한다. 고지에는 제외신고 양식을 첨부하여야 하고, 인터넷 웹사이트에 이를 게시하여야 한다. 고지는 구성원이 가지고 있는 대안을 명확하게 설명해야 하고, 제외신고를 하는 경우와 집단에 남아 분배청구를 하는 경우의 차이점도 설명해야 한다. 분배계획의 세부 절차가 이미 결정되었고 정식심리절차에서 별다른 반대의견이 없을 것으로 예상된다면, 분배청구 양식까지 첨부할 수도 있을 것이다. 그러나 종종 화해안과 분배계획에 대한 반대의견이나 의문사항은 화해안이 허가된 이후에야 정리되곤 한다. 이런 경우에는 허가 이후에 분배청구 양식을 배포하여야 할 것이다.[59]

대부분의 경우 고지는 화해안의 모든 내용을 포함하고 있지는 않다. 그러나 화해안 자체가 배포되지 않는 한, 고지는 주요 화해조항에 대하여 명백하고, 정확한 설명을 포함하여야 하고, 구성원들이 어디서 화해안을 조사하고, 사본을 구할 수 있는지(예컨대, 인터넷 웹사이트라든지, 변호사 사무실 또는 증권회사 등)를 알려주어야 한다.[60]

4. 고지와 관련된 그 밖의 쟁점

1) 고지 수령자

Rule 23(e)(1)(B)는 제안된 화해안의 효력이 미치게 될 모든 구성원에게 상당한 방법으로 고지할 것을 요구하고 있다. 따라서 소송허가결정을 고지받고 제외신고를 한 구성원들에게는 고지할 필요가 없는 것이 원칙이지만, 그들에게도 다시 집단으로 복귀하여 화해의 혜택을 누릴 수 있도록 화해안의 고지를 할 수 있다는 견해도 있다.[61]

---

59) In re Holocaust Victim Assets Litig., 105 F. Supp. 2d. 139 (E.D. N.Y. Nov. 22, 2000).

60) Annotated Manual for Complex Litigation § 21.312.

2) 고지시기

화해안에 대한 예비허가명령에서 판사는 고지할 시기를 정해준다. 고지와 함께 이 허가명령은 심문절차의 시간과 장소를 정해야 하고, 제외신고와 반대의견진술 및 심문절차에의 출석 등을 위한 절차와 일정을 구체화하여야 한다. 만일 예비심사절차에서 제안된 화해조건에 대한 의문사항이 발견되면, 그러한 의문사항이 해결될 때까지 구성원에 대한 화해안의 고지는 연기된다.62)

3) 심문절차 이후의 화해안 수정시 새로운 고지

제안된 화해안의 문제점이 고지와 심문절차 이후에 드러나 수정이 필요한 경우 어떻게 하여야 할까? 개정 전 Rule 23(e)는 모든 구성원에게 고지가 필요하다고 하여 논란의 여지가 있었으나, 개정된 Rule 23(e)(1)(B)는 "화해안에 의하여 효력이 미치게 될 당사자들에게만 고지를 하면 된다"고 하므로, 모든 구성원에게 고지를 다시 하고 새로 심문절차를 진행할 필요는 없을 것이다. 그러나 새로운 조항에 의하여 영향을 받게 될 구성원들을 대상으로 한 심문절차는 다시 진행할 필요가 있을 것이다.

VI. 제외신고

미국의 경우, 2003년 개정된 Rule 23에서 "법원은 Rule 23(b)(3)(공통문제에 관한 집단소송)에 의해 집단소송으로 허가되었던 소송에서, 일전에 제외신고의 기회가 있었으나 제외신고를 하지 않았던 집단 구성원 개개

---

61) Annotated Manual for Complex Litigation § 21.312.
62) Annotated Manual for Complex Litigation § 21.312.

인에게 다시 제외신고의 기회를 주지 않기로 한 화해안 허가신청을 거부할 수 있다"라고 규정함으로써, 화해단계에 있어서 새로운 제외신고를 부여할 수 있다는 내용을 명문화하고 있다. 이는 종래 법원의 판단에 따라 화해단계에서 새로운 제외신고의 기회를 부여해 오던 관행을 입법화한 것으로서, 임의규정이기 때문에 비록 제외신고를 부여하지 않았다고 하더라도 화해안에 관한 여러 가지 다른 요소를 평가한 결과 '공정성·상당성·적정성'이 인정된다고 판단하면, 화해안을 허가할 수 있을 것이다.

Thomas E. Willging 등은 1992.7.1.부터 1994.6.30.까지 4개의 연방지방법원에서 종결된 모든 집단소송의 결과를 분석한 적이 있는데,[63] 이에 의하면 화해단계에서 1인 이상의 제외신고자가 있는 경우가 위 각 연방지방법원별로 36%에서 58%에 이르고, 소송허가단계와 화해단계에서의 제외신고자를 합한 경우는 42%에서 50%에 이른다고 한다. 하지만 제외신고자의 수는 극히 미미하여 전체 집단소송에서 구성원의 0.1% 내지 0.2% 정도만이 제외신고를 한다고 하고(중앙값 기준), 제외신고가 있는 경우라도 75% 이상의 사건에서 제외신고자의 수가 100명 이하에 불과하다고 한다.

VII. 심문절차

1. 개 설

심문절차(formal fairness hearing)에서, 화해 지지자들은 제안된 화해안이 공정하고(fair), 상당하며(reasonable), 적정한지(adequate)에 관하여 소명하여

---

63) Thomas E. Willging, Laural L. Hooper & Robert J. Niemic, "Empirical Study of Class Actions in Four Federal District Courts: Final Report to the Advisory Committee on Civil Rules", at 56-58 (1996).

야 하고, 반대자들은 미리 제출한 서면을 통하거나 심문절차에 직접 출
석하여 화해안에 대한 반대의견을 진술할 수 있다. 당사자들은 증인, 전
문가, 선서진술서 등의 증거신청을 할 수 있다.[64] 반복되는 주장을 방지
하기 위하여 반대자들의 진술시간을 제한하는 것도 가능하고, 심문절차
를 연장하는 것도 가능하다.[65]

　이하에서는 화해허가의 기준이 되는 공정성·상당성·적정성에 관한
구체적인 내용들과 반대자의 자격을 비롯하여 반대의견 제시의 절차, 종
류 등을 살펴보기로 한다.

2. 화해허가의 기준

　공정성·상당성·적정성의 입증책임은 화해의 제안자들 즉, 화해허가
를 신청한 자들에게 있고,[66] 일부 협상과정이 부적절한 경우 화해 제안
자들은 명백하고 확실한 증거를 제출함으로써 공정성을 입증하여야 하
는 강화된 입증책임을 부담한다.[67] 화해협상이 독립적이고 객관적으로
이루어졌고, 유사소송에서 경험이 많은 변호사들이 화해안 허가를 지지
하는 경우 법원은 사실상 절대 다수의 화해안을 허가하여 왔다.[68] 공정
성·상당성·적정성을 판단하는 기준은 일반적으로 ① 손해회복의 가능
성 또는 성공의 가능성, ② 증거개시의 진행정도 및 증거의 양과 가치,

---

64) Annotated Manual for Complex Litigation § 21.634.

65) In re Silicone Gel Breast Implant Prods. Liab. Litig., MDL No. 926, 1994 WL
　　578353 (N.D. Ala. Sept. 1, 1994); In re 'Agent Orange' Prod. Liab. Litig., 597 F.
　　Supp. 740, 746-47 (E.D.N.Y. 1984).

66) Foster v. Boise-Cascade Inc., 420 F. Supp. 674 (S.D. Tex. 1976), judgment aff'd,
　　577 F.2d 335 (5th Cir. 1978).

67) In re Matzo Food Products Litigation, 156 F.R.D. 600 (D. N.J. 1994); In re General
　　Motors Corp. Engine Interchange Litigation, 594 F.2d 1106, 3 Fed. R. Evid. Serv.
　　992, 27 Fed. R. Serv. 2d 89 (7th Cir. 1979).

68) 4 Newberg on Class Actions § 11:42.

③ 화해조항 및 조건, ④ 변호사의 의견과 경험, ⑤ 소송으로 진행되는 경우 소요될 비용과 예상되는 소송기간, ⑥ 중립적인 제3자의 의견, ⑦ 반대자의 수와 반대의견의 가치, ⑧ 성실한 협상과 통모·담합의 부재 등이다.69) 이 기준은 판례에 따라서는 이와 비슷하지만 조금 다른 내용이 사용되기도 한다. 예컨대, Girsh v. Jepson 사건과 In re Cendant Corp. Litigation 사건에서는 ① 소송의 복잡성, 비용, 기간, ② 화해안에 대한 구성원의 반응, ③ 변론의 진행정도와 증거개시의 양, ④ 청구원인 입증의 실패가능성, ⑤ 손해배상액 입증의 실패가능성, ⑥ 집단으로서의 유지가능성, ⑦ 피고가 더 큰 손해배상액을 부담할 능력이 있는지, ⑧ 최대 배상가능액과 소송의 패소가능성을 고려한 화해기금의 상당성의 범위 등을 제시한다.70)

한편, 복합소송지침(Manual for Complex Litigation)에서는, 공정성(fairness)은 화해 등에서 인정한 배상액 등을 구성원 상호간 및 유사한 청구권을 가진 구성원 아닌 자와 비교하여 판단하고, 상당성(reasonableness)은 청구 및 주장내용과 이에 대한 화해 등의 내용을 비교하여 판단하며, 적정성(adequacy)은 집단소송의 화해로 얻는 이익과 집단소송이 아닌 다른 방법을 이용했을 경우 얻을 수 있는 이익을 대조하여 판단할 것을 권유하면서,71) 다음과 같은 기준을 추가로 제시하고 있다. ① 원고측의 청구와 피고측의 항변 등을 종합하여 소송을 계속함으로써 얻을 것이라고 기대되는 결과와 제안된 화해안의 비교, ② 집단소송의 요건, 집단의 청구, 주장 등이 소송 내내 유지될 가능성, ③ 주요 쟁점에 대한 선례(집단소송이 아닌 개별 소송의 판결에서 집적된 정보와 경험), 과학적 지식 등 소송의 결과에 영향을 미칠 요인들, ④ 화해협상에서 구성원, 대표당사자 또는 판사나 스페셜마스터 등의 참여여부, ⑤ 화해금액의 지불능력, ⑥ 화해

---

69) 4 Newberg on Class Actions § 11:43.

70) Girsh v. Jepson, 521 F.2d 153 (3d Cir. 1975); In re Cendant Corp. Litg., Nos. 00-2520, 2001 W L980469 at 13 (3d Cir. Aug. 28, 2001).

71) Annotated Manual for Complex Litigation § 21.62.

가 다른 소송에 미칠 영향력 및 다른 집단에 의해 제기된 유사소송과 그 예상결과, ⑦ 개별 구성원에게 돌아갈 이익과 다른 유사 청구권자가 유사한 소송을 제기하였을 때 얻을 이익의 비교, ⑧ 구성원에게 화해안이 고지 뒤 제외신고의 기회가 주어졌는지, 주어졌다면 제외신고의 건수, ⑨ 분배계획의 공정성, 상당성, ⑩ 다른 법원에서 유사 집단의 유사 화해를 어떻게 처리하였는지, ⑪ 변호사 보수에 관한 합의내용의 상당성(변호사 상호간의 분배와 반대자를 위한 변호사에 대한 것도 포함) 등을 고려해야 한다. 이하에서는 구체적 판례를 위주로 Herbert B. Newberg가 제시하는 바에 따라 화해허가의 기준에 관하여 검토하기로 한다.[72]

1) 손해의 회복가능성

먼저, Lachance v. Harrington 사건은, 피고들이 National Media사의 주가를 부풀리기 위하여 ValueVision사와의 합병이 무산되었음에도 합병계획을 포함하여 회사의 재무상태 등에 관하여 고의로 허위보고를 하였다는 이유로 1934년 증권거래소법 10조 (b)항과 SEC Rule 10b-5를 근거로 제기한 소송인데, 법원은 원고들의 청구가 소각하신청(motion to dismiss)의 대상은 아니지만, 정식사실심리 전 판결(summary judgment) 사유에 해당할 여지가 있었고, 특히 배심원단으로부터 유리한 평결을 이끌어 내는 데 어려움이 있을 것으로 보았다. 법원은 승소가능성을 30% 정도로 평가한 뒤 소송수행의 어려움에 비추어 115만 달러로 합의된 화해안이 공정하고, 상당하며, 적정하다고 판단하여 이를 허가하였다.[73] 그리고 De Angelis v. Salton/Maxim Housewares, Inc. 사건의 경우, 피고 회사의 기업공개시 사업설명서에 중요한 정보가 누락되어 있음을 이유로 제기한 소송인데, 원고측이 주장하는 690만 달러의 손해액을 입증하기 위해서는 1주당 3달러의 주가하락이 전적으로 피고의 정보누락에 기인하여야 한다는 것을 입

---

72) 4 Newberg on Class Actions § 11:41 내지 § 11:54.
73) Lachance v. Harrington, 965 F. Supp. 630 (E.D. Pa. 1997).

증하여야 하지만, 그 입증 가능성이 극히 낮은 반면 엄청난 시간과 비용
을 소모할 것이고, 전체 주식 수 230만 주중에서 6,400주 정도를 가진 주
주들만이 반대하고 있는 사정 등을 감안하여, 122만 5,000달러의 화해안
은 공정하다고 보아 이를 허가하였다.[74)

한편, In re Pacific Enterprises Securities Litigation 사건의 경우, 회사의 건
재를 나타내기 위하여 무리한 사업확장을 추진한 이사진에 대하여 충실
의무위반을 이유로 한 주주대표소송과 주가하락을 원인으로 한 증권집
단소송이 병행된 사례인데, 법원은 소멸시효로 인하여 각하될 가능성이
높고, 본안에서의 승소가능성도 미미하므로, 주주대표소송과 집단소송
을 일괄적으로 합의하기로 한 화해안(대표소송 1,200만 달러, 집단소송
2,100만 달러)은 공정하고, 상당하며, 적정하다고 평가한 다음 이를 허가
하였다. 특히 이 사건에서 법원은 화해안이 패소의 염려를 덜어주었고
장차 소송이 지속될 경우 피고 회사는 파산에 이르게 되었을 것이라고
보았다.[75) 그리고 Sullivan v. Hammer 사건은 미술관 건축에 기금을 지원
하는 데에 찬성한 이사를 상대로 신인의무 위반과 기업 자산의 낭비라
고 주장하면서 제기한 주주대표소송 및 집단소송인데, 법원은 이사들의
위와 같은 행동이 경영판단의 법칙의 범위 안에 들기 때문에 이 사건 청
구는 본안 전 또는 심리 후에 기각될 가능성이 높으나, 화해안의 배상액
이 작기(meager) 때문에 적정하다고 하여 화해안을 허가하였다.[76)

2) 증거개시의 진행정도와 증거의 양과 가치

어떠한 증거가 법원의 사실인정에 충분한 증거가 될 수 있는지에 관
한 명백한 기준은 없다. 그러나 화해의 관점에서 보면, 당사자들은 소송

74) De Angelis v. Salton / Maxim Housewares, Inc., 641 A.2d 834, 839 (Del. Ch. 1993),
decision rev'd on other grounds 636 A.2d 915 (Del. 1994).
75) In re Pacific Enterprises Securities Litigation, 47 F.3d 373, 31 Fed. R. Serv. 3d 746
(9th Cir. 1995).
76) Sullivan v. Hammer, Fed. Sec. L. Rep. (CCH) ∥ 95,415 (Del. Ch. CT 1990).

을 계속하는 대신 합의에 의하여 분쟁을 종결하기로 하였으므로 법원은
엄격하게 사실 인정을 위한 증거를 확보할 필요는 없다.[77] 법원은 보통
소송의 초기에 화해가 이루어진 경우 통모, 담합의 가능성이 의심되지
만, 충분한 증거조사가 이루어져 있고 변호사의 자질이 믿을 만하다면
그러한 통모의 의심은 해소된다고 하였고,[78] 모든 증거개시절차가 완료
되어 본안심리가 가능한 상황이라면 화해안의 적정성을 심리할 수 있는
충분한 증거자료를 가지고 있다고 보았다.[79]

Bowling v. Pfizer, Inc. 사건의 경우, 인공심장판막 이식수술을 받은 자
들과 그들의 배우자들이 제조회사를 상대로 제기한 제조물책임 집단소
송으로서, 화해안은 원고측에게 판막파열의 경우 개별적으로 일정한 공
식에 따른 금원을 지급하는 것과는 별도로 1억 6,500만 달러에서 2억
1,500만 달러에 이르는 3개의 기금을 조성하여 구성원들이 건강이상 유
무 테스트를 받고 필요할 경우 의학적, 심리학적 치료를 받는데 소요될
자금을 지원하도록 하는 내용이었다. 이 사건에서 법원은 화해 이전에
증거개시절차가 충분히 이뤄지지 않았음을 인정하면서도, 화해안의 공
정성을 심사하는데 증거개시의 양은 결정적인 것은 아니라고 하였다. 원
고측이 다른 유사한 소송이나 정부기관의 조사 결과를 통하여 자료를
얻을 수 있다면, 공정하고 상당한 화해안이 마련될 수 있고, 법원은 그
결정이 단순한 추측에 의한 것이 아님을 소명할 수 있을 정도의 정보만
가지고 있으면 된다고 하였다. 결국 법원은 위 화해안을 허가하였다.[80]
또, Gottlieb v. Wiles 사건에서, 법원은 공정성 여부를 심리할 때 피고의
현재 재무상태에 비추어 나중에 더 큰 보상을 현실적으로 받을 수 있을

---

77) 4 Newberg on Class Actions § 11:45.

78) In re Jiffy Lube Securities Litigation, 1990 WL 39127, Fed. Sec. L. Rep. ‖ 94,859(D. Md. 1990).

79) 4 Newberg on Class Actions § 11:45.

80) Bowling v. Pfizer, Inc., 143 F.R.D. 141 (S.D. Ohio 1992), appeal dismissed without opinion, 995 F.2d 1066 (6th Cir. 1993).

것인가에 관심을 기울여야 한다면서, 재무상태에 관한 증거조사가 미흡
했다는 반대자들의 주장에 대하여, 법원이 독자적으로 증거를 분석하여
야 하는 것은 맞지만 충분한 증거자료를 제출할 책임은 화해의 제안자
들에게 있는 것이고, 증거가 부족한 경우 법원은 증거의 보충을 요구하
거나 아니면 화해안의 허가를 거부할 수 있는 재량이 있다고 판단하였
다.[81] 한편, In re General Motors Corp. Engine Interchange Litigation 사건에
서 항소법원은 원심이 다음과 같은 이유로 재량을 남용했다고 판단하였
다. ① 하위집단의 화해 협상과정에 대한 주의 깊은 조사를 하지 못하였
고, ② 그 협상이 구성원의 최선의 이익을 침해한다는 것을 입증하기 위
한 증거개시의 기회를 구성원에게 부여하지 않았다. 항소법원은 "만일
그 협상과정이 원심이 미리 정한 일정한 규칙(pretrial order)을 위반했다
고 보이면 구성원인 반대자에게 그로 인해 손해가 생겼음을 주장·입증
하기 위한 증거개시의 기회가 부여되었어야 했다"고 판단하였다.[82]

무엇이 적정한 화해인지를 판단하려면 사실적·법률적 문제를 분석
하고 결론을 내려야 하지만, 개개 사건에서 사실적·법률적 문제들은 어
느 정도 불확실할 뿐만 아니라, 이를 해결하기 위해 끝까지 소송을 진행
하게 될 경우 부담하여야 할 시간과 위험 등을 고려하여 법원들은 화해
안들이 상당성의 범위에 들어있는지를 판단하는 방식으로 화해안을 심
사해 오고 있다.[83] 이 개념은 Newman v. Stein[84]에서 시작되었고, 미연방
대법원도 변호사 보수의 적정성 심사에서 이와 유사하게 '합리성의 영
역'(a zone of reasonableness standard)이라는 판단기준을 채택하였다.[85]

81) Gottlieb v. Wiles, 11 F.3d 1004, 1015, 27 Fed. R. Serv. 3d 904 (10th Cir. 1993).
82) In re General Motors Corp. Engine Interchange Litigation, 594 F.2d 1106, 3 Fed.
   R. Evid. Serv. 992, 27 Fed. R. Serv. 2d 89 (7th Cir. 1979).
83) 4 Newberg on Class Actions § 11:45.
84) Newman v. Stein, 464 F.2d 689, 691-92 (2d Cir.), Cert. denied, 409 U.S. 1039, 93
   S.Ct. 521, 34 L.Ed. 2d 488 (1972); Steinberg v. Carey, 470 F. Supp. 471 (S.D.
   N.Y. 1979).
85) Hensley v. Eckerhart, 461 U.S. 424, 435 n. 11, 103 S.Ct. 1933, 76 L.Ed. 2d

3) 화해의 내용

법원은 구성원이 피고를 상대로 제기한 소송을 포기하는 대가로서 구성원에게 적절한 이익을 가져다주는 내용이 화해안에 포함되어 있는지를 확인해야 한다. 비금전적 요소가 포함되어 있는 경우 금전으로 환산한 평가총액이 충분하다고 인정되면 적정하다고 할 수 있다.[86] U.S. West v. MacAllister 사건의 경우, 주주대표소송과 병합된 증권집단소송인데 280만 달러의 화해금을 회사에 유보하기로 하여 주주들에게의 혜택은 간접적이지만, 예방적 조치로서 공공정책위원회를 설립하여 회사의 운영을 감시하기로 하는 내용의 합의에 이르렀고, 법원은 이를 허가하였다[87].

한편, 법원은 화해의 가치가 불분명하거나 원래의 청구와 무관한 내용으로 화해안이 마련된 경우 그 허가를 거부해 오고 있다. In re General Motors Corp. Pick-up Truck Fuel Tank Products Liability Litigation 사건의 경우, 원고들은 지난 15년간 GM사에서 제조한 트럭을 구매한 소비자들로 트럭 디자인상의 결함으로 인한 손해배상을 청구한 사건인데, 원심은 트럭 소유자들이 GM의 새 트럭을 구입할 경우 1,000달러를 할인해 주는 쿠폰을 발행하는 대신 변호사 보수로는 950만 달러를 지급하기로 합의한 화해안을 허가하였다. 제3 연방항소법원은 원심이, 피고가 제공하기로 한 쿠폰은 현금가치가 없고 생명을 위협하는 결함을 시정하는데 아무런 도움이 되지 못한다는 점을 간과하였고, 화해의 가치를 충분히 정밀분석하지 않았다는 이유로 화해허가를 한 원심결정을 번복하였다.[88] 또한, In re Ford Motor Co. Bronco II 사건의 경우, 디자인상의 결함 때문

40(1983).

86) 4 Newberg on Class Actions § 11:46; In re Union Square Associates Securities Litigation, Fed. Sec. L. Rep. (CCH) ‖ 95709, 1990 WL 212308 (Del. Ch. 1990).

87) US West, Inc. v. MacAllister, 1992 WL 427772 (D. Colo. 1992).

88) In re General Motors Corp. Pick-Up Truck Fuel Tank Products Liability Litigation, 55 F.3d 768, 31 Fed. R. Serv. 3d 845 (3d Cir. 1995).

에 자동차가 전복되는 경향이 있다는 이유로 제기한 제조물책임소송으로서 원고측은 대금의 반환이나 가치하락의 보상 및 문제된 차량의 recall을 요구하였음에도, 마련된 화해안은 단지 차량안내 비디오, 경고문, 운전자 가이드 보정판의 배포와 차량검사를 하겠다는 내용뿐이었다. 즉, 원고가 청구한 내용 중 아무것도 화해안에 포함된 것이 없었던 것이다. 이에 법원은 구성원에게 화해안에 대한 반대의견을 진술하기 위해 필요한 충분한 시간이나 지식과 자원이 없는 경우에는, 비록 반대자의 수가 적더라도 이것만으로는 화해안이 부적절하다는 결론을 뒤바꿀 수 없다고 하면서 화해안의 허가를 거부하였다. 이 사안에서는 변호사 보수가 320만 달러에 이르렀고, 그 내용이 제대로 구성원에게 고지되지 않았으며, 증거조사가 하나도 이루어지지 않았었다.[89] 그러나 In re Michael Milken & Assoc. Securities Litigation 사건에서 법원은 화해금액이 원고들이 청구하는 금액에 비해 소액일지라도 허가될 수 있다고 하였다. 사안은 주가하락으로 인한 손해배상청구로서 원고측과 피고측이 주장하는 손해의 액수에 큰 차이가 있었고, 그 발생원인에 대하여도 큰 견해 차이를 보여, 전문가의 조언에도 불구하고 배심원에 의한 사실 인정이 곤란한 경우였다. 이 경우 원고측이 권리주장을 위해 끝까지 소송을 진행한다고 하면, 한정된 자산을 보유한 피고측으로서는 이 사건 소송에 대응하는 비용을 지출해야 할 뿐만 아니라 다른 채권자들의 청구에도 응하여야 하므로, 책임재산이 감소할 것이고, 결국 이로 인하여 원고측은 그만큼 피고측으로부터 더 적은 액수의 손해배상을 기대할 수밖에 없을 것이기 때문이라는 이유를 제시했다.[90]

화해안은 현금지급, 주식[91]이나, 신주인수권증권(warrant)[92]의 부여 또

---

89) In re Ford Motor Co. Bronco II Prods. Liab. Litig., CA MDL-991 § G (E.D. La. Mar. 20, 1995).

90) In re Milken and Associates Securities Litigation, 150 F.R.D. 46, 66 (S.D.N.Y. 1993).

91) Galdi Securities Corp. v. Propp, 87 F.R.D. 6, 10 (S.D. N.Y. 1979)(1주당 최대 $44.50 상당의 현금 또는 주식배분); Herbst v. International Tel. & Tel. Corp., 72 F.R.D.

는 보상청구권의 포기 등의 형태로 혹은 이들을 혼합하여 이루어질 수
있다. 주식과 현금이 혼합된 화해의 경우 화해안의 가치는 주가변동에
따라 화해안의 가치가 변동할 수 있으므로, 공정성 심리를 위해서는 평
가를 위한 특정일을 지정하여 그 날의 주가를 기준으로 화해안의 가치
를 평가해야 하는 경우도 있다.[93] 이러한 급부들은 집단에 적절한 이익
이 될 것임이 명백한 경우에만 허가되어야 하지만, 법원의 허가를 얻기
위해서 반드시 고액의 화해금액을 지불하여야 할 필요는 없다. 예컨대,
Newman v. Stein 사건에서 법원은, 500만 달러의 화해안이 비록 전체 청
구금액에 비해서는 소액이지만, 승소 가능성이 높지 않고 화해안이 불공
정하지도 않다는 이유로 허가하였다.[94] 그리고 Entin v. Barg 사건에서 법
원은, 화해금액이 전체 손해 중 17%, 집단의 손해 중 2/3인 경우 부당하
지 않다고 하여 화해안을 허가하였으며,[95] White v. Auerbach 사건에서

85, 88 (D. Conn. 1976)(1주당 $1.25 상당의 보통주 배분); Oppenlander v. Standard
Oil Co. (Indiana), 64 F.R.D. 597, 604 (D. Colo. 1974)(현금과 주식); Marcus v.
Putnam, 60 F.R.D. 441 (D. Mass. 1973)(신탁계좌에 100만 달러 상당의 피고 주
식으로 마련된 화해기금 설정); Halsband v. R.C. Sanders Technology Sys., 1981
Transfer Binder Fed. Sec. L. Rep. (CCH) ‖ 98,011 (S.D. N.Y. 1981)(현금 없이 보
통주 140,000주); Weiss v. Drew Nat. Corp., 465 F. Supp. 548 (S.D. N.Y. 1979)
(현금과 주식); Clark v. Lomas & Nettleton Financial Corp., 79 F.R.D. 641 (N.D.
Tex. 1978), judgment vacated, 625 F.2d 49, 30 Fed. R. Serv. 2d 144 (5th Cir.
1980)(현금과 주식); Green v. Wolf Corp., 69 F.R.D. 568 (S.D. N.Y. 1976); In re
Penn Central Securities Litigation, 416 F. Supp. 907 (E.D. Pa. 1976), order rev'd,
560 F.2d 1138 (3d Cir. 1977)(현금과 주식).

92) Alvin J. Ivers, P.C. Pension Trust v. Schenk, No. 81-1591-S (D. Mass. 1983); Zipkin
v. Genesco, Inc., 1980 WL 1428 (S.D. N.Y. 1980)(현금 250,000달러, 신주인수
권 350주 합계 약 100만 달러 상당의 가치); Hertz v. Conrad Precision Indus.,
Fed. Sec. L. Rep. (CCH) ‖ 94,112 (S.D. N.Y. 1973); In re Brown Co. Securities
Litigation, 355 F. Supp. 574 (S.D. N.Y. 1973); Moses v. Builders Inv. Group, CA
No. 75-2259 (E.D. Pa. 1978)(현금, 주식, 신주인수권증권).

93) Quirke v. Chessie Corp., 368 F. Supp. 558, 563 (S.D. N.Y. 1974).

94) Newman v. Stein, 464 F.2d 689, 698 (2d Cir. 1972).

95) Entin v. Barg, 412 F. Supp. 508 (E.D. Pa. 1976).

법원은, 청구금액 5,450,000달러 중 100만 달러의 화해안일지라도 법률
적·사실적 쟁점의 불확실성에 비추어 보면 적절한 금액으로 인정된다
고 하여 화해안을 허가하였다.[96] In re Four Seasons Securities Laws Litigation
사건에서도 법원은 입증가능한 전체 손해액 대비 8%에 불과한 화해라
도 상당하다고 보았다.[97]

4) 변호사의 의견

법원은 이해관계인의 의견을 경청하여야 하는데, 당해 소송에 관여한
기간, 특정 유형의 소송에 특화된 능력과 경험, 증거조사의 양 등을 고려
하여 변호사의 의견을 참고할 수 있다.[98] 변호사의 의견은 협상절차가
독립적이고 객관적으로 진행되었는지 여부 다음으로 중요한 판단기준이
된다. 예컨대, Cannon v. Texas Gulf Sulphur Co. 사건에서, 법원은 7년 넘게
이 사건 소송에 관여해 온 원고측과 피고측의 소송대리인 변호사들이 일
치하여 화해안을 지지하는 경우 그들의 의견을 존중해야 한다고 하였
다.[99] Feder v. Harrington 사건에서, 법원은 정직하고 능력 있는 변호사들이
광범위한 증거개시 이후에 실손해의 16% 정도가 공정한 평가라는 의견을
제시하였을 때 이를 무시할 생각이 없다고 하였다.[100] In re International
House of Pancakes 사건에서 법원은 증거개시절차에 계속하여 관여해 온
원고측 소송대리인들이 화해안에 대하여 공정하지 않다고 증언한 경우,
법원은 그들의 의견에 상당한 비중을 두어야 한다고 하였고,[101] Oscar

---

96) White v. Auerbach, 363 F. Supp. 366 (S.D. N.Y. 1973), rev'd on other grounds,
    500 F.2d 822 (2d Cir. 1974).
97) In re Four Seasons Securities Laws Litigation, 58 F.R.D. 19, 37 (W.D. Okla. 1972).
98) In re Milken and Associates Securities Litigation, 150 F.R.D. 46 (S.D. N.Y. 1993).
99) Cannon v. Texas Gulf Sulphur Co., 55 F.R.D. 308 (S.D. N.Y. 1972).
100) Feder v. Harrington, 58 F.R.D. 171 (S.D. N.Y. 1972).
101) In re International House of Pancakes, 1973-2 Trade Cas. (CCH) ‖ 74616, 1973
    WL 839 (W.D. Mo. 1973), order aff'd, 487 F.2d 303 (8th Cir. 1973).

Gruss & Son v. Geon Industries, Inc. 사건에서는 경험많은 변호사에 의한 독립적이고 객관적인 협상에 따른 화해안이라면, 당사자들의 이익에 부합한다고 본다고 하였으며,102) Wellman v. Dickinson 사건은 썬 컴퍼니의 벡턴 디킨슨의 주식 인수와 관련한 소송인데, SEC, 썬 컴퍼니, 그리고 그의 자회사들과 투자은행 고문, 벡터 디킨슨의 이사회, 투자은행 전문가, 그리고 소송 변호사들이 화해안이 집단의 이익을 잘 대변하고 있다는 의견을 제시하였다는 점과 소송의 위험을 고려할 때, 단 10주를 보유하고 있고 제외신고를 하지 않은 반대자들의 반대의견은 받아들일 수 없다고 하였다.103)

그러나 변호사의 의견이 중요한 참고자료이긴 하지만, 절대적 기준이 될 수는 없다. Percodani v. Riker-Maxson Corp. 사건은 1933년 증권법과 1934년 증권거래소법 위반을 근거로 1,200만 달러의 손해배상을 청구한 증권집단소송인데, 화해안은 피고가 180만 달러를 지급하는 내용이었다. 법원은 가능하면 화해안에 대한 변호사의 판단을 따르고자 하나, 다른 한편 법원은 반대자들에 대한 의무뿐만 아니라 구성원들의 특별대리인으로서의 의무를 명심해야 한다고 하면서, 피고가 그 이상의 화해금액을 지급할 능력이 없다는 것이 입증되지 않는 한 위 화해안은 공정성·상당성·적정성이 인정되지 않는다고 하였다.104)

그 밖에 대표당사자가 소송에 적극적으로 관여하여 왔고, 그 소송에 대하여 충분히 숙지하고 있는 경우에는 그의 의견도 화해안의 허가여부 결정시 존중되어야 한다.105)

---

102) Oscar Gruss & Son v. Geon Industries, Inc., Fed. Sec. L. Rep. (CCH) ‖ 97,917 (S.D. N.Y. 1981).

103) Wellman v. Dickinson, 497 F. Supp. 824 (S.D. N.Y. 1980).

104) Percodani v. Riker-Maxson Corp., 50 F.R.D. 473, 478 (S.D. N.Y. 1970).

105) In re New Mexico Natural Gas Antitrust Litigation, 607 F. Supp. 1491 (D. Colo. 1984).

5) 반대자의 수와 반대의견의 가치

법원은 대표당사자나 구성원이 제기한 반대의견을 경청해야 한다. 예를 들면, 70%의 구성원이 반대의견을 제시하였음에도 불구하고 화해안을 허가한 원심을 번복하고 항소법원에서 화해안의 허가를 거절한 사례가 있다.[106] Holmes v. Continental Can Co. 사건은 고용차별에 대한 손해배상청구소송인데, 화해금액(미지급 임금)의 약 50%가 8명의 대표당사자에게 귀속되기로 하는 내용의 화해안이 1심에서는 허가되었으나, 이에 불복하면서 제기된 반대의견에 따라 항소법원에서 번복되었다.[107] Ficalora v. Lockheed Co. 사건도 고용차별에 대한 손해배상청구소송인데, 항소법원은 변호사의 강요로 인하여 제외신고를 할 수 없었고, 변호사에게만 유리한 조건으로 합의하기 위해 대표당사자의 이익이 희생되었다는 대표당사자의 주장을 고려하지 않은 상태에서 1심 법원이 화해안을 허가한 것은 잘못이라고 하였다. 비록 대표당사자가 상대하기 힘든 사람이고 변호사와의 의사소통이 원만하지 못했었다는 증거가 있더라도, 1심 법원은 대표당사자가 주장한 변호사의 불법행위에 대한 조사를 벌였어야 했다고 하면서, 변호사가 받은 보수가 얼마인지와 사건의 조기 종결이 대표당사자의 이익을 침해하였는지 여부를 결정하기 위해 사건을 1심 법원으로 환송하였다.[108]

한편 법원은 반대자가 없거나 그 수가 적은 경우에는 공정성을 인정할 수 있다고 한다. Lachance v. Harrington 사건은 115만 달러의 화해안이 허가된 증권집단소송인데, 충분한 고지가 이루어졌음에도 단 한 명의 구

---

106) Pettway v. Am. Cast Iron Pipe Co., 576 F.2d 1157 (5th Cir. 1978).
107) Holmes v. Continental Can Co., 706 F.2d 1144, 36 Fed. R. Serv. 2d 817 (11th Cir. 1983).
108) Ficalora v. Lockheed California Co., 751 F.2d 995, 1 Fed. R. Serv. 3d 162 (9th Cir. 1985).

성원도 이의를 제의하거나 제외신고를 한 경우가 없었다. 법원은 이러한 사실은 화해의 허가에 유리하게 작용한다고 하였다.109) Cagan v. Anchor Sav. Bank, FSB 사건은 은행이 사업, 재무상태, 사업전망 등을 허위보고하고 중요한 사실들을 제대로 발표하지 않은 것에 대한 증권집단소송인데, 구성원 39,000명 중 반대자는 12명 제외신고자는 28명에 불과하자 법원은 화해안을 허가하였다.110) 그 밖에 소송의 속행으로 인해 시간과 비용이 많이 소요될 것이라는 점, 구성원에 의한 반대의견의 진술이 없었던 점과 적은 수의 구성원만이 제외신고를 한 점 등은 화해안의 허가에 긍정적인 작용을 한다고 판시한 사례도 있다.111)

그러나 반대자의 수가 적다는 이유만으로 반드시 화해안을 허가해야 하는 것은 아니다. 즉, 대다수의 구성원들이 변호사에 의하여 제대로 대변되지 못하고, 화해안의 공정성을 평가하기 위한 정보도 제대로 갖고 있지 못한 경우, 법원은 화해안을 독립적으로 현명하게 분석하고 평가하여야 할 책임이 있다. Rule 23은 법원에게 소송에 관여하지 아니한 구성원을 위한 특별대리인의 역할을 맡기고 있는바, 구성원이 반대의견을 진술하지 않더라도 위와 같은 법원의 의무는 없어지는 게 아니라 배가되는 것이라고 한다.112) In re General Motors Corp. Engine Interchange Litigation에서 법원은, 구성원의 지지는 화해안의 허가여부 결정시 중요한 판단자료임에 틀림없으나, 단지 0.03%의 구성원이 제외신고를 하거나 반대의견을 진술하였다는 것만으로 구성원들의 다수가 화해안에 동의한다는 결론을 도출할 수는 없는데, 이는 부당한 거래에의 묵인은 적극적인 지지와는 분명 다른 것이기 때문이라고 한다.113)

---

109) Lachance v. Harrington, 965 F. Supp. 630 (E.D. Pa. 1997).
110) Cagan v. Anchor Sav. Bank, FSB, 1990 WL 73423 (E.D. N.Y. 1990).
111) In re SmithKline Beckman Corp. Securities Litigation, 751 F. Supp. 525 (E.D. Pa. 1990).
112) Norman v. McKee, 290 F. Supp. 29, 32 (N.D. Cal. 1968), judgment aff'd, 431 F.2d 769 (9th Cir. 1970).
113) In re General Motors Corp. Engine Interchange Litigation, 594 F.2d 1106, 3 Fed.

하지만 일반적으로 법원은 반대자나 제외신고자가 많더라도 화해안을 허가하는 경향이 있다. 예를 들어, Kincade v. General Tire & Rubber Co. 사건은 고용차별에 대한 손해배상청구소송인데, 대표당사자의 반대의견에도 불구하고 법원은 화해안의 규모와 원고들이 만족할 만한 금전적 혜택을 받게 되리라는 이유로 화해안을 허가하였다.114) Reed v. General Motors Corp. 사건 역시 고용차별에 대한 손해배상청구소송인데, 대표당사자 27명 중 23명 및 구성원 중 40%가 반대의견을 제시하였음에도 법원은 화해안을 허가하였다. 그 이유는 대부분의 반대의견이 차별당한 사실이 인정되지 않는 구성원들로부터 나왔기 때문이다.115) 그 밖에 구성원 중 56%의 반대에도 불구하고 화해를 허가한 사례도 있고,116) 과반수의 구성원을 대리하는 변호사의 반대에도 불구하고 화해를 허가한 사례도 있으며,117) 구성원 중 20%의 반대에도 불구하고 화해를 허가한 사례도 있다.118)

6) 정부기관의 의견

때때로, 연방이나 주정부 기관이 사실상 동일한 피고와 동일한 쟁점에 관련된 업무나 소송 등을 진행한 경우, 법원은 그 정부기관에 화해안의 공정성·상당성·적정성에 관하여 의견을 구할 수 있다. 예컨대, Mendoza v. Tucson School Dist. No. 1 사건은 학교에서의 인종차별에 대한 소송이었는데, 법무부가 법정조언자(amicus curiae)로서 관여를 하였고,119)

R. Evid. Serv. 992, 27 Fed. R. Serv. 2d 89 (7th Cir. 1979); In re Corrugated Container Antitrust Litig., 643 F.2d 195, 217-18 (5th Cir. 1981).

114) Kincade v. General Tire and Rubber Co., 635 F.2d 501 (5th Cir. 1981).

115) Reed v. General Motors Corp., 703 F.2d 170 (5th Cir. 1983).

116) TBK Partners, Ltd. v. W. Union Corp., 675 F.2d 456 (2d Cir. 1982).

117) Cotton v. Hinton, 559 F.2d 1326, 1333-34 (5th Cir. 1977).

118) Bryan v. Pittsburgh Plate Glass Co., 494 F.2d 799 (3d Cir.), cert. denied, 419 U.S. 900 (1974).

119) Mendoza v. Tucson School Dist. No. 1, 623 F.2d 1338 (9th Cir. 1980).

Cannon v. Texas Gulf Sulphur Co.사건(주주대표소송과 증권집단소송이 병합된 경우인데, SEC는 사안에 대하여 깊이 조사한 적이 없다는 이유로 상세한 언급은 피하되, 사건기록 요약본을 검토한 뒤 화해안 허가에 장애사유는 없다고 하였음)[120]과 Norman v. McKee 사건[121] 및 Marshall v. Holiday Magic, Inc. 사건[122] 등은 증권집단소송으로서 SEC가 법정조언자(amicus curiae)로 화해안에 대한 의견을 진술하였다. 소송절차에서 정부기관은 의견을 개진할 의무는 없으나, 일반적으로는 법원에 협력하고 있다고 한다.[123]

여기서 법정조언자(amicus curiae)란, 법원에 계속 중인 사건에 관하여 법원에 정보나 의견을 제출하는 제3자를 말하는데, 사회적 · 경제적 · 정치적 영향이 큰 사건이 계속되어 있는 경우에 그 사건에 이해관계가 있는 개인 · 기관 · 조직 등이 법원의 허가를 받거나 법원의 요청에 의해서 법정조언자가 되어 의견서를 제출한다. 법원은 그 의견서를 참조만 할 뿐 그 의견에 구속되지는 않는다. 이러한 '조언자'는 보통 자신의 소견서를 제출하는 범위 내에서만 소송에 참여할 수 있는데 간혹 구두변론에도 참여하기도 한다. 하지만 이러한 '조언자'는 참가인과는 달리 소송관계자로서의 자격이 주어지지 않는다고 한다.[124]

7) 소송을 계속 진행하는 경우의 비용과 위험

법원은 화해안의 내용과 장래 판결의 결과로서 얻어질 이익을 비교하

---

120) Cannon v. Texas Gulf Sulphur Co., 55 F.R.D. 308, 314 (S.D. N.Y. 1972).

121) Norman v. McKee, 290 F. Supp. 29, 31 (N.D. Cal. 1968), affirmed, 431 F.2d 769 (9th Cir. 1970).

122) Marshall v. Holiday Magic, Inc., 550 F.2d 1173, 23 Fed. R. Serv. 2d 72 (9th Cir. 1977).

123) Cannon v. Texas Gulf Sulphur Co., 55 F.R.D. 308, 314 (S.D. N.Y. 1972).

124) Robert H. Klonoff, *Class Actions and Other Multi-Party Litigation in a Nutshell* (2nd ed.), West Group, at 366 (2004).

여야 하는데, 이를 위해서는 첫째, 소송의 결과를 좌우할 주요쟁점의 존재를 감안하여야 할뿐만 아니라, 둘째, 화해에 의하여 분쟁을 해결하면 지금 당장 손해배상을 현실적으로 받아낼 수 있으나, 소송을 계속하게 될 경우 ① 시간과 비용이 많이 소요되고,[125] ② 승소할 수 있다고 하더라도 그 손해배상은 단순한 가능성에 그친다는 점을 유념하여야 한다.[126] 화해가 명백하게 부적절하다고 보이지 않는 이상 그것을 받아들이고 허가하는 것이 시간과 비용이 많이 소요되는 소송에 비해 바람직하다.[127] 피고가 더 큰 배상금액을 감당할 수 있는 능력(예컨대, 피고의 재무상태, 지불능력 또는 파산가능성) 역시 고려하여야 한다.[128] 만약 소송을 계속하는데 소요되는 비용을 감당할 수 있는 반대자가 없다면, 이 또한 화해안을 허가하는 요인이 된다.[129]

8) 변호사의 성실성 추정

법원은, 반대의 증거가 없는 한 변호사들은 사기나 통모, 담합 없이 성실하게 화해안 협상에 임하였다고 추정한다.[130] In re Chicken Antitrust Litigation에서 법원은, "이 화해안은 4년 동안 변호사들이 성실하고 꾸준히 협상을 진행한 결과물이다. 변호사들은 서면공방절차에서 제기된 쟁

---

125) In re Dennis Greenman Securities Litigation, 622 F. Supp. 1430 (S.D. Fla. 1985), judgment rev'd, 829 F.2d 1539, 9 Fed. R. Serv. 3d 415 (11th Cir. 1987).

126) Oppenlander v. Standard Oil Co. (Indiana), 64 F.R.D. 597, 624 (D. Colo. 1974).

127) In re Iomega Sec. Litig., Fed. Sec. L. Rep. (CCH) ‖ 93,542 (D. Conn. 1987); In re Armored Car Antitrust Litigation, 472 F. Supp. 1357 (N.D. Ga. 1979).

128) Bello v. Integrated Resources, Inc., Fed. Sec. L. Rep. (CCH) ‖ 95,731 (S.D. N.Y. 1990); City of Detroit v. Grinnell Corp., 356 F. Supp. 1380 (S.D. N.Y. 1972) judgment aff'd in part, rev'd in part on other grounds, 495 F.2d 448, 18 Fed. R. Serv. 2d 637 (2d Cir. 1974); Republic Nat. Life Ins. Co. v. Beasley, 73 F.R.D. 658, 668 (S.D. N.Y. 1977).

129) In re Four Seasons Securities Laws Litigation, 58 F.R.D. 19, 40 (W.D. Okla. 1972).

130) 4 Newberg on Class Actions § 11:51.

점들을 객관적이고 철저하게 그리고 현명하게 조사하였으며, 승소가능
성을 평가한 다음에 화해에 동의하였다. 법원도 이 사건 소송에 관여해
왔지만, 원고측과 피고측의 소송대리인들이 각자 주장의 강점과 약점을
제일 잘 파악하고 있다"라고 하면서, 화해안이 공정하고, 상당하며, 적정
할 뿐만 아니라 사기나 통모, 담합의 산물이 아니라는 이유로 허가하였
다.131) 그 밖에 법원은 화해안이 명백하게 부적절하지 않는 한 화해제안
자들의 의견을 무시하여서는 안 된다고 하고, 변호사들의 독립적이고 객
관적인 협상, 반대의견의 부재, 변호사들의 승소가능성에 대한 판단능력
등이 전제된다면 화해안의 공정성은 추정된다고 하였다.132)

3. 반대의견

1) 의 의

반대자(objector)는 법원이 화해안을 평가하는데 있어서 긍정적인 역할
을 하기도 하고, 때로는 구성원들의 이익증진과는 무관한 동기에서 반대
의견을 제시하기도 한다.133) 반대자는 화해안의 공정성·상당성·적정
성에 관한 중요한 정보를 제공하면서 화해안에 대한 문제점을 지적함으
로써 법원의 주의를 환기시킨다. 예를 들면, 화해기금의 대부분이 변호
사 보수로 책정되었던 화해가 어느 기관투자자의 이의제기로 인하여 구
성원들에게 대부분의 이익이 돌아가는 내용으로 개선된 사례가 있다.134)
하지만, 구성원을 위한 개선책을 제시하기보다 반대자의 개인적 이익추

---

131) In re Chicken Antitrust Litigation, 560 F. Supp. 957, 962 (N.D. Ga. 1980).
132) Hammon v. Barry, 752 F. Supp. 1087 (D.D.C. 1990); Guardians Assn. City Police
     Dept. v. Civil Serv. Commn., No. 79 Civ. 5314 (S.D. N.Y. 1982).
133) Annotated Manual for Complex Litigation § 21.643.
134) Deborah R. Hensler, Nicholas M. Pace, Bonita Dombey, Moore Beth Giddens, Jennifer
     Gross & Erik K. Moller, *Class Action Dilemmas: Pursuing Public Goals for Private
     Gain*, Rand Institute for Civil Justice, at 461-463 (2000).

구에만 관심이 있는 경우와 같이 부적절한 목적으로 반대의견이 남용되기도 하는데, 이렇게 무용한 반대의견이라고 할지라도 이를 검증하는 절차를 거쳐야 하므로, 절차비용을 증대시키고 화해의 이행을 지연시키는 문제점이 있다. 그러므로 판사는 가치 있는 반대의견과 그렇지 못한 반대의견을 구별해야 하는 과제를 안고 있다.[135]

반대의견은 제안된 화해안의 가치와 구성원에 미칠 영향에 대해서, 외부로부터의 정보를 제공한다. 화해당사자들은 화해가 허가되도록 하는데 관심이 있을 뿐 화해안에 대한 부정적 정보를 공개할 이유가 전혀 없기 때문에 구성원으로부터의 반대의견은 화해안에 내재된 부정적 정보를 드러내는 데 중요한 역할을 한다.[136] 구성원에게 이익이 되는 방향으로 화해안이 개선되는 결과를 가져온 경우 반대자는 그가 선임한 변호사 보수를 상환받을 수 있다. 그러나 형식적인 수정에 불과한 경우까지도 반대자에게 보수를 지급하게 된다면 이는 무분별한 반대의견의 남발을 초래할 수 있다.

Shaw v. Toshiba America Information Systems, Inc. 사건은 Toshiba 컴퓨터에 결함이 있다는 이유로 제기된 제조물 책임소송으로서, 1억 4,750만 달러의 변호사 보수 외에 현금, 신주인수권의 제공, 하드웨어 교체, 소프트웨어의 공급, 할인쿠폰 등이 포함된 약 21억 달러 상당의 급부를 제공하기로 하는 내용의 화해안이 제안되었다. 여기서 Toshiba는 화해의 대가로 원고측이 주장한 결함에 대한 책임을 인정하지 않았고, 소송을 계속함으로 인한 시간과 비용을 줄일 수 있었다. 몇 가지 반대의견이 제시되었으나, 쿠폰의 사용기한에 대한 의미 있는 반대의견이 있었다. 원래 화해안에는 쿠폰 사용기한이 180일로 되어 있었으나, 이는 지나치게 단기간으로서 전자제품 판매점만 이득을 보게 된다[137]는 지적이었다. 원고측

---

135) In re Domestic Air Transp. Antitrust Litigation, 148 F.R.D. 297 (N.D. Ga. 1993).
136) Willging et al., *supra* 63), at 58.
137) 즉, 쿠폰 소지자들이 사용기한을 지키기 위해 한꺼번에 전자제품 대리점에 몰리게 되면, 그로 인해 이 사건과 무관한 일반 소비자들 역시 그 대리점

과 피고는 이러한 지적을 받아들여 쿠폰 사용기한을 1년으로 연장하는 내용으로 화해안을 수정하였고, 법원은 화해안을 허가하면서, 반대자들의 노력이 구성원들에게 실질적인 이익을 가져다주었음을 고려하여 반대자들에게 600만 달러의 변호사 보수를 인정하였는데, 이 때 구성원들의 이익을 침해해서는 안 된다는 전제하에 원고측 소송대리인과 Toshiba가 추가로 출연하여 반대자들의 변호사 보수를 충당하기로 하였다.138)

2) 반대자의 자격

대표당사자를 포함139)하여 제외신고를 하지 아니한 모든 구성원은 집단 전체에 효력이 미치게 될 화해안이나 소취하에 대하여 반대의견을 진술할 수 있다[Rule 23(e)(4)(A)]. 구성원이 아닌 자는 화해안에 대하여 반대의견을 제시할 수 없다.140) 화해의 효력이 미치는 모든 이해관계인들도 반대의견을 제시할 수 있는데 예컨대, 법원은 반대의견을 개진할 수 있는 자격은 원고측 대표당사자 뿐만 아니라 피고 회사의 주주들에게도 인정된다고 하였다(이 사건에서 피고 회사의 현재 주주들은 회사의 과거 불법행위를 알지 못하였다는 이유로 현재 주주들의 자산을 가지고 과거 주주들의 청구를 배상하는 데 반대하였음).141) 한편 법원은 제외신고를 함으로써 집단에서 벗어난 자는 화해안에 대한 반대의견을 개진할

에 관심을 갖고, 대리점을 방문하여 구매하는 경우가 있으므로 결국 위 대리점에 망외의 이익을 가져다준다는 내용이다. 원문에서는 'increased floor traffic'이라는 표현을 사용하고 있다.

138) Shaw v. Toshiba America Information Systems, Inc., 91 F. Supp. 2d 942 (E.D. Tex. 2000).

139) 4 Newberg on Class Actions § 11:55; Kincade v. General Tire & Rubber Co., 635 F.2d 501, 508 (5th Cir. 1981); Laskey v. International Union, 638 F.2d 954, 957 (6th Cir. 1981).

140) Gould v. Alleco, Inc., 883 F.2d 281, 14 Fed. R. Serv. 3d 549 (4th Cir. 1989); In re Sunrise Securities Litigation, 131 F.R.D. 450 (E.D. Pa. 1990).

141) Cannon v. Texas Gulf Sulphur Co., 55 F.R.D. 308, 312 (S.D. N.Y. 1972).

자격이 없다고 하였으나,[142] 예외적으로 화해안으로부터 자기의 권리침
해를 입증한 경우에는 반대의견을 제시할 수 있다.[143] 권리침해는 법률
상의 그것을 말하며 단지 화해금액의 지급으로 인하여 피고의 재산이
감소된다는 등의 사실상의 손해만으로는 부족하다.[144] 피고가 여럿인 경
우 화해에 참여하지 아니한 피고는 원칙적으로 다른 피고들과 원고 사
이의 화해안에 대하여 반대의견을 제시할 수 없다. 그러나 마찬가지로
법률적 권리침해가 있는 경우 예외적으로 반대의견의 제시가 허용된
다.[145] 나아가 법원은 반대자로서의 자격은 없지만 사안을 잘 파악하고
있는 정부기관, 예컨대 증권집단소송의 경우 SEC에 당해 화해안의 공정
성·상당성·적정성에 대한 의견조회를 할 수 있다.[146]

3) 반대의견의 제시절차

무분별한 반대의견 제시를 방지하기 위하여 대다수의 화해안은 반대
의견을 제시하려는 반대자들이 따라야 할 절차를 규정하고 있다. 일반적
으로 반대자들은 반대의견을 서면으로 법원에 제출하여야 하고, 그 서면
을 (화해안이 정하는) 일정한 기한 내에 원고측과 피고측 소송대리인에
게도 전달하여야 한다.[147] 다음은 화해안의 고지모델이다.

---

142) In re Vitamins Antitrust Class Actions, 215 F.3d 26, 46 Fed. R. Serv. 3d 1205
(D.C. Cir. 2000); Mayfield v. Barr, 985 F.2d 1090, 24 Fed. R. Serv. 3d 1498 (D.C.
Cir. 1993).

143) 그 방식과 관련하여서는 Rule 24에 의한 참가절차에 의하여야 한다는 판례
[Gould v. Alleco, Inc., 883 F.2d 281, 14 Fed. R. Serv. 3d 549 (4th Cir. 1989)]와
다시 opt in하여 구성원의 지위를 회복해야 한다는 판례[In re Brown Co.
Securities Litigation, 355 F. Supp. 574, 576 n 1 (S.D. N.Y. 1973)]가 있다.

144) 4 Newberg on Class Actions §11:55.

145) Quad/Graphics, Inc. v. Fass, 724 F.2d 1230, 14 Fed. R. Evid. Serv. 737 (7th Cir.
1983); Florida Power Corp. v. Granlund, 82 F.R.D. 690 (M.D. Fla. 1979).

146) 4 Newberg on Class Actions § 11:55.

147) 4 Newberg on Class Actions § 11:56.

"1983.6.23. 오전 9시 펜실베니아주 필라델피아 마켓스트리트 601번지 소재 미연방 법원 8B호 법정에서 James T. Giles 판사 주재로 화해안에 대한 심문절차가 진행됩니다. 이 절차에서는 화해안의 공정성·상당성·적정성에 관한 주장과 증거들이 심리될 것입니다. 이 화해안에 대하여 반대의견이 있는 분은 펜실베니아 동부지구 미연방 지방법원 클럭에게, 제목을 'WINSTON O. GROVES et al. v. 북미 보험사, 집단소송 사건번호 74-1991'이라고 쓰신 후 반대의견을 서면으로 제출하여 주시기 바랍니다. 그리고 원고측 소송대리인(성명, 주소)과 피고측 소송대리인(성명, 주소)에게도 사본을 전해 주십시오. 심리기일 13일 전까지 즉, 1983.6.10.까지 위 절차를 마쳐야 합니다. 법원은 이 고지에서 알려드린 바와 같이 서면으로 반대의견을 미리 제출하지 아니한 경우 심문절차에서 제기되는 어떠한 주장이나 반대의견도 받아들이지 않을 것입니다"[148]

고지내용에서 지정한 기한 내에 서면으로 반대의견이 제출되지 아니한 경우 법원은 그 반대의견을 검토하지 않는 것이 일반적이지만, 경우에 따라서 법원 재량으로 기한이 경과한 다음 제출된 반대의견을 참작하는 경우도 있다. 기한이 경과한 반대의견의 처리방법에 대하여, Welch & Forbes, Inc. v. Cendant Corp. (In re Cendant Corp. Prides Litigation) 사건에서, 법원은 형평법상의 원칙에 따라 화해과정에서 기한이 지난 반대의견을 인용할 수 있다고 하였다. 법원은 기한의 경과에 '정당한 사유(excusable neglect)'가 있는지를 인용여부 결정의 판단기준으로 삼았다.[149] 한편, 같은 사건의 다른 결정에서 법원은 기한이 지난 반대의견을 받아들이지 않은 원심의 결정을 '재량의 남용(abuse of discretion standard) 기준(항소심의 원심에 대한 심사기준)'을 내세워 지지하였다.[150]

법원은 심리절차에서 시간이 얼마나 필요한지를 예상하기 위해서 출석의사를 미리 타진하는 경우도 많다.[151] 구성원은 화해안에서 지정한

---

148) Groves v. Insurance Co. of North America, 433 F. Supp. 877 (E.D. Pa. 1977).
149) Welch & Forbes, Inc. v. Cendant Corp. (In re Cendant Corp. Prides Litigation), 233 F.3d 188, 194-97 (3rd Cir. 2000).
150) Welch & Forbes, Inc. v. Cendant Corp. (In re Cendant Corp. Prides Litigation), 234 F.3d 166 (3rd Cir. 2000).

절차를 준수했다면 직접 또는 변호사를 통해서 심문절차에 참석할 수
있다. 그러나 반대의견을 서면으로 제출한 경우 반대자가 반드시 심문절
차 기일에 출석해야 하는 것은 아니다.[152] 심리절차에 참석하지 아니한
구성원이라도 참가절차를 통해서 반대의견을 제시할 수도 있다.[153]

4) 반대의견의 종류

반대의견은 여러 가지 쟁점에 대하여 제기될 수 있다. Liebman v. J. W.
Petersen Coal & Oil Co. 사건에서는 아직 집단의 범위도 특정되지 않았고,
피고의 책임유무, 손해의 규모, 피고의 재정상태 등에 대하여 추가적인
증거개시가 필요하므로 화해는 시기상조라는 반대의견이 있었는데, 법원
은 이를 받아들여 화해안 허가신청을 기각하였다.[154] 그리고 In re General
Motors Corp. Engine Interchange Litigation 사건에서 반대자들은 1심에서 화
해절차상의 문제 즉, 협상과정에서 구성원의 이익이 침해되었다고 반대
의견을 제시하였다. 항소법원은 화해 협상과정의 진행이 화해의 공정성
과 관련되어 있고, 1심 법원으로서는 소송의 모든 단계에서 대표당사자
와 소송대리인이 구성원의 이익을 적절하게 대변하고 있는지를 지속적
으로 엄격하게 감독할 책무가 있는데, 이 사안의 경우 1심 법원은 협상
과정에 대한 자세한 심사를 하지 않고 반대자들이 증거 개시를 통해 협
상이 집단의 최우선적 이익에 손해를 입혔다는 점을 입증할 수 있는 기
회를 부여하지 아니함으로써 재량권을 남용했다고 판시하였다.[155]

한편, 화해내용 내지 화해조항에 관한 반대의견도 있는데, Levin v.
Mississippi River Corp. 사건에서 반대자들은 자본 재구성 계획을 포함한

151) In re Cement and Concrete Antitrust Litigation, 1980 WL 1994 (D. Ariz. 1980).
152) Mandujano v. Basic Vegetable Products, Inc., 541 F.2d 832 (9th Cir. 1976).
153) Shump v. Balka, 574 F.2d 1341 (10th Cir. 1978).
154) Liebman v. J. W. Petersen Coal & Oil Co., 63 F.R.D. 684 (N.D. Ill. 1974).
155) In re General Motors Corp. Engine Interchange Litigation, 594 F.2d 1106, 3 Fed.
R. Evid. Serv. 992, 27 Fed. R. Serv. 2d 89 (7th Cir. 1979).

화해안이 새로운 보통주와 현금 지불을 모두 포함해서는 안 되며, 단지 보통주만 포함해야 한다고 주장했고,[156] Hertz v. Canrad Precision Industries, Inc. 사건에서 반대자들은 화해가 피고 회사의 주식 구매를 보장하는 것 대신 집단 구성원에게 현금을 지불하는 것이 되었어야 한다고 주장했지만 받아들여지지 않았다.[157] In re General Motors Corp. Engine Interchange Litigation 사건에서, 법원은 화해안을 허가하지 않았다. 그 이유는 1977년형 Oldsmobile, Buick이나 Pontiac 구입자들에게 200달러와 36개월 또는 36,000마일의 보증수리를 제공하는 것을 내용으로 하는 화해내용은 기존의 연방법이 요구하는 것보다 나을 것이 없었고, 그 제안을 받아들이지 않는 경우 구성원들에게는 사실상 대안이 없는 내용이었는데, 이는 본질적으로 구성원들의 청구권을 침해하는 것이기 때문이다.[158] 그리고 Cagan v. Anchor Sav. Bank FSB 사건은 화해금액과 관련된 반대의견이 있는 사안으로서, 은행이 그 운영 및 재정 상태, 미래 전망과 관련해 중요한 사실을 허위로 보고하거나 공시하지 아니한 책임을 물어 제기한 증권집단소송인데, 반대자들은 화해기금 230만 달러가 부족하다고 주장하였으나, 법원은 본안에서의 승소가능성을 고려하여 화해안을 허가하였다.[159]

반대의견 중에서는 변호사의 보수와 그 지급형태 등에 관한 것이 가장 많이 제시되곤 한다. Cannon v. Texas Gulf Sulphur Co. 사건에서 반대자들은 화해 고지에 포함된 변호사 보수의 액수에 대해 이의를 제기했고,[160] Quirke v. Chessie Corp. 사건에서 반대자들은 변호사 보수는 화해기금이 아니라 피고로부터 나와야 한다고 반대의견을 제시했지만 모두 받

---

156) Levin v. Mississippi River Corp., 59 F.R.D. 353, 371 (S.D. N.Y. 1973), aff'd, 486 F.2d 1398 (2d Cir. 1973).

157) Hertz v. Canrad Precision Industries, Inc., 1973 WL 418 (S.D. N.Y. 1973).

158) In re General Motors Corp. Engine Interchange Litigation, 594 F.2d 1106, 3 Fed. R. Evid. Serv. 992, 27 Fed. R. Serv. 2d 89 (7th Cir. 1979).

159) Cagan v. Anchor Sav. Bank FSB, Fed. Sec. L. Rep. (CCH) ‖ 95,324, 1990 WL 73423 (E.D. N.Y. 1990).

160) Cannon v. Texas Gulf Sulphur Co., 55 F.R.D. 308, 313 (S.D. N.Y. 1972).

아들여지지 않았다.161)

5) 개인적인 반대의견

반대자는 때때로 자신은 집단의 범위에서 제외되어야 한다거나, 다른 구성원들과는 다른 혜택을 받아야 한다고 주장하는 경우가 있다. 그러나 개인적인 반대의견은 화해안의 전반적인 상당성을 공격할 만한 충분한 근거를 제공하지는 못한다. 다른 구성원들보다 더 나은 혜택을 받기 위해서는 그 반대자가 법률이나 사실관계에 있어 다른 구성원들과는 다른 지위에 있다는 것을 입증해야 한다. 차별된 처우를 요구하는 반대의견이 만약 반대자의 지위와 다른 구성원들의 그것 사이에 존재하는 근본적인 차이점에 기인하는 것이라면, 법원은 그러한 차이로 인하여 하위집단의 설정이 필요한지, 당초 집단의 정의나 화해조건에 문제가 있었는지 등을 고려해야 한다. 일반적으로 화해안의 수정은 반대자뿐만 아니라 다른 구성원들에게도 이익이 되어야 한다. 한편, 개인적인 반대의견을 제시하는 특정 구성원에게 일반 구성원들과는 다른 혜택을 인정하기 위해서는, 그러한 차별적 취급이 정당화될 수 있을 정도로 그 구성원에게 다른 구성원들과는 다른 독자적 특성이 인정되어야 한다.162)

6) 집단의 반대의견

반대의견은 구성원 전체에 공통된 내용에 관한 것일 수도 있고, 일부는 반대자 개인의, 일부는 구성원 전체의 이익과 관련된 것일 수도 있다. 반대자가 일부일지라도 구성원 전체의 이익을 대변하고자 하는 경우, 반대자에게도 대표당사자와 마찬가지로, 구성원의 이익을 공정하고 적절히 대변하여야 할 의무가 인정된다.163) 개인적인 이익을 도모하기 위하

---

161) Quirke v. Chessie Corp., 368 F. Supp. 558, 562 (S.D. N.Y. 1974).
162) Annotated Manual for Complex Litigation § 21.643.

여 전략적으로 반대의견을 제기한 다음 일정한 보상을 받고 반대의견을 철회하려는 반대자를 걸러내기 위하여, 법원은 반대자가 다른 구성원들보다 더 많은 혜택을 받게 되는 경우, 반대의견을 철회하려는 배경을 조사하여야 하고, 때에 따라서 그 철회를 허가하지 말아야 한다.[164]

7) 증거개시와 그 밖의 절차적 도구

반대자의 긍정적 기능 때문에 반대자에게도 증거개시절차나 변호사와 대표당사자가 확보한 증거에 대한 접근권, 공정성 심문절차에의 참석권 등이 인정된다.[165] 원고와 피고들은 반대자가 실체관계에 입각하여 화해안의 가치를 평가할 수 있도록 소송과정의 증거개시절차에서 확보한 증거자료들을 제공해야 한다.[166] 반대자들은 화해안의 부적절성을 지적하기 위하여 참가신청을 하기도 하고, 증거개시를 신청하기도 한다. 증거개시는 화해를 지연시키고, 불확실성을 야기할 수 있으며, 단지 반대자측 변호사가 보수를 받을 만큼 일을 했다는 것을 과시하기 위한 용도로 전락할 수 있기 때문에 그 필요성이 인정되는 경우에 한하여 제한적으로 인정되어야 한다. 그 인정여부를 결정하기 위해 이전 증거개시의 결과, 증거요청의 근거, 증거개시를 요청하는 반대자의 수 등을 참작하여야 하고, 증거개시는 화해안의 공정성에 초점을 맞춘 자료에 한정된다. 또, 반대자가 협상과정의 통모나 담합을 의심하게 할 만한 사정을 입증하지 못하는 한, 일반적으로 협상과정에 대한 증거개시는 인정되지 않는다.[167] 화해협상에 관여한 변호사들의 선서진술서를 요구한 경우가 예외적으로 인정된 적도 있다.[168]

---

163) Annotated Manual for Complex Litigation § 21.643.
164) Duhaime v. John Hancock Mut. Life Ins. Co., 183 F.3d 1 (1st Cir. 1999).
165) Scardelletti v. Debarr, 265 F.3d 195, 204 n. 10 (4th Cir. 2001).
166) Annotated Manual for Complex Litigation § 21.643.
167) Bowling v. Pfizer, 143 F.R.D. 141, 153 n. 10 (S.D. Ohio 1992).
168) Klonoff, *supra* note 124), at 226.

화해안이 공개된 다음에 제외신고의 기회가 다시 한 번 인정된다면, 화해안이 만족스럽다고 느끼지 못하는 구성원은 제외신고를 함으로써 자기의 이익을 보호할 수 있다. 2003년 개정된 Rule 23은 소송허가결정이 이루어진 이후에 소취하 또는 화해허가 신청이 있는 경우에는 다시 한 번 제외신고의 기회를 줄 수 있다[Rule 23(e)(3)]고 하였다. 제외신고의 기회부여 여부는 재량사항으로서 법원은 화해안 허가여부 판단시 구성원에게 새로운 제외신고의 기회를 부여하지 않았다면 그 허가를 거부할 수 있다.

8) 반대의견의 철회

화해안에 대한 반대의견을 철회할 때에는 법원의 허가가 있어야 한다. 또, 반대자가 반대의견을 제시한 뒤 그에 따른 입증 등을 게을리 하는 경우 법원은 원고측과 피고 및 반대자에게 반대의견의 철회와 관련하여 어떠한 대가를 지급하기로 약정했는지를 추궁하는 등 그 배경을 조사해 보아야 한다. 반대의견을 제시했다고 해서 끝까지 이를 유지해야 한다는 것은 아니지만, 법원이 그 배경을 심사할 수 있다는 것 그리고 경우에 따라서 철회를 인정하지 않을 수도 있다는 것 자체가 반대의견의 남용을 막는 역할을 할 수 있다.169) 2003년 개정된 Rule 23은 법원의 허가가 있어야 반대의견의 철회가 가능하다고 하였다[Rule 23(e)(4)(B)].

9) 불복신청권과의 관계

미연방 대법원은 "기한 내 적절한 반대의견을 제시한 당사자는 정식으로 참가절차를 밟지 않았더라도 불복신청을 할 자격이 있다"고 한다.170) 그러나 화해에 의하여 불리한 영향을 받지 않는 당사자는 불복신

---

169) Annotated Manual for Complex Litigation § 21.643.
170) Devlin v. Scarletti, 536 U.S. 1, 122 S.Ct. 2005, 153 L.Ed. 2d 27 (2002).

청권이 인정되지 않는다. 예컨대, 변호사 보수에 대하여 반대의견을 제시한 구성원의 경우 상소심에서 불복이 받아들여지더라도 구성원에게 돌아갈 추가적인 이익이 없다는 이유로, 불복신청권이 인정되지 않는다고 한다.171)

10) 통계 및 한계

Thomas E. Willging 등은 1992.7.1.부터 1994.6.30.까지 4개의 연방지방법원에서 종결된 모든 집단소송의 결과를 분석한 적이 있는데,172) 이에 의하면, 개별 구성원들의 심문절차에 출석하여 반대의견을 제시한 경우는 전체 사건의 7%에서 14% 정도로 그다지 많지 않지만, 서면에 의한 반대의견 개진까지 합하면 대략 제안된 화해안의 약 50% 정도에 대하여 적어도 한 개 이상의 반대의견이 제시된다고 한다(반대의견이 하나도 없는 경우는 42%에서 64% 사이였다). 가장 빈번한 반대의견 사유는 변호사 보수에 관한 것이었고(14% 내지 22%), 그 다음이 화해금액이 부족하다는 것, 화해안이 특정 집단에게 불리하다는 것 등이었다. 그러나 반대의견이 제기된 경우에도 약 90% 이상의 화해안이 아무런 변경 없이 법원에 의하여 그대로 허가되었다. 소수의 사건은 일부 변경사항을 포함할 것을 조건으로 허가되었다.

VIII. 최종허가

앞서 본 절차를 거치면서 법원은 제안된 화해안의 내용을 검토하고, 화해안의 제안자들로부터 제시된 허가를 정당화하는 취지의 주장과 입증뿐만 아니라, 화해안의 문제점을 지적하는 반대자들로부터 제시된 반

---

171) Knisley v. Network Associates, Inc., 312 F.3d 1123 (9th Cir. 2002).
172) Willging et al., *supra* note 63), at 56-58.

대의견의 주장과 입증까지도 검토한 다음 최종적으로 화해안이 공정하고, 상당하며, 적정하다고 판단되면 그 화해안을 허가한다. 미국 연방대법원은 원고측의 승소가능성과 제안된 화해안의 화해금액, 형태 등을 비교 형량함으로써 공정성 여부를 판단한다고 한다.173) 공정성 심사시의 구체적인 허가기준에 관하여는 앞서 자세하게 살펴보았다.

한편, 화해안에 대한 허가여부는 법원의 재량사항이긴 하지만,174) 법원이 제안된 화해안을 무조건 허가해서는 안 된다.175) 법원은 화해안에 대한 명시적인 반대자가 있는지 여부를 불문하고 소송을 계속 진행하는 것보다 화해안을 허가하는 것이 구성원들에게 이익이 되는지 여부를 심사하여, 앞서 살펴 본 구체적인 허가기준의 충족 여부를 판단하여야 한다.176) 소송에 관여하지 아니하였음에도 화해안이 허가됨으로써, 장차 청구권을 박탈당하게 될 구성원들의 이익을 보호하기 위하여, 법원은 독립적이고 객관적으로 증거관계와 사실관계를 분석하여야 한다. 법원은 집단소송에서 심판자인 동시에 구성원들의 이익을 보호하기 위한 후견자라는 점을 명심하고, 이러한 증거관계와 사실관계를 엄밀히 분석한 다음, 제안된 화해안이 구성원들의 이익에 가장 잘 부합하는지 여부를 공정하고 객관적으로 평가해야 할 것이다.177)

---

173) Protective Committee for Independent Stockholders of TMT Trailer Ferry Inc. v. Anderson, 390 U.S. 414, 424-25, 88 S.Ct. 1157, 20 L.Ed. 2d 1 (1968).

174) Newman v. Stein, 464 F.2d 689 (2d Cir. 1972); In re Chicken Antitrust Litigation American Poultry, 669 F.2d 228 (5th Cir. 1982); Friedman v. Lansdale Parking Authority, 1995 WL 141467 (E.D. Pa. 1995).

175) In re Matzo Food Products Litigation, 156 F.R.D. 600 (D.N.J. 1994).

176) Annotated Manual for Complex Litigation § 21.635.

177) In re General Motors Corp. Pick-Up Truck Fuel Tank Products Liability Litigation, 55 F.3d 768, 31 Fed. R. Serv. 3d 845 (3d Cir. 1995); Piambino v. Bailey, 757 F.2d 1112, 1 Fed. R. Serv. 3d 1159 (11th Cir. 1985); Piambino v. Bailey, 610 F.2d 1306 (5th Cir. 1980).

제4절 소 결

　지금까지 오랜 역사를 바탕으로 증권집단소송이 활성화되어 있는 미국에서의 화해통계와 구체적인 화해 사례를 살펴보았고, 미국 증권집단소송에 있어서의 화해절차를 그 진행순서에 따라 자세하게 살펴보았다. 누차 강조하지만 미국의 제도를 그대로 차용하기에는 법문화를 비롯하여 증권시장의 특성, 임원배상책임보험의 체계, 분쟁해결방법으로 소송을 선호하는 정도, 변호사에 대한 역할기대 등 기본적 논의의 전제가 다른 것이 사실이다. 하지만 우리법상 관련 규정들이 미국의 그것을 많은 부분 수용하고 있을 뿐만 아니라, 앞서 본 화해의 요인들 즉, 증권집단소송의 복잡성과 소송에 소요되는 시간과 비용, 승소가능성, 패소시의 부담, 소송에 휘말림으로써 생기는 소송외적 비용, 조기 분쟁해결의 이익, 변호사의 이해관계 등 여러 가지 사정에 비추어 보면, 우리나라의 경우에도 일단 증권집단소송이 제기될 경우, 미국에서와 마찬가지로 화해의 형태로 분쟁이 종료될 가능성이 높다고 본다. 때문에 우리 법의 해석, 적용에 있어서 위와 같은 미국의 사례들이 여러모로 도움이 될 것이다. 이제 다음 장에서는 증권집단소송의 화해절차에서 나타나는 개별적이고, 구체적인 쟁점들을 자세하게 살펴보고자 한다.

제3장 증권집단소송에서의
화해에 관한 각론적 고찰

제1절 개 관

미국의 경험에 비추어보면 우리의 증권집단소송절차와 관련하여, 그 중에서도 특히 화해절차와 관련하여 여러 가지 쟁점들이 등장하리라고 예상된다. 예컨대 소송허가결정 전의 화해 내지 화해를 위한 집단소송(settlement class)이 가능한지, 비금전 화해(non-pecuniary settlement)의 허용 범위는 어디까지인지, 변호사 보수(attorney's fee)의 산정은 어떻게 해야 하는지, 일부 화해는 가능한지, 화해허가결정에 대한 불복이 가능한지, 판사가 협상절차에 관여할 수 있는지, 화해안의 수정은 가능한지, 그리고 대표당사자 개인과 관련된 화해에서 법원의 허가와 구성원에 대한 고지를 생략할 수 있는지 등이 바로 그것이다. 이와 같이 앞으로 증권집단소송이 본격화될 경우 특히 화해국면에서 많은 쟁점들이 나타나리라고 예상되지만, 유감스럽게도 우리나라의 법과 규칙에는 위와 같은 쟁점 중에서 소송허가결정 전의 화해와 변호사 보수에 관한 일부 언급이 있으나 그것도 원론적인 내용에 그칠 뿐, 구체적인 운영에 관한 자세한 규정이 미비한 상태이고, 나머지 쟁점들에 관하여는 아예 언급이 없는 실정이다.

따라서 실제로 증권집단소송이 제기되고 그 소송이 화해절차로 전개되면서 위와 같은 쟁점들에 부딪히게 될 경우를 대비해야 할 필요가 있는바, 이 장에서는 증권집단소송의 화해절차에서 나타나는 이러한 세부적인 쟁점들이 우리 법의 운영상 어떻게 문제가 되고, 어떻게 처리하여야 하는지 등을 자세하게 살펴보는데 일차적인 목적이 있다. 앞서 본 바와 같이 우리 법과 규칙은 이러한 문제점에 대하여 거의 대처를 하지 못하고 있기 때문에 이하에서는 유사한 쟁점들에 대한 처리 경험이 축적되어 있는 미국에서의 논의를 참고로 해서 살펴보고자 한다. 나아가 이러한 쟁점들과 관련하여 나타나는 문제점을 짚어봄으로써 이를 바탕으로 하여 다음 장에서 화해제도의 운영을 위한 대안모색에 관한 논의로 이어가는 데에도 목적이 있다.

제2절 화해 집단

I. 개 설

증권집단소송의 당사자는 집단소송의 허가결정이 나오기 전에, 혹은 소송을 제기하기도 전에 협상을 통하여 합의에 이르는 경우가 있다. 그러나 증권집단소송은 소송허가결정이 있어야 비로소 집단소송으로서의 효과가 발생하므로, 소송허가결정 전에 이루어진 화해 등은 구성원에 대하여 아무런 효력이 없다. 이런 경우 기판력의 확장을 위하여 당사자들은 '오로지 화해의 목적으로' 집단소송의 허가를 구하게 된다. 우리 법에는 화해집단에 관한 규정이 없으나, 우리 증권집단소송에서도 대표당사자와 소송대리인이 선임된 상태에서 진행되는 소송허가결정 절차에서 대표당사자와 피고 사이에 협상이 이루어져 화해 등이 성사될 가능성이 있다. 그런데 개별 구성원들에 의하여 따로따로 제기되는 반복적인 소송을 피하고자 하는 피고로서는 화해 등의 효력이 구성원 전원에게 미치는 것을 전제로 합의에 응하려고 할 것이다. 이 경우 이와 같이 합의가 이미 이루어졌음에도 불구하고 단지 화해 등의 효력을 전체 구성원들에게 미치게 하기 위하여 소송허가결정이 확정되기를 기다렸다가 다시 법 제35조의 규정에 의한 절차를 취하라고 하는 것은, 비용과 시간의 낭비라는 점에서 당사자는 물론 구성원에게도 이익이 되지 않으므로, 소송허가결정 확정 전이라도 구성원에게 효력을 미칠 수 있는 화해 등의 절차를 진행할 수 있도록 할 필요가 있기 때문에,[1] 규칙에서 소송허가결정 확정 전에도 당사자가 구성원에게 효력을 미치기 위한 화해 등 허가신청을 할 수 있도록 하였다(규칙 제25조 제1항).

---

[1] 법원행정처, 「증권관련집단소송 실무」, 2005, 103쪽.

미국에서 화해집단(settlement class)은 종래 다음과 같이 설명되어 왔다. 피고측은 화해안이 허가될 것을 조건으로 집단소송의 허가결정에 동의 하되, 만일 화해안이 허가되지 않는다면 피고는 그 동의를 철회하고 다 시 소송허가결정에 반대할 수 있다.[2] 이와 같이 오로지 화해를 위하여 집 단소송의 허가신청을 하는 경우를 '화해를 위한 집단소송(settlement class action)'이라 하고, 그 결과 집단소송의 허가를 받은 집단을 '화해집단 (settlement class)'이라고 하였다.[3] 미국에서는 1980년대부터 1990년대까지 화해집단의 방식이 유행하였고,[4] 화해집단 방식의 유효성은 널리 인정되 고 있다고 한다.[5] 예컨대, In re Prudential Securities Inc. Limited Partnerships Litigation 사건은 피고가 유가증권 투자와 관련된 투기성과 위험성을 제 대로 설명하지 않았다는 이유로 제소된 증권집단소송인데, 법원은 비교 적 소액의 청구권을 가진 전국적으로 산재해 있는 10만 명 이상의 피해 자들의 분쟁을 일거에 해결할 수 있는 수단으로서 화해집단 방식이 최 선의 방법이라는 이유로 이를 허가하였다.[6]

---

2) 종전 Rule 23은 명시적으로 조건부 집단허가도 가능하다고 하였으나, 2003 년 개정된 Rule 23(2003.12. 제정, 2004.1. 시행)은 조건부 허가에 관한 규정을 없앰으로써 조건부 허가를 허용하지 않기로 하였다. 그렇다면, 개정된 Rule 23에서 화해집단의 경우 피고가 일단 오로지 화해를 목적으로 소송허가결정 에 동의하였다가 화해가 성립되지 못한 경우 다시 이를 번복할 수 있는지 문 제될 수 있다. 조사결과 이에 관한 논의는 아직 활성화되어 있지 않았으나, 조건부 동의를 부인할 경우 화해집단의 효용이 줄어들 것임은 분명하다.

3) John C. Coffee, JR., "Class Wars: The Dilemma of the Mass Tort Class Action", 95 *Colum. L Rev.* 1343, 1381-1383 (1995); Lawrence J. Zweifach & Samuel L. Barklin, "Recent Developments in the Settlement of Securities Class Actions", 1279 *PLI/Corp* 1329, 1339 (2001); 4 Newberg on Class Actions §11:22.

4) Robert H. Klonoff, *Class Actions and Other Multi-Party Litigation in a Nutshell* (2nd ed.), West Group, at 217 (2004).

5) In re General Motors Corp. Pick-Up Truck Fuel Tank Products Liability Litigation, 55 F.3d 768, 31 Fed. R. Serv. 3rd 845 (3rd Cir. 1995).

6) In re Prudential Securities Inc. Limited Partnerships Litigation, 163 F.R.D. 200 (S.D. N.Y. 1995).

이하에서는 화해집단의 특징과 우리 법과 미국법상 화해집단의 절차를 비교해 보고, 화해집단을 허가함에 있어서의 법원의 주의사항과 화해집단의 문제점 등을 살펴보기로 한다.

II. 특 징

화해집단의 방식은 소송허가결정이 내려지기 전에 화해함으로써 당사자들이 소송에 소요될 시간과 비용을 줄일 수 있다는 점에서 장점이 있을 뿐만 아니라[7], 다음과 같은 이유로 화해를 통한 분쟁해결을 촉진시킨다.[8] 첫째, 집단소송이 허가될 것을 전제로 화해를 하면 기판력이 전체 구성원에 미치게 되어, 피고는 향후 유사한 청구로부터 자유로워질 수 있으므로 화해에 적극적이 된다. 둘째, 피고에게 소송허가결정에 관한 이의제기 가능성을 유보한 채[9] 일단 화해안 검토에 집중할 수 있으므로 소송비용을 절감시킨다. 셋째, 비록 많지 않은 금액이라도 구성원들에게 실질적인 혜택이 돌아가는 내용의 화해안이 마련되면, 그만큼 구성원들이 반대의견을 제시할 가능성을 줄임으로써 집단소송의 허가가 쉬워질 수 있다. 넷째, 화해집단은 대표당사자와 피고 사이에 구성원의 범위에 관한 논쟁의 여지가 적어 비교적 넓은 범위를 구성원으로 상정할 수 있게 되므로 기판력의 범위를 확장시킬 수 있다.

In re General Motors Corp. Pick-up truck Fuel Tank Products Liability Litigation

---

7) 4 Newberg on Class Actions § 11:9.

8) In re General Motors Corp. Pick-Up Truck Fuel Tank Products Liability Litigation, 55 F.3d 768, 31 Fed. R. Serv. 3rd 845 (3rd Cir. 1995).

9) 우리법상으로는 일단 소송허가결정에 대한 불복은 가능하나 그 결정이 확정된 이후에는 가사 소송요건이 흠결된 사실이 밝혀진 경우에도 이를 취소·변경할 수 없다고 하는 점에 차이가 있다. 우리 법상으로는 이런 경우 종국판결에 의하여 소송요건 구비여부를 판단할 수밖에 없을 것이다.

사건에서 법원은 "화해집단을 인정하게 되면 어느 정도 법원의 구성원에 대한 이익보호 임무가 소홀하게 되는 것은 사실이지만, 구성원들은 집단이나 화해안으로부터의 제외신고를 할 수 있기 때문에 그들의 이익을 보호할 수 있는 여지를 봉쇄하는 것은 아니다. 사실, 화해집단이라는 방법은 어떤 의미에서는 구성원이 제외신고 여부를 결정하는 데 오히려 도움이 된다. 왜냐하면, 화해집단의 경우 구성원들은 화해 등의 내용과 함께 제외신고의 기회를 고지받게 되므로, 제외신고를 할 경우의 결과까지 고려하여 화해안의 내용을 수용할 것인지, 제외신고를 할 것인지를 결정할 수 있기 때문이다"고 판시하였다.[10]

III. 절 차

1. 우리법상 절차

우리법은 규칙에서 소송허가결정 확정 전의 화해라는 제목으로 화해집단에 관한 내용을 규정하고 있다. 즉, 법원은 소송허가결정 확정 전 화해 등 신청이 있는 경우 법 제35조의 규정에 의한 화해 등 고지는 법 제18조 제1항에 의한 소송허가결정의 고지와 동시에 하도록 하였다(규칙 제25조 제2항 본문). 다만, 화해 등에 대한 허가여부의 결정은 ① 화해 등 효력이 구성원에게 미치기 위해서 소송허가결정이 확정된 뒤에 이루어져야 할 뿐만 아니라, ② 구성원들에게 소송허가결정에 대한 제외신고를 할 수 있는 기회를 제공하기 위해서 제외신고기간이 경과된 후에 하여야 한다(규칙 제25조 제2항 단서).

---

10) In re General Motors Corp. Pick-Up Truck Fuel Tank Products Liability Litigation, 55 F.3d 768, 31 Fed. R. Serv. 3d 845 (3d Cir. 1995).

2. 미국의 경우

1) 동시 고지

법원으로부터 집단소송 허가결정이 나오기 이전에 당사자 사이에 합의가 이루어진 경우, 당사자들은 법원에 집단소송 허가신청 및 화해 예비심사신청을 동시에 하면서 이 때 제외신고에 대한 내용을 포함한 고지계획도 함께 제출한다.11) 이미 집단소송의 허가신청을 하였으나 아직 그 결정이 내려지지 않은 상태라면 다시 집단소송 허가신청을 할 필요는 없고, 화해안 예비심사신청에 그 취지(화해집단이라는 뜻)만 기재하면 될 것이다. 화해집단에서 법원은 화해를 목적으로 하는 허가신청을 받으면 당사자들이 화해협상을 마칠 때까지 집단소송에 관한 허부결정을 유보해 준다고 한다. 이는 피고로 하여금 소송허가여부에 관한 논의는 접어두고 화해안 검토에 집중할 수 있도록 하기 위함이다.12) 당사자가 화해에 도달할 수 있다고 판단되면 법원은 화해 목적으로 집단소송을 허가하고 허가결정에 관한 내용 및 화해에 관한 내용을 한꺼번에 구성원들에게 고지하도록 한다.13) 고지 이후의 심문절차나 허가절차는 일반적인 화해허가절차와 같다. 미국에서 사용되는 화해집단 방식의 화해 모델은 다음과 같다(이는 당사자 사이의 합의안의 예로서 반드시 이러한 방법만으로 가능한 것은 아니다).

> (a) 법원에 화해안에 대한 예비 허가(preliminary approval)를 신청하기로 한다.
> (b) 소장(complaint)이 예정하고 있는 구성원들에게 고지(notice)가 직접 전달되도록 법원의 명령(order)을 신청한다. 고지는 다음과 같은 내용을

---

11) Annotated Manual for Complex Litigation § 21.132.
12) 4 Newberg on Class Actions § 17:22.
13) 4 Newberg on Class Actions § 12:41.

포함해야 한다.

① 고지의 마지막 공시일로부터 30일 이내에 제외신고서를 제출하지 않으면, 법원의 판결이 구성원들에게 구속력을 가질 수 있다는 내용.

② 제외신고서를 제출하지 않은 모든 집단구성원들은 고지의 마지막 공시일로부터 45일 이내에 _____혐의와 관련하여 역년(calendar year)으로 _____부터 _____까지 매년 일정액을 받겠다는 청구 서약서(sworn statement)를 제출하여야만 하고, 이를 제출하지 않을 때에는 이 소송과 관련된 배상을 영구히 받을 수 없다는 내용.

당사자들이 생각하는 바람직하면서도 실행가능한 고지방법은 다음과 같다.

① 확인 가능한 구성원들에게 직접 서면으로 고지한다.

② 뉴욕타임즈(The New York Times) 또는 월스트리트저널(The Wall Street Journal) 신문 지면의 약 ⅛을 할애하여 주당 1회, 3주간 공지한다.

③ 특별한 사정이 없는 한 피고들이 위와 같은 고지 관련 비용을 부담한다.

(c) 다음으로, 고지의 마지막 공시일로부터 90일 이내에 법원에 화해 허가(approval)를 신청함과 동시에 다음과 같은 명령(order)을 내리도록 신청한다.

① 제안된 화해안, 그에 따른 배상액분배방식, 소송비용 및 변호사 보수 등과 관련된 심문절차(hearing)를 알리는 고지서를 청구 서약서(sworn statement)를 제출한 각각의 구성원들에게 송부하라는 명령.

② 반대의견(objection)을 제기하려는 구성원들은 반드시 위의 고지서 발송 후 14일 이내에 반대의견을 제출하여야 한다는 명령.

③ 반대의견(objection) 제출 마지막 날로부터 7일 후와 14일 후에 반대의견과 관련된 심문절차(hearing)를 열어야 한다는 명령.

(d) 법원의 최종허가(final approval)가 내려지면, 대표당사자와 피고는 법원에 사건번호 _____이 적법한 집단소송임을 공표하는 내용 및 Rule 23에 의거하여 이 소송사건과 관련된 모든 청구를 기각(dismiss with prejudice)하는 법원의 최종판결(final judgment)을 신청한다.

2) 심리기준의 완화 여부

법원은 집단소송의 허가요건과 동시에 화해 허가요건이 구비되었는 지를 심사하여야 하는데, 종래 화해집단의 경우 보통 집단소송의 허가보 다 완화된 기준이 적용되어야 하는지에 관하여 논란이 있었으나, Amchem Products, Inc. v. Windsor 사건으로 일단락되었다. 이 사건은 이른바 화해 집단(settlement class)의 일종으로서, 약 20여 개로 구성된 피고 석면제조 업체들이 제조한 석면에 노출되었던 피해자들에 대한 보상협상을 단 한 번에 마무리 짓고자 집단의 허가를 요청한 것이다. 원고측은 9명의 대표 당사자와 그의 가족들로 구성되어 석면제조업체에 손해배상청구소송을 제기하지 아니한 석면에 노출되었던 모든 자, 노출로 인해 신체적 피해 를 입은 자, 또는 그의 가족을 대표할 자격을 신청하였다. 이러한 피해자 들은 최소 수십만에서 수백만 명일지도 모르는 상황이었다.

이 사건의 쟁점은 현재 및 장래의 석면관련 손해배상청구소송과 관련 하여 포괄적인 화해를 목적으로 한 집단허가결정이 정당한지 여부이다. 협상과정에서 피고들은 만약 장래 유사한 소송으로부터 해방되지 못한 다면 계쟁 사건도 합의할 수 없다는 입장이었다. 그래서 소송의 초점은 아직 제기되지 아니한 소송을 어떻게 처리할 것인지에 모아졌다. 원고측 소송대리인은 이미 계속 중이었던 수천 개의 소송사건을 대리하고 있었 을 뿐만 아니라 장래 청구권자들까지도 대리하고자 하였다. 반대자들은 현재 청구권자들과 장래의 청구권자들 사이의 이해관계가 대립된다고 주장하면서 원고측 소송대리인과 대표당사자의 적절성을 문제삼아 반대 의견을 제시하였다. 연방지방법원은 화해목적의 집단허가신청을 받아들 였고, 화해안이 공정하다고 보아 이를 허가하였다. 반대자들은 아직 소 를 제기하지 아니한 석면관련 손해배상청구권자들이 Rule 23 소정의 '적 절한 대리'의 혜택을 받지 못했다고 주장하면서 항소를 제기하였다. 원 심에서의 쟁점은 화해 목적의 집단소송 허가신청의 경우 소송 목적의 집단소송 허가신청 보다 완화된 기준이 적용되는지 여부였다. 완화를 주장하는 견해의 근거는 Rule 23(a)와 (b)는 우월성, 압도성, 소송의 관리가능성, 쟁점의 공통성 등 재판을 전제로 한 요건들이기 때문에 '화해를 목적으로 하는 집단소송 허가신청'과는 무관하다는 것이었다. 제3 연방항소법원은 화해목적이라는 것은 Rule 23이 정한 집단소송의 허가요건을 심사함에 있어서 고려할 바가 아니라면서, 장래 청구권자들의 소송을 집단소송으로 허가한 것은 잘못된 것이라고 판단하였다.

이에 대하여 연방대법원은 1심의 화해 허가결정을 취소한 항소법원의 판단에 대한 상고를 기각하였으나 그 이유는 조금 달리 하였다. 즉, "화해를 위한 집단소송이라는 점은 집단소송 허가시 고려할 사항 중의 하나이긴 하다. 화해를 위한 집단소송의 경우에는 심리(trial)가 있을 수 없으므로, 그 허가여부 심사시에 Rule 23(b)(3)(D) 소정의 '심리시에 다루기 힘든 문제가 생기는지'의 요건은 고려할 필요가 없다. 그러나 나머지 Rule 23의 요건은 구성원들을 보호하기 위한 규정들이므로 이를 간과해서는 안 되고 오히려 더욱 엄격하게 심사하여야 한다"고 판시하였다.[14] 또 Ortiz v. Fibreboard Corp. 사건[15]에서, 연방대법원은 Rule 23(b)(1)(B) 소정(제한된 기금 유형)의 화해를 위한 집단소송 허가신청을 기각하면서, "법원은 Rule 23(a)와 (b) 소정의 요건들을 충족하는지 여부를 심사하여야 한다. Rule 23(e) 소정의 화해의 공정성이 Rule 23(a)와 (b)의 요건을 대체할 수는 없다"고 판시하였다.

Amchem 사건 이후에 미국 법원들은 화해집단의 경우 구성원들 사이에 보다 밀접한 관계(응집력)가 있어야 한다는 견해를 표명했는데, 즉 모든 화해집단 내 구성원들 사이에는 사실문제와 법률적 쟁점의 핵심에 있어 공통된 사항이 포함되어야 하고, 집단 혹은 하위집단은 법원에 의해 쉽게 특정될 수 있어야 한다는 것이다.[16] 법원은 구성원들 사이의 이

---

14) Amchem Products Inc. v. Windsor, 521 U.S. 591 (1997).
15) Ortiz v. Fibreboard Corp., 527 U.S. 815 (1999).
16) Hanlon v. Chrysler Corp., 150 F.3d 1011, 1022 (9th Cir. 1998).

해관계의 대립이 공통성, 우월성, 압도성 등의 소송요건 충족을 방해하는지 확인하여야 하고, 하위집단의 설정이 필요한지도 고려해야 한다. 그리고 원고측 소송대리인들도 구성원들 사이에 이해관계의 대립이 존재하지 않는다는 것, 아니면 하위집단의 설정이나 객관적인 기준에 입각한 분배기준의 설정으로 인하여 이런 문제를 회피하거나 감경할 수 있다는 것을 보여주어야 한다. 법원은 화해안에 포함된 분배청구 등 분배절차가 타당한지[17] 또 이해관계의 대립 없이 구성원들 간의 차이를 잘 반영하고 있는지(예컨대, 수백만의 구성원이 의견을 개진할 수 있는 방법이 있는지, 하위집단을 설정할 필요가 있는지 등) 판단해야 한다.[18] 소송대리인들은 화해안의 내용을 구성원들에게 고지하는 방법 역시 법원에 제시하여야 하는바, 일례로 당사자들이 2개의 신문에 고지할 것을 제안하였으나, 개별 구성원의 인적사항을 확인할 수 있는 자료가 포함되어 있지 않다는 이유로 화해집단 허가신청을 기각한 사례도 있다.[19]

우리 법의 화해집단에서도 향후 이 부분이 가장 쟁점이 될 것으로 보인다. 뒤에서 보듯이 법원이나 당사자들로서는 일단 화해안이 도출되면 어떻게든 빨리 분쟁을 종결시키고자 할 것이다. 게다가 우리 법은 집단소송의 요건을 다수성, 쟁점의 공통성, 적합성 및 효율성, 형식적 요건의 구비 정도로만 요구하고 있음은 앞서 보았는데, 다수성이나 공통성 요건 및 형식적 요건이야 쉽게 충족될 것이므로 결국 적합성 및 효율성 요건을 어떻게 보느냐에 따라서 화해집단의 허가기준을 일반 집단소송의 허가기준 보다 완화하여 판단할 수 있는지 여부가 결정될 것이다. 참고로 미국의 경우에는 이 요건과 관련하여 ① 구성원들이 소송을 각자 관리, 처분함으로써 얻을 수 있는 이익, ② 구성원들에 의해(또는 구성원들을

---

17) In re Diet Drugs Prods. Liab. Litig., MDL No. 1203, 2000 WL 1222042, at 43, 51-52 (E.D. Pa. Aug. 28, 2000).

18) Walker v. Liggett Group, Inc., 175 F.R.D. 226, 232-33 (S.D. W. Va. 1997).

19) Thomas v. NCO Fin. Sys. Inc., No. CIV.A.00-5118, 2002 WL 1773035, at 5-7 (E.D. Pa. July 31, 2002).

상대로) 이미 제기된 소송의 정도 및 성격, ③ 한 법원에 모든 소송을 집중시키는 것이 바람직한지 여부, ④ 집단 소송의 심리과정에서 예상되는 어려움 등을 고려하도록 되어 있는바[Rule 23(b)(3)], 집단소송의 허가로써 개별 구성원들의 이익이 침해되는지 여부에 특히 주의하고 있음을 알 수 있다. 생각건대, 적어도 외형상으로 우리법은 집단소송 허가요건으로 특별히 소송 목적의 집단소송과 화해 목적의 집단소송에 적용되는 기준을 분리하여 상정하지는 않고 있다. 따라서 화해집단이라고 할지라도 일률적으로 완화된 기준을 적용할 필요는 없다고 본다. 뒤에서 보듯이 오히려 개별 구성원의 이익보호를 위해 엄격한 심사가 필요한 경우도 있을 것이다. 결국 화해집단이라고 해서 완화된 기준을 적용할 필요는 없지만, 궁극적으로는 개별 사안의 구체적 타당성의 문제로 귀결될 것이다.

3) 고지의 기준

집단이 오로지 화해의 목적으로 허가된 경우 그 뜻을 구성원들에게 알려야 한다. 이 때, 허가결정의 고지와 함께 화해안의 내용 및 심문기일을 고지함으로써 비용을 절감할 수 있다.[20] 그런데 Rule 23(c)(2)(소송허가 결정의 고지)와 Rule 23(e)(화해안의 고지)가 규정하는 고지의 방법이 서로 다르기 때문에 전자의 요건을 갖추지 못한 고지가 후자의 요건을 갖추었다고 인정할 수 있는지 문제된다. 이에 대하여 일부 법원은 고지가 반드시 모든 구성원에게 도달할 필요는 없다는 이유로 단순한 공표 (simple publication)만으로 족하다는 견해를 나타냈고, 일부 법원은 보다 엄격하게 합리적인 노력으로 확인이 가능한 구성원들에게는 개별적으로 고지할 것을 요구하고 있다. 자문위원회 보고서(Advisory Committee Notes to the 2003 Amendments)에 따르면, 화해안 고지의 경우에 있어서도 Rule

---

20) 4 Newberg on Class Actions § 11:25.

23(c)(2)(B)가 요구하는 정도의 개별적인 고지가 필요한 경우가 있다고 한다. 예컨대, 제외신고의 기회가 부여되었다든지 구성원의 적극적인 반응이 요청되는 경우에는 개별적 고지가 적절하다는 것이다. 그러나 Rule 23(b)(3)에 해당하는 집단허가결정과 동시에 화해안이 허가되었다면, 당연히 양자의 요건을 모두 갖추어야 하므로 Rule 23(c)(2)가 적용되어야 할 것이다.[21]

우리 법은 다행히도 화해안의 고지방법에 관하여 아예 소송허가결정에 관한 고지방법(법 제18조 제2항, 제3항)을 준용하도록 되어 있어 이 부분에 관한 논란의 여지는 없다(법 제35조 제3항).

IV. 주의사항과 문제점

1. 법원의 주의사항

이러한 논의를 바탕으로 화해집단의 허가시에 법원이 주의하여야 할 점을 정리해 보면 다음과 같다. 첫째, 법원은 화해집단의 허가가 아직 소송을 제기하지 않았거나 심지어는 청구권의 존재 자체를 모르고 있는 개별 구성원들에게 미치는 영향을 고려하여야 한다. 그들은 화해집단의 고지가 그들에게 어떤 의미가 있는 것인지 충분히 숙고하지 않는 경향이 있으므로, 제외신고의 기회도 그들에게는 허상에 불과하고, 결국 그 화해안이 허가됨으로써 장래의 소송제기권리가 박탈당하는 큰 피해를 입게 된다. 따라서 앞서 본 바와 같이 화해집단의 허가에 있어서 공통성, 적합성 및 효율성 등의 집단소송요건이 충족되는지를 항상 확인하여야 한다. 둘째, 법원은 화해집단을 허가하면서 분배관리인이 공정하고, 구성원들과 이해관계의 대립이 없는지도 조사하여야 한다. 셋째, 당사자들

---

21) 이상의 내용은 Klonoff, *supra* note 4), at 223-225에서 요약, 정리한 것이다.

은 화해협상을 하면서 일정한 수 이상의 구성원이 화해나 집단으로부터 제외신고를 하는 경우 화해성립을 무효로 하는 화해의 철회권을 인정하는 경우가 있다. 이러한 조건은 피고에게 화해비용을 지불하면서 또다시 장래 추가 소송에 대응하여야 하는 위험을 회피함으로써 화해를 촉진하는 장점이 있는 것이 사실이나, 한편으로는 화해절차를 지연시키고 절차의 불확실성을 증대시킨다. 법원은 이렇게 '조건부 화해안'을 허가할 것인지에 대한 입장을 정리하여야 한다.[22] 이러한 조건부 화해에 대하여, 시간과 비용의 낭비를 초래할 우려가 있다는 이유로 조건부 화해를 부인하는 판례[23]와 조건설정을 긍정하는 취지의 판례[24]가 있다. 이에 대한 대안으로서는 제외신고자의 수나 그들의 청구금액에 비례한 만큼 화해금액에서 공제하기로 하는 방법이 있다. 넷째, 증권집단소송과 같은 경우 종종 피해기간(class period) 이외에 발생한 청구권이나 기타 피고에 대한 다른 청구권을 포기하는 내용을 포함하는 경우도 있다. 이런 조항들은 남용의 여지가 있기 때문에, 법원은 그 포기의 대가와 비교하여 정당성을 엄격하게 심사하여야 한다.[25]

2. 문제점

한편, 다음과 같은 점들이 화해집단의 문제점으로 지적될 수 있다. 첫째, 화해집단의 방식은 분쟁을 소송 이전에 종결시켜 손해배상액을 조기에 회수하려는 원고측 소송대리인과 현재 및 장래의 분쟁을 일거에 해결하려는 피고측은 물론 복잡하고 전문적인 소송을 간단하게 해결하고자 하는 법원의 이해관계가 서로 맞물려 소송요건 및 화해허가요건에 대한 충분한 심사 없이 남용될 우려가 있다. 둘째, 증권집단소송은 일반

22) 4 Newberg on Class Actions § 11:12 (4th ed.).
23) Detroit v. Grinnell Corp., CA No. 68 CIV. 4026 (S.D. N.Y. 1971).
24) In re Corrugated Container Antitrust Litigation, 659 F.2d 1322 (5th Cir. 1981).
25) 4 Newberg on Class Actions § 11:27.

적으로 법률문제나 사실관계에 있어 복잡한 특성이 있기 때문에, 증거조사를 비롯한 소송절차가 어느 정도 진행되어야 사안의 개요를 파악할 수 있고, 집단의 범위를 명확하게 규정할 수 있을 뿐만 아니라 본안에서의 승소가능성도 예상할 수 있게 될 것이고, 이를 전제로 해야만 법원은 화해안이 공정하고, 상당하고, 적정한지를 제대로 평가할 수 있을 것이다. 그런데 화해집단의 경우에는 이러한 증거조사절차 등이 이루어지지 않은 상태일 뿐만 아니라, 원고측과 피고측의 공격과 방어라는 대립당사자구조는 이미 그 의미를 상실해버린 상태이기 때문에, 본안에 관하여 충분한 정보를 제공받을 수 없는 법원으로서는 화해안에 대한 심사기능이 제한될 수밖에 없다(물론 화해집단의 경우에도 공정성 심문절차를 거치게 된다. 하지만, 대립당사자구조가 결여된 상태에서는 소송절차에서와 같은 활발한 공격과 방어가 이루어질 수가 없기 때문에 법원이 얻을 수 있는 자료는 화해안의 정당성을 옹호하는 자료에 국한될 가능성이 크다). 셋째, 화해절차 감시의 한 축이라고 할 수 있는 구성원들의 경우, 그들이 아직 소송계속사실조차 모르는 사이에 화해협상이 완결되어 벌써 허가절차에 들어가 버린 상태에서는, 시간과 금전 및 정보수집능력에 있어 한계가 있기 때문에 원고측 소송대리인을 제대로 감시할 수 없다는 문제가 있다.

그 밖에도, 원고측 소송대리인은 집단소송 허가결정 이전에는 법원으로부터 선임을 받지 않은 상태이므로 변호사의 협상력이 떨어져 결과적으로 구성원에게 불리한 협상이 이루어질 가능성이 있다는 지적과, 성공보수 약정을 한 원고측 소송대리인의 경우는 조기 종결에 이의가 없지만 시간당 보수약정을 한 피고측 소송대리인은 고객에 대한 청구내역을 늘리기 위하여 다분히 소송을 지연시킬 의도가 있어 화해에 소극적일 수도 있으므로 피고 본인이 적절히 통제할 필요가 있다는 지적도 있다.[26]

---

26) 4 Newberg on Class Actions § 11:9.

제3절 비금전 화해

I. 개 설

증권집단소송을 비롯한 다양한 집단소송에 있어서 일반적으로 피고가 원고측에 일정한 금액을 지급하는 내용으로 화해안을 마련하는 것이 보통이다. 그러나 구성원들이 피고로부터 피고의 상품이나 서비스를 싼 값에 구입할 수 있는 쿠폰을 받는 형태로 화해하는 경우처럼, 피고에 대한 소송을 포기하는 대신 피고로부터 즉시적인 금전지급이 아닌 다른 혜택을 받기로 합의하는 경우가 있는데 이러한 형태를 '비금전 화해(non-pecuniary settlement)'라 한다.[1] 비금전 화해는 반대 당사자들이 동일한 급부내용에 대하여 서로 다른 가치평가를 하기 때문에 가능하다. 예컨대 현물을 제공하기로 할 때 급부를 제공하는 사람보다 급부를 수령하는 사람이 그 현물에 더 큰 가치를 두고 있다면 화해성립의 가능성이 크다고 한다.[2] 비금전 화해는 현금지급방식보다 양측 당사자에게 유리할 수 있다. 먼저 구성원의 입장에서 보면, 비금전 화해방식을 이용함으로써 피고측의 자금부족으로 인해 권리구제를 받지 못할 위험을 피할 수 있고, 피고의 입장에서 보면 당장의 현금 지출을 면할 수 있고, 손해배상금의 분배 등에 소요되는 비용이 절약된다.[3] 결과적으로 원고측과

---

1) Geoffrey P. Miller & Lori Singer, "Non-pecuniary Class Action Settlements", Working Paper #CLB-98-013, N.Y.U. Center for Law and Business, at 4 (1998).

2) Lisa M. Mezzetti & Whitney R. Case, "The Coupon Can Be the Ticket: The Use of 'Coupon' and Other Non-Monetary Redress in Class Action Settlements", *Georgetown Journal of Legal Ethics* (Fall. 2005) at 2-3.

3) Armando M. Menocal, "Proposed Guidelines for Cy Pres Distribution", *Judge's Journal* (Winter 1998), at 19.

피고측 모두 비금전 화해방식을 통해 더 많은 이익을 얻게 된다. 실제로 미국의 집단소송에서는 다양한 내용의 화해방식들이 사용되고 있다. 예컨대 증권소송에서는 증권교부방식의 화해가, 독점금지·제조물책임 등 소비자소송에서는 쿠폰 화해(coupon settlement)가, 환경·공해소송의 경우에는 검사를 수반하는 화해(monitoring settlement)가 널리 사용되며, 그밖에도 유동적 배상방식의 화해(fluid recovery settlement)가 여러 종류의 집단소송에서 종종 사용된다고 한다.

앞으로 우리나라에서도 증권집단소송이 본격화되면 주로 금전지급방식의 화해가 이루어지겠지만, 이외에도 주식이나 신주인수권증권 부여 등 다양한 형태의 비금전 화해도 가능할 것이다. 우리 법과 규칙에는 이 부분에 대한 언급이 전혀 없기 때문에 이 부분에 관한 미국의 논의를 빌어 비금전 화해의 태양과 문제점 등을 미리 짚어 볼 필요가 있다. 이하에서는 증권집단소송에 직접적으로 적용이 가능한 증권교부방식의 화해와 유동적 배상방식의 화해를 중심으로 살펴보되, 증권집단소송에서 일반적으로 사용될 여지는 적어보이지만, 위 비금전 화해방식과의 비교를 위해서 쿠폰화해와 검사를 수반하는 화해도 간략하게 살펴보기로 한다. 논의는 각 비금전 화해 방식의 의의와 기능, 공정성·상당성·적정성 판단시의 주의사항을 살펴보고 비금전 화해의 문제점 등을 지적하는 순서로 진행한다.

II. 증권 화해

1. 의 의

증권 화해(securities settlement)란, 구성원에게 현금을 지급하는 대신에 주식이나, 풋 옵션(put-option) 또는 신주인수권증권(warrant)을 부여하는 내용의 화해방식이다.[4] 이는 한정된 범위의 구성원들에게 회사의 주식을 인수할 수 있는 권리를 부여한다는 점에서 신주인수권의 배정과 유사하다.[5] 먼저, 주식을 교부하는 증권 화해는 In re TSO Financial Litigation 사건에서 찾아볼 수 있는데, 피고는 시가 210만 달러 상당의 피고 주식을 제공하기로 하고 구성원들은 각자의 손해에 비례하여 그 주식을 분배받기로 하였다. 이 사례에서는 별도로 '주가보장약정(share value guarantee)'이 덧붙여져 주가가 일정한 금액 이하로 하락하게 될 경우 피고가 그 차액 상당의 금원을 추가로 현금이나 피고의 주식으로 보상하기로 하는 내용이 포함되어 있다[6]. 그 외에도 Berke v. Presstek, Inc. 사건에서 법원은 2,200만 달러 규모의 주식을 교부하는 화해안을 허가하였고,[7] In re Prison Realty Securities Litigation에서 법원은 합계 약 1억 500만 달러 상당의 현금과 주식을 교부하는 화해안을 허가하였으며[8], In re Informix Corp. Securities Litigation에서 법원은 4,900만 달러의 현금과 8,750만 달러 상당의 주식 860만 주를 교부하는 화해안을 허가하였다[9][10].

다음으로, 풋 옵션 방식의 화해는 보통주 교부방식의 변형으로서, 피

---

4) In re Microstrategy, Inc. Sec. Litig., 148 F. Supp. 2d 654 (E.D. Va. 2001).
5) Miller et al., *supra* note 1), at 11.
6) In re TSO Financial Litigation, 1989 U.S. Dist. LEXIS 7434 (E.D. Pa 1989).
7) Berke v. Presstek, Inc., No. 96-347 (MDL No. 1140), slip op. (D. N.H. June 26, 2000).
8) In re Prison Realty Sec. Litig., Nos. 3:99-0458, slip op. (M.D. Tenn. Feb. 12, 2001).
9) In re Informix Corp. Sec. Litig., Master File No. C 97-1289, slip op. (N.D. Cal. Nov. 9, 1999).
10) 그 밖에도 주식과 관련된 비금전 화해 사례는 많다; In re General Public Utilities Securities Litigation[1983 Transfer Binder] Fed. Sec. L. Rep. (CCH) ‖ 99,566 (D. N.J. 1983)(보통주); Halsband v. R.C. Sanders Technology Systems, Inc., 1981 CCH Fed. Sec. ‖ 98,011 (S.D. N.Y. 1981)(보통주); Levin v. Mississippi River Corp., 59 F.R.D. 353, 360-61 (S.D. N.Y. 1973), aff'd sub nom Wesson v. Mississippi River Corp., 486 F.2d 1398 (2d Cir.), cert. denied, 414 U.S. 1112 (1973)(전환주식); Greenfield v. Villager Industries, Inc., 483 F.2d 824, 827 (3d Cir. 1973)(비상장 주식); In re Four Seasons Securities Litigation, 58 F.R.D. 19 (W.D. Okla. 1972)(신주발행).

고는 주식이 일정한 가격(옵션 행사가격) 이하로 내려가지 않는다는 것을 보증한다. 그러나 풋 옵션은 구성원이 여전히 회사의 주식을 보유하고 있거나, 풋 옵션이 양도가능한 경우에만 가치가 있다는 한계가 있다.[11] 풋 옵션 방식의 화해는, Derdiarian v. Futterman Corp. 사건에서 나타나는데, 피고는 피해기간 동안 매수한 주식 1주당 하나의 풋 옵션을 발행하기로 합의하였다.[12] 이러한 풋 옵션은 보유자로 하여금 위 풋 옵션 발행 후 2년간 각 연도의 최종 10일 동안 주식 1주당 6달러에 회사에 매수청구할 수 있는 권한을 부여한다. 한편, 피고는 구성원이 위 옵션을 행사하기 전에는 언제든지 1주당 1.25달러에 위 옵션을 매도청구할 수 있는 권리가 있고, 위 옵션 보유자들은 1주당 0.70달러에 피고에게 위 옵션을 매도할 권리를 가진다. 이러한 내용의 화해는 위 옵션 보유자들에게 옵션 행사기간 동안 최소한의 주가보장을 함으로써, 피고의 주가가 시장에서 하락한 경우 도움이 될 것이다. 반면, 피고는 위 옵션 보유자가 풋 옵션을 행사하게 될 경우 가치차액이 옵션당 1.25달러를 초과한다고 생각하면, 피고가 먼저 옵션을 매도청구하여 손실을 줄일 수 있다. 주가가 시장에서 상승하는 경우, 옵션 보유자들은 당해 옵션으로부터 이득을 얻지 못할 것이나 보유 주식의 가격이 상승하는 혜택을 받게 된다.[13]

마지막으로, 신주인수권증권(warrant) 부여방식의 화해는 구성원이 장래에 일정한 행사가격으로 주식을 매입할 수 있는 권리를 부여하는 내용의 화해방식인데, 약정 행사가격은 보통 권한부여시점의 시가보다 높기 때문에 구성원은 주가가 행사가격 이상으로 될 때까지 위 권한을 행사하지 않을 것이다.[14] 이 방식의 화해는 Seidman v. American Mobile Systems에서 사용되었는데, 이 사건은 피고의 허위표시로 인하여 주식 매수시 지나치게 높은 가격을 지급하도록 하였다고 주장하는 보통주 매수인들이

---

11) Miller et al., *supra* note 1), at 11.
12) In Derdiarian v. Futterman Corp, 254 F. Supp. 617 (S.D. N.Y.).
13) Miller et al., *supra* note 1), at 11-12.
14) Miller et al., *supra* note 1), at 12.

제기한 증권집단소송으로서, 피고 발행인과의 화해는 현금 지급 200,000 달러, 현금 또는 보통주로 225,000달러 및 보통주식을 매수할 수 있는 18 개월 신주인수권증권의 제공을 포함하고 있었다. 이러한 화해는 피해를 입은 집단 구성원들에게 주가가 신주인수권증권 행사가격 이상으로 상승하는 경우 주식을 보유하면서 추가로 신주인수권증권을 행사하여 회사의 주가 상승 혜택을 누릴 수 있는 권리를 제공하는 반면에 피고가 필요로 하는 현금 지급액을 줄여주었다.[15] 그 밖에 In re Cendant Corp. Prides Litigation에서는 전환주식 교부권이 제공되었고,[16] Zipkin v. Genesco, Inc. 사건과 Blank v. Talley Indus, Inc. 사건에서는 신주인수권증권을 교부하는 내용이 화해안에 포함되었다.[17]

2. 기 능

만일 화해의 대가로 교부되는 증권의 시가가 적어도 집단이 실질적으로 수령할 수 있는 현금과 비슷한 경우라면, 구성원의 입장에서 볼 때 즉시 현금을 지급받는 경우에 비해 유리할 수 있을 뿐만 아니라, 피고로서도 현금을 즉시 지급하기 위하여 필요한 자금을 확보해야 하는 부담이 있으므로, 피고에게 현금 유동성이 부족한 경우 증권 화해가 더 바람직하다.[18] 그러나 피고가 화해금액을 지급할 수 있는 금전을 보유하고 있다면, 보통 금전의 지급이 증권 발행에 비해 유리하다. 왜냐하면, 증권 화해는 유가증권발생신고 등의 거래비용을 수반하고, 회사는 증권 발행으로 인한 장래 잠재적인 채무부담에 처하게 되지만, 금전 화해의 경우에는 이러한 비용은 수반되지 않기 때문이다.

---

15) Seidman v. American Mobile Systems, 965 F. Supp. 612 (E.D. Pa. 1997).
16) In re Cendant Corp. Prides Litig., 51 F. Supp. 2d 537, 540-41 (D.N.J. 1999).
17) Zipkin v. Genesco, Inc., 1980 CCH Fed. Sec. ‖ 97,594 (S.D. N.Y. 1980); Blank v. Talley Indus, Inc., 64 F.R.D. 125 (S.D. N.Y. 1974).
18) Menocal, *supra* note 3), at 23.

따라서 피고의 입장에서는 다음과 같은 두 가지 경우에 증권 화해가 유익하다고 할 수 있다. 첫째, 회사가 지급불능에 이르러 화해금액을 지급할 자금이 부족한 경우이다. 이 경우 피고는 현금지급을 위하여 대출을 시도하는 것 자체가 불가능하므로 구성원들에게 주식, 풋 옵션, 신주인수권증권 등의 발행을 통해 손해를 배상할 수 있다. 둘째, 일시적으로 자금사정이 좋지 못하지만, 회사의 가치에 관하여 시장에는 아직 공개되지 않은 긍정적인 정보가 있어 장래 주가상승이 기대되는 경우이다. 만일 이 정보가 공개된다면 회사의 신용등급이 상향조정되어 적은 비용으로 자금을 조달할 수 있을 것이나 어떤 경위에 의해서인지 몰라도 아직 그 정보가 공개되지 않아서(또는 공개할 수 없어서) 대출을 받고자 하면 정보가 공개될 경우보다 비싼 비용을 지불하여야 하는 경우가 있을 수 있다. 이러한 경우 증권 화해를 함으로써 불필요한 금융비용 지출을 피할 수 있다. 또 구성원들은 피고의 투자자가 되어 향후 회사의 가치상승으로 인한 수익을 공유할 수 있다.[19)]

3. 공정성 · 상당성 · 적정성 판단시의 주의사항

피고가 화해금액의 지급을 위한 자금을 조달하기 위해서 금융비용이 많이 든다는 이유로 증권 화해를 제안하는 경우, 결과적으로 그 화해안이 구성원들에게 이익이 될 것인지를 살펴보아야 한다. 예컨대 피고의 재정상태가 불안한 경우, 피고가 금전 화해의 자금을 조달하기 위해서는 자본시장에 금융비용을 추가로 지급해야 할 텐데, 이러한 추가비용은 결국 화해자금으로 소요될 자금 총액에서 구성원이 현실적으로 받을 수 있는 부분을 감소시키게 된다. 따라서 이러한 경우에는 증권 화해 방식이 더 유리하다고 할 수 있다. 마찬가지로, 회사에 긍정적인 정보가 공개되지 않아 금융비용이 더 들게 되는 경우에도 증권 화해를 통하여 비용

---

19) Menocal, *supra* note 3), at 28-29.

을 절감할 수 있고 이는 구성원들에게도 이익이 된다.

해당 증권이 증권시장에 상장되어 거래되고 있는지 여부도 살펴보아야 한다. 만일 그러하다면, 위 증권은 처분이 용이하므로 일종의 '잠재적인 현금'이라고 할 수 있으므로 화해안이 허가될 가능성이 높다. 그러나 법률상의 이유로 해당 증권의 양도가 제한되는 경우가 있는데, 이러한 경우 증권 화해의 공정성 여부를 결정할 때에는, 양도가 제한됨으로써 생기는 구성원의 손해와 현금지급방식을 택했을 때 피고가 추가로 지불해야 할 금융비용의 부담을 비교형량하여 후자가 훨씬 크다고 여겨질 때에만 그 정당성이 인정될 것이다. 제안된 화해의 내용이 시장에 공개되었을 때 시장의 반응도 살펴볼 필요가 있다. 다른 조건이 동일하다면, 화해안의 공개 이후 주가가 하락하는 경우 이는 화해금액이 너무 많다는 반증이 될 수 있고, 주가가 상승하는 경우에는 반대의 징표가 될 수 있다.[20]

III. 유동적 배상

1. 의 의

유동적 배상(fluid recoveries)은 흔히 '가급적 가까운 접근방식(cy pres)'의 배상이라고도 하는데, 이는 원래 화해금액을 분배하고 나머지가 생긴 경우 화해당사자의 의사를 추정하여 그들의 의사에 최대한 부합하는 처리방법을 모색하는 것을 말한다.[21] 유동적 배상은 소비자소송, 독점금지소송, 대량 불법행위, 환경공해소송 등에서 주로 사용되는데, 증권집단소송에도 종종 사용된다고 한다. 이 방식은 구성원 개인에게 개별적으로 보상하는 것이 불가능하거나 비현실적인 경우, 구성원의 신원확인이 어렵거나 소재파악이 곤란한 경우 또는 신원이나 소재가 확인되어도 권리

---

20) Miller et al., *supra* note 1), at 34-35.
21) Menocal, *supra* note 3), at 1.

실현을 하지 않을 것으로 보이는 경우 잔여금이 발생하게 되고, 법원은 그 처리를 위하여 '가급적 가까운 접근방식'에 따라 차선책을 모색하게 된다.[22] Miller 교수에 따르면, 유동적 배상이란 화해자금의 전부나 일부가 권리를 입증하지 못하였거나 실제 손해를 입지도 아니한 개인이나 단체에게 배당되는 화해라고 한다.[23] 보상 수령인에는 자선단체나 장학재단 또는 공공안전을 촉진하기 위한 기금 등 구성원이 아닌 자들도 포함된다. 증권집단소송의 경우 증권투자로 인한 피해자들의 모임이나 증권거래소나 증권관련 학회, 대학 또는 금융감독기구 등이 그 수혜대상이 될 수 있을 것이다.

유동적 배상은 구성원이 찾아가지 않은 이익이 피고에게 돌아가는 것을 방지하고, 구성원에 대한 직접 분배가 곤란한 경우라도 구성원의 이익에 부합하는 방식으로 화해기금을 사용할 수 있으며, 공익적 목적으로 사용될 수 있다.[24] 유동적 배상은 캘리포니아주에서 입법과 판례에 의하여 널리 지지되고 있다. State v. Levi Strauss & Co. 사건에서 캘리포니아주 대법원은 "피고로부터 불법행위로 인한 이익을 환수하고 불법행위에 대한 억지력을 높이기 위해서 유동적 배상이 필요하다"고 판시하면서 특히 잔여금의 분배와 관리를 위한 기금 설립을 찬성하였다.[25] 캘리포니아주 의회는 1993년에 첫째, 집단소송에서 법원이 구성원에게 지급할 총액을 결정할 수 있고, 둘째, 잔여금은 관련 법률과 당해 소송의 청구원인에 부합하는 목적에 일치하는 방향으로 처리되어야 한다는 내용의 법률을 제정하였다.[26] 한편, 다른 지역의 법원들의 경우 판결에서 유동적 배상방식을 사용할 수 있는가에 관하여는 논란의 여지가 있으나, 적어도 화해의 국면에서는 모든 법원에서 이를 허가하고 있다.[27]

---

22) 4 Newberg on Class Actions § 11:20.
23) Miller et al., *supra* note 1), at 13.
24) Menocal, *supra* note 3), at 2.
25) State v. Levi Strauss & Co., 41 Cal. 3d at 460, 224 Cal. Rptr. 605 (1986).
26) Menocal, *supra* note 3), at 2.
27) 4 Newberg on Class Actions § 11:20.

2. 기   능

유동적 배상은, 집단이 대규모이고 집단의 많은 구성원이 확인되지
않거나 청구를 제기하지 않을 가능성이 있는 경우에, 확인되지 않은 구
성원이나 분배청구를 하지 않은 구성원들도 간접적으로 이익을 볼 수
있다는 점에서 효용이 있다. 이러한 간접적인 유형의 이익에는 첫째, 손
해배상 회복을 위한 기금이 완전히 소진될 때까지 피고로 하여금 상품
이나 용역의 가격을 내리거나 할인을 하도록 하는 방법이 있다. 예컨대,
택시 요금의 부당인상에 대한 소송에서 그 택시요금을 줄이도록 하고,
가격담합에 대한 소송에서는 부동산 거래 수수료를 인하하도록 하는 것
이다. 둘째, 그 집단의 간접적 이익을 위하여 특정 제3자에게 기부하는
방법이 있다. 예컨대, 추후 독점금지법 위반사례의 적발업무에 쓰일 독
점금지 기금에 기부, 국민건강진흥프로그램에 쓰일 주 정부 기관에 기
부, 원자력 발전소 사고로 방사선에 노출될 경우에 초래될 생물학적 영
향을 연구하기 위한 기금에 기부, 로스쿨과 메디컬 스쿨을 위한 기부 등
이 있다.[28] 유동적 배상방식의 억지 효과는 금전 보상의 경우와 동일하
다. 즉, 피고는 구성원에 대하여 지급하는 것은 아니지만 이와 동액 상당
을 구성원 이외의 개인이나 단체에 지급하거나 혹은 가격할인을 통해
장래 수입의 감소를 감수해야만 하기 때문이다.[29]

3. 공정성 · 상당성 · 적정성 판단시의 주의사항

유동적 배상방식의 화해의 공정성을 평가함에 있어서, 법원은 개별적
인 보상이 실현 가능한지의 여부와 만일 가능하다면, 피고의 비용은 얼

---

28) 4 Newberg on Class Actions § 11:20.
29) Miller et al., *supra* note 1), at 24-25.

마나 되는지를 고려하여야 하고, 또한 유동적 배상이 피고에게 억지력을 갖고 있는지 살펴야 한다. 이러한 관점에서 첫째, 구성원들의 소재 파악이 어려운 경우, 법원은 유동적 배상이 개별적인 보상에 비해 더 많은 구성원들에게 이익이 될 것인지의 여부를 고려해야 한다. 둘째, 유동적 배상이 가격 하락을 유도하거나 일정한 목적의 기금조성에 쓰이는 경우 구성원 아닌 제3자도 이 자금으로부터 이익을 얻을 가능성이 있고, 또 원고측 소송대리인이 자금을 관리하는 경우, 변호사(또는 그 측근)의 이익을 도모하는 방향으로 사용될 가능성도 있다. 법원은 이런 경우 누가 어떤 이익을 얻는지 합리적으로 평가하여야 할 것이다. 셋째, 구성원 개개인을 확인할 수 있는 경우, 개별 청구가 용이한지 살펴보아야 한다. 개별 청구가 용이하다면, 굳이 유동적 배상의 방법을 선택할 이유가 없다. 일반적으로 정당한 권리자를 확인하고 허위의 권리신고를 배제하기 위해서 어느 정도의 권리확인절차는 필요할 것이나, 절차가 지나치게 까다롭고 복잡한 경우, 구성원은 제대로 보상의 혜택을 받지 못할 것이므로 이런 경우에는 유동적 배상이 바람직할 것이다.[30]

IV. 그 밖의 비금전 화해

1. 의 의

그 밖의 비금전 화해로는 쿠폰 화해(coupon settlement)와 검사를 수반하는 화해(monitoring settlement)가 있다. 이들 방식은 증권집단소송의 화해에서 채택될 여지는 적어보이지만, 그 기능과 공정성 심사시의 주의사항 그리고 뒤에서 볼 문제점 등에 있어, 앞서 본 증권교부방식이나 유동적 배상방식과 유사한 면이 있으므로 이 책에서 함께 소개해 보고자

---

30) Miller et al., *supra* note 1), at 36.

한다.

먼저, '쿠폰 화해'란 구성원에게 장래 피고의 상품이나 용역을 이용하게
될 경우 할인받을 수 있는 권리를 부여하는 것을 말한다.[31] 피고는 향후
소송의 위험으로부터 벗어날 수 있을 뿐만 아니라 소비자들이 피고의 상
품이나 용역을 이용함으로써 추가적인 이익을 받을 수 있게 된다. 이러한
방식의 화해는 주로 제조물책임 등 소비자소송 등에서 많이 나타나는데,
그 대표적인 사례로는 Computer Monitor Cases와 Phoenix Home Life Mutual
Insurance Co. Case를 들 수 있다. 전자는 컴퓨터 판매업자가 모니터 크기를
속였다는 이유로 제기된 소비자소송으로서 그 화해안은 구성원들의 선택
에 따라 피고의 상품을 13달러 할인된 가격에 구매할 수 있는 권리를 갖
거나 화해일로부터 몇 년 뒤에 6달러를 지급받을 수 있도록 되어 있었는
데, 이러한 권리는 1회에 한해 양도가 가능하고 이 경우 양수인은 할인된
가격에 피고의 상품을 구매할 수 있을 뿐 현금을 지급받을 수는 없었다.[32]
후자는 생명보험업자인 피고가 종신보험상품을 판매하면서 사기적 방법
을 이용하였다는 이유로 제기된 소송인데, 그 화해안은 기존의 보험을 유
지하고 있는 구성원에 대하여 (보유 보험의 성격에 따라서) 배당금을 더
준다든지, 특별대출기회를 부여한다든지, 연금을 더 많이 주기로 한다든
지 하는 부가적인 혜택을 주기로 하는 내용이었다.[33]

한편, '검사를 수반하는 화해'란, 피고의 제품이나 행위로 인하여 손해
를 입은 구성원이 없는지를 피고의 비용부담으로 검사·확인한 뒤 손해
를 입은 것으로 확인된 구성원에 대하여 피고가 피해회복과 보상을 하
는 내용의 화해방법이다.[34] 이러한 방식의 화해는 Amchem 사건[35]에서
와 같이 유해물질에 노출된 경우로서 의학적 검사(medical monitoring)를

---

31) Miller et al., *supra* note 1), at 9.
32) Miller et al., *supra* note 1), at 9.
33) Miller et al., *supra* note 1), at 9.
34) Miller et al., *supra* note 1), at 10.
35) Amchem Products, Inc. v. Windsor, 521 U.S. 591 (1997).

받도록 하는 형태가 많다.36) 검사를 수반하는 화해는 특정 제품에 하자가 있을 가능성이 있고 검사를 통하여 당해 하자로 인하여 당해 제품에 손해가 발생하였는지 여부를 밝힐 수 있는 경우에도 가능하다.37)

2. 기 능

피고가 자신의 제품 또는 서비스의 도매 및 소매 마케팅 비용 간의 차액을 절감하여 이를 구성원들에게 제공할 수 있는 경우에는 쿠폰 화해가 금전 화해에 비해 바람직하다. 예를 들어, 세탁업자가 값비싼 코트를 손상시킨 경우를 가정해 보자. 이 경우 고객은 세탁업자를 상대로 소액재판을 청구할 수도 있지만, 세탁업자는 기꺼이 고객에게 해당 코트 가액을 자기 가게의 이용권(store credit)으로 제공하고자 할 것이다. 이 경우 세탁업자는 새로운 의류의 세탁비용만을 부담하면 되고, 고객은 다음 번 세탁소 이용시 지급해야 할 세탁비용 혜택을 받게 된다. 코트에 손상을 입기는 하였으나, 세탁업자가 유능한 드라이클리닝 서비스 제공자이고 또한 고객이 보다 많은 의류의 세탁을 필요로 하는 경우라면, 이러한 합의는 양 당사자들에게 모두 이익이 된다. 즉, 세탁업자는 고객과의 거래관계를 유지할 수 있고 신용회복에도 도움이 되며, 금전 보상의 경우에 비해 자신이 부담하여야 할 비용도 최소화할 수 있다. 동시에 고객은 차후 할인된 가격으로 자기가 이용하여야 할 서비스를 제공받을 수 있으므로 이익이 된다.38)

---

36) 의학적 검사를 수반하는 화해(medical monitoring)에 대한 직접적인 예는 Woodward v. Nor-Am Chemical Co. 사건[1996 U.S. Dist. LEXIS 7372 (S.D. Ala. 1996)]이다. 이 사건에서 유독성 농업용 살충제에 노출된 사람들은 당해 물질에 대한 노출은 방광암 및 출혈성 방광염의 원인이 될 수 있다고 주장하며 제조업체를 상대로 소를 제기하였다.

37) In re Packard Bell Consumer Class Action Litigation[Case No. BC 125671(Superior Court for the State of California, County of Los Angeles)(Jul. 15, 1995)].

38) Miller et al., *supra* note 1), at 20.

한편, 피고의 행위로 인하여 구성원에게 손해를 미칠 수 있으나, 구성원 중 어느 구성원이, 어느 정도의 손해를 입을 것인지에 대해 현재로서는 예상할 수 없는 상황에는 즉각적인 금전 화해에 비해 검사를 수반하는 화해가 경제적이다. 즉, 피고의 부담으로 구성원에 대한 검사(monitoring) 절차를 거쳐 손해발생이 인정되는 경우에만 치료 및 보상을 시행함으로 써 손해를 입은 당사자는 적절한 치유를 할 수 있고, 피고는 책임을 한 정할 수 있으므로 이익이 된다. 검사를 수반하는 화해를 이용하여, 구성 원들은 당해 손해발생 여부에 관한 검사를 계속 받을 수 있고, 만일 손 해가 나타나는 경우 상해 또는 손해에 대한 치료와 보상을 받을 수 있는 반면 피고는 향후 구성원들로부터 별도의 소송을 당하지 않으며 피고가 부담할 배상액의 한도를 지정할 수 있는 장점이 있다.[39]

3. 공정성 · 상당성 · 적정성 판단시의 주의사항

먼저, 쿠폰 화해의 공정성을 심사하는 법원으로서는, 모든 구성원들이 쿠폰을 사용할 수 있는지, 쿠폰 사용에 절차적 어려움은 없는지, 양도가 가능한지, 만일 양도가 가능하다면 쿠폰을 거래하려는 구성원들에게 쿠 폰의 유통시장이 적절한 판로를 제공하는지 등을 살펴보아야 한다.[40] 법 원이 비금전 화해의 가치를 평가하는 데 있어 직면하는 불확실성을 고 려할 때, 이러한 양도 조항과 유통시장의 존재는 쿠폰의 가치를 평가하 는데 확실히 긍정적인 영향을 미칠 것이다. 특히 화해가 비싼 물품 구매 에 관한 쿠폰 제공을 포함하는 경우, 양도가능성은 더욱 중요하다.

자유로이 양도가 가능한 쿠폰이라 하더라도 양도에 따른 거래 비용이 있기 때문에 구성원들이 받는 가치는 필연적으로 액면 가치보다 적게

---

39) Miller et al., *supra* note 1), at 21-22.
40) In re General Motors Corp. Pick-Up Truck Fuel Tank Prod. Liab. Litig., 55 F.3d 768, 809 (3d Cir.), cert. denied, 116 S. Ct. 88 (1995).

된다. 구성원들이 충분한 쿠폰을 받는 내용의 화해안일지라도, 최종적으로 그 쿠폰들이 시장에서 어떤 가격을 유지할 수 있을 것인지에 대해 법원은 거의 정보를 가지고 있지 않는다는 한계가 있다. 법원이 그 쿠폰의 미래 시장 가격을 예상할 수 있어야만, 구성원들의 청구를 만족시킬 합리적인 쿠폰의 양을 결정할 수 있을 것이다.[41] 그 밖에도, 구성원의 특성과 제품의 특성을 고려하여야 하고, 구성원이 원하는 상품인가를 확인하여야 하며, 다른 할인혜택과 중첩적으로 적용되는지, 유효기간이 있는지, 있다면 그 제한이 합리적인지, 안내문은 쉬운 언어로 간결하게 설명되어 있는지, 가격할인이 다시 소비자의 부담이 되는 것은 아닌지, 피고의 재정상태에 비춰 현금지급보다 쿠폰지급이 바람직한 것인지 등을 조사하여야 한다.[42]

한편, 검사를 수반하는 화해에 있어서 법원은 첫째, 구성원들이 예상되는 피해에 대하여 얼마나 위험 회피적인가? 둘째, 구성원들이 예상되는 위험에 대비하여 어느 정도로 보험을 이용할 수 있는가? 셋째, 보상이 필요할 정도의 피해가 현실화될 가능성이 얼마나 큰가? 넷째, 실제로 손해가 발생할 경우 그 시기나 정도를 얼마나 예측할 수 있나? 다섯째, 조기 진단 및 치료가 어느 정도까지 위험의 비용을 줄일 수 있나? 등을 검토해야 한다.[43]

V. 문제점

증권 화해와 유동적 배상 그리고 기타의 비금전 화해의 공통적인 특징은 화해내용의 금전적 가치 평가가 곤란하다는 것이다. 이러한 사정을 악용하여 원고측 소송대리인과 피고측 소송대리인이 비금전 화해의 가

---

41) Note, 109 *Harv. L. Rev.* 810, 824 (1996).

42) Mezzetti et al., *supra* note 2), at 4-5.

43) Miller et al., *supra* note 1), at 33; Mezzetti et al., *supra* note 2), at 1436-1437.

치를 부풀려 조작함으로써, 법원으로 하여금 화해안을 허가하도록 만들고, 변호사 보수도 높은 금액으로 책정하도록 만들 수 있다. 이로써 구성원들에게 돌아갈 혜택은 적어질 수밖에 없다.

1. 비금전 화해의 평가

먼저, 증권 화해의 평가는 화해로 교부할 특정 증권이 집단에 어느 정도의 가치가 있는지를 사전에 알 수 없다는 문제가 있다. ① 주식 교부 방식의 경우 주가보증조항이 있다고 하더라도 보증기간 이후의 주가가 어떻게 될 것인지는 알 수 없다. ② 풋 옵션도 구성원에게 최저가액을 정해주긴 하지만, 주식이 언제 어디서 거래되느냐에 따라 평가가 달라질 수 있고, 당해 주식이 풋 옵션 가액 이상으로 거래되는 경우 특별한 가치가 없으며, 피고에게 옵션의 매도청구권이 인정되는 경우 풋 옵션은 매도청구가액의 가치만 인정될 뿐이다. ③ 신주인수권증권(warrant)의 가액은 행사기간 동안 행사가액 이상으로 주가가 상승하여 구성원이 당해 신주인수권증권을 행사할 가치가 있는지에 좌우된다. 이와 같이 주식, 풋 옵션, 신주인수권증권의 시장에서의 가치를 사전에 알 수 없기 때문에 화해안의 금전적 가치와 피고의 비용부담액 평가를 어렵게 만든다. 또, 유동적 배상의 평가는 자금의 전부 또는 일부가 구성원 이외의 사람에게 제공되기 때문에 더욱 어렵다. 즉, 구성원이 아닌 자들에게 돌아가는 이익도 화해가치를 평가할 때 전액 고려(full credit)하여야 하는가? 자선 또는 공익연구단체 등에 기부한 경우는 어떠한가? 등이 문제로 남아 있다. 그리고 쿠폰 화해에서 구성원은 피고의 상품이나 서비스를 구매하는 경우 할인받을 권리를 부여받지만, 현실적으로 모든 구성원들이 그 상품이나 서비스를 구매하고자 하는 것은 아니고, 다른 사람에게 양도할 수 없는 한 쿠폰은 별 도움이 되지 않는다. 양도가 허용되더라도 할인액을 모두 회수할 수 있는 것은 아니고, 쿠폰을 행사하는 경우에도 쿠폰에 기재된 할인가치 모두가 소비자에게 이익으로 돌아가는 것은 아니다. 끝으로, 검사를 수반하는 화해의 경우 보상의 가치는 ① 얼마나 많은 구성원이 검사절차를 이용할 것인지와 ② 얼마나 많은 사람들이 치료를 필요로 하며, ③ 그러한 치료가 필요한 시기에 얼마만큼의 비용이 소요될 것인지에 좌우된다.

결론적으로, 위와 같이 비금전 화해는 모두 사전에 화해내용의 금전적 가치를 평가하기 곤란하다는 공통적인 문제점을 안고 있다.[44)

2. 조작 가능성

비금전 화해는, 원고측 소송대리인과 피고가 각자의 개인적인 목적으로 비금전 화해가치를 조작하려는 동기를 갖게 된다는 점에서 보다 심각한 문제를 낳는다. 첫째, 총원에 대한 보상액과 원고측 소송대리인의 보수를 흥정하는 경우 문제가 심각해진다. 전통적으로 변호사 보수는 현금으로 지급되는데, 비금전 화해가액을 과장함으로써 전체 피해보상액 대비 변호사 보수의 비율은 실제 지급액에 비해 더 낮은 것처럼 보이게 할 수 있다.

〈표 7〉 화해가치와 변호사 보수[45)

	집단을 위한 최선의 화해안	변호사 평가액	실제 화해 A	실제 화해 B
변호사 보수	400달러의 현금(33.3%)	500달러의 현금(33.3%)	500달러의 현금(41.6%)	500달러의 현금(50%)
구성원 이익	800달러의 현금	1,000달러의 비금전화해	700달러의 비금전화해	500달러의 비금전화해
총액	1,200달러	1,500달러	1,200달러	1,000달러

---

44) 이상의 내용은 Miller et al., *supra* note 1), at 14-16 참조.
45) Miller, et al., *supra* note 1), at 17-18.

예컨대, <표 7>을 보면, 피고가 총 1,200달러 이하를 지급한다고 가정하고, 변호사 보수는 총 배상액의 1/3만 주어진다고 가정하면, 구성원에게는 800달러를 금전으로 수령하고 변호사의 경우에는 400달러를 수령하는 것이 이상적이다('집단을 위한 최선의 화해안' 열 참조). 그러나 실제 화해 A의 경우 변호사 보수를 500달러로 증액하면서(동시에 구성원의 이익은 700달러로 감소) 외형상 비율을 총 보상액의 1/3 규정을 맞추기 위하여 구성원의 이익을 1,500달러라고 과대포장할 수 있다('변호사 평가액' 열 참조). 한편, 실제 화해 B의 경우는 피고도 이익을 보는 사례이다. 여기서 피고는 피고가 지급하여야 할 총 금액을 1,200달러에서 1,000달러로 감액하는 데에 대한 대가로, 원고측 소송대리인에 대한 보수를 400달러 대신 500달러로 증액 지급하기로 원고측 소송대리인과 협의하였다. 이때 집단은 총 300달러의 손실을 보게 되나, 변호사는 100달러, 피고는 200달러의 이익을 본다. 하지만, 변호사 평가액은 구성원 이익이 1,000달러로 되어 오히려 이익을 보는 것처럼 과대포장되는 문제가 있다('변호사 평가액' 열 참조). 둘째, 외관상 피해보상액이 크면 클수록 법원에서 화해안을 허가할 가능성이 높아진다. 반대로 화해안의 가치가 낮다고 보이면, 법원에서는 화해안이 부적절하다고 거부할 수도 있다. 화해안이 허가되어 분쟁을 종결하고, 보수를 지급받기를 원하는 원고측 소송대리인은 피고측과 통모하여 부풀린 가치를 제시할 가능성도 있다.

제4절 변호사 보수

Ⅰ. 개 설

판결로 분쟁이 종결된 경우와 마찬가지로, 화해로 분쟁이 종결되면(화해집단의 경우 포함[1]), 변호사는 소송수행의 대가로서 보수를 청구할 수 있다.[2] 집단소송에서는 소액의 청구권을 가진 개별 구성원들은 기회비용을 고려하여 소송을 통한 권리실현을 기피한다는 점, 그럼에도 원고측 소송대리인들은 승소의 불확실성 등을 극복하고 효율적으로 소송을 수행하였다는 점에서 변호사들에게 비교적 많은 보수가 주어진다. 예를 들어, Agent Orange 사건에서 원고측 소송대리인은 1,300만 달러를, 피고측 소송대리인은 7,500만 달러에서 1,000만 달러 사이의 금액을 보수로 지급받았고,[3] the Fine Paper 사건에서 화해기금은 5,000만 달러였는데 원고측 소송대리인은 2,100만 달러를 청구하였다.[4] 그리고 the Corrugated Container Antitrust Litigation에서 화해기금은 5억 5000만 달러였는데, 변호사 보수는 4,000만 달러 이상이라고 알려져 있다.[5] 2005년 상반기에 화해로 종결된 사안에서 평균 변호사 보수는 600만 달러로서 2000년도의 360만 달러보다 크게 상회하는 것으로 나타났으며, 특히 WorldCom Case에서는 변호사 보수로 3억 4,700만 달러가 인정되었다.[6]

---

1) 4 Newberg on Class Actions § 11:21.
2) Martha Pacold, "Attorneys' Fee in Class Actions Governed by Fee Shifting Statutes", 68 *U. Chi. L. Rev.* 1 (2004).
3) Christopher P. Lu, "Procedural Solution to the Attorney's Fee Problem in Complex Litigation", 26 *U. Rich. L. Rev.* 41 (1991).
4) In re Fine Paper Antitrust Litig., 98 F.R.D. 48, 75-77 (E.D. Pa. 1983).
5) In re Corrugated Container Antitrust Litig., 756 F.2d 411 (5th Cir. 1985).
6) Elaine Buckberg, Todd Foster & Ronald I. Miller, "Recent Trends in Shareholder

변호사들은 자신들의 활약으로 그러한 화해결과가 달성되었다는 것을 입증하여야 한다.[7] 일반적인 민사소송에서는 당사자가 주도적으로 변호사를 선임하고 그 선임약정에 따라 보수를 지급하면 되지만, 집단소송의 경우에는 사실상 변호사가 구성원을 모집하여 집단소송을 진행하고 화해협상을 비롯한 절차의 주도권을 갖고 있기 때문에 종종 원고측 소송대리인이 피고와 통모하여 고액의 변호사 보수를 약속받고 대신 구성원의 이익에는 배치되는 화해안에 합의할 우려가 있다. 이에 따라 우리법은 미국의 제도와 마찬가지로, 변호사의 전횡을 견제하기 위하여 법원으로 하여금 원고측 소송대리인에게 지급될 보수를 결정하도록 하였다. 즉 분배계획의 인가(법 제46조)와 변호사 보수감액 권한(법 제44조 제3항)을 통하여 법원으로 하여금 변호사의 보수를 심사하도록 하고 있는 것이다. 그런데 뒤에서 살펴보는 바와 같이 우리법은 "변호사 보수를 권리실행으로 취득한 금액에서 공제할 수 있다"(법 제44조 제1항)거나 "법원은 변호사 보수를 감액할 수 있다"(같은 조 제3항)는 원칙만 규정할 뿐이고, 규칙에서 그나마 감액에 관한 몇 가지 세부기준을 제시하고는 있지만, 구체적으로 정당한 변호사 보수를 어떻게 산정할 수 있는지에 대한 충분한 해답을 제시해 주지는 못하고 있는 실정이다.

따라서 변호사 보수산정에 관한 우리법의 해석과 운영을 위하여 부득이하게 보수산정에 관한 많은 논의가 집적되어 있는 미국의 판례와 학설 등을 관심 있게 살펴볼 필요가 있다. 이하에서는 먼저 우리법의 규정을 간단하게 살펴보고 미국에서의 논의를 자세히 살펴봄으로써 우리법의 해석 및 적용에 보탬이 되고자 한다.

Class Action Litigation: Are WorldCom and Enron the New Standard?", Nera Economic Consulting (Jul., 2005) 참조.

7) 4 Newberg on Class Actions § 11:23.

II. 우리법의 규정

1. 분배에서 제외되는 변호사 보수

법은 변호사 보수를 권리실행으로 취득한 금액에서 공제할 수 있도록 하고 있다(법 제44조 제1항). 따라서 원고측 소송대리인은 권리실행으로 취득한 금액에서 자신의 보수를 지급받을 수 있다. 분배에서 제외되는 비용으로서의 변호사 보수는 '변호사보수의소송비용산입에관한규칙'에 따라 산정한 변호사 보수에 한정되지 않는다. 증권집단소송에서 원고측 소송대리인은 통상 위 규칙에 의하여 산정되는 변호사 보수 이상의 보수약정을 할 것으로 보이는데 그 변호사 보수도 구성원 전원이 부담하여야 할 부분이므로, 위 변호사 보수 전체를 분배할 금액에서 공제할 수 있도록 한 것이다.[8] 이와 같은 해석에 근거하여 우리 증권집단소송에서도 미국법의 공동기금이론을 수용한 것으로 보인다.

2. 변호사 보수의 감액

법원은 분배관리인·대표당사자 또는 구성원의 신청이 있는 경우에 소송의 진행과정·결과 등 여러 사정을 참작하여 위 변호사 보수를 감액할 수 있고, 이 경우 법원은 신청인과 대표당사자의 소송대리인을 심문하여야 한다. 신청은 분배계획안의 인가 전까지만 허용된다(법 제44조 제3항, 제4항). 변호사 보수액이 많고, 적음에 따라 구성원에게 분배될 금액이 달라지므로, 통상 소송대리인 자신이 선임될 것으로 보이는 분배관리인에 의한 변호사 보수액 결정에 대하여 법원이 감독할 수 있도록 한 것이다. 법원은 변호사 보수를 감액만 할 수 있고 증액은 인정되지

---

8) 법원행정처, 「증권관련집단소송 실무」, 2005, 121쪽.

않는다.

변호사 보수 감액신청은 취지와 이유를 기재한 서면으로 하여야 하고 (규칙 제36조 제1항), 법원은 변호사 보수를 감액함에 있어서 ① 변호사 보수에 관한 약정, ② 소송의 소요기간 및 사안의 난이도, ③ 승소금액·권리실행금액·구성원에게 분배되는 금액, ④ 소송대리인의 변론 내용, ⑤ 소송대리인이 변론준비 및 변론에 투입한 시간, ⑥ 그 밖에 변호사 보수의 적정성을 판단하기 위하여 필요한 사항을 고려하여야 하고, 소송대리인이 변론준비 및 변론에 투입한 시간을 판단하기 위하여 필요한 자료는 대표당사자의 소송대리인이 제출하거나 법원이 그 제출을 요구할 수 있다(규칙 제36조 제2항·제3항). 규칙이 제시하는 이러한 세부기준은 사실 미국의 판례와 학설이 제시하는 그것과 매우 유사하다. 그러나 규칙에는 이러한 기준을 가지고 구체적으로 어떤 방법과 어느 정도로 변호사 보수를 감액할 수 있는지에 대한 자세한 설명이 부족하다. 이하에서는 구체적인 변호사 보수의 산정방법에 관한 미국의 논의를 살펴보기로 한다.

III. 미국법의 규정

1. 소송비용부담의 원칙

먼저 변호사 보수의 산정에 법원이 개입하게 된 배경을 이해할 필요가 있는데, 이를 위해서는 우선 미국법상 소송비용의 부담체계에 관하여 살펴볼 필요가 있다. 대부분의 국가에서 통용되는 '잉글리쉬 룰(English Rule: 소송에서 승소한 당사자는 패소당사자로부터 소송비용을 상환 받는다는 원칙)'과는 달리 미국에서는 '아메리칸 룰(American Rule)'로 알려진 '각자 부담의 원칙'(승소하거나 패소하거나, 변호사 보수는 그를 고용한 당사자가 지급한다는 원칙)이 적용되고 있다. 그러나 이에 대한 중대한 예외가 2가지 있는데 그 하나는 보수전가규정(statutory fee shifting)과 형평법상의 공동기금이론(equitable common fund doctrine)이다.

1) 보수전가규정

보수전가규정(statutory fee shifting)이란, 법원이 패소당사자로 하여금 승소당사자의 변호사 보수를 지불할 것을 명할 수 있도록 하는 성문의 법규인데,[9] 미국에서는 1995년을 기준으로 약 150개의 연방법령이 이 규정을 포함하고 있다.[10] 이 규정의 목적은 개인에게 변호사를 고용할 비용 등이 부족한 경우라 할지라도 공익에 도움이 되는 것이라면, 소송을 제기하는 것을 장려하기 위함이다.[11] Blackmun 대법관도 같은 취지로, "보수전가규정은 잠재적인 원고가 경제적 여유가 부족하여 능력 있는 변호사를 고용할 수 없는 경우일지라도, 이를 가능하게 함으로써 특정한 연방 법률의 집행을 가능하게 하기 위함이다"라고 주장하였다.[12] 대부분의 보수전가규정은 변호사 보수를 상환받기 위하여 '성공하거나(successful)', '승리한(prevailing)' 경우일 것을 요구하고 있다.[13] 이와 관련하여 '승리한 당사자(prevailing party)'의 개념에 대하여 논란이 있다. 즉, 전부 승소한 경우만 해당하는 것인지, 일부 승소한 경우는 어떠한지,[14] 그리고 화해로 종결된 경우는 상환을 받을 수 없는 것인지 등이다. 이에

---

9) Pacold, *supra* note 2), at 2-3.

10) Annotated Manual for Complex Litigation § 24.11.

11) Pacold, *supra* note 2), at 3.

12) City of Burlington v Dague, 505 U.S. 557, 568 (1992).

13) 예를 들면 융자실정법, 15 USC § 1640(a)(3) (1994); 매그너슨－모스 보증－공정거래위원회 개선법(Magnuson-Moss Warranty-Federal Trade Commission Improvement Act), 15 USC § 2310(d)(2) (1994); 1976년 인권변호사 보수지원법, 42 USC § 1988(b) (1994); 1964년 인권법, 42 USC § 2000a-3(b) (1994); 1964년 인권법, 42 USC § 2000e-5(k) (1994); 연방 주거 평등법 42 USC § 3612(p) (1994).

14) Hewitt v Helms, 482 U.S. 755, 760 (1987).

대하여 명확한 기준은 없고, 해석상 당사자가 판결로 승소한 경우에는 분명 보수전가규정이 적용되나, 화해로 종결된 경우에는 화해조항의 내용에 따라서 달라질 수 있다. 예를 들어, 원고에게 직접적으로 이익이 되는 방식으로 피고의 행동을 변화시킴으로써 당사자 사이의 법률관계를 변동시키는 경우를 지칭한다는 판례가 있으나,[15] 지나치게 애매하다는 비판을 면하기 어렵다.

2) 형평법상 공동기금 이론

또 하나의 예외가 형평법상 공동기금 이론(equitable common fund doctrine, 이하 '공동기금 이론'이라고만 한다)인데, 이는 법원으로 하여금, 판결이나 화해의 내용에 따라 구성원들에게 지급하기 위하여 피고로부터 제공된 공동기금(common fund) 중에서 변호사 보수를 분배할 수 있도록 하는 방식이다.[16] 성문의 법령에 의하여 인정되는 보수전가규정방식과 달리 공동기금 이론은 형평법상의 관행에 의하여 인정되어 왔다.[17] 이 제도의 취지는, ① 변호사들은 그를 고용한 대표당사자 뿐만 아니라 전체 구성원을 위하여 소송을 진행하기 때문에, 그의 노력으로 전체 구성원들을 위한 화해기금을 획득한 경우 그 크기에 비례하여 변호사들에게 보상을 지급하는 것이 바람직하다고 할 것인바, 그렇지 않으면 변호사들의 위험부담 하에 구성원들만 부당한 부를 획득하기 때문이다. ② 만일 이 이론이 없다면, 구성원들은 화해나 판결이 유리하게 얻어진 경우 소송에 관여하였는지 여부를 불문하고 그 이익을 향유할 수 있으나 패소한 경우에는 변호사 보수를 지급하지 않을 것이고, 대표당사자만이 변호사 보수를 부담하여야 하는 문제가 있는바, 대표당사자의 위험부담 하에 구성원이 부당한 부를 획득하는 것을 방지하기 위함이라고도 한다.[18]

---

15) Farrar v. Hobby, 506 U.S. 103 (1992).

16) Pacold, *supra* note 2), at 4.

17) Skelton v General Motors Corp., 860 F.2d 250, 252 (7th Cir. 1988).

3) 이해관계의 대립

보수전가규정에 의하면, 패소 당사자가 상대방의 변호사 보수를 부담하고, 공동기금 이론에 의하면, 승소한 구성원이 부담하는 셈이 된다. 즉, 보수전가규정에서는 청구취지에 따른 판결금액 이외에 별도로 보수를 지급할 것을 명하기 때문에 변호사 보수의 많고 적음이 구성원들에게 돌아갈 배상액에 영향을 미치지 않는다. 그러나 공동기금 이론에서는 변호사 보수가 화해기금에서 공제되어야 하므로, 변호사 보수가 많아질수록 구성원에게 돌아갈 몫은 줄어들기 마련이다. 그러므로 원고측 소송대리를 맡았던 변호사와 구성원들 사이에 이해관계의 대립문제가 발생하게 된다.[18] 이 때 피고는 일정한 금액을 화해기금으로 제공하기로 합의한 이상 구체적으로 그것이 구성원에게 귀속되든지, 변호사 보수로 지급되든지 상관이 없다. 즉 보수산정의 단계에서는 원고측 소송대리인과 피고 사이의 대립당사자 구조는 존재하지 않고, 대신에 원고측 소송대리인과 구성원들이 화해기금의 분배를 놓고 다투게 된다. 하지만, 현실에서는 어떤 구성원들도 변호사 보수에 이의를 제기하지 않을 것이다. 그 이유는 개별 구성원이 반대의견을 제시하여 변호사 보수가 줄어들고 구성원들의 전체 이익이 증가한다고 하더라도, 개별 구성원 자신에게 돌아올 몫은 지극히 소액일 것이기 때문이다.[20] 바로 이러한 이유 때문에 화해기금의 분배를 결정하는 단계에서 법원의 보수심사에 관한 역할과 그 필요성이 강조되는 것이다.[21] 이러한 이유로 미국에서는 적절한 보수산

---

18) Brytus v Spang & Co., 203 F.3d 238, 242 (3d Cir. 2000).

19) Court Awarded Attorney Fees: Report of the Third Circuit Task Force, 108 F.R.D. 237, 255 (3rd Cir. 1985).

20) Vaughn R. Walker & Ben Horwich, "The Ethical Imperative of a Lodestar Cross-check: Judicial Misgivings about 'Reasonable Percentage' Fees in Common Fund Cases", 18 *Geo. J. Legal Ethics* 1453, 1469 (Fall, 2005).

21) Pacold, *supra* note 2), at 1016.

정의 기준에 관한 많은 이론들이 개발되어 왔다.

2. 변호사 보수 산정방법의 변천

1973년 이전까지 변호사 보수는 법원의 재량에 의하여 결정되었는데, 일반적인 기준은 '상당성(reasonableness)'이었다. 판사들은 여러 가지 요소들을 참고하였는데 화해기금의 규모를 주된 기준으로 삼았고, 변호사 보수는 여기에 법원이 상당하다고 생각하는 일정한 비율을 곱함으로써 정해졌다. 그러나 종종 위 방식은 변호사들이 투입한 노력에 비하여 엄청나게 많은 보수를 가져다주는 문제점이 있어 많은 언론과 변호사들 스스로에 의하여 비판받게 되었다.22)

1973년 제3 연방항소법원은 변호사에 의하여 투입된 시간에 시간당 단가를 곱하고 다시 승수에 의하여 조절하는 방식의 '지표방식(lodestar method)'을 제시하였다.23) 이 방식은 1970년대 중반부터 1980년대 중반까지 유행하였으나 그 방식의 추상성으로 인하여 많은 비판을 받게 되었고, 그 문제점을 연구한 1985년의 제3 연방항소법원 대책위원회(Task Force)는 ① 공동기금 이론이 적용되는 소송과 ② 화해 종결이 예상되는 보수전가규정 방식의 소송에서는 소송의 초기에 법원이 보수산정의 기초가 될 비율을 미리 정해 둘 것을 제안하였고(비율방식을 권유함), 보수전가규정이 적용되는 사안이 판결로 종결된 경우는 지표방식을 사용할 것을 제안하였으며,24) 몇 년 뒤부터는 많은 법원들이 지표방식을 비판하면서 대신 비율방식으로 회귀하여 제5 연방항소법원25)을 제외한 대부분의 법원들이 비율방

---

22) Report of the Third Circuit Task Force, *supra* note 19), at 242.
23) Lindy Bros. Builders Inc. v. Am. Radiator & Standard Sanitary Corp., 487 F.2d 161, 168 (3d Cir. 1973); Lindy Bros. Builders Inc. v. Am. Radiator & Standard Sanitary Corp., 540 F.2d 102, 112 (3d Cir. 1976).
24) 자세한 것은 Report of the Third Circuit Task Force, *supra* note 19) 참조.
25) Longden v. Sunderman, 979 F.2d 1095, 1099 (5th Cir. 1992).

식을 선호하였다. 그러나 지나치게 과다한 보수라는 비율방식의 근본적 문제점이 여전히 지적되어 경우에 따라서 위 비율방식에 의하여 산출된 변호사 보수를 적정하게 조절할 필요성을 느끼게 되었고, 그 조절장치로서 다시 변호사의 시간과 시간당 단가─지표(lodestar)─에 관심을 기울이게 되었는바,[26] 1995년의 General Motors Corp. Pick-Up Truck Fuel Tank Products Liability Litigation 사건에서 그 진가를 발휘하였다.[27] 1990년대 중·후반에는 연간 3, 4건에 불과하던 대조(cross-check, 비율방식에 의하여 산정된 변호사 보수를 지표방식으로 산정한 금액과 비교대조) 방식이 2000년대에는 연간 12건 정도가 되는 등 증가추세에 있고,[28][29] 복합소송지침(Manual for Complex Litigation)에서는 지표방식이 적어도 비율방식에 대한 대조의 수단으로서는 유용한 가치가 있다고 평가하였다.[30]

3. 각 산정방법의 비교

일반적으로 보수전가규정에서는 지표방식을 사용하고,[31] 공동기금 이론에서는 두 가지 방식이 모두 허용되나 비율방식이 더 선호된다고 한다.[32]

---

26) 그 첫 사례는 1994년의 See In re Immunex Sec. Litig., 864 F. Supp. 142 (W.D. Wash. 1994)라고 한다.

27) General Motors Corp. Pick-Up Truck Fuel Tank Products Liability Litigation, 55 F.3d 768, 820 (3d Cir. 1995).

28) Walker et al., *supra* note 20), at 1461.

29) In re Cendant Corp. Sec. Litig., 109 F. Supp. 2d 285, 302 (D. N.J. 2000); In re Bristol-Myers Squibb Sec. Litig., No. 02 Civ. 2251(LAP), 2005 WL 447189, at 3 (S.D. N.Y. Feb. 24, 2005) 등의 하급심들은 "일반적으로 비율방식을 채택한 법원은 지표방식을 이용하여 그 적정성을 대조(cross-check)한다"고 하였다. 최근 대조방식을 사용한 사례는 Wall-Mart Stores Inc. v. Visa U.S.A. Inc., 396 F.3d 96 (2d Cir. 2005), Vizcaino v. Microsoft Corp., 290 F.3d 1043 (9th Cir. 2002), Staton v. Boeing Co., 327 F.3d 938 (9th Cir. 2003) 등이 있다.

30) Annotated Manual for Complex Litigation § 14.122.

31) City of Burlington v. Dague, 505 U.S. 557, 562 (1992).

1) 지표방식

(1) 의   의

지표방식(lodestar method)은, 소송에 소요된 '상당한(합리적인) 시간 (reasonable number of hours)'에 '상당한 시간당 단가(reasonable rate)'를 곱하여 지표(lodestar)를 계산한 뒤, 다시 일정한 '승수(multiplier)'를 가지고 이를 조정하는 방식으로서 1973년 제3 연방항소법원에서 개발되었다고 한다.[33][34] 그 뒤 제5 연방항소법원에서 구체적으로 승수계산에 참조할 만한 기준을 제시하였다. 그 기준은 ① 소요된 시간과 업무량, ② 쟁점에 관한 선례의 유무와 난이도, ③ 법률서비스를 제대로 수행할 수 있는 실력, ④ 다른 소송을 맡지 못하게 되는 기회비용, ⑤ 보편적인 보수, ⑥ 고정금액인지 성공보수인지, ⑦ 의뢰인과 기타 사정에 의한 시간적 제한, ⑧ 승소금액이나 판결의 결과, ⑨ 변호사의 경험, 명성, 능력, ⑩ 사건의 기피 정도, ⑪ 변호사와 의뢰인간의 관계, ⑫ 비슷한 사례에서의 보수 등으로서 일반적으로 'Johnson 기준'이라고 불린다.[35] 이러한 기준을 종합하여 승수(multiplier)를 정하고, 위 (시간 × 시간당 단가)로 계산된 금액에 다시 위 승수를 곱하여 변호사 보수를 산정한다. 그런데 연방대법원은 보수전가규정의 경우에 특별히 성공적인 사례가 아닌 한 위 승수의 적용을 엄격하게 제한하고 있다.[36]

---

32) Pacold, *supra* note 2), at 7.

33) Hensley v. Eckerhart, 461 U.S. 424, 433 (1983).

34) Lindy Bros Builders Inc. of Philadelphia v. American Radiator & Standard Sanitary Corp., 487 F.2d 161, 167-69 (3d Cir. 1973).

35) Johnson v. Georgia Highway Express Inc., 488 F.2d 714, 717-19 (5th Cir. 1974).

36) City of Burlington v. Dague 505 U.S. 557 (1992); Blum v. Stenson, 465 U.S. 886 (1984).

(2) 적용의 실제

첫째, 판사는 정확한 지표를 계산하기 위하여 우선 변호사가 투입한 '상당한(reasonable) 시간'을 결정하여야 하고, 그러기 위해서는 먼저 '실제로 투입한 시간'을 결정하여야 한다. 판사는 변호사가 작성한 업무수행 기록표(time record)에 의지할 수밖에 없는데 위 기록표를 평가하는 것이 법원에 부담이 되는 것처럼 이를 작성하는 것 또한 변호사들에게 부담이 되는 일이다. 때로는 사후에 위 기록표를 작성하기도 하므로, 실제 투입시간을 계산함에 있어서 위 기록표를 전적으로 믿을 것은 아니다.[37]

둘째, 판사는 그 사건에서 과연 얼마만큼의 시간을 투입하는 것이 '상당한지(reasonable)'를 결정해야 한다. 이를 위해선 당해 사건의 기록을 철저히 분석하여야 하지만, 소송의 중요 결정단계 그 당시의 원고측 소송대리인의 입장을 고려하여야 한다. 그리고 당해 소송의 특징도 고려하여야 하는데 예컨대 대규모 집단소송의 경우 많은 로펌이나 변호사들이 컨소시엄을 구성하는 경우가 있으므로,[38] 이런 경우 변호사들 상호간 대책 수립과 협조 및 감시활동을 하기 위하여 많은 시간이 필요하다는 점도 고려해야 한다.[39] 판사에 의한 상당성 판단은 필연적으로 사후에 시행되므로, 원하는 성과를 달성하지 못한 소송전략이나 조사방법은 사후적으로 보면 상당하지 아니한 것으로 보여질 여지가 많다. 또, 다른 사람에 의하여 수행이 가능하였던 일을 진행하는데 투입된 시간이나 총력을 기울이지 아니한 조사에 투입된 시간에 대해서는 상당성을 부정하는 경우가 많을 것이다.[40] 한편, 경우에 따라서는 지나치게 많은 시간도 그대

---

37) Jonathan R. Macey & Geoffrey P. Miller, "The Plaintiffs' Attorney's Role in Class Action and Derivative Litigation: Economic Analysis and Recommendations for Reform", 58 *U. Chi. L. Rev.* 1, 50-51 (1991).

38) City of Burlinton v. Dague, 505 U.S. 557, 567 (1992).

39) Macey et al., *supra* note 37), at 51.

40) Harman v. Lyphomed Inc., 734 F. Supp. 294 (N.D. Ill. 1990).

로 용인되는 경우가 있기 때문에 원고측 소송대리인으로서는 어느 정도
의 시간을 법원이 인정해 줄 것인지 미리 예측하기 어렵다. 결국 투입된
시간의 평가는 부정확하고 때로는 자의적인 경우도 있다고 한다.[41]

셋째, '상당한 시간당 단가(reasonable rate)' 결정이 문제이다. 일반적으
로 법원이 인용할 만한 공식적인 변호사의 시간당 단가는 존재하지 않
기 때문에 판사들은 당해 변호사와 유사한 경험과 실력을 갖춘 변호사
들이 그 지역사회에서 얼마나 청구하는지를 고려해야 한다. 그러나 이
방식에는 한계가 있다. 보통 원고측 소송대리인들은 법원에 '다른 변호
사들은 얼마의 시간당 단가를 청구하는지'에 관한 진술서를 첨부할 텐
데 몇 개의 우호적인 진술서만으로는 통계적으로 중요한 정보를 얻을
수 없고, 이는 고객과의 흥정의 여지를 감안하고 있지 아니하며, 특히 진
술서를 제출한 변호사들이 실제로 유사한 경험과 실력을 갖추었다고 인
정할 수 있을지도 의문이다.[42]

넷째, '승수(multiplier) 계산'은 위 시간과 단가 계산보다 훨씬 더 어려
운데, 예컨대 위험(risk) 요소를 감안한다고 할 때, 과연 어느 정도의 위험
이 있다고 판단할지는 전적으로 법원의 재량에 맡겨져 있다. 법원은 주
로 사후적 평가를 하기 때문에 실제보다 위험을 적게 인정하는 경향(사
후적 편견)이 있고, 또한 판사들은 자신들의 지식에 비추어 당해 소송의
위험도를 평가하는 경향(주관적 편견)도 있다. 예를 들어 법원은 어떤 소
송의 초기부터 그 승소가능성을 확신하는 경우가 있는데, 중요한 것은
법원이 그 위험성(승소가능성)을 어떻게 판단하는가가 아니라 원고측 소
송대리인이 어떻게 생각하였는가 하는 점이다. 왜냐하면, 원고측 소송대
리인으로서는 소송의 진행 당시 법원이 당해 소송에 대하여 어떠한 견
해를 가지고 있는지 알 수가 없기 때문이다. 실제 승수의 적용에 있어서
제3 연방항소법원은 1 내지 4 사이의 승수가 보통 이용된다고 하는데,[43]

---

41) Macey et al., *supra* note 37), at 52.
42) Macey et al., *supra* note 37), at 52.
43) In re Prudential Ins. Co. of America Sales Practice Litigation, 148 F.3d 283, 341

승수를 3 내지 그 이상으로 인정한 사례도 있고,[44] 전혀 인정하지 않은 사례도 있는 등 승수계산에 있어서 일정한 법칙은 없다고 한다.

(3) 문제점

1985년에 제3 연방항소법원 대책위원회(Task Force)는 다음과 같이 지표방식의 문제점을 지적하였다.[45] ① 지표(lodestar)를 계산함에 있어 시간과 노력이 많이 필요하기 때문에 법원의 업무부담이 증대되고, ② 지표의 계산은 객관적이지 못해서 일관성 있는 기준을 제시하지 못하며, ③ 실제와 달리 수학적으로 정확하다는 오해를 불러일으킬 수 있는 여지가 있고, ④ 판사들은 지급될 보수를 먼저 결정해 놓고 이를 꿰맞추기 위하여 승수(multipler)를 조작하는 경향이 있으며, ⑤ 변호사들은 필요한 시간 이상으로 많은 시간을 일함으로써 고객에게 청구하는 시간을 부풀리는 방식으로 남용해 왔을 뿐만 아니라, ⑥ 마찬가지 이유로 소송을 불필요하게 지연시키는 경우도 있다. ⑦ 또 이 계산방식은 화해 등을 통하여 분쟁이 조기에 종결되는 경우 융통성 있는 해결책을 제시하지 못한다. ⑧ 그리고 공익소송을 담당하는 변호사들은 이 방식이 비금전 화해보다 금전화해인 경우에 더 많은 보상을 지급한다고 생각하고 있으며, ⑨ 변호사의 시간당 단가를 결정하기 위하여 어느 지역을 기준으로 해야 하는지 등에 관한 운영상의 어려움이 있다. 그리고 원고측과 피고측의 소송대리인들이 대략적인 화해규모에 대하여 합의를 일찌감치 보았음에도 지표(lodestar)를 정당화하기 위하여 추가적인 시간과 증거조사 등을 계속하는 경우도 있을 수 있다.[46]

(3d Cir. 1998).

44) In re Oak Industries Securities Litigation, 12 Class Action Rep. 536 (S.D. Cal. 1986) (승수 4.04); Trustee of the Florence Katz Trust v. La Petite Academy Inc., 12 Class Action Rep. 539 (E.D. Pa. 1989)(승수 3.47); Weiss v. Mercedes-Benz of North America Inc., 66 F.3d 314 (3d Cir. 1995)(승수 9.3).

45) Report of the Third Circuit Task Force, *supra* note 19), at 246-248.

2) 비율방식

(1) 의 의

비율방식(percentage method)은 화해나 판결로 얻어진 공동기금에 일정한 비율을 곱하여 산출된 금액을 변호사 보수로 지급하는 방식이다.[47] 지표방식이 시간당 보수결정 방식과 유사하다면, 비율방식은 성공보수 약정 방식과 유사하다.

(2) 적용의 실제

비율방식을 적용하는 법원은 소송 초기에 혹은 소송 종료 이후 변호사의 보수청구가 있을 때 비율을 정하게 되는데, 그 기준은 화해결과 얻어진 공동기금의 규모, 변호사의 능력, 사건의 복잡성, 소요된 변호사의 업무수행 시간, 유사사건에서의 보수, 잠재적인 보수에 대한 구성원에 의한 반대가능성 등이다.[48] 1991년부터 1994년까지 화해, 각하 또는 배심평결로 종결된 656개의 주주들에 의한 집단소송을 조사한 1995년의 Dunbar Study에 의하면, 보수만 계산한 경우 평균 32%, 보수와 비용을 합한 경우 평균 34.74%의 비율이 적용되었다.[49] 1996년의 연방사법센터의 조사에 의하면, 전체 화해기금의 20% 내지 40% 범위 내에서 비율이 결정되었다. 예컨대, In re American Bank Note Holographics Inc. 사건과 In re RJR Nabisco Inc. Securities Litigation 사건 및 Paul, Johnson, Alson & Hunt v. Graulty 사건에서는 각 25%, Lachance v. Harrington 사건에서는 30%의 비율

---

46) Macey et al., *supra* note 37), at 23.

47) Macey et al., *supra* note 37), at 59.

48) Robert H. Klonoff, *Class Actions and Other Multi-Party Litigation in a Nutshell* (2nd ed.), West Group, at 232.

49) Frederick C. Dunbar et al., "Recent Trends III: What Explains Settlements in Shareholder Class Actions", National Economic Research Associates (June 1995).

을 적용하였고, In re Washington Public Power Supply System Securities Litigation 사건과 Swedish Hospital Corp v. Shalala 사건에서는 공통기금 사안에서 대부분 20% 내지 40%의 비율이 적용되었다.[50] 한편, 2005년의 National Economic Research Associates 조사결과에 의하면, 화해금액이 500만 달러 미만인 경우 보수산정에 적용되는 비율은 평균 33%, 500만 달러 이상 2,500만 달러 미만인 경우는 평균 29%, 2,500만 달러 이상 1억 달러 미만인 경우는 평균 26%, 그리고 화해금액이 1억 달러 이상인 경우에는 평균 19%의 비율이 적용되는 등 화해규모가 커질수록 변호사 보수산정의 기초가 되는 비율이 다소 감소하는 경향이 있다.[51] 그러나 화해금액이 증가함에 따라 전체 보수액이 증가함은 물론이다. 경험적으로 보수와 비용을 합쳐 평균 33%의 비율이 적용되는 것이 일반적이었다.

(3) 문제점

비율방식은 공동기금에 일정한 비율을 곱하여 보수를 산정하면 되므로 지표방식보다 계산이 간편하다는 점, 원고측 소송대리인에게 보수에 대한 예측가능성을 제공한다는 점, 이로 인해 승소가능성이 높다고 여겨지면 업무량을 조절할 수 있다는 점 등의 장점이 있다. 이에 반해, 비율방식에 의하면 ① 변호사들이 효율적인 시장에서 지급받았을 보수보다 지나치게 과다한 보상을 받게 된다는 문제점이 있다. 그 이유는 변호사들이 그들이 투입할 시간과 자원의 기회비용보다, 지급될 보수가 크거나 같다고 예측하는 경우에만 사건을 수임하기 때문이고, 그 보수를 조절할 시장의 조정기능 역시 마련되어 있지 않기 때문이다. ② 한편 정당한 소송이 제기되지 못할 가능성도 있다. 즉, 변호사들이 수익에 집착한 나머지 원고의 승소가능성이 높은 경우라고 할지라도 투입되는 시간과 자원

---

50) Thomas E. Willging, Laural L. Hooper & Robert J. Niemic, "Empirical Study of Class Actions in Four Federal District Courts: Final Report to the Advisory Committee on Civil Rules", at 146 (1996).

51) Buckberg, et al., *supra* note 6), at 7.

에 비하여 수익이 적다고 판단되면 소송을 제기하지 않을 것이기 때문이다.[52] ③ 특히 우려되는 점은, 비율방식에서의 변호사들은 추가적인 노력으로 얻을 수 있는 최대 금액보다 더 적은 금액으로 조기에 화해하고자 한다는 점이다. 왜냐하면 구성원의 최대 이익을 확보하기 위하여 끝까지 소송을 진행한 경우 얻을 수 있는 변호사 보수보다, 보수액은 조금 적을지라도 조기에 화해로 분쟁을 종결한 경우 받을 수 있는 당해 변호사의 '투입시간당 수익(=일종의 한계수익)'이 대체로 더 크기 때문이다.

(4) 대조의 방법

따라서 이러한 문제점을 해결하기 위하여 앞서 본 바와 같이 최근에는 비율방식을 기본으로 하되 지표방식에 의한 대조(cross-check) 절차를 거치는 사례가 늘어나고 있다고 한다. 법원은 일정한 비율을 화해금액에 곱하여 보수를 산정한 다음, 지표방식을 이용(승수는 사용하지 않음)하여 그 정당성을 확인하게 된다. 통상 비율방식에 의해 산정된 금액이 지표방식에 의해 산정된 금액보다 클 터인데, 그 '차이'가 바로 지표방식에서의 승수라고 보면 된다. 이를 도식화하면, [(비율방식에 의하여 산출된 보수) ÷ (지표방식에 의하여 산출된 보수) = 승수]라고 할 수 있다. 대조방식은 이러한 '차이'의 상당성(reasonableness)을 검토하는 방법이다. 만약 그 승수가 상당하다고 보이면, 비율방식에 의해 산출된 보수는 대조방법에 의하여 그 상당성이 확인된 것이고, 반대로 그 승수의 상당성이 인정되지 않는다면, 법원은 비율방식에 의한 보수산정을 다시 하여야 할 것이다.[53] 전통적인 지표방식과의 차이점은 원래 지표방식에서 요구되는 수학적인 정확성이나 세밀한 계산이 필요하지 않다는 것이다.[54] 이 방법을 이용하여 "비율방식에 의해 산출된 보수" 대 "지표방식에 의해 산출된 보수"의 비

---

52) Macey et al., *supra* note 37), at 60.
53) Walker et al., *supra* note 20), at 1463-1464.
54) In re Rite Aid Corp. Sec. Litig., 396 F.3d 294, 306 (3d Cir. 2005).

율을 비교한 결과 법원은 대개 그 비율이 1.5에서 2.5 사이인 경우 상당성
을 인정하였고, 그 비율이 3을 초과하면 상당성을 의심하였다고 한다.[55]

4. 현행 Rule 23(h)

2003년 개정된 Rule 23(h)는 법원에 상당한 변호사 보수와 비용을 지급
할 수 있는 권한을 부여하였다. 변호사 보수의 지급은 반드시 법원에 신
청(motion) 절차를 거쳐야 하고[Rule 23(h)(1)], 구성원이나 보수의 지급청
구를 받은 자는 반대의견을 제시할 수 있다[Rule 23(h)(2)]. 법원은 심문
절차 개최에 관해서는 재량이 있으나, 반드시 사실인정과 법률판단 절차
는 거쳐야 한다[Rule 23(h)(3)]. 특정 쟁점에 대해서는 하급법원판사
(magistrate)나 스페셜마스터(special master)에 조사를 위탁할 수 있다[Rule
23(h)(4)].

IV. 문제점

지금까지 화해기금의 분배단계에서는 원고측 소송대리인과 구성원들
사이에 이해관계의 대립이 발생하고, 상대적으로 법률지식과 협상력이
부족한 구성원들의 이익을 보호하기 위해서 법원의 역할이 강조된다는
점과 이러한 필요성에 따라 미국에서는 적정한 변호사 보수산정을 위한
여러 가지 이론들이 개발되어 왔다는 것을 살펴보았다. 그러나 이러한
이론들은 수많은 시행착오를 거쳐 나름대로 보다 용이하고 보다 정확한
보수산정을 위해 수정되어 오고 있기는 하지만, 기본적으로 그 산정절차
가 매우 복잡하여 법원에 큰 부담이 되고 있다. 게다가 앞서 살펴 본 여
러 가지 방식을 거치더라도 구성원들에게 돌아가는 이익에 비하여 변호

---

55) Walker et al., *supra* note 20), at 1472.

사 보수가 지나치게 과다한 경우가 많기 때문에 과연 그 결과 산정된 변호사 보수가 실제로 적정한 것인지, 아니면 현란한 수학적 검증절차라는 일종의 눈속임으로 과다한 변호사 보수를 정당화시킬 뿐인지는 여전히 의심의 대상이 아닐 수 없다.

그러므로 변호사 보수를 산정함에 있어, 구성원의 이익과 비교하여 공정성을 확보하면서도 법원의 부담을 덜어줄 수 있는 절차적 방안을 모색할 필요가 있다.56) 그 대안에 관하여는 뒤의 제4장 제5절 Ⅲ항 부분에서 자세하게 살펴보기로 한다.

---

56) Lu, *supra* note 3), at 44. 한편, 일부 집단소송 전문 로펌은 스스로 변호사 보수의 일부 또는 전부를 집단의 보상금 수령 이후에 받게 하도록 하고, 보수가 보상금 총액과 연계되도록 약정하는 경우도 있다고 한다[Tyson v. City of New York, 97 Civ. 3762 (JSM) (S.D. N.Y., Jan. 5, 2000)].

제5절 일부 화해

Ⅰ. 개　설

증권집단소송의 경우 대개 청구원인행위의 관련자들이 여러 명이기 때문에 한명 이상의 피고를 상대로 제기하는 경우가 보통이고, 이 경우 원고측이 일부 피고와만 합의하여 그 피고와의 분쟁은 화해로 종결하고 나머지 피고에 대하여는 소송을 계속 유지하는 이른바 '일부 화해(partial settlement)'를 생각해 볼 수 있다.[1] 이러한 경우 원인행위에 대하여 관여도가 비교적 낮은 피고일지라도, 공동불법행위의 연대책임 원칙상 재판에서 책임이 인정되면 원고에게 손해의 전부를 배상하여야 한다. 왜냐하면, 공동불법행위 책임은 가해자 각 개인의 행위에 대하여 개별적으로 그로 인한 손해를 구하는 것이 아니라 그 가해자들이 공동으로 가한 불법행위에 대하여 그 책임을 추궁하는 것이므로, 공동불법행위로 인한 손해배상책임의 범위는 피해자에 대한 관계에서 가해자들 전원의 행위를 전체적으로 함께 평가하여 정하여야 하고, 그 손해배상액에 대하여는 가해자 각자가 그 금액 전부에 대한 책임을 부담하는 것이며, 가해자 1인이 다른 가해자에 비하여 불법행위에 가담한 정도가 경미하다고 하더라도 피해자에 대한 관계에서 그 가해자의 책임 범위를 위와 같이 정하여진 손해배상액의 일부로 제한하여 인정할 수는 없기 때문이다(대법원 2001.9.7. 선고 99다70365 판결). 따라서 피고들의 책임이 인정될 경우 피고의 재정상태에 미치는 영향은 막대할 수밖에 없고, 이에 따라 피고들

---

1) Dianne M. Hansen, "The Effect of Partial Settlements on the Rights of Non-settling Defendants in Federal Securities Class Actions: In Search of a Standardized Uniform Contribution Bar Rule", 60 *UMKC L. Rev.* 91 (1991).

은 더더욱 화해의 유혹을 느끼게 될 것이다.[2] 하지만 일부 화해에 참가
하지 아니한 피고가 재판에서 패소하여 원고에 대하여 손해배상을 한
다음 다시 일부 화해로 이미 집단소송에서 벗어나 있던 피고를 상대로
다시 구상권을 행사할 수 있다면, 법적 분쟁으로부터 벗어나 조기에 평
화를 찾고자 하는 일부 화해의 기능이 반감될 수밖에 없다.

　우리나라에서는 아직 증권집단소송이 제기된 적도 없기 때문에 화해
는 물론 일부 화해에 관한 논의가 전무한 실정이나, 미국에서는 실제로
일부 화해가 많이 이루어지고 있고 실무상 몇 가지 쟁점들이 논의되고
있다. 미국에서의 일부 화해와 관련된 논의는, ① 피고들 중 일부만이 화
해를 하고 나머지 피고들은 계속 재판절차를 진행하여, 비화해 피고가
일정한 금액을 배상하도록 하는 판결이 확정되었을 때, 비화해 피고가
화해 피고를 상대로 구상권을 행사할 수 있는가, ② 이를 염려한 화해
피고들이 화해절차에 참여하지 아니한 비화해 피고들의 구상권 행사를
제한해 달라고 법원에 요구할 수 있는가, ③ 다음으로 이것이 인정된다
고 할 때 비화해 피고의 이익보호를 위하여 판결절차에서 어느 정도의
범위까지 비화해 피고의 책임을 제한해 줄 수 있는지 등이다.[3] 이에 관
하여 미국에서는 판결과 학설이 다양한 이론전개를 해오다가 1995년 개
혁법의 제정으로 피고들 간의 구상권을 명시적으로 인정하되, 일부 화해
의 경우 구상권 제한명령을 가능하게 하였고, 더불어 비화해 피고의 책
임을 제한하는 방법을 제시해 주었다.

　이하에서는 우리 증권집단소송이 본격화될 경우 발생할 수 있는 일부
화해의 문제점과 이에 대한 해결책을 모색하기 위하여, 미국에서의 논의
들과 1995년 개혁법의 내용을 살펴본 뒤 이러한 제도를 도입할 필요성
이 있는지, 만약 입법이 필요하다고 할 경우 어떠한 내용으로 수용하여

---

2) Marc I. Steinberg & Christopher D. Olive, "Contribution and Proportionate Liability
　under the Federal Securities Laws in Multidefendant Securities Litigation after the
　Private Securities Litigation Reform Act of 1995", 50 *SMU L. Rev.* 337, at 3 (1996).
3) Hansen, *supra* note 1), at 91.

야 할 것인지 등에 관하여 살펴보기로 한다.

II. 미국에서의 논의

1. 일부 화해시 구상권의 인정 여부와 제한 근거

1) 구상권의 인정여부

대다수의 연방법원은 손해전보청구권(the right to indemnity)은 부인하는 반면, 증권법상 공동불법행위자 사이에서 명시적 또는 묵시적으로 구상권(right to contribution)은 인정된다는 입장을 취하였다.4) 여기서 손해전보청구권이란, 원고에게 손해배상을 한 공동불법행위자가 당사자 간의 계약 또는 법령에 의하여 책임을 부담하기로 한 자에게 그 배상액 전부의 상환을 청구함으로써 결국 손실의 전부를 만회하는 것을 말하는데 비하여, 구상권이란, 공동불법행위자 사이에서 책임을 나누어 부담하는 것을 말한다.5) 구상권은 행위자로 하여금 자신의 불법행위에 대한 책임

---

4) 명시적인 구상권 조항은 1933년 증권법 § 11(f), 15 U.S.C. §77k(f) (1988)(all or any one or more of the persons specified in subsection (a) of this section shall be jointly and severally liable, and every person who becomes liable to make any payment under this section may recover contribution as in cases of contract from any person who, if sued separately, would have been liable to make the same payment, unless the person who has become liable was, and the other was not, guilty of fraudulent misrepresentation)와 1934년 증권거래소법 § 9(e) and § 18(b), 15 U.S.C. § 78i(e), § 78r(b) (1988). 묵시적으로 구상권을 포함하고 있다고 인정되는 조항은 1934년 증권거래소법 § 10b, 15 U.S.C. § 78j (1988)와 Rule 10b-5, 17 C.F.R. § 240.10b-5 등이다. 관련 판례로는, Ernst & Ernst v. Hochfelder, 425 U.S. 185, 211-12 n. 31 (1976); Franklin v. Kaypro Corp., 884 F.2d 1222, 1226; Alvarado Partners L.P. v. Mehta, 723 F. Supp. 540, 550 (1989) 등이 있다.

5) Helen S. Scott, "Resurrecting Indemnification: Contribution Clauses in Underwriting

을 묻도록 하려는 증권법의 취지에 부합하지만, 손해전보청구권은 결국 불법행위자의 책임을 제3자에게 전가함으로써 자신은 아무런 책임을 부담하지 않는 셈이 되어 위 증권법의 취지를 몰각시키는 결과가 되기 때문이다.[6] 한편, 구상권을 부인함으로써 얻게 되는 불법행위에 대한 억지력과 구상권을 인정함으로써 얻게 되는 형평의 원칙(공동불법행위자 사이의 책임 분담)이라는 대립되는 가치가 서로 구상권 인정여부에 영향을 미칠 수 있다. 초기의 보통법에서는 전자를 강조한 나머지 구상권은 인정되지 않았으나, 오늘날에는 배상액의 산정 등에 있어 많은 차이가 있지만 대다수의 주에서 구상권을 인정하고 있다.[7]

2) 구상권의 제한근거

다음으로 연방법이나 주법이 구상권의 범위를 제한할 수 있는가에 관한 논의가 이어졌다. 이에 관하여 사기적 불법행위를 청구원인으로 하는 증권소송은 연방 법령을 근거로 하고 있는데, 연방 법령에는 구상권과 손해전보청구권을 다루는 구체적인 조항—예컨대, 구상권의 행사방법이나 행사금지명령 등의 인정여부—이 마련되어 있지 아니하므로,[8] 이러한 권리들이 구체적으로 어떻게 적용될 것인지는 각 법원이 자유롭게 판단할 수 있고,[9] 따라서 경우에 따라 '구상권 행사금지명령(bar order)'을 내릴 수도 있다는 것이 다수 법원의 견해이다.[10]

Agreements", 62 *N.Y.U. L. R.E.V.* 223, 247(1986).

6) Alvardo Partners L.P. v. Mehta, 723 F. Supp. 540, 549 (D. Colo. 1989).

7) Hansen, *supra* note 1), at 95.

8) Hansen, *supra* note 1), at 96; James M. Fischer, "Contribution in 10b-5 Actions", 33 *Bus. Law.* 1821, 1827 (1978).

9) Texas Indus. v. Radcliff Materials, 451 U.S. 630, 638-46 (1981) 등 다수.

10) In re Masters Mates & Pilot Pension Plan, 957 F.2d 1020, 1028-30 (2d Cir. 1992); In re Jiffy Lube Sec. Litig., 927 F.2d 155, 160 n. 2; Franklin v. Kaypro Corp., 884 F.2d 1222, 1229-30 nn. 10-11; Huddleston v. Herman & MacLean, 640 F.2d 534, 559; In re Del-Val Fin. Corp. Sec. Litig., 868 F. Supp. 547, 556 n.12 등 다수.

2. 책임제한에 관한 이론들

한편, 원고에 대하여 책임을 다투면서 화해에 참가하지 않았다는 이유로, (재판 결과 책임이 인정되는) 비화해 피고에게 원고에 대한 손해배상책임 전부를 인정시키고 또다시 다른 피고들의 책임부분에 대한 구상청구까지 금지시킨다면 이는 비화해 피고에게 그의 책임부분 이상의 부담을 강요하는 가혹한 결과가 될 수 있다. 이러한 불합리를 시정하기 위하여 미국의 많은 법원들은 비화해 피고들에 대한 판결금액에서 일정한 금액을 감액하도록 하는 '판결금 감액방법(judgment reduction)'을 일반적으로 선택하고 있다. 1995년의 개혁법이 입법화되기 이전까지 약 4가지 유형의 책임제한 이론들이 논의되었는데, 이는 균등 공제방식, 정액 공제방식, 과실비율 공제방식, 제한적 과실비율 공제방식 등이다.

1) 균등 공제방식

'균등 공제방식(the pro rata judgment reduction method)'이란, 판결 결과 피고들이 부담하여야 하는 것으로 인정된 총 손해배상금액을 화해 피고와 비화해 피고의 숫자만큼 모두에게 똑같이 나누어 계산한 뒤 화해 피고의 몫만큼을 제외하고 나머지만을 비화해 피고에 대하여 지급을 명하는 방식이다.[11] 예컨대, 원고들이 5명의 피고 중 1명과 화해를 하였다면 나머지 4명의 비화해 피고들은 판결에서 20%의 감액 혜택을 받게 되어 결국 총 손해배상액의 80% 부분에 대하여 연대책임을 지게 된다. 이 방식은 계산상 편의를 이유로 초기의 증권소송에서 사용되었다. 그런데 이미 화해 피고는 화해금액을 지불하고 이 소송절차에서 벗어나 있게 되므

---

11) In re Masters Mates & Pilot Pension Plan, 957 F.2d 1020, 1028 (2d Cir. 1992); In re Jiffy Lube Sec. Litig., 927 F.2d 155, 161 n. 3 (4th Cir. 1991); South Carolina Nat'l Bank v. Stone (Stone II), 139 F.R.D. 335, 342 (D. S.C. 1991).

로, 피고의 숫자만큼 균등분할한 금액이 화해금액보다 큰 경우에는 비화해 피고가 화해 피고보다 더 많은 배상액을 지불해야 하는 결과가 되고, 반대로 위 균등분할한 금액이 화해금액보다 더 적다면 비화해 피고가 화해 피고보다 더 적은 배상액을 지불하는 결과가 된다. 예컨대, A와 B 두 명의 피고를 상대로 진행된 증권소송의 재판결과 인정되는 총 손해배상 금액이 100,000달러이고, A가 재판도중 30,000달러에 일부 화해를 한 경우, 위 100,000달러를 균등분할하면 50,000달러가 되므로, B는 A가 현실 지급한 금액보다 많은 50,000달러를 원고측에 지급하면 된다(이 때 원고 측은 A로부터 20,000달러를 더 적게 받은 셈이 되어 그 만큼 원고측이 손해를 보게 되는 셈이다). 한편, A가 60,000달러에 일부 화해를 한 경우, B는 A의 현실지급액보다 적은 균등분할 금액 50,000달러를 지급하면 된다(이 때 원고측은 총 110,000달러를 받게 되어 오히려 초과이익을 누린다). 만일 피고들의 과실비율을 정하고 이에 따라 판결금액을 분배하고자 한다면 증권소송을 더욱 복잡하게 만들 수 있는 반면에 총 손해배상금액을 피고의 숫자만큼 균등하게 분할하기만 하면 되는 균등 공제방식은 훨씬 편리하다는 점,[12] 증권법상 명문으로 구상권을 인정한 조문을 보면, 증권 소송의 경우에도 계약법 관련 연대책임 부담자들 사이의 구상권 법리와 마찬가지로 균등 공제방식을 채택하도록 의도된 것으로 이해될 수 있다는 점[13] 등의 이유로 초기의 법원은 이 방식을 많이 사용하였다. 그러나 이 방식은 형평의 원칙에 어긋난다는 치명적인 결함을 안고 있다.[14] 특히 여러 명의 피고들이 관련된 증권집단소송에서, 그 중 일부는 청구원인으로 주장된 사기행위에 극히 적은 부분만 관여하였고, 일부는 주도적으로 관여한 경우가 있을 텐데 이러한 책임범위의 다양성을 무시한 채 만연히

---

12) Smith v. Mulvaney, 827 F.2d 558, 560 (9th Cir. 1987).

13) Jeffrey E. LaGueux, "Apportioning Contribution Shares under the Federal Securities Act: A Suggested Approach for an Unsettled Area", 50 *Fordham L. Review* 450, 462 (1981).

14) LaGueux, *supra* note 13), at 463.

피고들에게 균등하게 책임을 분할하여 계산하는 것은 부당하다고 할 것이다.[15] 그리하여 최근에는 법원이 구상권 행사금지명령을 내리는 경우가 증가하고 있음에도 이 방식은 많이 사용되고 있지 않다.

2) 정액 공제방식

'정액 공제방식(the pro tanto judgment reduction method)'이란, 피고들이 부담하여야 하는 것으로 인정된 총 손해배상금액에서 일부 화해로 소송에서 벗어난 피고가 실제로 지급한 화해금액을 공제한 나머지만을 비화해 피고에게 지급을 명하는 방식이다.[16] 예컨대, 피고 A와 B를 상대로 제기한 증권소송에서 원고들이 피고 A와 20,000달러에 화해를 한 뒤 피고 B에 대한 재판절차에서 100,000달러의 총 손해가 인정된다고 할 경우, 피고 B는 피고 A가 지급한 금액을 제외한 80,000달러를 지급하여야 한다. 이 방식은 '초과배상 금지원칙(one satisfaction rule)'을 엄격히 준수하는 법원들에 의하여 채택되었다.[17] 이 방식은 첫째, 화해 피고에게 더 이상의 추가부담을 주지 않기 때문에 더 이상의 책임으로부터 완전히 해방시킨다는 점, 둘째, 피고들의 과실비율을 계산할 필요가 없으므로 법원이 집행하는 절차가 간단하다는 점 등의 장점이 있고, 특히 재판 결과 확인된 화해 피고의 과실부분이 화해금액을 초과하는 경우에도 이 부분은 비화해 피고로부터 지급받을 수 있으므로 원고측에게는 손해가 없다는 특징이 있다.[18] 그러나 위와 같은 장점에도 불구하고, 이 방식에는 그보다 더 큰 문제점들이 있다. 첫째, 원고측은 어찌됐건 자신의 손해를 회복할 수 있으므로 일부 피고와 통모하여 싼 값에 화해할 우려가 있

15) Hansen, *supra* note 1), at 102.

16) TBG, Inc. v. Bendis, 36 F.3d 916, 923 (1994); In re Masters Mates & Pilot Pension Plan, 957 F.2d 1020, 1029 (1992); In re Jiffy Lube Sec. Litig., 927 F.2d 155, 160 (1991) n. 3.

17) Singer v. Olympia Brewing Co., 878 F.2d 596, 600 (2d Cir. 1989).

18) In re Sunrise Securities Litigation, 698 F. Supp. 1256, 1258 (E.D. Pa. 1988).

다. 즉 원고측은 자금사정이 넉넉지 못한 일부 피고와 적은 화해금액으로 일부 화해를 함으로써 이를 나머지 피고들에 대한 소송자금으로 활용할 수 있고, 변제자력이 부족한 피고는 일부 화해를 통하여 추가적인 부담으로부터 해방될 수 있다. 반면 나머지 피고들로 하여금 모든 피고들이 동시에 판결을 받을 때보다 많은 금액을 부담하여야 하는 결과를 초래하게 할 수 있다.[19] 둘째, 불법행위에 대하여 기여도가 가장 큰 피고가 조기에 그리고 싼 값에 화해를 통하여 소송절차에서 벗어날 위험이 있고, 화해 피고가 그의 불법행위에 대한 기여도 보다 작은 금액으로 화해하여 나머지 피고들에게 잔여분을 전가하는 문제가 있다.[20] 셋째, 추가 부담의 위험을 인식한 비화해 피고는 이러한 방식이 적용되지 못하도록 이러한 방식을 채택한 모든 화해안을 거부하고 반대의견을 제기하는 등 강력하게 저항함으로써 화해를 통한 분쟁해결을 방해하는 폐단이 생길 수도 있다.[21]

따라서 정액 공제방식을 채택하는 경우 많은 법원은, 그 화해안이 비화해 피고에게 공정하고 형평에 맞는 것인지에 관한 심문절차를 거치도록 하고 있다. 이러한 공정성 심문절차는 연방민사소송규칙 23조(e)가 규정하는 구성원의 이익을 위한 심문절차와는 구별되는데, 이 절차에서는 주로 원고측과 화해 피고 사이에 통모가 없었는지, 불법행위에 대한 화해 피고와 비화해 피고의 기여도가 어떠한지, 판결로 갈 경우 화해 피고에 대하여 더 많은 판결금액이 나올 수 있는지, 판사가 그 화해 협상에 관여하였는지 등이 중점적으로 다루어진다.[22] 그러나 이러한 공정성 심문절차에도 불구하고, 부적절한 화해의 위험을 비화해 피고에게 전가하

---

19) Franklin v. Kaypro Corp., 884 F.2d 1222, 1230 (9th Cir. 1989).

20) Alvarado Partners L.P. v. Mehta, 723 F. Supp. 540, 552 (D. Colo. 1989).

21) Dalton v. Alston & Bird, 741 F. Supp. 157, 159 (S.D. Ill. 1990); Donovan v. Robbins, 752 F.2d 1170, 1181 (7th Cir. 1985).

22) In re Masters Mates, 957 F.2d 1020, 1031-32 (1992); In re Meldrige, Inc. Sec. Litig., 837 F. Supp. 1076, 1080-81 (D. Ore. 1993); In re Drexel Burnham Lambert Group, Inc., 146 B.R. 98, 104 (S.D. N.Y. 1992).

는 것을 막을 수 없다는 한계가 있다.[23]

3) 과실비율 공제방식

'과실비율 공제방식(the proportionate fault judgment reduction method)'이란, 심리결과 인정되는 화해 피고 또는 제3자의 과실비율에 해당하는 손해배상액만큼을 원고측의 총 손해배상액에서 공제하고, 그 나머지 손해배상액을 비화해 피고로 하여금 지급하도록 하는 방식이다.[24] 예컨대, 원고측이 피고 A와 30,000달러에 화해를 하고, 뒤에 피고 B에 대한 심리결과 총 손해액이 100,000달러인데, 두 피고의 과실비율이 50 : 50이라고 인정된 경우, 피고 B의 판결금액은 50,000달러 뿐으로서, 결국 원고는 총 80,000달러의 배상을 받을 수 있을 뿐이다 이 방식에서는 부적절한 화해로 인한 위험부담은 원고측에게 있기 때문에, 원고측으로 하여금 정확한 과실비율을 조사함으로써 보다 나은 화해안을 성립시키도록 하는 동기를 제공한다.[25] 이 방식은 불법행위에 대한 기여도가 더 큰 피고에게 더 많은 배상책임을 부과함으로써 억지기능을 제대로 발휘할 수 있고,[26] 다양한 피고들이 다양한 시기에 다양한 정도로 불법행위에 가담하고 있다는 현실을 감안하면, 그들의 불법행위 기여도에 따라 손해배상책임을 부담시키는 것이 더 형평의 원칙에 부합한다.[27] 그러나, 이 방식은 화해 피고가 그의 과실비율에 해당하는 액수보다 더 많은 금액으로 화해를 하고, 비화해 피고는 이와는 별도로 화해 피고의 과실비율에 해당하는 액

---

23) TBG, Inc. v. Bendis, 36 F.3d 916, 932 (10th Cir. 1994); Franklin v. Kaypro Corp., 884 F.2d 1222, 1230 (9th Cir. 1989).

24) Kaypro Corp., 884 F.2d 1222, 1231 (1934년법 10(b)에 근거한 집단소송, 과실비율 방식채택); Mulvaney, 827 F.2d 558, 560-61 등.

25) In re Sunrise Sec. Litig., 698 F. Supp 1256, 1259 (E.D. Pa. 1988).

26) Hansen, *supra* note 1), at 105.

27) Patricia B. Hogan, Note, "All Things Being Unequal: Use of the Doctrine of Relative Culpability in Apportioning Contribution", 57 *U. CIN. L. REV.* 769, 785, 786 (1988).

수만큼만 공제된 금액을 지급하라는 판결을 받는다면 결과적으로 원고 측은 실손해액을 초과하는 이익을 얻게 되는 부당한 결과가 된다는 문제가 있다.

4) 제한적 과실비율 공제방식

'제한적 과실비율 공제방식(the capped proportionate fault judgment reduction method)'은, 앞서 본 과실비율 공제방식의 문제점을 시정하기 위하여, 비화해 피고에 대한 판결은 화해 피고의 불법행위에 대한 과실비율 상당액 및 일부 화해금액 중 더 큰 것을 공제한 뒤 나머지 금액만을 비화해 피고에게 지급을 명하여야 한다는 내용이다.

3. 입법에 의한 해결

1995년의 개혁법은 이상에서 본 논의를 일거에 해결하였는바, 첫째, 연대책임을 지는 공동불법행위자는 그 소송에 처음부터 관여하였더라면 같은 배상책임을 물게 되었을 다른 공동불법행위자를 상대로 구상권을 행사할 수 있음을 명문으로 확인하였다.[28] 둘째, 1934년 증권거래소법과 관련한 소송에서 일부 화해가 발생한 경우 법원은 비화해 피고(혹은 다른 화해 피고 포함)가 화해 피고에 대하여 구상권을 행사할 수 없도록 구상권 행사금지명령(bar order)을 내려야 한다. 즉, 어떠한 사람도 화해 피고에 대하여 구상권을 행사할 수 없고, 아울러 화해 피고도 다른 사람에 대하여 구상권을 행사할 수 없다고 하여(다만, 화해 피고의 화해로 인하여 그 다른 사람의 책임이 완전히 소멸된 경우는 예외),[29] 일부 화해의 경우 구상권 행사로 인한 더 이상의 분쟁 확대를 미연에 방지함으로써

---

28) 1934년 증권거래소법 § 21D (f)(8), 15 U.S.C.A. § 78u-4(f)(8).
29) 1934년 증권거래소법 § 21D (f)(7)(A), 15 U.S.C.A. § 78u-4(f)(7)(A).

분쟁의 일회적 해결을 도모함과 동시에 당사자들로 하여금 화해에 보다 신중을 기할 것을 요구하고 있다. 셋째, 구상권 행사금지로 인하여 예상되는 비화해 피고의 권리침해에 대한 보상책으로서, 비화해 피고에 대한 판결의 경우 제한적 과실비율 공제방식에 따른 판결금액 감액제도를 채택하도록 명문의 조항을 두게 되었다. 즉, 비화해 피고에 대한 판결은 ① 심리결과 법원이나 배심에 의하여 인정된 화해 피고의 불법행위에 대한 과실비율 상당액과 ② 화해 피고가 화해조항에 따라 실제로 원고 측에게 지급한 금액 중 더 큰 것을 공제한 뒤 나머지 금액만을 비화해 피고에게 지급을 명하여야 한다는 내용이다.[30] 이 방식은 원고측에게는 충분한 보상을 받지 못하게 될 위험부담을, 화해 피고에게는 자기 과실 부분을 초과하는 부분에 대하여는 구상권을 행사하지 못하게 될 위험부담을 각각 지게 함으로써, 결국 원고측과 화해 피고 양측이 화해안 작성시보다 신중하고, 보다 사안의 실체에 접근하는 내용으로 화해를 유도하는 효과를 가져올 수 있다.[31]

한편, 역설적으로 이러한 위험부담으로 인하여 화해를 도모한다기보다 화해를 꺼리게 하는 역효과를 가져올 수도 있다는 비판이 있다. 화해 협상시 원고는 화해 피고의 불법행위에 대한 과실비율과 그로 인한 손해액에 부합하는 화해 금액안을 제시하려고 할 것이고, 이에 반하여 화해 피고는 판결보다 유리한 결과를 얻을 수 있지 못한다면 굳이 화해할 이유가 없기 때문이다.[32]

III. 우리 법상 해석

증권집단소송을 운영함에 있어서 우리나라에서도 앞서 본 일부 화해

---

30) 1934년 증권거래소법 § 21D (f)(7)(B), 15 U.S.C.A. § 78u-4(f)(7)(B).

31) Steinberg et al., *supra* note 2), at 378.

32) Steinberg et al., *supra* note 2), at 379.

의 현상이 나타날 수 있을 텐데, 화해를 장려하면서 동시에 부적절한 화해를 통제하기 위해서는 미국에서와 같은 구상권 행사금지제도가 필요하고, 이와 동시에 비화해 피고의 이익을 보호하기 위하여 일정한 책임 감경혜택이 필요하다고 할 것이다.

먼저, 증권거래법상 불법행위에 관여한 다양한 주체들 사이의 책임관계는 피해구제의 실효성을 확보한다는 관점에서 부진정연대채무로 보는 것이 다수설이다.[33] 이 점에 대하여 대법원은, "공동불법행위자들은 채권자에 대한 관계에 있어서는 부진정연대책임을 지되, 내부관계에서는 일정한 부담 부분이 있고, 이 부담 부분은 공동불법행위자의 과실의 정도에 따라 정하여지는 것으로서 공동불법행위자 중 1인이 자기의 부담 부분 이상을 변제하여 공동의 면책을 얻게 하였을 때에는 다른 공동불법행위자에게 그 부담 부분의 비율에 따라 구상권을 행사할 수 있다"(대법원 2002.5.24. 선고 2002다14112 판결 등)라고 천명하였다. 따라서 증권법상 불법행위에 공동 가공한 행위주체들 사이에서 그 중 1인이 자기의 부담 부분 이상을 변제하여 공동의 면책을 얻게 하였을 때에는 다른 공동불법행위자에 대하여 구상권이 인정된다고 하겠다. 한편, "피해자가 공동불법행위자 중 1인에 대하여 한 채무면제 또는 합의의 효력은 다른 공동불법행위자에게는 미치지 아니하므로, 피해자가 공동불법행위자 중 1인으로부터 손해배상의 일부를 변제받고 나머지 손해배상채권은 모두 포기하기로 합의를 하였으나, 그 사실을 모르는 공동불법행위자 중 다른 사람이 손해배상금 명목으로 금원을 지급한 경우, 그가 먼저 합의한 자의 변제사실을 확인해 보지 않았다고 하여 그 지급이 무효라고는 할 수 없으므로, 그는 공동 면책된 위 금원 중 먼저 합의한 자의 부담비율에 해당하는 구상권을 주장할 수 있다"(대법원 1997.10.10. 선고 97다28391 판결 참조)고 하므로, 특별한 사정이 없는 한, 다른 공동불법행위자의 화해 피

---

33) 김건식, 『증권거래법(제4판)』, 두성사, 2006, 148쪽; 신영무, 『증권거래법』, 서울대학교 출판부, 1987, 241쪽; 임재연, 『증권거래법(개정 2판)』, 박영사, 2004, 129쪽.

고에 대한 구상권 행사도 인정될 수 있다. 그러나 이와 같이 구상권 행사를 인정하게 되면, 원고측이 일부 피고와는 화해로, 다른 일부 피고와는 판결로 분쟁을 일단락하더라도, 또다시 피고들 상호간 책임분담에 관한 분쟁의 2회전이 시작될 것이다. 이렇게 되면 해당 분쟁과 관련된 소송을 한 번에 해결할 수 있다는 집단소송의 장점 및 취지가 몰각될 뿐만 아니라, 일부 화해를 하려는 피고의 입장에서는 원고와 먼저 화해를 하더라도 이후에 다른 피고들로부터 구상권 행사를 당할 위험이 있기 때문에 화해를 주저하게 되고, 결국 분쟁이 전체적으로 지연되는 결과가 예상된다. 이것이 우리 증권집단소송제도의 문제점이라고 할 수 있다.

따라서 화해에 의한 분쟁의 해결을 촉진하기 위해서는 미국에서와 같이 일부 화해를 한 피고에 대한 구상권 행사를 제한할 필요가 있지만 법원에 폭넓은 재량을 부과하는 미국과 달리 우리나라에서는 별도의 입법이 없는 한 이러한 구상권 행사를 제한하는 것은 불가능하다. 또 구상권 행사를 제한하는 경우, 아무런 보상 없이 비화해 피고의 구상권 행사를 금지시킨다면, 비화해 피고의 권리를 침해하는 부작용이 생길 수 있고, 이는 비화해 피고의 재산권에 대한 중대한 침해라고 할 수 있으므로, 그 대가로 사실상 구상권을 행사한 것에 준하는 혜택을 부여해 주어야만 할 것이다. 이는 미국의 예에서 본 바와 같은 '판결금 감액방법'으로 가능할 것인데, 앞서 자세히 살펴본 여러 가지 감액방법 중에서 '제한적 과실비율 공제방식'이 불법행위에 대한 억지력이나, 형평의 원칙, 그리고 화해의 촉진이라는 면 등을 종합해 보았을 때 가장 합리적인 방법이라고 본다. 즉 이 방식은 비화해 피고에 대한 판결시에 ① 법원에 의하여 인정된 화해 피고의 불법행위에 대한 과실비율 상당액과 ② 화해 피고가 화해조항에 따라 실제로 원고측에게 지급한 금액 중 더 큰 것을 공제한 뒤 나머지 금액만을 비화해 피고에게 지급을 명하여야 한다는 내용이므로, 원고측에게는 충분한 보상을 받지 못하게 될 위험부담을, 화해 피고에게는 자기 과실부분을 초과하는 부분에 대하여는 구상권을 행사하지 못하게 될 위험부담을 지게 할 수 있다. 따라서 이 방식을 택하게 되면, 원고측과 화해 피고 양측이 화해안 작성시 사안의 실체에 접근하는 내용으로 보다 신중하게 화해안 도출을 위하여 노력하게 하는 결과를 기대할 수 있을 것이다.

제6절 그 밖의 쟁점들

I. 개　설

앞에서는 우리 증권집단소송의 화해절차에서 예상되는 문제점들을 중심으로 우리법의 규정과 미국법의 운영실태를 살펴보았다. 물론 화해절차가 전개되는 과정에서 위에서 본 쟁점들 외에도 수많은 쟁점들이 등장하게 될 것이다. 그럼에도 불구하고 우리법은 아직 이에 대한 충분한 해결책을 두고 있지 아니하여 실제 운영과정에서 많은 논란이 예상된다.

이하에서는 증권집단소송의 화해과정에서 나타날 수 있는 보다 세부적인 쟁점들, 예컨대 화해허가결정에 대한 불복가능성, 심문절차 이후 화해안의 수정가능성, 판사의 화해절차에의 관여가능성, 고지와 허가의 회피가능성 등에 관하여 살펴보고자 하는데, 우리 법에는 이에 대한 규정이 전혀 없기 때문에, 미국에서의 논의를 참고하여 우리 증권집단소송의 운영과정에서 이러한 쟁점들이 현실화될 경우 어떻게 대응하여야 할지에 관하여 살펴보고자 한다.

II. 불복가능성

당사자들이 합의하여 제안한 화해안이 법원의 허가를 얻으면 확정판결과 동일한 효력을 발생하고 제외신고를 하지 아니한 구성원들은 모두 이에 구속됨은 앞에서 보았다. 그런데 화해 등에 대한 허가결정에 대하여 대표당사자가 아닌 구성원이 불복할 수 있는지에 관하여 법에는 아무런 규정이 없어서, 그 허용여부에 대한 논란이 있다.

1. 미국에서의 논의

미국에도 법원의 화해허가결정에 대하여 구성원의 불복을 허용할 것인지에 대한 연방 차원의 법률은 존재하지 않기 때문에 종래 그 허용여부와 허용 조건에 대하여 세 가지 입장이 대립하고 있었다. 첫째, 구성원의 불복을 전면적으로 허용하는 입장, 둘째, 반대의견(objection)을 제시한 구성원에게만 불복을 허용하는 입장, 셋째, 구성원의 지위에서는 불복을 허용하지 않고, Rule 24 소정의 참가(intervention)가 허가된 경우 참가인의 지위에서 불복을 허용하는 입장으로 나뉘어 있었다. 그러다가, 두 번째 입장을 취한 2002년의 연방 대법원 판결에 의하여 미국에서의 논의는 일단락되었다.

이하에서는 위 세 가지 입장과 판례를 간단하게 살펴봄으로써 우리법의 해석에 참고하고자 한다.

1) 전면적 허용설

Ace Heating & Plumbing v. Crane Co. 사건에서 제3 연방항소법원은 "일반적으로 권리를 침해당한 구성원들은 Rule 23에 따라 진행되는 소송절차에서 법원의 최종 결정에 대하여 불복할 수 있다"는 전제하에 "구성원들이 반대의견을 제시한 적이 없었고, 제외신고의 기회가 주어졌음에도 제외신고를 하지 아니하였다고 하더라도, 화해허가결정에 불복하여 상소할 지위를 가지고 있다"고 판시하였다.[1] 개별 구성원들의 청구금액이 소송을 제기하기 곤란할 정도로 소액인 경우에는 별도의 소송을 제기하는 것은 무의미하므로, 제외신고의 기회부여만으로 공정성을 확보할 수 있다는 생각은 사실상 허구에 불과하다는 점을 간과하고, 불공정한 화해허가에 대한 유일한 대안은 불복의 기회를 제공하는 것이라는 점을 인

---

[1] Ace Heating & Plumbing Co. v. Crane Co., 453 F.2d 30, 32 (3d Cir. 1971).

식한 판결이다.[2] 실제로 1992.7.1.부터 1994.6.30.까지 4개의 연방지방법원에서 종결된 모든 집단소송을 분석한 결과, 허가단계에서는 법원별로 21%, 19%, 11%, 9%의 사건에서 한 건 이상의 제외신고가 있었고, 화해단계에서는 법원별로 58%, 43%, 38%(2곳)의 사건에서 한 건 이상의 제외신고가 있었다. 그러나 전체 구성원 대비 제외신고자의 비율(중앙값)을 조사한 결과는 0.1%에서 0.2%에 그쳤고, 제외신고가 한 건이라도 있었던 사건의 75%는 전체 구성원 중 1.2%만이 제외신고를 하였을 뿐이었다.[3]

한편, Marshall v. Holiday Magic, Inc. 사건에서 제9 연방항소법원은 "개별 구성원들의 권리는 화해에 의하여 영향을 받는데, 그 권리가 사법적 심판을 받았기 때문에 화해허가결정에 대한 불복의 지위가 인정된다"고 판시하였다.[4]

2) 제한적 허용설

Cohen v. Young 사건에서, Cohen은 제안된 화해에 반대의견을 제시하기 위해 참가신청도 하고 심문절차에 출석도 하였으나, 참가신청은 기각되고 화해안은 허가되자 화해를 허가하는 하급심의 결정에 불복신청을 하였고, 제6 연방항소법원은 화해안에 반대의견을 제시하는 구성원은 상소할 자격이 있다고 하였다.[5] 법원은 그 근거로서 "소송절차에 의해 소환되어 불리한 판결을 받은 피고는 불복할 수 있는 권리가 있다"는 원리를 인용하였다.[6] 한편, Research Corp. v. Asgrow Seed Co. 사건은 피고가

---

2) Timothy A. Duffy, "The Appealability of Class Actions Settlements by Unnamed Parties", 60 *U. Chi. L. Rev.* 933, 935 (Summer, 1993).
3) Thomas E. Willging, Laural L. Hooper & Robert J. Niemic, "Empirical Study of Class Actions in Four Federal District Courts: Final Report to the Advisory Committee on Civil Rules", at 52-53 (1996).
4) Marshall v. Holiday Magic, Inc., 550 F.2d 1173, 1176 (9th Cir. 1977).
5) Cohen v. Young, 127 F.2d 721, 724 (6th Cir. 1942).
6) Pianta v. H.M. Reich Co., 77 F2d 888, 890 (2d Cir. 1935); Cohen v. Young, 127 F.2d 721, 724 (6th Cir. 1942).

집단인 독점금지사건인데, 불복신청을 한 피고의 구성원들은 대표당사자들이 아니었고, 화해를 위한 심문기일에서 반대의견을 진술하지도 않았다.[7] 법원은 불복신청을 기각하면서 "집단 구성원은 참가를 하였거나 또는 Rule 23(e)에 의한 고지에 응하여 심문절차에 출석하여 반대의견을 제시한 경우에, 그는 불리한 최종 판결에 대하여 불복할 권리가 있다"고 하였다.[8] 위 두 사건 이후로, 반대의견을 제시한 구성원들에게 화해를 허가하는 결정에 대하여 불복할 수 있는 지위를 가지고 있다는 원칙은 제6 연방항소법원이나 제7 연방항소법원에서 확립되었다.[9]

3) 부정설

이 견해는 집단소송의 구성원의 지위에서는 허가된 화해안에 대하여 불복할 수 없고, 참가하여 당사자의 지위를 얻어야만 불복이 가능하다는 입장이다. 예를 들어, Guthrie v. Evans 사건은 집단소송에서 (화해가 아닌) 본안사건(merits)에 관한 판결에 대한 불복가능성을 언급한 사안으로서, "판결에 만족하지 못한 구성원들에게는 수많은 다른 구제 수단(예컨대, 소송참가, 대표당사자의 적정성에 대한 문제제기 및 제외신고의 기회 등)이 있고, 개인적인 불복을 일일이 허용할 경우 집단소송이 복잡하게 된다"는 이유로 구성원의 지위에서는 항소를 제기할 수 없다고 하였다.[10] 한편, Walker v. City of Mesquite 사건은 직접적으로 구성원들이 집단소송절차에 참가하지 않는 한 화해허가결정에 대하여 불복할 수 있는 지위를 인정받지 못한다고 판시한 첫 사례이다.[11] 그 근거로는 만일 참가요건을 요구하지 아니할 경우 집단소송의 이념에 반하는 결과를 야기

---

7) Research Corp. v. Asgrow Seed Co. 425 F.2d 1059, 1060 (7th Cir. 1970).
8) Research Corp. v. Asgrow Seed Co. 425 F.2d 1059, 1060-1061 (7th Cir. 1970).
9) Tryforos v. Icarian Development Co., S.A., 518 F.2d 1258, 1263 (7th Cir. 1975); Armstrong v. Board of School Directors, 616 F.2d 305, 327 (7th Cir. 1980).
10) Guthrie v. Evans, 815 F.2d 626, 628-629 (11th Cir. 1987).
11) Walker v. City of Mesquite, 858 F.2d 1071, 1074 (5th Cir. 1988).

할 수 있다고 하였다. 그리고 Croyden Associates v. Alleco, Inc. 사건도 마찬
가지로 대안적 수단들을 고려하여 참가를 해야만 불복할 수 있다는 취
지로 판시하였다.[12]

4) 연방 대법원의 견해

Devlin v. Scardelletti 사건에서, 구성원인 Devlin은 참가신청을 하였으나
기각되었다. 그 후 화해안에 대한 심문절차에서 Devlin은 반대의견을 제
시하였으나 법원은 화해안을 허가하였다. 제4 연방항소법원은 Devlin이
대표당사자가 아니고, 참가신청도 기각되었으므로 화해안 허가결정에
대하여 불복할 수 있는 자격이 인정되지 않는다고 하였으나, 연방 대법
원은 "불복할 수 있는 권리는 소송의 당사자(named party)에게만 한정되
는 것이 아니다. 대표당사자가 아닌 개별 구성원도 허가된 화해안에 구
속된다는 의미에서는 당해 소송절차의 당사자로 볼 수 있다"고 하면서
항소법원의 결정을 번복하였다.[13]

참고로 Devlin 사건의 사실관계와 판결내용을 보다 자세히 살펴보면 다
음과 같다. 먼저 사실관계는 ① 상소인인 Devlin은 정년퇴직자이자 이 소
송의 계기가 되는 연금의 수령자인데, 1991년 그 연금에 물가상승 반영금
액을 포함시키는 개정안이 통과되었고, 그 개정으로 수령금액이 지나치
게 인상됨으로써 그 연금제도의 유지가 불가능해지자, 연금신탁의 관리
자들은 1997년 물가상승 반영금액을 수령금액에서 다시 제외시키는 개정
안을 통과 시키고, 1991년 개정조항을 무효화시키는 결정을 구하는 소송
을 제기하였다. ② Devlin은 1997년의 개정에 이의를 제기하는 소송을 뉴
욕연방지방법원에 제기했으나 메릴랜드 지방법원에 재판권이 있다고 판
단한 법원에 의해 소송이 기각되었는데, 이 시점에는 이미 Devlin과 같은
이유로 소송을 제기한 Rule 23(b)(1)에 의거한 집단소송이 이미 메릴랜드

---

12) Croyden Associates v. Alleco, Inc., 969 F2d 675, 679-80 (8th Cir. 1992).
13) Devlin v. Scardelletti, 536 U.S. 1 (2002).

지방법원에 의해 조건부 허가되어 있는 상황이었다. ③ 연금관리자들이 위 집단소송의 대표당사자들과 도출한 합의안을 법원에 제출하여 허가를 요청하자 Devlin은 소송에 직접적으로 개입하기 위해 참가(intervention)를 신청하였으나, 법원은 적절한 시기가 지났음을 들어 거부하고, 화해안에 대한 심문절차를 열어 Devlin의 증언을 포함한 기타 제기된 반대의견을 청취하였으나 결국 화해안을 허가하기로 결정하였다. ④ Devlin은 이에 상소를 제기하였으나, 제4 연방항소법원은 Devlin이 대표당사자가 아니라는 점, 참가신청은 타당한 이유로 거부되었다는 사유를 들어 화해안 허가 결정에 불복할 자격이 없다고 판결하였다.

이 사건에서의 쟁점은 첫째, 적정 시기 내에 심문절차를 통해 화해안 허가에 대해 반대의견을 제시한 대표당사자 아닌 구성원은 참가절차를 밟지 않고도 상소를 제기할 수 있는지, 둘째, 화해안의 허가에 대해 상소를 제기하는 한도에서 그 상소인이 이러한 권한을 가진 '소송당사자'의 범주에 속한다고 할 것인지 등으로 요약할 수 있다. 이에 대한 연방 대법원의 판결내용은 다음과 같다. ① 상소인의 반대의견을 묵살한 채 지방법원이 내린 화해안의 허가결정은 곧 위 소송과 관련된 상소인의 모든 권한을 구속하므로, 불복할 수 있는 권리를 부여할 필요가 있다. ② 피고와 합의에 도달함과 동시에 상소인의 권익은 대표당사자들과 상충되었으므로 이는 대표당사자에 의해 적절하게 대표되고 보호받았다고 할 수 없고, 개별 구성원을 상소제기능력이 있는 소송당사자로 간주하는 것이 집단소송절차에 저촉된다고 할 수 없다. ③ 이러한 구성원들은 일부 목적에 있어서는 소송당사자로 간주될 수 있으나 기타 목적에 있어서는 또한 소송당사자가 아닌 것으로 간주될 수도 있다. 여기서 중요한 것은 이 '소송당사자'가 이러한 합의에 의해 구속되어도 괜찮은가의 문제이다. 심문절차에서 자신의 반대의견을 밝힌 구성원에게 상소제기를 할 수 있는 권한을 주는 것은 자신을 구속할 수 있는 화해로부터 자신의 권익을 보호할 능력을 부여하는 것이다. ④ 이러한 상소제기의 허가가 집단소송의 목적 중 하나인 복수소송(multiple cases)의 억제에 악영향을 미치지는 않을 것으로 본다. 상소제기권한을 심문절차에서 반대의견을 제시한 자들에게만 한정하는 것이 집단소송에 대한 상소 신청건수를 조절하는데 상당한 효과를 보일 것이다. ⑤ 법원은 상소를 제기하기 위해서는 먼저 참가절차를 성공적으로 마쳐야 한다는 의견에 동의할 수 없다. 그 어떤 법령 또는 절차규정에서도 집단소송의 화해안에 대해 상소할 수 있는 자격에 관한 언급이 없다. ⑥ 이에 반해 개인의 권리를 최종적으로 탈취해 가는 경우에 대한 상소제기권리는 법령상의 근거가 있다. 따라서 개별 구성원이 집단소송의 화해에 대해 심문절차를 통해 정해진 시간 내에 반대의견을 제시한 경우 그 구성원은 화해 허가결정에 대해 상소를 제기할 수 있다.[14]

결국, 위 판결은 구성원들이 지방법원 단계에서 제 때에 반대의견을 제시하였을 경우 소송절차에 참가할 필요 없이 화해 허가결정에 대하여 불복할 수 있는 자격이 인정된다는 입장을 확인하였다는 점에서 매우 중요한 의미가 있는 판결이라고 하겠다.

2. 우리의 경우

1) 학 설

국내에서는 이에 대한 논의는 많지 않으나 명문의 규정이 없음을 들어 부정적으로 해석하는 견해가 있다. 즉, 원칙적으로 구성원은 허가신청사건의 당사자가 아니므로 허가결정에 대하여 불복할 수 없다는 전제하에, 화해 등에 반대하는 구성원에게 제외신고의 기회도 주지 않고, 의사에 반하는 화해 등을 강요하면서 불복의 기회조차 주지 않는 것은 부당하다고 할 수도 있으나, 제외신고의 기회를 부여하지 못한다고 하더라

---

14) Devlin v. Scardelletti, 536 U.S. 1 (2002).

도, 법원의 화해안에 대한 허가는 구성원들의 의견 및 제반 사정을 종합하여 이루어진 점, 화해 등에 반대하는 개별 구성원들의 불복을 허용할 경우 집단적 분쟁의 1회적 해결이라는 집단소송제도의 목적을 달성할 수 없다는 점 등을 고려하면, 구성원에게 허가결정에 대한 불복권한을 인정하는 것은 바람직하지 않다고 한다.[15]

2) 검 토

(1) 상소의 필요성

집단소송에서 구성원이 소송에 참여하지 않더라도 소송의 유·불리에 관계없이 그 결과에 구속되는 효과를 인정하는 이유는, 적법절차의 준수 즉 대표당사자에 의하여 총원의 이익이 공정하고 적절하게 대리되었음을 전제로 하기 때문이다. 그리고 집단소송에서의 화해는, 대표당사자의 이익을 위해 개별 구성원들의 권리가 경시될 수 있다는 위험 때문에 그러한 적법절차가 준수되었는지를 확인하는 의미에서 법원의 허가라는 절차를 거치도록 한 것이다. 물론, 이러한 절차만으로 구성원의 보호에 충분한 보장장치가 완성되었다고 평가할 수도 있을 것이다. 그러나 미국의 사례에서 보듯이 ① 대표당사자와 구성원들의 이해관계가 대립되는 경우가 종종 있고, ② 심문절차에서 제시된 반대의견에 관계없이 화해안이 허가되는 경향이 많으며,[16] ③ 만일 상소심이 없다면 1심 판사들은 복잡한 집단소송을 조기에 종결하고 싶은 유혹에 더 쉽게 빠져들 것이라는 점을 인정하지 않을 수 없다. 따라서 Devlin 판결에서 본 바와 같이 '자신을 구속할 수 있는 화해안에 대하여 자신을 보호할 수 있는 기회'를 부여함이 타당하다고 할 것이다.

---

15) 법원행정처, 「증권관련집단소송 실무」, 2005, 101~102쪽. 한편, 이 견해에 의하더라도 재심사유가 있는 경우 준재심에 의하여 불복할 수 있음은 물론 (민사소송법 제461조, 제220조)이라고 한다.

16) Willging et al., *supra* note 3), at 56-58 (1996).

(2) 현행법의 한계

그러나 이러한 필요성에도 불구하고 우리 법은 유감스럽게도 개별 구성원에게 불복신청을 인정하는 명문의 규정을 두지 않고 있다. 즉, 구성원의 대표당사자 선임신청(제10조 제4항, 제21조), 제외신고(제28조), 화해안에 대한 의견진술(제35조), 상소를 목적으로 하는 대표당사자 선임신청(제38조 제2항), 변호사 보수에 대한 감액신청(제44조 제3항) 등에서 예외적으로 절차참여권을 인정하고 있지만 소송절차에서 일반적인 당사자의 지위를 인정하지는 않고 있다. 아울러 법 제38조 제2항을 반대해석하면 원칙적으로 집단소송에 대한 판결에 관하여도 구성원에게는 상소의 권리가 인정되지 아니한다고 할 수 있다. 사정이 이러하다면, Devlin 판결과 같이 소송당사자의 개념을 확장 해석하는 방법은 우리 법에서는 다소 무리라고 생각한다. 왜냐하면, 첫째, 위 Devlin 판결에서 구성원에게 화해허가결정에 대한 상소권을 인정하는 전제는 자신에게 불리한 판결을 받은 경우 이에 대해 항소를 할 수 있다는 논리에서 출발하고 있는데, 우리 법은 앞서 본 바와 같이 구성원에게는 판결에 대한 항소권을 부여하지 않고 있으며, 둘째, 위 Devlin 판결은 대부분 상소심의 필요성에 관한 논리전개가 대부분이고 왜 반대의견을 제시한자에게 불복의 기회를 부여하여야 하는지에 관하여는 자세한 언급 없이, "다만 그럼으로써 남용을 막을 수 있을 것이다"라는 정도만 언급하고 있음을 볼 때 반드시 반대의견을 제시한 자에게 불복의 기회를 부여해야 한다는 절대적 진리가 있는 것은 아니라고 본다. 아울러, 미국에서는 Rule 24에 의한 참가신청(intervention)도 널리 인정되고 있으나 우리 법에서는 '참가'를 인정하여야 하는지에 대하여 논란이 있는바, 구성원의 지위를 미국의 그것과 동일하게 볼 것인지는 다툼의 여지가 있다. 따라서 구성원의 지위에서 상소를 제기할 수 있는가라는 질문에는 아쉽지만 부정설을 취할 수밖에 없다.

(3) 법 제38조 제2항의 유추

여기서 상소를 목적으로 하는 대표당사자 허가신청 규정(법 제38조 제 2항)을 준용할 필요가 있다. 즉, 화해안에 대한 허가결정 역시 분쟁을 일 단락시키는 법원의 사법적 판단임에 틀림없고, 대표당사자와 피고는 자 신들의 합의 결과인 화해안에 대한 허가결정에 불복하지 않을 것이므로, 이러한 경우에도 대표당사자가 기간 이내에 상소하지 아니한 경우로 보 아 일정한 기간(30일) 이내에 상소를 목적으로 하는 대표당사자 신청을 하게하고, 법원이 이를 심사하게 한다면, 남용의 우려를 불식시키면서도 상소의 필요성이라는 이념적 요청을 만족시킬 수 있으리라고 본다.

Ⅲ. 판사의 협상관여

조정과 달리 화해는 원칙적으로 판사나 제3자의 관여 없이 당사자가 상호 그 주장을 양보함에 의하여 다툼을 해결하는 자주적 분쟁해결방식 이다. 이러한 화해에 이르기 위하여 당사자들은 협상(negotiation)절차를 거쳐야 한다. 협상절차를 거쳐 화해안이 마련되면 앞 장에서 본 바와 같 이 법원에 화해안 허가신청을 하고, 고지와 심문절차를 거쳐 법원은 화 해안의 허가여부를 결정할 것인데, 만일 법원이 화해안 허가를 거부하면 협상의 단계에서부터 다시 시작해야 하는 문제가 생긴다. 여기서 협상절 차를 당사자에게만 맡기는 것보다 최종적으로 화해안의 허가여부를 결 정할 판사가 협상의 단계에서부터 관여한다면 보다 효율적인 진행이 되 지 않을까 하는 생각이 들 수 있다. 이 문제에 관해서도 법은 아무런 규 정이 없기 때문에 우선 미국에서의 논의를 살펴보고, 우리 제도상 판사 의 관여가능성이나 주의사항 등에 대하여 살펴보기로 한다.

1. 미국에서의 논의

1) 소극설

추후 화해안의 허가신청사건을 담당할 판사는 그 집단소송의 협상과정에 개입해서는 안 된다는 입장이다. 협상에 개입한 판사는 이후 공정성 심리절차를 다른 판사에게 재배당하든지 아니면 당초 협상절차를 다른 판사나 하급법원 판사(magistrate)에게 위탁했어야 한다는 견해이다. 그 논거는 첫째, 협상과정에 개입한 판사는 공정성 심리에 있어 중립성이 의심되고(법원이 협상과정에 깊이 관여한 다음에 많은 비용을 들여 고지를 하고 심문절차를 거친 다음에 이제 와서 화해안의 허가를 거부하기란 상상하기 곤란하며, 특히 법원이 화해에 포함할 내용을 제안하기라도 한 경우에는 더욱 중립적으로 심사하기를 기대하기가 곤란할 것이다), 특히 화해에 우호적인 나머지 구성원들의 이익을 간과할 우려가 있다. 둘째, 협상시 판사가 관여하게 되면 당사자들은 그 판사가 추후 화해의 허가여부를 결정하고 나아가 본안에 관한 판단을 하리라는 점을 알기 때문에, 본안에 대한 각자의 강점과 약점에 관하여 솔직하지 못하게 된다.

이런 문제점들을 해결하기 위해, 법원은 대개 3가지 대안을 사용하였다. 첫째는, 모든 협상절차를 하급법원 판사(magistrate)나 동료판사, 또는 스페셜마스터(special master)에게 맡겨 그들로 하여금 당사자들의 협상절차에 도움을 주도록 하는 방법이고, 둘째는, 판사는 단지 협상이 원만하게 진행될 수 있도록 편의를 제공하는 편의제공자(facilitator)의 역할만 맡는 방법이다. 이 경우 판사가 어떤 결론을 지지하거나 당사자들을 조정하려고 나서지는 않는다고 한다. 셋째는, 판사가 화해안을 작성하는 등 적극적으로 협상과정에 참여하는데, 당사자들 사이에 대략적으로 동의가 이루어지면, 이 사건을 동료판사에게 넘겨 공정성 심리를 하도록 하는 방법이 제

안되고 있다.17)

2) 적극설

판사라는 직업은 원래 다양한 종류의 업무와 직책 등을 맡는 것이 당연하므로 협상과정에 관여하였다는 이유만으로 추후 공정성 심리시에 반드시 객관적이지 못하리라고 단정하는 것은 부당하고, 때로는 필요성이 있으므로 판사도 협상과정에 관여할 수 있다는 입장이다. 예를 들어, 배심원 없는 재판을 담당하는(bench trial) 판사들은 증거의 중요성과 신뢰성에 대한 판결을 내려야 하는데, 심리과정에서 증거법에 의하면 제외됐어야 하는 증언들을 많이 듣는다고 하더라도 판결시에는 그것들에 영향을 받지 않고 있을 정도로 신뢰할 수 있다. 따라서 협상에 관여했던 판사는 소송의 배경과 당사자들의 강점과 약점 등을 잘 파악하고 있으므로 공정성 심리시 화해안의 적정성은 물론 반대의견 등의 가치 등도 판단하기가 쉽기 때문에 절차 진행의 효율성을 극대화할 수 있을 것이다.18)

2. 우리의 경우

향후 증권집단소송이 제기되면 기본적으로 일반 민사소송절차 특히 최근 법원에서 시행중인 이른바 신모델의 진행절차에 따라서 서면공방과 사전 증거조사 및 쟁점정리기일을 거친 다음 변론에 들어가는 수순을 밟게 될 것이다.19) 그런데 이 신모델에 의하면, 쟁점정리기일 또는 변론종결 단계에서 재판부가 가진 심증을 소송당사자에게 표명하여 적극적으로 화해를 권고하도록 하고, 필요한 경우 전문가들의 조력을 받아 분쟁의 화해적 해결을 적극 시도하도록 권장하고 있다.20) 이러한 사정을

---

17) Arthur Spiegel, "Settling Class Actions", 62 *U. Cin. L. Rev.* 1565, 1567-1568 (1994).
18) Spiegel, *supra* note 17), at 1569-1570.
19) 법원행정처, 『민사재판 운영실무』, 2002, 9쪽.

종합해 보면, 증권집단소송의 복잡성과 특수성으로 인하여 전문가 조정위원을 참여시킨 조정위원회 조정회부라든지, 서면공방과 사전 증거조사의 결과를 바탕으로 한 쟁점정리기일에서의 화해권유 등 판사가 화해 내지 협상에 관여할 여지가 클 수밖에 없다. 그리고 본안소송의 진행 중 협상이 타결되어 화해안 허가신청을 하게 되면 본안소송 재판부가 그 공정성·상당성·적정성을 심리하게 되어 있다(예규 부칙 제3조 제1항 별표 참조). 즉 우리나라에서는 본안소송을 심리하는 판사의 협상관여는 선택의 문제가 아니라 관행 및 절차상 어느 정도 예견되어 있다고 할 것이다. 따라서 우리나라에서의 '판사의 협상관여'에 관한 논의는 그 가부를 논하기보다 협상에 관여하는 법원의 주의사항에 초점을 맞추는 것이 바람직하다고 본다.

협상과정에 개입하는 법원으로서는 위 소극설에서 제기한 비판들을 경청할 필요가 있다. 첫째, 협상과정에 관여하는 판사들은 협상절차에서나, 추후 화해안 허가절차에서 중립성을 견지하기 위하여 노력하여야 하고, 둘째, 화해를 통한 분쟁의 조기종결에만 관심을 가질 것이 아니라, 집단소송이 허가된 경우의 법원은 절차의 주재자 및 심판자인 동시에 구성원의 후견적 보호자라는 지위를 명심하여야 한다.[21] 셋째, 협상의 국면에서는 당사자가 법원을 의식하여 충분한 의견개진을 못하는 일이 없도록 분위기를 유도하여야 하며, 특히 본안소송에서의 판단과 결부시켜 당사자를 위협하는 일이 없도록 해야 할 것이다.

---

20) 법원행정처, 『법원실무제요 민사소송[Ⅱ]』, 2005, 427~428쪽.

21) In re Agent Orange Prod. Liab. Litig., 818 F.2d 216, 222-23 (2d Cir.)(집단소송이 허가되면 법원은 전 소송과정에 걸쳐 구성원들에 대하여 충실의무를 부담하고 그들의 이익을 보호하여야 한다); In re Corrugated Container Antitrust Litig., 643 F.2d 195, 225 (5th Cir. 1981)(법원은 구성원의 이익을 보호할 의무가 있다).

IV. 수정가능성

만약 제안된 화해안의 문제점이 고지와 심문절차 이후에 드러나 수정이 필요한 경우 어떻게 하여야 할까? 이에 관하여는 두 가지 쟁점이 있을 수 있다. 하나는 화해안의 공정성을 심리하고 있던 법원이 화해안의 문제점을 발견하고 이를 개선하기 위하여 임의로 수정할 수 있는지의 문제이고, 다른 하나는 고지와 심문절차가 이뤄진 상태에서 당사자들은 합의만 하면 제한 없이 화해안을 수정할 수 있는지의 문제이다.

1. 법원에 의한 수정가능성

2003년에 개정된 Rule 23(e)(1)(A)에 의하면, 집단소송으로 허가된 집단의 청구, 쟁점 또는 항변사항에 대한 화해 등은 법원의 허가를 받도록 하고 있으나, 판사가 임의로 화해안을 수정할 수 있는지에 관하여는 언급이 없다. 이에 관하여 Evans v. Jeff D. 사건에서 미연방 대법원은, "현명하게도 Rule 23(e)는 집단소송의 화해안에 대하여 법원의 허가를 요구하고 있지만, 당사자가 동의하지 아니한 화해안을 수용하도록 강요할 수는 없다. 법원은 만약 어떤 조항이 첨가되거나 삭제되지 않으면 그 화해안을 허가하지 않겠다는 언질을 줄 수는 있지만, 기본적으로 법원은 단지 제안된 화해안을 허가하거나, 허가를 거절하고 다른 합의가 가능한지 알아보기 위하여 심리를 연기하거나, 아니면 심리를 진행할 수 있을 뿐이다"라고 판시하였다.[22][23] 마찬가지로 화해안의 내용을 선택적으로 허가

---

22) Evans v. Jeff D., 475 U.S. 717, 726-727 (1986).
23) 마찬가지로 법원이 일방적으로 화해안을 수정할 수 있는 권한이 없다는 판례로는 Jeff D. v. Andrus, 899 F.2d 753, 758-59 (9th Cir. 1989); Huertas v. East River Housing Corp., 813 F.2d 580, 582 (2d Cir. 1987); In re Joint E. & S. Dist. Asbestos Litig., 878 F. Supp. 473, 512 (E.&S.D. N.Y. 1995); White v. Nat'l

한다거나, 부분적으로 기각한다면 이 또한 사실상 화해안의 수정이 될 수 있기 때문에 법원은 화해안의 일부 내용만을 선택적으로 허가하거나 기각할 수 없고,[24] 화해안의 내용을 제안된 내용과 상충되는 방향으로 해석하여서도 안 된다고 한다.[25] 왜냐하면, 판사가 당사자들의 입장과 협상과정에 대하여 잘 알고 있다고 할지라도 화해안의 내용들이 서로 어떻게 연관되어 있고, 이를 변경할 경우 그것이 일반 대중과 당사자들 및 변호사들에게 어떤 영향을 미칠 것인지에 대해서는 잘 알지 못할 것이기 때문이다.[26]

법 제35조 제1항은 "증권집단소송에 있어서 소의 취하, 소송상의 화해 또는 청구의 포기는 법원의 허가를 받지 아니하면 그 효력이 없다"고 하고 있으나 수정가능성에 관한 언급은 없다. 그러나 우리법의 해석에 있어서도 소송상의 화해라 함은 소송의 계속 중에 당사자가 소송물인 권리 또는 법률관계에 관하여 상호 그 주장을 양보함으로써 다툼을 해결하는 소송상의 합의를 말하는 것으로서 당사자 사이의 '자주적 분쟁해결방식'이라고 할 것이므로, 당사자의 의사에 반하는 화해안의 수정이란 있을 수 없다고 보아야 한다.

2. 당사자들의 합의에 의한 수정가능성

한편, 화해협상의 당사자들은 법원에 허가요청을 하기 전에는 얼마든지 이를 수정할 수 있다. 그러나 화해안이 법원에 제출되고 당사자들에

Football League, 836 F. Supp. 1458, 1487-88 (D. Minn. 1993), 41 F.3d 402 (8th Cir. 1995), cert. denied, 115 S.Ct. 2569, 132 L.Ed. 2d 821 (1995); In re Domestic Air Trans. Antitrust Litig., 148 F.R.D. 297, 305 (N.D. Ga. 1993) 등이 있다.

24) Evans v. Jeff D., 475 U.S. 717, 726-727 (1986).

25) Jeff D. v. Andrus, 899 F.2d 753, 763 (9th Cir. 1989).

26) Jack B. Weinstein & Karin S. Schwartz, "Notes from the Cave: Some Problems of Judges in Dealing with Class Action Settlements", 163 F.R.D. 383 (1995).

게 이미 고지된 경우, 중요내용의 변경은 당초 화해안을 보고 심문절차
에 참석하여 반대의견을 제시하지 않기로 한 구성원들의 권리를 침해할
우려가 있다.[27] 미국에서는 이러한 경우 당사자들의 합의에 의한 수정을
인정할 것인지에 대하여 다양한 견해를 보이고 있다. 즉, 일부 법원은 당
사자들 사이에 합의된 화해안의 수정은 폭넓게 인정할 수 있다는 입장
(법원이 일방적으로 화해안을 수정하는 것과 당사자들의 동의하에 제안된
수정된 화해안을 허가하는 것은 다르다고 하면서, 당사자들이 법원에 그
들 스스로가 수정하고 동의한 화해안의 허가를 요청하는 것은 적절하다
는 입장)[28]인데 비하여, 일부 법원은 단지 기술적인(technical and perfecting)
문구수정 정도인 경우에만 허용하고 있다.[29]

우리법의 해석과 관련하여 살피건대, 이 문제는 '기존의 고지와 심문
절차를 다시 진행하여야 할 필요가 있는지'와 관련하여 판단하여야 할
것이라고 본다. 즉, 당사자들에 의한 합의를 넓게 인정할 것인지 좁게 인
정할 것인지의 문제보다는 그러한 변경이 이루어진 경우 구성원들의 권
리침해가 없도록 어떠한 절차적 보장이 이루어져야 하는지에 관심을 두
어야 할 것이다. 따라서 단지 기존의 화해안의 내용을 명확히 한다는 의
미에서 기술적인 문구수정이라면 별도의 고지나 심문절차 없이 수정, 변
경이 가능하겠지만, 그 변경내용이 구성원 중 일부에게라도 중대한 영향
을 미치는 것이라면 새로운 고지와 별도의 심문절차가 있어야 할 것이
다. 그러나 고지와 심문절차의 범위는 변경된 새로운 조항에 의하여 영
향을 받게 될 구성원들을 범위로 한정하면 족하다고 본다. 이와 관련하
여 우리 법에는 단지 법 제18조 제2항, 제3항을 준용한다고 하여 화해안
의 수정의 경우에도 전체 구성원에게 모두 고지를 하여야 하는 것처럼
되어 있으나, 고지의 목적이 적법절차의 보장이라는 이념에서 비롯된 것

---

27) Weinstein et al., *supra* note 26), at 377.
28) White v. Nat'l Football League, 836 F. Supp. 1458, 1487-88 (D. Minn. 1993).
29) Liddell v. Board of Educ., 567 F. Supp. 1037, 1047 (E.D. Mo. 1983); In re Joint
    E.&S. Dist. Asbestos Litig., 878 F. Supp. 473, 497-98 등.

이라면 화해안의 전면적 수정이 아닌 한 수정으로 인하여 법적 지위에 영향을 받는 일부 구성원에게만 고지하고 그들을 범위로 심문절차를 개최하는 것이 합목적적 해석이라고 본다. 참고로, 2003년 개정된 Rule 23(e)(1)(B)는 제안된 화해안으로 인하여 효력이 미치게 될 당사자들에게만 고지하면 된다는 내용을 명시하고 있다.

V. 법원의 허가와 고지의 생략가능성

법 제35조는 화해 등의 경우에 법원의 허가와 구성원에 대한 고지를 요구하고 있는데, 사실 이러한 절차들은 분쟁의 조기 종결을 바라는 당사자들과 법원의 입장에서 보면 그다지 환영할 만한 것들은 아니다.[30] 미국에서는 이러한 절차들의 생략여부에 관한 논의들이 많이 있어 왔는데, 이하에서는 그 중 우리 법에서도 있을 수 있는 몇 가지 상황에 관하여 미국에서의 논의와 우리 법에서의 적용가능성에 대해 살펴보고자 한다.

1. 허가의 생략가능성

언뜻 보기에는 소송허가결정 이전의 대표당사자 개인만이 관련된 화해 등의 경우에는 법원의 허가가 필요하지 않은 것처럼 보일 수도 있다. 그러나 미국에서는 이 경우에도 법원의 허가가 필요하다는 견해가 있다.[31] 그 근거는 집단소송의 허가결정 이전에 피고가 대표당사자와 그 소송대리인 변호사에게 막대한 급부를 제공함으로써 대표당사자 개인의 청구를 포기하게 하고 나아가 집단소송의 수행을 단념하도록 할 위험이 있고,[32] 또, 대표당사자 측에서 이런 특징을 간과하고 자신의 협상력을

---

30) 4 Newberg on Class Actions § 11:74.
31) 4 Newberg on Class Actions § 11:65.

높여 막대한 이익을 챙기기 위한 수단으로 만연히 집단소송을 제기함으
로써 대표당사자로서의 지위를 악용할 가능성도 있으므로,33) 일단 집단
소송을 제기하고 소송허가신청을 한 경우에는 법원의 허가 없이 그 절
차에서 벗어날 수 없도록 할 필요가 있다는 것이다. 따라서 법원은 소송
허가결정 이전의 단계에서도 집단소송임을 표방하는 대표당사자가 결부
된 화해의 경우에는 법원은 화해안의 상당성 여부를 심사하여 이를 허
가하여야 하고,34) 만일 화해금액이 청구원인에 비하여 지나치게 큰 경우
에는 대표당사자와 변호사가 개인적인 목적으로 부적절하게 집단소송을
중단한 것이라는 징표가 될 수 있다고 한다.35) 이에 대하여, 법원의 허가
는 소송허가결정이 난 경우의 화해에만 적용이 된다는 견해도 있다.36)
그 근거는 대표당사자 개인만이 그 화해에 구속되고 다른 구성원들은
그렇지 아니하므로, 구성원들을 보호할 필요가 없기 때문이라는 것이다.
2003년에 개정된 Rule 23(e)(1)(A)는 집단허가결정이 난 이후의 화해에만
법원의 허가를 요구한다고 규정하여 이 문제를 해결하였다. 자문위원회
보고서는 명시적으로 "개정된 규칙은 대표당사자가 개별 청구를 화해하
는 경우에는 법원의 허가를 요구하지 않는다"고 하였고,37) 사법제도위
원회 보고서 역시 "집단소송으로 주장된 분쟁이 집단소송으로 허가받기
이전에 철회된 경우 구성원에게 효력이 미치지 아니하므로 법원의 허가
는 필요가 없다"고 하였다.38) 그러나 복합소송지침은 소취하가 집단소

---

32) Robert H. Klonoff, *Class Actions and Other Multi-Party Litigation in a Nutshell* (2nd ed.), West Group, at 214-215 (2004).

33) Philadelphia Elec. Co. v. Anaconda Am. Brass Co., 42 F.R.D. 324 (E.D. Pa. 1967).

34) Watson v. Ray, 90 F.R.D. 143 (S.D. Iowa 1981); Burgener v. California Adult Authority, 407 F. Supp. 555, 560 (N.D. Cal. 1976); City of Inglewood v. Unnamed Citizens, Residents and Owners of Property Within City of Inglewood, 508 F.2d 1283 (9th Cir. 1974); Held v. Missouri Pac. R. Co., 64 F.R.D. 346 (S.D. Tex. 1974).

35) Klonoff, *supra* note 32), at 215.

36) Klonoff, *supra* note 32), at 215.

37) Klonoff, *supra* note 32), at 215-216.

38) Report of the Judicial Conf. Comm. on Rules of Practice and Procedure at 13.

송 절차의 남용이라고 보이는 경우, 법원은 그 배경을 조사하여야 한다
고 하였다.39)

살펴건대, 미국법과 달리 우리법은 소송허가결정 전후에 관한 언급
없이 단지 소의 취하, 소송상의 화해, 청구의 포기에 법원의 허가를 요한
다고 되어 있어 논란의 여지가 있는 것이 사실이다. 소송허가결정 이전
의 화해 등에 대하여 법원의 허가가 필요한가의 문제는 이를 규정한 법
제35조 제1항의 입법취지와 보호법익이 무엇인지부터 살펴야 할 것이
다. 만약 그 보호법익이 집단소송임을 내세워 자신의 협상력을 높이려는
원고의 부당한 소제기를 방지하고자 하는 것이라면, 소송허가결정 이전
이라도 집단소송을 표방한 이상 법원의 허가를 받아야 할 것이다. 그러
나 앞서 본 바와 같이 위 규정은 대표당사자와 피고 등이 담합을 하여
구성원의 이익에 반하는 내용으로 소송을 종료시킬 위험성이 있으므로
이를 방지하려는 취지 즉 구성원의 이익보호에 주안점이 있다고 본다
면,40) 기본적으로 소송허가결정 이전의 대표당사자의 개별 화해는 그 효
력이 다른 구성원들에게는 미치지도 않고 따라서 구성원의 이익을 해할
염려도 없을 뿐만 아니라, 미국의 필요설이 염려하는 바와 같은 집단소
송의 중단의 우려라든지, 집단소송제도의 악용의 우려라든지 하는 점은
위 규정이 직접적으로 보호하고자 하는 보호법익의 범위에는 속하지 않
는다고 할 것이므로(이러한 우려는 구성원들이 각자 개별적으로 소송을
제기하거나, 다른 구성원이 대표당사자가 되어 집단소송을 다시 제기하
면 되므로 문제가 되지 않는다), 결국 소송허가결정 이전의 화해에 대하
여는 법원의 허가가 필요하지 않다고 생각한다.

---

39) Annotated Manual for Complex Litigation § 21.61.
40) 법원행정처, 「증권관련집단소송 실무」, 2005, 95쪽.

2. 고지의 생략가능성

1) 소송허가결정 이전의 경우

미국에서는, 개정된 Rule 23(e)에 의하면 집단 허가 이전의 화해에 대해서 법원의 허가를 요구하지 아니하고,[41] 구성원들에게 효력이 미치는 경우에만 고지를 요구하고 있기 때문에, 대표당사자가 집단 허가 이전에 개별 청구에 관하여 피고측과 화해를 하려고 하는 경우에는 구성원들에 대한 고지는 불필요하다.[42] 자문위원회 보고서나 사법제도위원회 보고서 역시 대표당사자 개인과 관련된 화해의 경우에는 고지가 필요 없다고 한다.[43] 그러나 대표당사자가 비정상적으로 과다한 보상을 약속받고 집단소송의 진행을 중단하는 경우 등과 같이 집단소송절차의 남용이라고 보이는 경우에는 고지가 필요하다는 판례들도 있다.[44]

우리법의 해석으로 이 문제를 검토할 때에도 마찬가지로 법 제35조 제2항의 입법취지를 살펴야 할 것이다. 위 규정은 화해 등에 법원의 허가가 필요한 경우 구성원들에게 이를 알려 그 의견을 수렴하기 위한 절차를 보장함으로써, 구성원들의 이익을 보호하기 위한 규정이다. 그렇다면, 앞서 본 바와 같이 소송허가결정 이전의 대표당사자의 개별 화해는

---

41) Klonoff, *supra* note 32), at 216.

42) Annotated Manual for Complex Litigation § 21.312; Culver v. City of Milwaukee, 277 F.3d 908, 915 (7th Cir. 2002); Crawford v. F. Hoffman-La Roche Ltd., 267 F.3d 760, 764-65 (8th Cir. 2001).

43) Klonoff, *supra* note 32), at 216; Report of the Judicial Conf. Comm. on Rules of Practice and Procedure, *supra* note 38), at 13.

44) Diaz v. Trust Territory of Pac. Islands, 876 F.2d 1401, 1409 (9th Cir. 1989); In re Nazi Era Cases Against German Defendants Litig., 198 F.R.D. 429, 439 (D. N.J. 2000); Gassie v. SMH Ltd., Civ. A. No. 97-1786[1997 WL 564006] (E.D. La. Sept. 9, 1997). 그런데 이 사안들은 모두 Rule 23이 2003년 개정되기 전의 것이어서 개정 이후에도 유지될 것인지는 의문이다.

그 효력이 다른 구성원들에게는 미치지도 않고 구성원의 이익을 해할 염려도 없을 뿐만 아니라, 이 경우 화해 등의 효력 발생에 법원의 허가를 필요로 하지 않는 이상, 고지의 절차도 필요가 없다고 할 것이다.

2) 소송허가결정 이후의 경우

소송허가결정이 난 경우에는 법 제35조에 따라 구성원에 대한 고지와 법원의 허가를 거쳐야만 화해 등의 효력이 발생할 수 있다. 그런데 미국에서는 고지절차를 생략하기 위하여 먼저 집단허가결정을 취소하고, 구성원들에 대한 고지 없이 소취하를 허가하는 경우가 있다고 한다.[45] 하지만, 우리의 경우 일단 소송허가결정이 난 후 사후에 소송허가요건이 흠결되었다고 하더라도 이를 번복할 수 있는 규정을 두고 있지 아니하므로, 이런 편법의 사용이 어려울 것이다.

지금까지 각론적 차원에서 증권집단소송의 화해절차에서 예상되는 개별적 문제점들에 관하여 우리 법규정과 미국에서의 논의를 바탕으로 나름의 해석을 제시해 보았다. 다음 장에서는 보다 근본적인 측면에서 현행 법 규정 등에 비추어 예상되는 증권집단소송의 화해절차상 문제점을 지적해 본 다음 이에 대한 대안으로서 바람직한 화해제도의 운영을 위한 개선방안을 모색하고자 한다.

---

45) Bantolina v. Aloha Motors Inc., 75 F.R.D. 26, 31-33 (D. Haw. 1977).

제4장 화해제도의 개선방안

제1절 개 관

현행법은 구성원의 이익보호를 위한 절차 보장규정과 대표당사자 및 원고측 소송대리인에 대한 견제규정 등 여러 가지 제도를 구비하고 있으나, 이하에서 살펴 볼 현행 집단소송의 (특히 화해국면에서 나타나는) 구조적 문제점 즉, 화해를 선호하는 경향과 화해절차에서의 원고측 소송대리인에 대한 통제의 한계로 인하여, 증권투자자의 권리를 구제하고 기업경영의 투명성을 확보하기 위한 입법 목적에 부합하는 화해제도를 정착시키는 데에는 많은 어려움이 예상된다.

따라서 이 책에서는 집단소송제도의 취지와 특성을 이해하고, 입법 목적에 부합하는 효과적인 제도 운영을 위한 보다 근본적이고 포괄적인 해결책으로서, 증권집단소송 전반에 걸친 법령의 해석과 제도의 운영에 지침이 되는 이념적 지표 이른바 '집단소송의 운영원리(principles for class action governance)' 개념을 소개하고자 한다. 그리고 집단소송 운영원리의 실효성을 확보하기 위해서는, 여러 가지 내용 중에서 특히 반대자의 역할과 그 집단소송 운영원리의 현실적 작동여부를 검사하는 집행수단으로서 법원의 심사기능이 매우 중요하므로, 이들 두 가지 쟁점에 대하여 보다 자세히 살펴볼 것이다. 끝으로, 구체적으로 화해안을 마련할 때 주의하여야 할 사항으로서, 화해전략, 화해조항, 임원배상책임보험, 잔여금 처리조항, 비금전 화해에 대한 가치보장조항 등에 관하여 살펴보기로 한다.

제2절 현행 화해제도의 문제점

I. 개 설

집단소송이 제 기능을 다 하기 위해서는 앞의 제1장에서 살펴본 집단
소송의 요건들이 모두 제대로 갖춰져야 하겠으나, 실체적·절차적 공정
성을 견지하기 위해서는 그 중에서도 특히 대표의 적절성이 가장 중요
할 것이다. 그 이유는 원고들이 각자 스스로의 권리실현에 나서는 일반
민사소송과 달리 집단소송의 구성원들은 대표당사자나 변호사가 그들의
이익을 잘 대변해 주리라고 믿고, 소송에 직접 관여하지 아니할 가능성
이 높기 때문이다. 그리고 집단소송의 화해에 있어 공정성은, 협상절차
에서 구성원의 이익과 관련된 모든 쟁점들이 충분히 고려되고, 논의되었
을 때 인정된다. 그러나 집단소송의 구조적 문제점 즉, 화해를 선호하는
경향과 화해과정에서의 원고측 소송대리인에 대한 통제의 어려움으로
인하여, 화해 협상과정에서 구성원들의 이익이 적절하게 대변되고 보호
되지 못할 우려가 있다.[1] 그럼에도 불구하고 일단 법원의 화해허가결정
이 있게 되면, 구성원은 화해의 내용이 부당할지라도 이에 구속될 수밖
에 없기 때문에, 구성원의 권리구제를 이념으로 하는 집단소송의 취지를
무색하게 할 우려가 있다.[2] 이외에도, 이러한 증권집단소송의 화해는 종
종 현재 주주의 희생 위에 과거 주주의 이익을 보전하는 결과가 되는데,
이 때 변호사 보수라는 어마어마한 거래비용이 소요된다는 비판,[3] 현재

---

1) Mars Steel Corp. v. Continental Ill. Nat'l Bank & Trust Co., 834 F.2d 677, 678
   (7th Cir. 1987).
2) Sylvia R. Lazos, "Abuse in Plaintiff Class Action Settlements: The Need for a Guardian
   During Pretrial Settlement Negotiations", 84 *Mich. L. Rev.* 308, 312-13 (1985).
3) Janet Cooper Alexander, "Rethinking Damages in Securities Class Actions", 48 *Stan*

손해배상액 산정방법은 피해 기간 동안 주식을 되판 투자자들이 얻은 이익을 고려하지 않기에 실제 피해액보다 더 큰 액수의 손해배상액을 산정하고 있다는 비판,[4] 원고측 소송대리인들은 자신들의 이익(변호사 보수)에 더 관심이 많기 때문에 유리한 사건을 대리하고 있을지라도 너무 일찍, 너무 낮은 금액에 화해할 여지도 있다는 비판,[5] 그리고 원고측 소송대리인은 피고가 여럿인 경우 총 화해금액과 변호사 보수가 얼마인지에 관심이 있을 뿐, 누가 손해배상액을 부담하는지에 관심이 없고, 따라서 거의 배상액을 부담하지 않는 피고가 생길 수도 있으며 이로써 증권법 위반행위를 억지하려는 본래의 의도가 약화되기도 한다는 비판[6] 등이 있다.

이 절에서는, 증권집단소송의 화해제도의 구조적 문제점, 즉 화해를 둘러싼 소송관계인들의 이해관계의 대립과 화해를 선호하는 경향 및 원고측 소송대리인에 대한 통제의 한계를 살펴봄으로써, 대안마련의 필요성을 역설하고, 다음 절에서부터 이러한 문제점에 대한 대안을 모색해보고자 한다.

II. 화해에 관한 이해관계 대립

먼저, 집단소송에 관여한 소송관계인들의 화해에 관한 이해관계와 선호도 등에 관하여 살펴보기로 한다.

L. Rev. 1487, 1503, 1505 (1996).

4) Frank H. Easterbrook & Daniel R. Fischel, "Optimal Damages in Securities Cases", 52 U. Chi. L. Rev. 611, 638-639 (1985).

5) John C. Coffee, Jr., "Understanding the Plaintiff's Attorney: The Implications of Economic Theory for Private Enforcement of Law through Class and Derivative Actions", 86 Colum. L. Rev. 669, 690 (1986).

6) Coffee, supra note 5), at 719-720.

1. 피고의 이해관계

피고는 종종 재판절차를 선호하기도 하지만,[7] 앞서 본 화해의 장점들 예컨대 첫째, 손해배상금 및 소송비용을 최소화하고, 집단소송에 수반되는 불리한 여론을 극복할 수 있으며, 둘째, 피고의 기업 내부 사정이 노출될 위험을 줄일 수 있고, 셋째, 소송에 얽매이는 동안 일상적인 영업에 생길 수 있는 지장을 줄일 수 있다는 등의 이유로 화해를 더 선호할 가능성이 있다.[8] 나아가 피고는 화해허가결정으로 인한 기판력을 받음으로써, 향후 개별 구성원으로부터의 피소 염려를 줄일 수 있다면, 원고측 소송대리인에게 많은 보수를 지급하고서라도 기꺼이 화해에 이르고자 할 것이다.[9] 즉, 피고는 소송허가결정 단계에서는 소송요건 구비여부에 관하여 강하게 이의를 제기(법 제13조 제2항 참조)하는 경향이 있으나, 화해의 국면에서는 원고측 소송대리인과 친밀한 관계를 유지하며 구체적인 화해안을 마련하려는 경향이 있다.[10]

2. 대표당사자의 이해관계

대표당사자는 전체 구성원의 이익을 위하여 소송을 수행하여야 하는 특별한 책임감이 있고, 집단소송에서 승소판결을 받음으로써 화해에서 얻을 수 있는 것보다 더 큰 명예와 보상을 얻을 수도 있다. 그러나 다음

---

7) Robert H. Klonoff & Edward K. M. Bilich, *Class Actions and Other Multi-Party Litigation —Case and Materials*, American Casebook Series, West Group, 584 (2000).

8) Lazos, *supra* note 2), at 312-313.

9) Robert B. Gerard & Scott A. Johnson, "The Role of the Objector in Class Action Settlements —A Case Study of the General Motors Truck Side Saddle Fuel Tank Litigation", 31 *Loyola of Los Angeles Law Review* 409, 415-416 (1998).

10) Klonoff et al., *supra* note 7), at 585.

과 같은 이유로 대표당사자도 판결보다 화해를 더 선호하게 될 가능성
이 높다. 즉, 판결금액이나 화해금액을 구성원들과 똑같은 기준으로 나
눠가져야 한다는 점(어려운 소송을 진행한 끝에 겨우 다른 구성원들과
똑같이 지분적 이익만을 나눠가질 수 있을 뿐이라면, 화해를 택하는 것
이 더 이익이다),11) 피고측이 대표당사자에게 특별한 혜택을 주기로 하
는 내용의 화해를 제안해 오는 경우의 유혹,12) 재판에서 질 경우 대표당
사자들만이 원고측 소송대리인의 변호사 보수와 소송비용을 부담하여야
한다는 부담,13) 소송을 수행하면서 겪게 될 어려움 및 패소의 위험이 바
로 그것이다.

3. 원고측 소송대리인의 이해관계

"원고측 소송대리인은 총원의 이익을 공정하고 적절하게 대리하여야
한다"는 명제(법 제11조 제2항 참조)를 생각하면, 그는 소송절차에서 구
성원의 권리를 주장하고, 입증하는 데에 전력을 다하리라고 기대된다.
하지만, 현실에서는 판결에서 승소의 가능성이 높은 경우라고 할지라도
소송대리인 자신의 이익을 도모하기 위해 화해를 하려고 할 가능성이
있다. 그 이유는 첫째, 원고측 소송대리인의 금전적 이익은 그가 받는 보
수에서 소요된 시간과 노력을 공제한 만큼이라고 할 것인데, 오랜 시간
과 노력의 투입이 예상되는 소송의 결과 더 많은 보상이 약속된다고 하
더라도, 오히려 총액이 조금 적더라도 분쟁을 조기에 종결할 수 있는 화
해를 선택하는 편이 그가 투입한 시간당 보수액의 기준에서는 더 큰 이
익이 될 수 있기 때문이다.14) 둘째, 이론상 원고측 소송대리인의 소송비

---

11) Lazos, *supra* note 2), at 314.
12) Howard M. Downs, "Federal Class Actions: Diminished Protection for the Class and the Case for Reform", 73 *Neb. L. Rev.* 646, 684 (1994).
13) Lazos, *supra* note 2), at 313.
14) Lazos, *supra* note 2), at 315; Downs, *supra* note 12), at 684-86.

용은 승소하면 화해기금에서, 패소하면 대표당사자로부터 지급받을 수 있지만, 현실적으로는 재정적 여유가 없는 구성원들을 대신해서 변호사가 비용을 지급하고 승소시에만 돌려받기로 하는 경우가 대부분일 것이다. 이 경우 만일 패소하게 되면 소송대리인은 자신이 들인 시간과 노력은 물론이고 엄청난 비용(인지대, 고지비용 포함)까지 회복할 수 없게 된다. 하지만, 화해를 하면 화해기금에서 보수와 소송비용을 우선적으로 상환받을 수 있으므로, 그러한 위험을 피할 수 있기 때문에, 원고측 소송대리인은 화해를 선호할 가능성이 높다.[15]

4. 법원의 이해관계

대부분의 법원은 개별 사건에서 판결을 내림으로써 정의를 실현하고자 하나, 한편으로는 미제사건을 줄이고, 사법자원의 사용을 절약하는 데에도 관심이 있다. 현재 우리나라의 민사소송실무는 앞서 본 바와 같이 신모델에 따라, 쟁점정리기일 또는 변론종결 단계에서 재판부가 적극적으로 화해를 권고하도록 하고, 필요한 경우에는 전문가들의 조력을 받아 분쟁의 화해적 해결을 적극 시도하고 있는 실정이다. 따라서 법원 역시 증권집단소송을 처리함에 있어 화해를 장려할 가능성이 높다.

5. 구성원의 이해관계

구성원들은 대부분 개별적 소송을 하게 되면 예상되는 배상액 보다 소송에 투입하여야 할 비용이 훨씬 크기 때문에 개별적으로는 소송을 제기하지 않았거나 제기하지 않았을 사람들이다. 그러나 집단소송이 제기됨으로써 자신들이 부담하여야 할 소송비용이 대폭 감소되었고, 구성

---

15) Lazos, *supra* note 2), at 314.

원들은 대표당사자들이 겪어야 할 스트레스나 부담감, 사생활 침해, 변
론과정에서의 곤경 등을 겪을 필요도 없다.16) 게다가, 구성원들은 원고
측 소송대리인이나 대표당사자들처럼 소송에 깊이 관여하지 않아 실체
에 관한 내용을 잘 모를 수 있기 때문에, 재판에서 쉽게 승소할 수 있으
리라는 지나치게 낙관적인 입장을 갖게 될 가능성도 있다. 따라서 구성
원들은 대표당사자나 원고측 소송대리인이 원하지 않을 때에도 집단소
송을 계속하기를 원하는 경우가 많다.17)

6. 화해로의 귀착가능성

이상의 이유로, 대표당사자와 원고측 소송대리인은 심문절차 이전에
화해로 분쟁을 종결하고자 하려는 가능성이 높으나, 구성원들은 소송을
끝까지 진행하여 조금이라도 더 큰 이익을 얻고자 할 것이므로 이들 사
이에 이해관계의 대립이 발생할 수 있다. 그러나 대립당사자로서 소송의
상대방인 피고 역시 앞서 본 이유로 화해를 원하기 때문에 구성원의 반
대에도 불구하고, 결국 분쟁은 화해로 종결될 가능성이 높다.

III. 소송대리인에 대한 통제의 한계

전통적인 소송의 경우에는 당사자 본인에게 소송의 주도권이 인정되
지만, 집단소송의 경우에는 개별 구성원이나 심지어는 대표당사자까지
도 자기의 의견을 관철하기 어려울 정도로 원고측 소송대리인(증권집단
소송에서 예상되는 소송대리인의 주도권 독점과 이에 대한 폐단은 주로
집단의 소송대리인 즉, 원고측 소송대리인을 말하므로, 이하에서 '소송

---

16) Downs, *supra* note 12), at 687.
17) Klonoff et al., *supra* note 7), at 589.

대리인'이라 함은, 특별한 사정이 없는 한 '원고측 소송대리인'을 말한다)에게 그 주도권이 인정되고 있다.[18] 그래서 때로는 소송대리인이 개인적인 이익을 위하여 집단소송제도를 악용하게 될 가능성이 높다. 예컨대, 원고측 소송대리인은 집단소송 절차를 이용하여 피고로부터 부당하게 높은 화해금액을 착취할 수 있고, 변호사 보수를 지나치게 높게 청구할 수도 있으며, 경제적 이해관계의 대립되는 경우에 구성원의 이익을 경시할 수도 있다. 물론, 법은 이러한 폐단을 막기 위하여 첫째, 소송대리인 외에 구성원, 대표당사자 및 법원에 대하여 소송에 관한 일정한 권한과 역할을 나누어 주었고, 둘째, 적절한 대표활동을 하지 못하는 대표당사자를 걸러내는 장치를 마련하고 있기는 하다. 그러나 이러한 장치만으로는 집단소송 특히 대규모-소액청구권자 소송에서는 소송대리인의 이해관계와 구성원의 그것을 일치시키기에는 부족하다. 아래에서는 화해절차를 중심으로 소송대리인에 대한 감독과 통제가 제대로 이루어지지 못하고 있는 배경을 살펴보고자 한다.

1. 의사소통의 문제

일반적인 민사소송에서는 소송대리인들이 고객들에게 협상의 진행과정, 그 과정에서의 이해관계의 충돌 등에 관한 정보를 제공하여 소송의 진행방향에 대한 선택권을 주지만, 집단소송에서의 고객들은 '집단 전체'이기 때문에 소송대리인들과 고객들 사이에 충분한 의사소통이 제대로 이루어지기는 어렵고, 비용도 많이 들 뿐만 아니라, 협상과정에서의 비밀유지도 힘들기 때문에 충분한 정보교환이 이루어지지 않을 가능성이 높다.[19]

---

18) Donald Puckett, "Peering into a Black Box: Discovery and Adequate Attorney Representation for Class Action Settlements", 77 *Texas Law Review* 1271 (1999).

19) Lazos, *supra* note 2), at 316-317.

2. 구성원의 역할과 한계

법은 원칙적으로 개별 구성원은 소송당사자는 아니지만, 화해절차에서 대표당사자와 소송대리인을 견제하기 위하여 다음의 권한을 인정하고 있다. 즉, ① 화해 등의 허가시에 그 내용을 미리 고지 받아 이에 대한 의견을 진술할 수 있고(법 제35조 제2항), ② 변호사 보수가 과다하다고 생각되면 그 감액을 신청할 수도 있다(법 제44조 제3항). 그 외에 법에 규정된 소송의 계속 중에 대표당사자 허가신청을 할 수 있다는 규정(법 제21조)과 대표당사자가 상소를 제기하지 아니하는 경우 법원의 허가를 받아 상소를 목적으로 하는 대표당사자가 될 수 있다는 규정(법 제38조)도 적용할 수 있을 것이다. 그러나 개별 구성원들이 소송대리인을 감독할 경제적 동기는 매우 작다. 구성원들이 화해의 결과로 얻는 배상금은 매우 적을 뿐만 아니라, 설령 소송대리인을 감독하여 더 많은 배상금액을 피고로부터 받아낸다고 하더라도 이는 구성원들 간에 균등하게 분배되어야 하기 때문에,[20] 개별 구성원들로서는 굳이 시간과 노력을 들여 소송대리인을 감독하려고 하지 않을 것이다.[21] 때문에 구성원들은 집단소송에 무임승차하려는 현상(free-rider effect)이 있다고 한다.[22]

또, 개별 구성원들의 역할에 관한 실효성도 의심된다. 즉 협상과정을 감독할 의사가 있는 구성원이 있다고 하더라도, 집단소송에 대한 합의가 이루어질 때까지 소송의 계속사실 자체를 모르는 경우도 있고, 소송대리인은 집단 전체의 대리인이지 개별 구성원의 대리인은 아니어서 개별 구성원의 지적에 일일이 따를 의무는 없기 때문에, 구성원의 지적이 얼

---

20) Boeing Co. v. Van Gemert, 444 U.S. 472, 478-482 (1980).

21) Lazos, *supra* note 2), at 319.

22) Jonathan R. Macey & Geoffrey P. Miller, "The Plaintiffs' Attorney's Role in Class Action and Derivative Litigation: Economic Analysis and Recommendations for Reform", 58 *U. Chi. L. Rev.* 20 (1991).

마만큼 받아들여질지도 의문이다.[23] 한편, 개별 구성원의 의사를 수렴하는 절차를 만든다고 하더라도 그 비용이 만만치 않을 뿐만 아니라 경제적 동기가 작은 구성원들이 얼마나 많은 조사와 연구를 거쳐, 얼마나 가치 있는 의견을 낼 수 있을지도 의문이다. 미국의 경우, 구성원들의 적극적인 소송관여라고 할 수 있는 반대의견의 수는 물론 제외신고 건수 조차 미미하다는 현실은 이러한 의문을 뒷받침하고 있다. 즉, Thomas E. Willging 등은 1992.7.1.부터 1994.6.30.까지 4개의 연방지방법원에서 종결된 모든 집단소송의 결과를 분석한 적이 있는데, 이에 의하면, 반대의견이 하나도 없는 경우는 42%에서 64% 사이에 이르고, 전체 구성원 대비 제외신고자의 비율(중앙값)은 0.1%에서 0.2%에 불과하며, 제외신고가 한 건이라도 있었던 사건의 75%는 전체 구성원 중 1.2%만이 제외신고를 하였을 뿐이었다.[24] 이러한 점에서 구성원에 의한 화해절차의 감독과 통제에는 한계가 있을 수밖에 없다.

3. 대표당사자의 역할과 한계

법은 대표당사자로 하여금 ① 총원의 이익을 공정하고 적절하게 대표하도록 하고(법 제11조 제1항 참조), ② 법원의 허가를 받아 소송대리인을 해임할 수 있으며(법 제26조 제2항), ③ 변호사 보수가 과다하다고 생각되면 그 감액을 신청할 수 있도록(법 제44조 제3항) 함으로써 변호사의 전횡을 막고 전체 구성원의 이익을 도모하도록 할 의무를 부여하였다.

그러나 다음과 같은 이유로 그 역할에는 한계가 있을 것이다. 첫째, 기본적으로 집단소송에서는 소송대리인에게 사실상 '절차적 주도권'이 인정된다. 즉, 소송대리인은 대표당사자에 대한 수탁자(fiduciary)이기도

---

23) Macey et al., *supra* note 22), at 20.

24) Thomas E. Willging, Laural L. Hooper & Robert J. Niemic, "Empirical Study of Class Actions in Four Federal District Courts: Final Report to the Advisory Committee on Civil Rules", at 52-53, 56-58 (1996)

하지만, 동시에 전체 구성원에 대한 수탁자이면서 공익의 대변자이기도 하다.25) 미국에서는 이러한 맥락에서 대표당사자가 반대하고 있음에도 불구하고, 소송대리인은 화해안의 허가를 신청할 수 있다고 할 정도로 (집단소송에서의 구성원과 소송대리인간의 특별한 관계로 인하여 개별 의뢰인의 동의를 얻어야만 소송대리인이 화해를 할 수 있다는 일반 민사소송의 법리는 집단소송에는 적용되지 않는다),26) 소송대리인이 집단소송에서의 중요한 의사를 결정하는 현실을 용인하고 있다.27) 우리의 경우에도 실제 증권집단소송이 개시되면, 소송대리인이 모든 절차를 주도할 가능성이 높다. 이러한 소송대리인의 지위 때문에 법은 소송대리인을 해임할 때에도 법원의 허가를 받도록 하여(법 제26조 제2항), 대표당사자의 임의로 소송대리인을 해임할 수 없도록 하였다. 참고로, 우리법의 경우 대표당사자의 의사에 반하여 화해신청을 할 수 있는지가 문제될 수 있다. 증권집단소송법에는 이에 관한 별도의 규정이 없기 때문에 일반 민사소송법 규정을 적용할 수밖에 없고, 민사소송법 제90조 제2항 2호에 의하면, 소취하·화해·청구포기 등에는 '특별한 권한'(특별수권)을 따로 받도록 되어 있다. 하지만 실무상 소송위임계약서에는 부동문자로 위 법규정 소정의 특별수권사항에 관한 포괄수권을 부여하는 내용이 포함되어 있기 때문에, 일응 소송대리인은 특별수권사항에 대하여 포괄수권을 받은 것으로 해석할 수 있다. 일반 민사소송의 경우에는 이와 같이 화해에 관한 권한을 위임받았음에도 불구하고 고객의 의사를 존중하여 화해에 관한 의사결정시에 소송대리인은 매우 신중한 태도를 보이고 있지만, 증권집단소송의 경우에는 특정 고객의 의사를 존중한다는 것이 무의미하므로, 대표당사자의 의사에도 불구하고 소송대리인의 판단으로

---

25) Lazos, *supra* note 2), at 318.

26) Parker v. Anderson, 667 F.2d 1204, 1208 (5th Cir.), cert. denied, 459 U.S. 828 (1982).

27) Pettway v. American Cast Iron Pipe Co. (Pettway Ⅳ), 576 F.2d 1157, 1176-79 (5th Cir. 1978), cert. denied, 439 U.S. 1115 (1979).

화해신청을 할 수 있다고 본다. 다만, 대표당사자가 그 의사에 반하여 화해신청을 강행하는 경우 소송대리인을 해임할 수는 있겠지만, 이 경우 법원의 허가를 받아야 한다(법 제26조 제2항).

둘째, 대표당사자는 보통 소송절차를 주도하기 위하여 필요한 당해 소송에 대한 전문지식, 관심과 능력이 부족한 경우가 많다. 대표당사자라 할지라도 그 지분적 이익이 작은 경우에는 굳이 소송에 관한 깊이 있는 조사·연구를 하거나, 절차에 관여하거나, 또는 소송대리인을 탄핵할 경제적 동기가 부족할 뿐만 아니라, 보통 소송대리인측에서 소송을 개시하면서 대표당사자를 모집하는 경우가 많으므로 대표당사자가 소송대리인에게 순종적인 경우가 많기 때문에,28) 독립적으로 소송에 관여하기를 기대하기도 어렵다. 미국에서는 대표당사자가 소송대리인에게 지나치게 의존하는 것을 막기 위하여 소송대리인이 대표당사자의 동업자이거나 친척인 경우에는 소송대리인 지위를 불허하고29), 대표당사자나 구성원이 소송대리인이 되는 것도 금지한다고는 하지만,30) 그럼에도 불구하고 여전히 대표당사자가 허수아비인 경우가 많다.31)

이와 같은 이유로 소송대리인에 대한 감독과 통제가 어려워짐에 따라, 소송대리인은 어떤 소송을 제기할 것인지, 어떻게 소송을 수행할 것인지, 어떤 조건으로 화해할 것인지 등에 관하여 사실상 전권을 부여받은 셈이 되어, 실제로 '집단소송의 주도자'라고 할 수 있을 것이다.32) 소송대리인은 소송의 위험을 감수하면서 소송절차를 주도한다는 의미에서 일종의 사업가(entrepreneur)에 비유된다.33) 소송대리인과 구성원들간의 이해관계의 차이를 고려하면, 아무리 윤리적인 소송대리인이라 할지라

28) Coffee, *supra* note 5), at 681.
29) Zylstra v. Safeway Stores, 578 F.2d 102, 104 (5th Cir. 1978).
30) Bachman v. Pertschuk, 437 F. Supp. 973 (D. D.C. 1977).
31) Lazos, *supra* note 2), at 319.
32) Michael A. Perino, "Did the Private Securities Litigation Reform Act Work?", 2003 *U. Ill. L. Rev.* 919 (2003).
33) Macey et al., *supra* note 22), at 3.

도 화해 협상 국면에서 구성원의 이익을 적절하게 대변하는 데에 필요
한 중립성을 유지하기란 어려울 것이고, 비윤리적인 소송대리인이라면
개인적 이익을 도모하기 위하여 집단소송과 화해제도를 악용할 가능성
이 더욱 높을 것이다.

4. 법원의 역할과 한계

1) 화해에 대한 허가

앞서 본 바와 같이 이러한 소송대리인의 전횡을 방지하기 위하여 법은
화해 등에 법원의 허가를 요하도록 하고 있다(법 제35조). 특히 법원의 허
가를 받아야 하는 화해내용에는 변호사 보수도 포함되어 있는데(규칙 제
23조 참조), 이는 법원이 변호사 보수를 통제함으로써 소송대리인을 견제
하기 위함이다. 하지만 미국의 경험에 비추어 보면, 이러한 절차를 거치
도록 하고 있음에도 불구하고 대부분의 화해 등이 그대로 허가되는 경향
이 있어, 화해 등의 허가절차가 있더라도 집단소송의 남용을 막는다거나,
구성원들의 불만을 해결해 주지는 못한다고 한다.[34] 그 이유는 다음과 같
다. 즉, 공정성 심사를 할 때쯤이면 이미 화해안을 마련하기 위하여 많은
시간과 노력이 투입된 이후이기 때문에, 만일 화해안의 허가가 거부되면
자원의 낭비일 뿐만 아니라 구성원들에 대한 보상의 지체를 야기할 수도
있다.[35] 또, 법원이 화해안의 공정성을 심사하기에 충분한 정보를 가지고
있지 못한 경우도 있을 수 있고,[36] 어떤 경우에는 화해를 허가해 주지 않
는 것이 오히려 부당한 경우도 있다.[37] 그리고 제한된 시간과 자원으로

---

34) Lazos, *supra* note 2), at 320.

35) Jack B. Weinstein & Karin S. Schwartz, "Notes from the Cave: Some Problems of
Judges in Dealing with Class Action Settlements", 163 F.R.D. 375 (1995).

36) Note, "Developments in the Law—Class Actions", 89 *Harv. L. Rev.* 1318, 1558 (1976).

37) Robert H. Klonoff & Edward K. M. Bilich, *Class Actions and Other Multi-Party*

인해, 법원은 집단소송의 범위, 보상책, 쟁점들 및 화해의 협상과정 등을 평가할 수 있는 능력 역시 제한된다. 마지막으로, 화해안의 허가신청을 기각하면 법원의 일거리만 늘어나게 되기 때문에 화해안에 대한 엄격한 심사가 힘들다.[38] 따라서 화해안이 부적절하다는 분명한 입증이 있지 않는 한, 법원이 화해안의 허가를 거절하는 일은 없다고 한다.[39]

2) 화해에 대한 심사방법의 한계

(1) 화해안에 대한 심사방법

미국에서는 화해의 허가기준 즉 '공정성·상당성·적정성'을 심사할 때에 두 가지 방법을 주로 사용한다. 첫 번째 방법은 화해의 실질적인 측면을 조사하는 방법(실체적 심사)으로, 법원은 예상되는 소송결과와 비교하여 화해안의 실제 내용들이 가치가 있는 것인지를 검토하는 것이고, 두 번째 방법은 화해의 절차적인 측면을 조사하는 방법(절차적 심사)으로, 법원은 협상과정이 전문성을 갖춘 변호사들에 의해 충분한 증거개시절차(discovery)를 거쳐 대등한 입장에서 공정하게(at arm's length) 이루어졌는지를 검토하는 것이다.[40] 여기서 절차적 심사란, 협상과정에서 불성실(bad faith), 통모(collusion) 기타 결함이 있었는지를 파악하기 위해 변호사들 간의 협상과정과 상호 작용을 관찰하는 방법으로서, 양측 변호사들이 서로 자기 의뢰인의 이익을 극대화하기 위하여 정력적으로 협상을 수행하였다면, 그 결과물인 화해안은 공정할 가능성이 높다는 가정에서 나온 것이다.[41]

아래에서는 위와 같이 두 가지 방법을 사용한 화해안 허가 및 기각사

Litigation —Case and Materials, American Casebook Series, West Group, 588 (2000).

38) Macey et al., *supra* note 22), at 45-46.

39) Geoffrey C. Hazard, Jr., "The Settlement Black Box", 75 *B. U. L. Rev.* 1257, 1266 (1995).

40) In re General Motors Corp. Pick-Up Truck Fuel Tank Prod. Liab. Litig., 55 F.3d 768, 796 (3d Cir.), cert. denied, 116 S. Ct. 88 (1995).

41) Puckett, *supra* note 18), at 1277.

례에 관하여 본다.42) ① 1993년, 미국 국내 항공사들을 상대로 한 가격담합행위 관련 소송(price-fixing suit)에서 4억 5,800만 달러 규모의 화해안이 허가되었다. 그 화해는 5,000만 달러의 현금배상과 4억 800만 달러 규모의 항공권 할인증서를 통한 현물배상, 그리고 1,400만 달러의 변호사 보수를 포함하고 있는데, 법원은 할인증서의 실질적인 경제적 가치가 액면가인 4억 800만 달러에 훨씬 못 미친다는 사실을 발견했음에도 불구하고 위의 화해안을 허가하였다. 법원은 화해의 공정성과 적합성을 판단할 때 가장 중요한 요소는 화해가 이루어지지 않을 경우 피고로부터 받을 수 있다고 예상되는 배상액수라고 판단하고, 원고의 패소가능성과 소송절차에서 발생할 비용 등을 감안할 때 위의 화해안이 적절하다는 판결을 내렸다. 더 나아가 법원은 원고측 소송대리인과 피고 항공사 간의 어떠한 사기행위(fraud)나 통모행위(collusion)의 증거도 발견되지 않았다고 강조하면서, "이 화해는 충분한 논쟁을 거친 철저하고 공정한 교섭을 통해 이루어졌다"라고 판시했다. ② New York v. Nintendo of America, Inc. 사건과 관련하여 관할 지방법원은 Nintendo사가 그들의 판매가격유지행위로 피해를 받았다고 주장하는 500만 명에게 5달러 상당의 쿠폰을 제공토록 하는 총 2,500만 달러 규모의 화해를 허가하였다. 또한, Nintendo사는 쿠폰을 상환한 구매자가 100만 명 이하일 경우에 한하여, 최소한 500만 달러를 주 법무장관들(원고측 소송대리인단)에게 지급하겠다고 약정하고, 변호사 보수와 기타소송비용으로 175만 달러를 지불한다는 약정에도 동의하였다. 법원은 "비록 쿠폰을 통한 배상이 이상적인 손해배상방법은 아니지만, 원고측의 증거가 불충분할 수 있다는 점과 원고들이 피고의 귀책사유를 증명하지 못할 가능성을 배제할 수 없다는 점으로 미루어 볼 때, 이러한 상황에서는 쿠폰을 통한 배상방법도 적절하다"고 판시하였다. 또한 Rule 23(e)의 화해절차 심리과정(두 번째 방법)과 관련하여 법원은 다수의 법무장관(attorneys general)이 원고측 소송대리인을 맡

---

42) Note, "In-Kind Class Action Settlement", 109 *Harv. L. Rev.* 810, 812-815 (1996).

고 있다는 사실로 미루어 볼 때 통모행위(collusion)의 가능성은 없어 보인다고 강조하였다. ③ 제3 연방항소법원은 GM사 제조물책임(픽업트럭의 연료통 결함) 관련사건에서 현물배상 화해(in-kind settlement plan)의 허가 신청을 기각하였다. 화해안에 따르면 GM사는 구성원들에게 새 트럭 구입시 1,000달러 할인쿠폰을 수여하거나, 혹은 구성원들이 선정한 제3자에게 500달러 할인쿠폰을 수여하도록 되어 있었다. 제3 연방항소법원은 화해안이 여러가지 면에서 Rule 23(a)의 요건들을 만족시키지 못한다고 보았는데, 그 이유는 먼저, 개인트럭소유자와 트럭운수업자 사이에 집단 내 이해관계 충돌이 발생하므로 공통성의 요건(commonality)을 충족시키지 못하였고, 또한, 법원은 950만 달러의 보수는 변호인단의 작업량에 비해 너무 크다고 판단하였으며, 이 화해안이 '대리의 적절성(adequacy of representation)' 원칙도 충족시키지 못한다고 보고, 법원은 이 화해안은 실체적 심리(첫 번째 방법)나 절차적 심리(두 번째 방법) 모두 통과하지 못한다고 판시하였다. 먼저, 실체심리(첫 번째 방법)와 관련하여 법원은 원고에게 쿠폰이 과연 가치가 있는 것인지 확신을 할 수 없다고 하였다. 이 화해안에는 모든 구성원들이 일정수준의 배상을 받을 수 있도록 하는 절차가 마련되어 있지 않았으며, 법원은 쿠폰을 제3자에게 팔기도 힘들 뿐더러 이러한 쿠폰 거래행위가 바람직한 것도 아니라고 하면서, 이 화해는 피해배상을 가장한 GM사의 교묘한 마케팅계획으로 보인다고 하였다. 다음으로, 화해절차 심리(두 번째 방법)와 관련하여 법원은 이 화해가 충분한 증거조사절차(discovery)를 거치지 않고 너무 신속하게 이루어졌다는 사실에 우려를 나타내었다.

(2) 실체적 심사방법의 한계

그러나 실체적 심사방법은 다음의 두 가지 이유로 불공정한 화해를 걸러내는 데 한계가 있다. 첫째, 실체적 심사를 위하여 법원은 우선 화해안의 가치(settlement value)를 결정해야 한다. 이를 수학적으로 표현하면,

[화해가치 = (원고가 주장하는 손해액 × 승소가능성) − 소송에 소요될 비용]이 될 터인데, '원고가 주장하는 손해액'이나, '승소가능성', 그리고 '소송에 소요될 비용' 모두가 정확한 측정이 불가능한 개념들이므로, 위 화해안의 가치를 정확하게 산출하는 것은 어렵다. 즉, 구성원들이 입은 피해의 정도와 액수는 사실관계의 쟁점으로서 추정 손해액은 수천에서 수백만 달러까지도 차이가 날 수 있다. 본안소송에서 성공할 확률(승소가능성) 역시 사실인정, 인과관계, 법률해석 등 복잡한 문제가 얽혀 명확하게 측정하기란 어렵다. 그리고 소송에 소요될 비용 또한 필요한 준비비용과 예상되는 소요기간 등의 변수로 인하여 측정하기 어려울 것이다.[43] 둘째, 대립당사자구조(adversarialness)가 후퇴하여 형식적 절차로 전락한 심문절차에서,[44] 법원은 주로 양측 소송대리인들의 진술사항에 의존할 뿐이고, 화해의 공정성 여부에 대한 법원의 독립적인 조사는 거의 일어나지 않는 것이 보통인데,[45] 화해안의 가치를 평가하고 문제점을 지적해 주는 반대당사자와 충분한 정보가 없기 때문에, 법원으로서는 불공정한 화해를 찾아낼 사실인정(fact-finding) 능력이 그만큼 제한된다.[46]

요컨대, 미국에서는 화해안의 가치를 구성하는 변수 자체가 불확실한 개념인데다가 법원의 사실인정 능력마저 제한됨으로 인하여 실체적 심사방법은 제 기능을 발휘하지 못한다고 한다.[47] 아직 우리나라에서는 증권집단소송이 제기된 바 없지만, 증권집단소송이 제기되고 그것이 화해로 진행될 경우 법원은 그 공정성 심사를 미국에서와 마찬가지로 실체적·절차적 면에서 접근할 것임이 분명하고, 앞서 본 바와 같은 실체적 심사방법의 한계 또한 우리 증권집단소송의 화해제도가 가지고 있는 문제점이라고 할 수 있다.

---

43) Puckett, *supra* note 18), at 1277-1279.
44) Macey et al., *supra* note 22), at 46.
45) Downs, *supra* note 12), at 687.
46) Lazos, *supra* note 2), at 320-323.
47) Puckett, *supra* note 18), at 1282.

IV. 대안의 필요성

이와 같이 증권집단소송의 화해에 있어서 사안에 대한 정보와 절차적 주도권을 사실상 독점하고 있는 소송대리인이 구성원의 이익을 저버리고 자기의 이익을 도모할 우려가 있음에도 불구하고, 현행법으로는 이를 효과적으로 감독하고 통제할 방법이 변변치 않다는 것을 확인하였다. 미국에서는 일찍부터 이러한 문제점을 인식하고 이에 대한 대안모색을 위하여 많은 논의가 있어 왔다. 예를 들면, 법원의 감독권한을 강화한다든지, 특별대리인을 선임하여 구성원의 이익을 보호한다든지, 경매제도를 통하여 변호사 보수를 절감한다든지, 제외신고를 활성화시키는 방법이라든지, 적절한 대표자를 선임하고, 구성원의 의사를 투표로 확인하게 한다든지 하는 방법들이 제안되었다.[48] 물론 이러한 대안들도 일면의 가치가 있는 것들이긴 하나, 이러한 단편적인 장치만으로는 구조적인 문제점을 해소할 수 없는데 그 이유는, 이러한 시도들은 기본적으로 집단소송의 특성을 간과하고, 소송전반에 관하여 중요 결정권이 고객에게 있는 일반적인 민사소송절차와 동일시하려고 하기 때문이라고 한다.[49]

따라서 개별적인 문제점에 대한 대응책이 아니라 집단소송제도의 취지와 특성을 이해하고, 입법목적에 부합하는 효과적인 제도 운영을 위해서는 보다 근본적이고 포괄적인 해결책의 마련이 필요하다. 다음 절부터는 이러한 증권집단소송의 구조적 문제점에 대한 근본적 대안마련에 몰두해 보고자 한다. 덧붙여 제3장에서 지적한 변호사 보수 산정에 있어서 공정성을 확보하고 법원의 부담을 덜어줄 수 있는 방안과, 비금전 화해의 공정성 심사를 위한 대안도 함께 고민해 볼 것이다.

---

48) Alexandra Lahav, "Fundamental Principles for Class Action Governance", 37 *Ind. L. Rev.* 65, 92-115 (2003).

49) Macey et al., *supra* note 22), at 3-4.

제3절 집단소송의 운영원리의 정립

Ⅰ. 개 설

이 책에서 소개하고자 하는 '집단소송의 운영원리(principles for class action governance, 이하 '운영원리'라고만 한다)'란, 구성원, 대표당사자, 원고측 소송대리인 및 반대자 등 집단소송에 관여하는 소송관계인들과, 소송절차를 감독하고 화해안을 심사하는 법원 사이의 관계를 효과적으로 조정하고 규율하기 위한 이념적 지표라고 할 것이다.[1] 운영원리라는 패러다임은 구성원, 대표당사자, 원고측 소송대리인, 반대자 및 법원 등 집단소송의 관계자들에게 각자의 역할에 대한 행위기준을 제시해 줄 뿐만 아니라, 화해안을 심사하는 법원에게는 사법적 판단기준을 제공하는 집단소송의 핵심이념이라고 할 수 있다. 이러한 운영원리 하에서 조직화된 절차규정과 행위기준 내지 심사기준은 바람직한 화해제도의 운영을 위한 지침이 될 수 있을 것이다.[2] 요컨대, 운영원리는 집단소송의 전개과정에서 부딪히게 되는 법령의 해석과 운영상의 문제점을 해결하는 기준을 제시하고, 나아가 집단소송의 목적에 부합하는 제도운영을 위하여 필요한 경우 그 입법론을 제시하는 데에 이념적 근거가 될 수도 있다.

구체적으로 바람직한 화해(실체적인 면에서 예상되는 소송결과와 비교할 때 화해안의 실제 조항들이 가치가 있는 것이어야 하고, 절차적인 면에서 협상과정이 전문성을 갖춘 변호사들에 의해 충분한 증거조사절차를 거쳐 대등하고 공정하게 이루어진 화해)[3]의 도출을 위하여 필요한

---

1) Alexandra Lahav, "Fundamental Principles for Class Action Governance", 37 *Ind. L. Rev.* 115 (2003).

2) Lahav, *supra* note 1), at 117.

3) In re General Motors Corp. Pick-Up Truck Fuel Tank Prod. Liab. Litig., 55 F.3d

운영원리는 크게 네 가지를 들 수 있는데, 그것은 바로 ① 광범위한 정보공개, ② 대립당사자구조의 활성화, ③ 의사결정권자의 전문성 확보, ④ 타인 또는 자신의 이익으로부터 의사결정권자의 독립성 유지 등이다.[4] 광범위한 정보공개의 원칙은 구성원, 대표당사자 및 법원의 판단에 도움이 되는 기초자료를 제공하기 위함이고, 대립당사자구조의 활성화는 화해안 심사절차가 형해화되는 것을 막고 심문절차에서 실질적인 공격과 방어가 이루어짐으로써 화해안의 모순이 드러나도록 하기 위함이며, 의사 결정권자의 전문성과 의사 결정권자의 독립성에 관한 원리는 원고측 소송대리인으로 하여금 전체 구성원의 이익을 적절하게 대리하도록 하고,[5] 원고측 소송대리인의 전횡을 견제하기 위한 요구사항이라고 볼 수 있다. 물론 위 기본원칙들은 상황에 따라 확장 또는 축소되거나 변화할 수 있다.

이하에서는 운영원리의 세부지침 즉 광범위한 정보공개, 대립당사자구조의 활성화, 의사 결정권자의 전문성, 의사 결정권자의 독립성의 순서대로 그 의의와 기능, 특징 등을 자세하게 살펴보기로 한다.

II. 광범위한 정보공개

1. 의 의

집단소송의 효율적 관리에 가장 필요한 것은 바로 정보의 공개인데,

768, 796 (3d Cir.), cert. denied, 116 S.Ct. 88 (1995).

4) 구체적인 운영원리의 내용에 대해서는 주로 Lahav, *supra* note 1)과 Samuel Issacharoff, "Governance and Legitimacy in the Law of Class Actions", 1999 *Sup. Ct. Rev.* 337 (1999)을 참고하였다.

5) 다수의 학자들은 대표의 적절성을 실체적 및 절차적 공정성의 핵심이라고 보고 있다(Sylvia R. Lazos, "Abuse in Plaintiff Class Action Settlements: The Need for a Guardian during Pretrial Settlement Negotiations", 84 *Mich. L. Rev.* 311 외 다수).

이 원리는 집단소송 절차에서 중요한 정보는 구성원, 반대자 및 법원에 공개되어야 한다는 것이다. 이러한 정보의 공개를 통하여 구성원이나 반대자들이 적극적으로 소송에 개입할 수 있고, 이로써 절차의 주도권이 어느 정도 이들에게 이전될 수 있다. 또 법원의 적절한 감독을 통하여 대리인 비용을 줄일 수도 있을 뿐만 아니라, 소송대리인 스스로가 부정행위를 시정하게 된다는 측면에서 정화작용을 한다고도 할 수 있다.[6]

1) 주도권의 회복

현 제도하에서는 원고측 소송대리인과 피고가 사실상 정보를 독점하기 때문에 앞서 본 바와 같이 구성원이나 대표당사자는 정보의 부족으로 소송대리인에 대한 감독을 제대로 할 수 없고, 법원도 정보의 부족으로 화해안 심사에 한계가 있을 수밖에 없다. 정보의 공개는 이러한 정보의 편재를 시정하여 원고측 소송대리인뿐만 아니라 구성원, 반대자 및 법원으로 하여금 사안에 대한 충분한 정보를 숙지하게 하고 그에 바탕을 둔 의사결정(informed decision)-예컨대 구성원의 반대의견 제시 또는 법원의 화해안 심사 등-을 가능하게 함으로써 화해절차에 보다 적극적으로 개입할 수 있도록 한다. 이를 통해 원고측 소송대리인의 절대적인 영향력을 감소시킬 수 있다. 정보공개의 형태와 양에 따라서 소송절차에서의 주도권의 향배가 결정될 것이므로, 가급적 최대한의 정보공개가 필요하다고 할 것이다.[7] 따라서 소송허가결정의 고지나, 화해안의 고지시에 가능한 한 많은 정보를 제공해 주어야 할 것이고, 화해안 허가신청을 하는 경우에 법원에 화해안 자체뿐만 아니라 화해의 배경 특히 변호사 보수에 관한 이면합의 등에 대해서까지도 공개를 하여야 할 것이다. 이러한 관점에서 우리 규칙 제22조 제2항에서 화해허가신청시 화해와 관련한 일체의 합의내용을 기재한 서면을 첨부하도록 한 것은 바람직한 것이다.

---

6) Lahav, *supra* note 1), at 118.
7) Lahav, *supra* note 1), at 118-119.

2) 대리인 비용의 절감

정보의 공개는 중개인들(informational intermediaries)로 하여금 원고측 소송대리인의 활동을 감시하게 함으로써 대리인 비용(agency cost)을 절감할 수 있다.[8] 여기서 말하는 중개인에는 공개된 정보를 분석하여 소송에의 참가여부나 화해안에 대한 반대의견 제시여부를 결정하는 반대자(objector)와, 제안된 화해안을 검토하거나 화해금액의 분배를 담당하도록 임명된 독립된 제3자(예컨대, 뒤에서 보는 특별대리인), 소송의 남용을 방지하기 위한 활동을 벌이는 시민단체 등이 포함된다.[9] 미국의 경우, 구성원들로부터의 의견 수렴이 별로 없는 현실에서, 사실상 정보를 독점하고 절차를 주도하는 원고측 소송대리인들은 구성원의 이익을 적절하게 대변하는 화해안을 도출하기 보다는 법원으로부터 허가가 거절되거나 구성원으로부터 반대의견이 제시되지 않을 정도의 화해안에 도달하려고만 노력하는 문제가 있다. 따라서 광범위한 정보 공개원칙은 중개인들로 하여금 정보를 더욱 쉽게 접할 수 있도록 하여 앞서 본 구성원과 소송대리인 사이의 의사소통 부재라는 문제를 해결하고, 소송대리인을 적절하게 감독함으로써 대리인 비용을 줄일 수 있을 것이다.[10]

3) 자기정화 기능

정보공개의 의무화는 자기통제의 계기가 될 수 있다.[11] 원고측 소송대리인은 자신의 행동 및 판단과정 등이 공개된다고 생각하면 행동을 더욱 신

---

8) William M. Sage, "Regulating through Information: Disclosure Laws and American Health Care", 99 *Colum. L. Rev.* 1701, 1747-57 (1999).

9) Lahav, *supra* note 1), at 118; Frank H. Easterbrook & Daniel R. Fischel, *The Economic Structure of Corporate Law* 103, 292-293 (1991).

10) Lahav, *supra* note 1), at 119-121.

11) Louis Lowenstein, "Financial Transparency and Corporate Governance: You Manage What You Measure", 96 *Colum. L. Rev.* 1335, 1358 (1996).

중히 할 가능성이 있고, 이는 보다 좋은 결과물로 이어질 것이다. 그리고
화해협상과정을 일반에게 공개함으로써 더 많은 신뢰를 얻을 수도 있다.

2. 정보공개의 방법

정보의 공개와 관련하여 증거 자료를 수집해야 하는 변호사에게는 수
집 비용이, 감독을 하는 법원에게는 감독비용이 소요되는데, 정보 공개
로 인하여 발생하는 비용과 정보 공개의 부재로 인하여 집단과 사회가
받게 될 손해 사이에는 비교형량이 필요하다. 정보 공개비용이 지나치게
비싼 경우 반대자의 접근이 사실상 어렵게 될 수 있고, 정보 공개가 때
로는 의도하지 아니한 결과를 초래하기도 한다. 예컨대, 원고측의 강점
과 약점 및 복안 등을 공개함으로써 피고에게 유리한 정보가 노출되는
경우도 있다.[12] 결국 원고측 소송대리인은 협상의 여지를 제한할 수 있
는 정보를 공개해서는 안 되는데, 무엇이 보호되어야 할 정보인지를 사
전에 정하기란 쉬운 일이 아니다.

1) 공개의 기준·방법

정보의 공개가 효과적으로 이루어지기 위해서는, ① 포괄적이고 ② 이
해하기 쉬운 내용을 ③ 의사결정과정의 적절한 시기에 공개하여야 한다.
공개 기준을 좁게 설정할 경우, 구성원의 의사결정(반대의견 제시여부
결정)이나 법원의 공정성 심리에 직접적으로 필요한 자료에 한정될 것이
다. 공개 기준을 넓게 설정할 경우, 법원이 중요하다고 보는지에 관계없
이 화해협상에 관련된 모든 정보의 내용을 공개하여야 한다.

정보의 공개 원칙이 적절히 구현되는지를 살피기 위해서, 법원은 정
보수령자가 누구인지, 어떠한 정보가 전달되는지, 어떠한 방식으로 전달

---

12) Mars Steel Corp. v. Cont'l Ill. Nat'l Bank & Trust Co., 834 F.2d 677, 684 (7th
Cir. 1987).

되는지를 모두 검토해야 한다. 먼저, 구성원에 대한 정보제공은 '고지'의
방법으로 이루어진다. 현행법은 구성원들의 권리보호를 위하여 ① 소송
허가결정(법 제18조), ② 대표당사자 변경(법 제25조), ③ 총원의 범위의
변경(법 제27조), ④ 소의 취하, 소송상의 화해 또는 청구의 포기(법 제35
조), ⑤ 판결(법 제36조), ⑥ 상소취하 또는 상소권 포기(법 제38조), ⑦ 분
배계획 인가(법 제47조), ⑧ 분배계획의 변경(법 제48조)의 경우에는 구
성원들에 대한 고지를 필요로 하고 있다. 그 중에서 구성원들의 이해관
계에 직접적으로 영향을 미치는 소송허가결정, 총원의 범위변경, 화해
등, 판결, 상소취하 등의 다섯 가지의 경우에는 각 구성원에 대한 개별적
인 통상우편의 발송과 전국을 보급 지역으로 하는 일간신문 게재의 방
법으로 고지할 것을 요하고(규칙 제15조), 나머지 경우에는 전자통신매
체를 이용하여 공고를 하면 된다(규칙 제17조, 제38조). 법에는 규정이
없으나, 규칙 제34조 제3항은 전자통신매체를 이용하여 분배계획안을
공고하도록 하고 있는데 이는 구성원들에게 변호사 보수감액 신청권의
기초 자료를 제공하는 역할을 하고 있다. 이와 같이 구성원에게 정보를
제공하는 때에는 '이해가능성'에 관심을 가져야 할 것이다.[13] 구성원이
그 내용을 쉽게 파악할 수 있도록 이해하기 쉽고 간명하게 설명하여야
한다. 법원이 고지내용을 직접 검토하거나 아니면 발송하기 전에 대표당
사자에게 시험해 봄으로써 이해가능성을 판단할 수 있을 것이다. 다음으
로, 반대자측과 전문지식을 보유한 제3자에 대한 정보 공개에 있어서는
그들이 정보에 쉽게 접근할 수 있는지('접근가능성')에 관심을 가져야 한
다. 변론내용이나 각종 신청과 명령에 대한 구체적인 정보는 제3자가 쉽
게 접근하기 어렵고 복사 비용도 적지 않으므로, 원고측 소송대리인이
모든 고지, 각종 신청, 명령, 의견 등을 인터넷 사이트에 게시한다면 효
과적으로 정보공개의 목적을 달성할 수 있을 것이다. 이로써 필요한 정
보가 저렴하게 반대자측 변호사와 소송에 관심이 있는 구성원들에게 전
달될 수 있다.[14]

---

13) Lahav, *supra* note 1), at 122, n. 267 참조.

한편, 분배계획의 고지와 관련하여 규칙 제38조 제1항에 의하면, 인가된 분배계획은 전자통신매체를 이용하여 공고함으로써 한다고 되어 있으나, 권리신고의 기간·장소 및 방법, 권리확인방법 및 분배금의 수령기간·장소 및 방법 등 구성원의 권리실현에 밀접한 관련이 있는 내용들이 포함된 분배계획을 단지 인터넷 대법원 홈페이지 법원공고란에만 공고하는 것은 이해가능성과 접근가능성의 측면에서 문제가 있다. 미국의 경우 분배절차를 규율하는 일반 규정은 없으나, 많은 판례는 분배청구방법에 관한 고지에 있어서 구성원들에게 개별적 우편발송을 하고 있다.15) 따라서 입법론으로 인가된 분배계획의 고지에 있어서도 법 제18조 제2항과 제3항을 준용하도록 하는 것이 바람직하다고 본다.

2) 공개되는 정보

화해와 관련하여 현행 규칙은 화해안의 고지내용으로서 '총원의 범위, 화해 등의 이유, 원고측에 지급될 총 금액과 증권당 금액, 변호사 보수, 분배의 기준 및 방법, 심문일시 및 장소, 원고측 소송대리인의 인적사항 등'을 공개할 것을 요구하고 있다(규칙 제23조 제1항). 이러한 정보는 반대의견을 개진할 수 있는 기간 및 심문절차일 이전에 공개가 되어야 할 것이다. 한편, 화해의 모든 절차가 종료된 뒤에 작성하는 분배보고서는 정책입안자, 법원, 반대자들에게 유사 사례의 화해를 평가하고 비교할 수 있는 좋은 자료가 될 뿐만 아니라 화해당사자들에게는 심문절차에서 보여준 그들의 예측이 현실적이었다는 것을 입증할 수 있는 자료가 된다.16)

---

14) Lahav, *supra* note 1), at 123.

15) Deborah R. Hensler, Nicholas M. Pace, Bonita Dombey, Moore Beth Giddens, Jennifer Gross & Erik K. Moller, *Class Action Dilemmas: Pursuing Public Goals for Private Gain*, Rand Institute for Civil Justice, at 458-459, table 15.13; In re Louisiana Pacific Inner Seal Siding Litigation, No. CV95-879-JO (LEAD), Civ. 98-2-03504-1, 2004 WL 1246050 (D. Or).

16) Staton v. Boeing Co. 327 F.3d 938 (9th Cir. 2003).

법은 분배보고서에 포함되어야 할 내용으로 '권리신고한 자의 인적사항, 권리가 확인된 자 및 확인금액, 분배받은 자 및 분배금액, 잔여금과 기타 필요한 사항'을 규정하고 있다(법 제52조 제2항). 참고로 미국에서는 ① 변호사가 받은 수임료 액수, ② 실제 투입된 분배절차비용, ③ 분배청구한 원고의 수 및 그들에 지급된 평균 보상금 액수, ④ 구성원들에게 실제 지불된 총금액, ⑤ 제외신고 건수, ⑥ 쿠폰의 실질적 가치 등을 공개하여야 한다.[17] 아울러 원고측 소송대리인은 집단 구성원 내부의 이해관계 대립을 인지한 경우 이를 적시에, 완전히 공개하여야 한다. 이 통보를 받은 법원은 사실관계에 비춰 구성원들 사이의 이해관계 대립이 소송대리인의 적절한 대리를 방해할 정도라고 판단하면, 집단을 하위집단으로 분할하는 등의 대책을 강구해야 한다. 그리고 이와 같이 이해관계가 대립하는 경우의 통보 의무에 수반하여, 원고측 소송대리인은 구성원들의 이해관계를 파악해 내기 위하여 그들과 의사소통(communicate)해야 할 의무를 갖게 된다.[18]

3. 반대자의 정보 접근가능성

반대자가 화해절차에 있어 적극적인 역할을 하기 위해서는 충분한 정보가 수집되어야 한다. 미국에서는 제한적인 범위 내에서 반대자에게 증거개시의 권리가 인정된다.[19] 그러나 우리 법에서는 반대자가 직접 증거조사 등의 신청을 할 수 있는 절차는 마련되어 있지 않다. 다만, 법 제30조에 따라 법원은 필요하다고 인정되는 경우 직권으로 증거조사를 할

---

17) Lahav, *supra* note 1), at 123.
18) Donald Puckett, "Peering into a Black Box: Discovery and Adequate Attorney Representation for Class Action Settlements", 77 *Texas Law Review* 1293-1294 (1999).
19) Scardelletti v. Debarr, 265 F.3d 195, 204 n. 10 (4th Cir. 2001). 그러나 협상과정의 통모나 담합을 의심하게 할 만한 사정을 입증하지 못하는 한, 일반적으로 협상과정에 대한 증거개시는 인정되지 않는다[Bowling v. Pfizer, 143 F.R.D. 141, 153 n. 10 (S.D. Ohio 1992)].

수 있으므로, 반대자는 법원의 직권발동을 촉구하는 방법으로 증거조사를 사실상 신청할 수밖에 없을 것이다. 입법론으로 광범위한 정보공개의 원칙에 입각하여 반대자에게도 일정한 범위 내에서 문서제출명령 등의 증거신청권을 인정하는 것이 바람직하다고 본다. 그리고 광범위한 정보공개 원칙은 반대자들에게 화해와 관련된 모든 정보(제3자와의 이면계약 포함)를 제공할 것이다.

III. 대립당사자구조의 활성화

1. 의 의

'대립당사자구조(adversarial process)의 활성화'라는 이념은 보다 강력하고 적극적인 당사자 대립구조를 통하여 화해안이 평가될 것을 요구한다. 이 원칙은 개별 구성원이 현실적으로 집단소송절차에 관여하기 어려운 현실을 직시하고, 구성원의 직접적인 절차참여에 초점을 맞추기 보다는 화해안의 부적절한 면을 지적하고 보다 나은 결과 도출하기 위하여, 반대자 등 대립당사자에 의한 적극적인 문제제기에 중점을 둔다.

집단소송에서의 화해안의 공정성 심리를 위한 심문절차는, 제안된 화해안의 허가에 대한 이해관계가 일치하는 원고측과 피고측 소송대리인에 의하여 '화해안이 공정하고 상당하며 적절할 뿐만 아니라 열심히 협상한 결과물임'을 강조하는 일방적 주장과 입증만이 나열될 가능성이 높고, 이에 따라 원고측과 피고측의 공격과 방어라는 전통적인 대립당사자구조는 그 의미를 상실하고, 형식적인 절차로 전락할 우려가 있다. 이러한 상황에서 제3자인 반대자는 원고측과 피고측 소송대리인들에 의한 유려한 설명에 의하여 현혹될 우려가 있는 판사에게 화해안에 대한 실체법적·절차법적 공정성에 관한 반대의견을 제시하여야 한다. 반대자는, 그 화해가 집단의 이익에 부합하지 않거나 원고측 소송대리인과 피고의 통모로 인한 결과라는 것을 입증하여 법원이 화해를 허가하지 않도록 설득하여야 한다. 화해안의 가치를 제대로 평가하고 문제점을 지적해 내기 위해서는 심문절차에서 적극적인 대립당사자의 공방이 이루어져야 하고, 그러기 위해서는 자발적이건 법원의 권유에 의해서건 반대자로 나서는 사람이 있어야 할 것이다. 미국에서는, 만일 자발적인 반대자가 없는 경우 법원이 제3자를 '특별대리인(guardian ad litem)'으로 선임하여 반대자의 역할을 맡기거나, 구성원의 보호자로서 '공익단체(public interest group)' 등에게 그 역할을 맡기는 경우도 있다고 한다.[20] 공익단체 혹은 비영리단체는 화해안을 평가하는 데 독립성을 유지할 수 있으므로 적극적인 문제제기를 통하여 실질적인 변론이 이루어지는데 기여할 수 있다는 이유에서 위와 같은 역할을 맡기고 있다. 반대자는 화해의 절차는 물론 화해의 실체적 내용에 관하여 독자적인 평가를 내려야 하고,[21] 제3자적 관점에서 감추어져 있던 화해안의 문제점들을 부각시켜야 한다.[22] 이로써 심문절차는 보다 활성화되고, 화해에 대한 구성원의 지지를 얻는 데에도 도움이 될 것이다.[23]

2. 보수 문제

반대자의 적극적인 문제제기를 장려하기 위해서는 금전적인 동기부여

---

20) Alon Klement, "Who Should Guard the Guardians: A New Approach to Monitoring Class Action Lawyers", 21 *Rev. Litig.* 25 (2002).
21) 화해안 고지 이후 다시 한 번 제외신고가 허용되는 미국에서는 제외신고 건수와 제외신고의 배경 등에 대해서도 조사해야 한다고 한다(Lahav, *supra* note 1), at 128).
22) Susan P. Koniak & George M. Cohen, "Under Cloak of Settlement", 82 *Va. L. Rev.* 1051 (1996).
23) Larry M. Bartels, *Presidential Primaries and the Dynamics of Public Choice*, at 304 (Princeton 1989).

즉 보수를 제공할 필요가 있다. 미국에서는, 반대자들이 '실질적으로 화
해 절차에 기여한 경우'에 보수를 부여받을 수 있다고 하였다.24) '실질적
인 기여'의 의미에 관하여, 화해절차에서 활발한 문제제기와 이에 대한
방어가 이루어짐으로써 실질적인 변론이 가능했던 경우를 말한다는 견
해,25) 청구하는 보수보다 화해안이 보다 개선된 결과를 가져왔을 때에
만 인정된다는 견해26) 등이 있다. 전자의 예로, 법원은 In re Domestic Air
Transportation Antitrust Litigation 사건에서, 공익단체인 Public Citizen과 다
른 반대자들의 반대의견에 대하여 "화해 허가 과정에서 반대의견 제시라
는 요인은 법원이 화해의 공정성을 판단하는 데 매우 중요했으며 특히 몇
몇 변호사 보수 신청자들의 활발한 참여로 반대의견의 질이 더욱 향상되
었다. 이들로 인해 공정성 심리는 진정한 대립당사자 심리(adversarial
proceeding)로 진행되었다"고 찬사를 보내며, 변호사 보수를 지급하였다.27)
일반적으로 원고측 소송대리인의 보수가 구성원들에게 돌아갈 이익에 비
례하듯이 반대자측 변호사에 대한 보수도 그들이 기여한 이익에 비례하
여야 할 것이다.28) 그러나 반대자의 보수를 화해금액의 증대에 너무 연관
시키게 되면, 반대자들이 피고측으로부터 일정한 비용을 지급받기로 합
의한 뒤 슬그머니 반대의견을 철회하는 사태가 벌어지게 된다. 따라서 대

---

24) Petrovic v. Amoco Oil Co., 200 F.3d 1140, 1156 (8th Cir. 1999); Gottlieb v. Barry,
43 F.3d 474, 490-91 (10th Cir. 1994); Fisher v. Procter & Gamble Mfg. Co., 613
F.2d 527, 547 (5th Cir. 1980); Lindy Bros. Builders Inc. v. Am. Radiator, 540 F.2d
102, 112 (3d Cir. 1976).
25) Reynolds v Beneficial National Bank, 288 F.3d 277, 288-89 (7th Cir. 2002).
26) In re Prudential Insurance Co of America Sales Practices Litigation, 962 F. Supp.
572, 593-94 (D. N.J. 1997); Duhaime v John Hancock Mutual Life Insurance Company,
2 F. Supp. 2d. 175, 176 (D. Mass. 1998)(John Hancock에 대한 증권집단소송에
서 법원은 반대의견 제시로 얻은 혜택을 강조하면서, 반대자를 대리했던
Public Citizen에 대해 59,211.56달러를 수여하였다).
27) In re Domestic Air Transportation Antitrust Litigation, 148 F.R.D. 297, 357-360
(N. D. Ga. 1993).
28) Lahav, *supra* note 1), at 130.

립당사자구조의 활성화에 기여한 경우29)나 운영원리의 다른 이념들의 실현에 기여한 반대자측 변호사들은 가사 금전적인 성과를 거두지 못하였다고 하더라도 일정한 보상을 해 줄 필요가 있을 것이다.30) 그러나 기본적으로 반대자측 변호사는 화해가 성립하여 화해기금이 성립하여야만 보수를 받을 수 있다는 한계가 있다. 즉, 공동기금 이론에 의하면, 반대자의 보수도 일종의 소송비용으로 보아 공동기금에서 분배하면 될 것이다. 그런데 공동기금은 일단 화해안이 허가되어야 생각할 수 있는 것이므로, 법원이 반대자의 반대의견을 받아들여 화해안 허가를 기각한 경우에는 아무런 공동기금이 생길 수 없고, 반대자의 비용은 어느 누구에게도 상환청구할 수가 없게 된다. 이런 점을 악용하여 무거운 배상책임을 두려워하는 피고나 화해허가를 통하여 어마어마한 보수를 받게 될 원고측 소송대리인은 반대자를 매수하려고 들 것이다. 비용을 회수하지 못할 수도 있는 반대자들에게 이러한 매수의 유혹은 매우 매력적이 될 수밖에 없다.31)

따라서 이러한 문제를 해결하기 위하여 입법론으로 원고측 소송대리인이나 피고가 화해안 허가신청을 할 때 보증금을 예치하는 방법을 생각해 볼 수 있다. 만일 반대자의 반대의견에 따라 화해가 불공정한 것으로 받아들여져 화해가 결렬되더라도 반대자측 변호사는 위 보증금에서 보수를 받아갈 수 있을 것이다. 이 방식은 또한 피고나 원고측 소송대리인이 불공정한 화해를 무리하게 추진하지 않도록 하는 효과도 발휘할 수 있다. 왜냐하면, 만일 불공정한 화해안의 허가신청을 하였다가 법원에서 기각이 되면 화해안의 고지 및 공고비용뿐만 아니라 위에서 본 보증금까지 회수할 수 없게 되기 때문이다.

---

29) Christopher P. Lu, "Procedural Solution to the Attorney's Fee Problem in Complex Litigation", 26 *U. Rich. L. Rev.* 65-66 (1991).
30) Lahav, *supra* note 1), at 130.
31) Robert B. Gerard & Scott A. Johnson, "The Role of the Objector in Class Action Settlements — A Case Study of the General Motors Truck Side Saddle Fuel Tank Litigation", 31 *Loy. L. A. L. Rev.* 409, 416-417 (1998).

3. 제외신고와 구성원의 참여

미국의 경우, 현재 제외신고는 공정성 심리절차 이전까지로 되어 있는데, 만약 이를 심리절차 이후로까지 확대하면 잠재적 제외신고자들도 심문절차에서 적극적으로 반대의견을 개진할 수 있어 대립당사자구조가 더욱 활성화될 수 있을 뿐만 아니라, 심문절차에서 제기된 쟁점까지 고려하여 제외신고 여부를 결정할 수 있으므로 구성원들에게도 이익이 된다는 의견이 제시되고 있다.[32] 우리 증권집단소송의 화해절차에서는 제외신고를 인정하지 않고 있다는 점과 그럼에도 불구하고 적법절차의 원리에 입각하여 새로운 제외신고를 인정하는 방향으로 입법이 요구된다는 점도 앞서 살펴보았다. 입법론으로 화해절차에 있어서도 제외신고가 인정이 되는 방향으로 개정이 된다면 심문절차의 활성화를 위하여 제외신고기간을 심문절차 이후까지로 연장하는 것이 바람직하다고 본다.

한편, 원고측 소송대리인은 자기가 필요한 경우에만 구성원들과의 의사소통을 시도하기 때문에 소송대리인이 구성원들과의 충분한 의사소통을 통하여 이해관계의 일치를 도모해야 한다는 명제는 충족되기 어렵다. 미국에서는 그 대안으로 구성원 중의 일부가 독립된 배심으로 화해안의 공정성 여부를 심사할 수 있는 기회를 갖게 하자는 견해도 있다.[33] 우리의 경우에는 배심까지는 아니더라도, 최근 논의되고 있는 국민의 사법참여 방안의 일환으로, 구성원 중 일부를 무작위로 선발하여 심문절차에서 의견을 진술하도록 요구하는 방법도 생각해 볼 수 있을 것이다. 구성원에게 결정권을 주는 것은 분쟁의 사적 해결이라는 화해제도의 취지에 더욱 부합하기 때문이다.

---

32) Lahav, *supra* note 1), at 130.
33) Lahav, *supra* note 1), at 132.

IV. 의사결정권자의 전문성 확보

증권집단소송 그 중에서도 화해제도가 구성원들의 효율적인 권리구
제와 기업의 투명성 확보라는 입법목적을 충실히 이행하기 위해서는, 원
고측 소송대리인과 판사 그리고 반대자측 변호사들의 자질이 매우 중요
하다.

먼저, 원고측 소송대리인에게 요구되는 자질은 일반적으로 유사소송
에서의 경험을 말하는데, 미국의 경우 Rule 23(g)에 의하면, 다른 집단소
송이나 청구원인과 관련된 소송을 처리한 경험, 관계법령에 대한 지식,
소송을 수행하는 데에 투입할 수 있는 자원 등을 고려하여 소송대리인
을 선임하도록 하고 있는바, 우리의 경우에도 참고할 필요가 있다. 판사
들에게도 증권집단소송의 운영에 있어 필요한 전문성이 요구되는바, 전
문재판부의 설치,[34] 서열이나 연령 등 획일적 기준이 아닌 전공과 경력
을 감안한 판사의 배치, 일정기간 동안 사무분담의 변경 제한[35]이 필요
하고, 기타 뒤에서 살펴 볼 입법론으로 특별대리인 제도의 도입이나 사
법보좌관 등의 활용을 통하여 판사의 전문성을 보완하는 방법도 그 대
안이 될 수 있을 것이다. 그리고 반대자측 변호사의 경우 그 경력 및 소
송경험과 함께, 원고측 소송대리인이나 피고들과의 금전거래 여부 등 공
정하고 적절하게 집단의 이익을 대변할 수 있을지 엄격하게 조사하여야
한다.[36] 그 기준은 원고측 소송대리인에 대한 기준과 크게 다를 필요가

---

34) 2007.2.21. 현재 서울중앙지방법원에는 4개의 기업법 전문재판부(합의부 기
준)가 설치되어 있다.
35) 미국의 경우 1995년 개혁법 시행 이후의 통계를 보더라도 화해건수 중 약
26.06%만이 4년 이내에 화해가 이루어졌고, 전체 사건 중 11.24%만이 5년
내 기각되는 등 증권집단소송의 장기화는 불가피하다(Mukesh Bajaj, Summon
C. Mazumdar & Atulya Sarin, "Empirical Analysis: Securities Class Action Settlements",
43 *Santa Clara L. Rev.* 1010, 1011)는 점에서 일정기간 동안 사무변경을 제한
하는 것이 필요할 것이다.

없다. 법원은 경험이 많은 변호사의 도움을 받고 있는 반대자의 의견에 더 주목할 것이므로,[37] 대리인이 없는 반대자들에게 법원이 특별대리인을 선임하여야 한다는 제안도 경청할 만하다.[38]

V. 의사결정권자의 독립성 유지

의사결정권자의 독립성이라 함은, 화해안의 협상, 제안, 평가 등에 있어서 개인적인 이익을 도모하지 않는 것을 말하며, 자기거래의 유혹으로부터 자유로워야 한다는 것을 의미한다. 많은 학자들이 대리인 문제를 언급하면서 원고측 소송대리인의 자기거래를 문제 삼고 있지만, 판사나 반대자측 변호사 등도 결코 이해관계에서 독립되어 있다고 할 수 없다. 대립당사자 구조 아래 실질적인 변론을 활성화하기 위해서는 의사 결정권자가 자신의 이익이나 주변의 압력에 영향을 받는지 여부에 대한 법원의 감독이 필요하다.[39]

1. 원고측 소송대리인

앞서 본 바와 같이 원고측 소송대리인은 본안에서의 승소가능성이 높다고 할지라도 개인의 이익을 도모하기 위하여 피고와 화해하고자 할 가능성도 있다. 이와 같이 구성원의 이익보다 소송대리인 자신의 이익을 우선시하는 원고측 소송대리인의 독립성을 유지하기 위한 수단으로는 증권집단소송절차의 내부적인 통제와 외부적인 통제가 있을 수 있다. 먼

---

36) Lahav, *supra* note 1), at 132.
37) In re Westinghouse Sec. Litig., 219 F. Supp. 2d 657 (W.D. Penn. 2002).
38) 이상의 논의는 Lahav, *supra* note 1), at 131-132에 기초한 것이다.
39) Lahav, *supra* note 1), at 139.

저 내부적 통제는 변호사의 보수통제와 관련되어 있는데, 보수의 공정성 여부에 대해 법원이 심사하는 방법이 그것이다(법 제44조 제1항, 제3항, 규칙 제23조 제1항 4호 등 참조). 법원의 심사에 앞서 공정성에 관한 반대자 등의 평가가 수반되어야 할 것이고, 변호사 보수를 책정함에 있어 그 기준은 화해안에 따른 예상 배상금액이 아니라 실제 구성원들에게 배분된 배상금액이 되는 것이 바람직하며,[40] 동시에 변호사의 실질적인 업무량과도 연계시켜야 할 것이다(이른바 '대조' 방식). 한편, 외부적인 통제로는 구성원의 이익보다 변호사 보수를 우선시하는 배임행위에 대한 손해배상청구나 징계회부 등이 있을 수 있다.[41]

2. 판 사

판사의 이익은 두 가지의 경우에 구성원의 이익과 불일치할 수 있다. 첫째, 사건부담이 과중한 판사는 분쟁을 조기에 종결시킬 수 있는 화해에 유혹되기 쉽고, 둘째, 화해안 작성에 관여한 판사는 공정성 심문절차에서 중립적이지 못할 수 있다. 미국에서는 이에 대한 대안으로, 첫째, 모든 화해 협상은 하급법원 판사(magistrate) 등으로 하여금 담당하게 하는 방안, 둘째, 화해 협상에 관여하는 판사와 화해의 공정성 심리를 담당하는 판사를 분리하는 방안 등이 제안되고 있다는 것은 앞서 보았다.[42] 그러나 이러한 방법들은 판사를 신뢰하지 못한다는 의미에서 법원에 대한 불경이 될 수 있고 두 명의 판사에 의하여 동일한 화해에 관여하게 함으로써 시간과 비용이 낭비된다는 비판이 있다.[43] 우리 대법원은 지속적으로 판사정원의 확대를 추진하는 한편[44] 사법보좌관에게 호적, 경매

---

40) 1933년 증권법 제27조 (a)(6), 1934년 증권거래소법 제21D조 (a)(6).
41) Bernard Black & Reinier Kraakman, "A Self-Enforcing Model of Corporate Law", 109 *Harv. L. Rev.* 1911, 1916 (1996).
42) 이 책 제3장 제6절 Ⅲ. 판사의 협상관여 부분 참조.
43) Lahav, *supra* note 1), at 136.

등 비송사건 업무를 이관함으로써 판사들의 업무부담을 경감하기 위하여 노력하고 있다. 그러나 단지 인원을 늘리고 업무조정을 한다고 해서 판사의 독립성이 보장되는 것은 아니다. 특히 앞서 본 바와 같이 우리나라의 소송절차에서는 본안소송을 심리하는 판사의 협상관여는 어느 정도 예견되어 있기 때문에, 사건을 담당하는 판사들 스스로의 마음가짐이 더욱 중요하다고 하겠다.[45)]

한편, 미국에서는 1심 판사에 대한 견제책으로서 상소심의 기능이 강조되고, 이와 관련하여 화해 허가결정에 대한 상소심의 실효성 여부와 상소심의 대안적 판단기준에 대한 논의가 전개되고 있지만,[46)] 우리법에는 화해허가결정에 대한 불복에 관한 명문의 규정이 없어 구성원에 의한 화해허가결정에 대한 불복을 부정하는 견해가 많다는 것을 앞서 보았다. 이에 대하여 법 제38조 제2항을 유추적용하자는 의견을 제시한 바 있으나, 입법론으로 판사의 부적절한 화해허가에 대처하고, 구성원의 권리를 보호한다는 차원 및 판사의 독립성을 확보하는 차원에서도 구성원에 의한 불복절차를 명문화할 필요가 있다.

3. 반대자

반대자의 독립성도 원고측 소송대리인의 경우와 마찬가지로 감시되고 통제되어야 한다. 반대자는 화해안의 내용을 개선하여 구성원의 이익을 증대시킬 수 있는 영향력이 있으나, 이 점을 악용하여 원고측 소송대리인이나 피고에게 많은 대가를 요구할 수도 있기 때문이다.[47)] 실제로 미국에서

---

44) 2005.12.23. 개정된 각급 법원판사 등 정원법에 의하면, 2005.7. 현재 2074명 (대법원장과 대법관 제외)인 판사 정원을 2010년까지 2544명으로 470명 증원하도록 되어 있다.

45) 그 내용은 첫째, 중립성 견지를 위해 노력, 둘째, 후견적 보호자임을 명심할 것 등이다(자세한 것은 이 책 제3장 제6절 Ⅲ. 판사의 협상관여 부분 참조).

46) Lahav, *supra* note 1), at 136-138.

는, 많은 반대자들이 '화해를 볼모로 삼아 보수를 뜯어내려는 용병'과 같다는 비난도 있다.[48] 이 견해는 반대자측 변호사들에게도 원고측 소송대리인들과 마찬가지의 공익적 기준이 적용되어야 한다고 주장한다. 반대를 위한 반대이거나 반대자의 개인적 이익을 도모하기 위한 반대의견을 여과할 필요가 있다는 점에서, 반대자에게도 공익적 기준이 설정되어야 한다는 필요성에는 공감하지만, 혹시라도 반대의견의 제시를 부당하게 제약할 정도로 높은 수준의 기준을 요구해서는 안 될 것이다.[49]

한편 미국에서는 반대자가 구성원의 이익을 저버린 채 원고측 소송대리인이나 피고와 통모하여 반대의견을 슬그머니 철회하는 경우에 대비하여, 반대의견의 철회시 법원의 허가를 받도록 하고 있다[Rule 23(e)(4)(B)]. 우리 증권집단소송에 있어서도 단지 개인적인 금전적 보상을 노리고 화해절차에 개입한 반대자가 있을 수도 있고, 반대자들의 통모 우려는 대표당사자나 원고측 소송대리인의 통모 우려 못지않게 구성원의 이익에 대한 중대한 위협이 될 수 있을 것이므로, 입법론으로 반대의견을 제기한 반대자가 그 반대의견을 철회하는 경우 그 이유를 소명하고 법원의 허가를 받도록 할 필요가 있다. 이 때 법원은 반대의견의 철회 대가로 얻는 반대자의 보수나 이익 등 반대자와 원고측 또는 피고측 사이의 이면 계약도 심사하여야 할 것이다. 미국에서는 현재의 Rule 23(e)(2)가 반대자들이 관련된 이면계약에도 적용된다는 전제하에서, ① 위 규정에 의하여 반대자들과 원고측 소송대리인 사이의 이른바 '이면 계약(side-agreement)'도 공개되어야 한다고 해석하는 견해와[50] ② 위 규정은 이면계약의 존재여부를 보고할 것만을 규정하고 있으나, 앞서 본 광범위한 정보공개 원칙에 입각하여 더 나아가 이면계약의 내용까지 심사할 수

---

47) Lahav, *supra* note 1), at 139.
48) Lahav, *supra* note 1), at 125.
49) Vollmer v. Publishers Clearing House, 248 F.3d 698, 711 (7th Cir. 2001).
50) Edward Brunet, "Class Action Objectors: Extortionist Free Riders or Fairness Guarantors", 2003 *U. Chi. Legal F.* 403, 445-447 (2003).

있는 방향으로 해석해야 한다는 견해가 있다.[51]

　　반대자들에게 많은 역할을 부여함으로써 일부 부작용이 발생할 수도 있겠지만, 그럼에도 불구하고 화해의 문제점이나 부적절한 점을 지적하는 순기능을 가진 반대자들의 역할은 매우 중요하므로, 이러한 기능을 담당해 줄 반대자들은 더욱 확대되어야 한다.[52] 이에 관해서는 다음 절에서 자세하게 살펴보기로 한다.

---

51) Lahav, *supra* note 1), at 139.
52) Lahav, *supra* note 1), at 125.

제4절 반대자 범위의 확대

I. 개 설

화해안의 공정성 심리를 위한 심문절차를 대립당사자구조 이념에 맞춰, 화해안의 문제점에 대한 공격과 방어가 오고가는 실질적인 변론절차로 승화시키기 위해서는 화해안에 대한 실체법적·절차법적 공정성에 관하여 의미 있는 반대의견을 제시할 반대자가 필요하다. 앞서 본 바와 같이 원칙적으로 제외신고를 하지 아니한 모든 구성원은 집단 전체에 효력이 미치게 될 제안된 화해안에 대하여 반대의견을 진술할 수 있고, 구성원이 아닌 자는 화해안에 대하여 반대의견을 제시할 수 없다. 그러나 대표당사자를 포함한 대부분의 구성원들은 전문지식과 정보가 부족할 뿐만 아니라 경제적 동기가 부족하고, 그 절차비용과 위험으로 인하여 개별 구성원에 의한 반대의견의 개진은 그리 많지 않으리라고 예상된다. 그리하여, 미국에서는 자발적 반대자가 없는 경우 법원이 제3자를 '특별대리인(guardian ad litem)'으로 선임하여 반대자의 역할을 맡기거나, '공익단체(public interest group)' 등에게 그 역할을 맡기는 경우가 있다. 한편, 기관투자가들과 정부기관도 종종 반대자로 나서서 긍정적인 결과를 생산한다고 한다. 공적 영역이라고 할 수 있는 정부기관, 공익단체, 특별대리인의 경우 몇 가지 공통점이 있는데, 첫째, 이런 반대자들은 양질의 감독을 수행할 수 있는 전문적인 변호사에 의해 진행될 가능성이 높다는 점, 둘째 이들은 경제적 동기가 아닌 명예, 공명심 등의 동기에서 임무를 수행한다는 점, 셋째, 따라서 이들에게는 민간 변호사에게서 나타나는 무임승차의 문제는 생기지 않는다는 점이 그것이다.

이하에서는, 미국에서의 논의를 중심으로 다양한 반대자들의 활동과

그 성과를 살펴봄으로써, 우리나라의 증권집단소송제도 운영에 있어 대
안으로서의 가치를 검토해 보고자 한다.

II. 기관투자자

1. 의 의

미국의 1995년 개혁법에서는 기관투자자에게 대표당사자의 역할을
맡기려고 의도하였으나, 실제로 대표당사자가 된 경우는 그리 많지 않았
다. 즉, 1995년 개혁법이 제정된 직후인 1996년에는 105건의 증권집단소
송 중에서 단지 8건(8%)에서만 기관투자자가 대표당사자로 선임되었고,
1997년에는 179건의 증권집단소송 중에서 9건(5%)에서만 기관투자자가
대표당사자로 선임되었다.[1] 대신에 구성원의 지위에서 반대자로 소송에
관여한 결과 의미 있는 성과를 거둔 사례가 적지 않은바 이하에서는 그
사례를 중심으로 성과와 반대자의 역할을 살펴보기로 한다.[2] 아래에서
살펴 볼 사례들은 모두 대표당사자가 되지 않으면서도 증권집단소송 또
는 주주대표소송 등의 소송에서 반대자로서의 역할을 하는 기관투자자
들의 사례들이다. 기관투자자들은 대표당사자가 되는 것이 비용 대비 효
용면에서 그다지 효과적이지 못하다고 판단한 경우 비교적 부담이 적은
반대자로서 소송에 관여하였다.

---

1) David M. Levine & Adam C. Pritchard, "The Securities Litigation Uniform Standards
   Act of 1998: The Sun Sets on California's Blue Sky Law", 54 *Bus. Law.* 48 (Nov. 1998).
2) Keith l. Johnson, "Deterrence of Corporate Fraud through Securities Litigation: The
   Role of Institutional Investor", 60 *AUT Law & Contemp. Probs.* 155, 159-162 (1997).

2. 미국의 사례

1) 사후적 개입

1997년에 State of Wisconsin Investment Board(위스콘신주 투자위원회, 이하 'SWIB'라고만 한다)와 Colorado Public Employees' Retirement Association (콜로라도주 공무원퇴직연금, 이하 'ColPERA'라고만 한다)은 Horizon/CMS 증권집단소송에서 원고측 소송대리인이 청구했던 변호사 보수의 수준에 대해 반대의견을 제시해 감액에 성공했다.[3] 그들의 반대의견 제시 후 법원은 변호사 보수를 원고측 소송대리인이 주장했던 25%에서 20%로 낮추었다. 두 기관은 화해금액이 원고측 추정 손해의 10% 미만이었다는 점, 공식적인 증거개시(discovery) 등 본격적인 소송절차가 이루어지기 전에 이루어진 화해였다는 점, 회사가 당해 소송사건들보다는 임박한 합병 때문에 화해하려고 했다는 점 등을 들어 변호사 보수 청구액이 지나치게 많다고 주장했다. 한편, Chiron 증권 소송에서는 ColPERA가 반대의견을 제기한 후 대표 변호사가 배상액의 ⅓에서 25%로 변호사 보수 감액에 대해 자발적으로 동의했다. 이 사건에서 ColPERA는 화해액이 2,000만 달러에서 3,500만 달러 사이의 가변적인 액수였기 때문에 변호사 보수의 합리성을 판단할 수 없다고 주장했다.[4] 그리고 1996년에 California Public Employees' Retirement System(캘리포니아주 공무원 퇴직연금, 이하 'CalPERS' 라고만 한다)는 W. R. Grace가 관련된 주 법원의 대표소송에서 그 기관이 불충분하다고 생각한 화해안에 대해 반대의견을 개진하기 위하여 참가(intervene)신청을 했다. CalPERS는 화해가 주주들에 대해 어떤 금전적 배상도 지급하지 않고 이미 법으로 강제되는 성희롱 예방정책을 채택하는 내용에 불과하다는 점을 들어 반대의견을 제시했다. 법원은 CalPERS가 주

---

3) Donnarumma v. Ortenzio, No. 96-0442-BB (D. N.M. filed Apr. 2 1996).
4) Perera v. Chiron Corp., No. C-95-20725-SW (N.D. Cal. filed Jan. 1995).

주들을 대표해 화해 논의에서 활발한 역할을 하는 것을 허용할 수 있도록 CalPERS의 참가신청을 허용하였다.[5] 그리고 CalPERS와 Florida State Board of Administration(플로리다주 행정위원회)은 Archer Daniels Midland (ADM, 농산물유통회사)에 대한 대표소송의 화해안에 대해서 그 회사의 대주주로서 반대의견을 제시하였다.[6] 그들은 화해안의 내용 중 금전적 부분은 거의 변호사 보수를 지불하는 데 사용될 것이고, 회사 지배구조에 대한 변경부분은 종전에 ADM이 이미 합의한 내용들로 구성되어 있어, 실질적으로 새롭게 회사에 이익을 가져다주는 내용이 없다는 취지로 반대의견을 개진하였으나, 법원은 결국 위 화해를 허가하였고, 이에 반대자들이 불복하였으나 제7 연방항소법원은 항소를 기각하였다.[7]

2) 사전적 개입

기관들이 증권 소송을 협상과정에서부터 감독한 경우도 있다. 예컨대, SWIB과 CalPERS는 Advanced Micro Devices 증권 소송에서 1998년 초에 법원에 출석 통보(notice of appearance)를 제출하고,[8] 화해논의를 진행과정에서부터 평가하고 감독하기 위하여 집단과는 별도로 변호사를 고용하였다. 그 결과 총 배상액 1,150만 달러의 화해에 도달하였다고 한다.[9] 한편, 실리콘밸리의 소프트웨어 제조업체인 S3라는 회사가 관련된 집단 소송에서, SWIB는 1998년 초 대표당사자 선임 신청이나 참가신청을 하지 않은 채, 법원에 Rule 23(d)에 따른 재량에 근거하여 SWIB에게 ① 소송의 모든 서류들을 송달받을 권리, ② 대표당사자 선정과 보수에 관한 발언

---

5) Weiser v. Grace, No. 106285/95 (N.Y. Sup. Ct. filed Sept. 1996).

6) Felzen v. Andreas, No. 95-2279 (C.D. Ill. filed July 1995).

7) Felzen v. Andreas, 134 F.3d 873 (7th Cir. 1998).

8) McDaid v. Sanders, No. C-95-20750-JW (N.D. Cal. filed in 1995). 미국법에는 구성원이 집단소송의 변론절차에 출석할 수 있는 권리가 보장되어 있다[Rule 23(c)(2)(B)].

9) Johnson, *supra* note 2), at 161, n. 32. 참조.

권[우리법상 소송허가신청 경합시의 대표당사자 선정에 있어서 구성원의 의견진술권(법 제14조 제4항), 구성원의 변호사 보수 감액신청권(법 제44조 제3항)과 유사함], ③ 화해 협상에의 참여권 등을 인정하는 명령을 내려 달라고 신청하였다.10) 이에 원고측 소송대리인은 소송을 취하하고 주 법원에 별소를 제기하였다. SWIB는 주 소송에서 원고측 대표변호사와 사이에 SWIB에게 증거개시 자료들에 대한 접근권, 화해 논의에 참여할 권리, 상황 보고서(status report)에 관한 특권을 인정하는 내용으로 합의하였다.11)

3) 소취하의 권유

기관투자자의 활동은 권리주장에만 국한되지 않는다. 예컨대, 1995년 개혁법 이전에 있었던 Intel사를 상대로 한 집단소송과 주주대표소송에서, 그 회사의 기관투자자들은 소송을 제기한 변호사들에게 소송의 가치에 대해 의심스럽다는 견해를 표명했다.12) 그 기관들은 CalPERS, Stanford Management Company(스탠포드대 자산관리위원회), College Retirement Equities Fund(교직원 연기금), Wells Fargo Institutional Trust Company(투자은행)였다. 주주들은 "무가치한 소송들은 회사에 상당한 비용을 초래하고 투자자들의 이익을 증진시키지 않는다"고 하였다. 이러한 입장을 전달받은 원고측 소송대리인은 위 두 가지 소를 모두 취하하였다.

3. 기관투자자들의 역할 평가

한편, 넓은 자산 포트폴리오를 가진 기관투자자들은 원고측 소송대리

---

10) Rudolph v. S3, Inc., No. C-97-4066-VRW (N.D. Cal. filed Nov. 3, 1997).

11) Johnson, *supra* note 2), at 161.

12) Gunther v. Moore, No. CV-94-20878 (N.D. Cal. filed Dec. 21, 1994); Whittaker v. Moore, No. CV-94-20855 (N.D. Cal. filed Dec. 12, 1994).

인을 감독하고, 권리자들의 피해구제와 불법행위의 억지(deterrence)라는
두 가지 목표를 모두 추구할 수 있는 특별한 위치에 있다. 이는 기관투
자자들이 그 전문성과 능력 그리고 경제적 동기를 모두 가지고 있으며,
아울러 신탁자 내지 수혜자의 이익을 증진시키기 위해 선량한 관리자로
서 적절한 조치를 취하여야 할 주의의무를 부담하고 있기 때문이다. 다
른 구성원들은 기관투자자들이 가지고 있는 정도의 소송수행능력이나
경제적 동기를 모두 가지고 있지 못하다.[13] 기관투자자들은 대표당사자
로 활동하거나 반대자와 같은 방법을 통해 그들의 견해를 법원에 제시
할 수 있다. 기관투자자들은 대표당사자로서 소송을 수행하는 데에 수반
되는 비용과 위험에 대한 불확실성을 회피하기 위하여 대표당사자로 나
서는 것을 꺼리는 경향이 있는데, 법원이 기관투자자들로 하여금 대표당
사자가 아닌 구성원의 지위에서 소송에 발언권을 행사할 수 있도록 허
가한다면, 그들은 법원에 전문가적 분석에 입각한 의견을 개진하고 증권
집단소송의 소송대리인을 감독함으로써, 구성원, 원고측 소송대리인 그
리고 법원 사이의 균형을 회복하는데 기여할 수 있을 것이다.[14]

4. 우리의 경우

우리나라의 경우 미국에서와는 달리 연기금의 기관투자자로서의 비
중이 아직은 개인보다 적기 때문에[한국증권선물거래소의 통계에 의하
면, 2004년의 경우 상장주식의 20.80%를 개인이 보유하고 있고, 기관투
자자는 17.01%의 상장주식을 보유하고 있으며, 외국인(개인과 기관 합
계)이 40.10%의 상장주식을 보유하고 있다고 한다][15] 기관들이 집단소
송에서 차지하는 비중이 당분간은 크지 않을 수도 있다는 견해가 있다.

---

13) Johnson, *supra* note 2), at 157.

14) Johnson, *supra* note 2), at 165-166.

15) http://sm.krx.co.kr/webkor/tong/tong_index.jsp?url=/webkor/tong/st/ma/tn_st_ma_sn.jsp
    참조.

그러나 이 견해는, 외국계 기관투자자들 중에서 적극적으로 대표당사자의 역할을 할 기관이 나타날 가능성은 항상 열려있는바, 기업들의 입장에서는 기관투자자가 증권집단소송을 제기하게 되는 유인을 감소시키기 위해 기업지배구조의 개선을 위한 노력과 그 결과의 홍보를 지속적으로 전개해야 함은 물론 일단 소송으로까지 연결되지 않도록 기관투자자들에 적극적으로 접촉해서 회사의 입장을 설명할 수 있는 실적과 자료를 축적하여야 한다고 제안하고 있다. 아울러, 평소에 기관주주의 구성과 과거 활동 기록, 지배구조에 대한 성향 등에 대한 정보를 수집하고 분석하는 과정도 필요하다고 주장한다.16)

우리나라에서 증권집단소송이 본격화될 경우 미국에서와 마찬가지로 기관투자자들은 대표당사자로서 소송을 수행하는 데에 수반하는 비용과 위험에 대한 불확실성을 회피하기 위하여 대표당사자로 나서는 것을 꺼릴 수도 있을 것이다. 또한 우리법에는 대표당사자가 아닌 구성원의 지위에서는 소송이나 화해절차에 출석하거나, 증거를 신청할 수 있는 규정이 없다. 다만, 반대자로서 화해안에 대한 반대의견을 진술할 수 있는 권리가 인정될 뿐인데, 기관투자자들의 역할을 확대하기 위하여 이들의 절차참여권을 확대할 필요가 있다고 본다. 따라서 굳이 대표당사자로서가 아니더라도 증권집단소송절차에 보다 쉽게 관심을 가지고 그 절차에 대한 의견을 개진할 수 있도록 하기 위해서, 구체적으로 기관투자자들에게 화해안 이외에 소송관련 서류들을 송달하거나(법 제35조 제2항 유추), 대표당사자 선정이나 화해안에 포함된 변호사 보수에 관하여 의견을 조회하는 방법(법 제14조 제4항, 제44조 제3항 유추)이 이용해 볼 만하다.

---

16) 김화진, "증권집단소송과 기관투자자의 역할", 증권법학회 제108회 정기세미나(2005.4.23), 한국증권법학회, 20쪽.

III. 정부기관

1. 의 의

정부기관도 주요한 집단소송의 화해가 어떻게 합의되었고 또 결과적으로 보상금이 어떻게 배분되었는지 등에 대해 주목할 만한 이해관계를 가지고 있다.[17] 위 기관들은 집단소송 관련내용에 대하여 입법적, 행정적 조치를 취하기 위해 소송에 관심이 있을 뿐만 아니라, 경우에 따라서 소송에 관여하여 구성원들의 입장을 옹호하거나 방해하려고 시도할 수도 있다.[18]

2. 미국의 사례

1) 주 정부의 관여

주 정부의 집단소송 참여는 최근 더욱 증가하고 있다.[19] 주 정부가 집단 소송에 참여하는 방법은 '후견적 소송(parens patriae suit: 법적으로 자신의 이익을 대표할 능력이 없는 유아, 금치산자 등을 위해 정부가 제기하는 소송)'을 집단소송 형식으로 제기하거나, 이미 존재하는 집단 소송에 개입하는 방법이 있다고 한다.[20] Parens patriae의 형태로 대표적인 것

---

17) Carrie Menkel-Meadow, "Ethics and the Settlement of Mass Torts: When the Rules Meet the Road", 80 *Cornell L. Rev.* 1159, 1186 (1995).

18) Robert H. Klonoff & Edward K. M. Bilich, *Class Actions and Other Multi-Party Litigation —Case and Materials*, American Casebook Series, West Group, 589 (2000).

19) Edward Brunet, "Improving Class Action Efficiency by Expanded Use of Parens Patriae Suits and Intervention", 74 *Tulane L. Rev.* 1919, 1921 (2000).

20) Edward Brunet, "Class Action Objectors: Extortionist Free Riders or Fairness Guarantors", 2003 *U. Chi. Legal F.* 449 (2003).

은 담배 제조사를 상대로 제기한 담배 소송이지만, 총기제조사, 납 페인트 제조사, 건강 유지기관에 대한 것 등이 있었다.21) 한편, 주 정부가 참가신청(intervene)을 하거나 법정 조언자(amicus curiae)로서 활동한 경우도 있다. 예를 들면, New York, Massachusetts, Pennsylvania, Nevada 주 등은 자동차보험사가 저가 부품으로 보상을 해주었다는 사실이 사기라는 이유로 제기된 집단소송에 관여하였고, Texas 주 보험국은 제안된 화해안의 변호사 보수가 과다하다고 주장하면서 반대의견을 제기하였으며, Texas 주 법무장관은 Conseco사를 상대로 한 집단소송에서 현금 지급이 없고 구성원들에게 돌아가는 현실적 이익이 거의 없다는 이유로 반대의견을 제기하였고, Texas 주 법무장관은 보험금을 이중으로 청구했다고 주장하면서 보험사를 상대로 제기된 집단소송에 참가(intervene)하여 추가로 200만 달러의 배상금을 증액시켰다.22)

2) 연방 정부의 관여

제9 연방항소법원은 Mendoza v United States 사건에서 법무부의 집단소송 참여로 인하여 집단 내의 소수자들의 이익이 불공정하게 다뤄질 가능성을 잠재우는데 중요한 역할을 했다고 평가하였고,23) 연방공정거래위원회(F.T.C.)는 여러 개의 집단소송에서 변호사 보수를 문제 삼아 반대의견을 제시한 적이 있다.24) 증권거래위원회(S.E.C.)는 클린턴 정부시

---

21) Richard P. Ieyoub & Theodore Eisenberg, "State Attorney General Actions, the Tobacco Litigation and the Doctrine of Parens Patriae", 74 *Tulane L. Rev.* 1859, 1860-62 (2000).

22) Deborah R. Hensler, Nicholas M. Pace, Bonita Dombey, Moore Beth Giddens, Jennifer Gross & Erik K. Moller, *Class Action Dilemmas: Pursuing Public Goals for Private Gain*, Rand Institute for Civil Justice, at 279-80, 461 (2000).

23) Mendoza v. United States, 623 F.2d 1338, 1353 (9th Cir. 1980).

24) Carter v. ICR Services Inc, Memorandum Opinion on Proposed Settlement 2, 5-6, Civ. Action 00-C-2666-W (ND Ala. Sept 6, 2002); Erikson v. Ameritech Corporation, Memorandum Order, No 99 CH 18873 (Cook Co. Ill. Cir. Ct. Sept. 18, 2002).

절 증권집단소송에 적극적으로 참가하기로 하는 정책을 유지하였고,[25) In re Cendant Corp Litigation 사건에서는 법정조언자로 관여하여, "원고측 소송대리인을 선임하는 데 사용한 경매방식은 1995년 개혁법에 부합하지 않는다"는 의견을 개진한 바 있다.[26) 고용평등위원회(E.E.O.C)는 인종 차별금지 집단소송에 참가한 적이 있고,[27) 연방예금보험공사(F.D.I.C.)는 신용카드 발행은행을 상대로 한 집단소송에 참가한 사례가 있다.[28)

3. 정부기관의 역할 평가

반대자로서의 정부기관은 대리인 비용이 덜 들고, 원고측 소송대리인을 효과적으로 감독할 수 있다는 점에서 민간인 반대자보다 장점이 있다.[29) 이에 대하여 정부 변호사가 집단소송을 처리해 본 경험이 부족해서 원고측 소송대리인을 제대로 감독할 수 없다는 주장도 있다. 하지만 정부 변호사들이 집단소송의 경험은 부족할지 모르지만 실체법적 지식과 경험은 많을 수 있고, 절차법적 지식을 보충할 수 있는 기회가 많기 때문에 경험부족은 크게 문제되지 않는다. 한편, 정부 변호사는 적극적으로 집단소송에 관여하고자 하는 동기가 부족하다는 평가가 있다. 그러나 금전적 보상은 아니지만 정부 변호사들에게도 다른 차원의 동기가

---

25) Michael Siconolfi & Jeffrey Taylor, "SEC Steps Up Intervention in Class Action Pacts", *Wall St. J.* C1 (June 2, 1995)(SEC는 상소심에서만 참가하지 않고, 증권 집단소송과 관련된 남용의 여지를 최소화하기 위하여 1심부터 조기에 관여하는 것을 고려중이다).

26) In re Cendant Corp Litigation, 264 F3d 201, 231 (3d Cir. 2001).

27) Mary Williams Walsh, "U.S. Joins in 2 Bias Suits Against Lockheed Martin", *N.Y. Times* C1 (Dec 6, 2000)(Lockheed Martin Corporation에 대한 소송); Douglas A. Blackmon, "EEOC Seeks to Join a Class-Action Suit Alleging Racial Discrimination at UPS", *Wall St. J.* A4 (June 2, 1997) (United Parcel Service에 대한 소송).

28) Heaton v. Monogram Credit Card Bank of Georgia, 297 F.3d 416, 426 (5th Cir. 2002).

29) Brunet, *supra* note 20), at 451.

충만하다. 예컨대, 조직 내에서의 인정, 해당 분야에서의 명성, 공익을 지향하는 사명 등이 그것이다.[30]

4. 우리의 경우

우리의 사법제도는 미국의 그것과 매우 달라서, 정부기관이 민사소송 절차인 증권집단소송에 직접 참여하는 일을 생각하기 어렵다. 하지만, 금융감독위원회는 증권, 선물시장의 관리, 감독 및 감시 등과 관련된 사항(금융감독기구법 제17조), 발행·유통시장의 공시규제 등(증권거래법 제20조)을 담당하고, 증권선물위원회는 증권, 선물시장의 불공정거래조사(금융감독기구법 제19조)를 담당하며, 내부자거래와 시세조종 등 불공정거래금지위반과 관련된 조사, 압수, 수색권 등(증권거래법 제206조의 3)이 인정되는바, 이러한 금융감독당국은 당해 증권집단소송의 배경과 손해배상청구소송의 가치 등에 대하여 깊이 있는 조사자료를 보유하고 있고, 이를 바탕으로 하여 전문가적 관점에서 화해안을 평가할 수 있을 것이다. 일반적으로 증권집단소송(특히 내부자거래와 시세조종 등을 원인으로 하는 경우)은 금융감독 당국의 조사와 수사기관의 수사가 이루어지는 경우에 그 자료를 바탕으로 제기되는 경우가 많을 것인바, 이러한 경우 원고측이나 법원은 모두 위 금융감독 당국의 자료에 의지하는 경향이 클 것이다.

따라서 우리의 경우 금융감독 당국이 적극적으로 소송에 개입하기는 어렵다고 할지라도, 법원은 "손해배상청구의 원인이 되는 행위를 감독·검사하는 감독기관으로부터 손해배상청구 원인행위에 대한 기초 조사자료를 제출받는 등 직권으로 필요한 조사를 할 수 있다"는 규정(법 제13조 제3항)이나 민사소송법상 조사촉탁절차(민사소송법 제294조), 감정촉탁절차(같은법 제341조)를 활용하여, 당해 화해안에 대한 금융감독 당국의 의견을 조회할 수 있을 것이다. 이에 대하여 아무런 경제적 이해

---

30) Brunet, *supra* note 20), at 454-455.

관계도 없고, 당사자와도 관련이 없으며, 전문지식을 갖춘 금융감독 당
국이 법원의 요청에 성실히 응한다면, 형해화될 우려가 있는 공정성 심
리절차에 긴장감을 불어넣는 활력소가 될 것이다(물론, 법원은 이를 참
고자료로만 활용하면 되고 그 의견에 구속될 필요는 없다). 이러한 논의
의 연장선에서 입법론으로 미국의 2005년 집단소송 공정화법의 규정과
같이 화해안이 제출된 경우 법원은 그 사본을 금융감독위원회에 통보하
는 절차를 두는 것도 반대의견의 조회차원에서 의미가 있다고 생각한다.

IV. 공익단체

1. 의 의

미국에서는 공익단체(public interest group: public interest의 사전적 의미
는 특정한 개인이나 집단의 이익이 아닌 사회공공의 이익이라고 되어
있는바, public interest group은 결국 우리나라의 시민단체 정도로 해석할
수 있다)에 의하여 화해안에 대한 반대의견이 개진되는 경우가 많다고
한다. Public Citizen(공익시민, 이하 'PC'라고만 한다)과 Trial Lawyers for
Public Justice(정의를 위한 변호사모임, 이하 'TLPJ'라고만 한다)라는 두
단체는 집단소송에 자주 참여하는 것으로 유명한데 주로 화해안에 만족
하지 못한 구성원을 대리하는 형태로 개입한다.[31]

2. 미국의 사례

때로는 특정한 주제와 관련된 공익단체가 그 단체 구성원들의 이익을
대변하기 위해 반대의견을 제기하기도 한다. 예를 들면, 미국 퇴직자협회

---

31) Hensler et al., *supra* note 22), at 45 n 116, 89-91.

(American Association of Retired Persons)가 자택요양보험 가입자들과 보험회
사 사이의 집단소송에서 화해안에 대한 반대의견을 제시한 사례도 있
고,32) National Organization for Women(전미여성협회)의 뉴욕지부가 Salomon
Smith Barney에 대한 성 차별 집단소송에서 화해안에 대해 "구성원의 보
상액은 너무 적고 변호사 보수는 너무 많다"며 반대의견을 제시한 사례
도 있다.33) 그리고 TLPJ가 검토하고 반대의견을 제기하는 집단 소송도 적
지 않다. 1995년 '집단소송 남용방지 프로젝트(Class Action Abuse Prevention
Project)'를 시작한 후 TLPJ는 매년 50∼70건의 집단소송의 화해안을 검토
하고 '특별히 불공정하거나 불법적인' 사례에 대해 반대의견을 제기하
는데, 20건 이상의 크게 문제 있는(objectionable) 화해안에 대하여 반대의
견을 제시하였고 대부분의 사건에서 성공적인 결과를 얻었다.34) 예컨대,
화학공장의 비소 유출과 관련된 집단소송에서 5,500만 달러 화해안에 대
한 반대의견을 제시하였고,35) Liggett Group Inc.에 대한 집단소송에서
"흡연자들로부터의 장래 소송에서 피고를 면책해 주는 반면 구성원에게
는 사실상 아무런 혜택도 돌아가지 않았다"는 이유로 화해안에 반대하
였으며,36) "자동차보험사가 정기보험료 납입에 관하여 제대로 알리지
않았다"고 주장하며 제기된 집단소송에서 500만 명에 이르는 과거 보험
가입자들에 대하여는 아무런 보상계획이 없다는 이유로 반대의견을 제
시하였다.37)

　　PC 또한 집단소송에 활발하게 참여하였는데, 예컨대, 결함이 있는 심
장 맥박 조정기와 관련된 제조물책임 집단소송에서 화해안에 대해 변호

---

32) Ann Davis & Joseph T. Hallinan, "Conseco's Class-Action Settlement Proposal is
　　Criticized as Inadequate by Some Groups", *Wall St. J.* B8 (Feb 1, 2002).
33) Patrick McGeehan, "Settlement of Bias Suit is Delayed", *Wall St. J.* C1 (June 25,
　　1998).
34) Brunet, *supra* note 20), at 457-458.
35) Wade Lambert, "Public Interest Law Group Fights Some Class Settlements as Unfair",
　　Wall St. J. B4 (Aug 17, 1995).
36) Bob Van Voris, "Liggett Deal Suddenly Turns Sour", *Nat'l L. J.* A7 (June 16, 1997).
37) Bob Van Voris, "Insurance Class Deal Criticized", *Nat'l L. J.* A4 (Feb 19, 2001).

사 보수가 배상액의 28%나 되는 점, 구성원들이 제외신고를 할 수 없게
한 점 등의 이유로 반대의견을 제시하였고,[38] Redux라는 diet 약의 제조
회사에 대한 집단소송에서 반대자들이 제외신고를 할 수 없도록 하는
내용이 포함된 화해안에 대하여 반대의견을 제시하였다.[39] 석면 집단소
송에서는 피고를 대상으로 현재 소송을 제기한 자들과 장래 소송을 제
기할 구성원들 사이에는 이해관계가 다를 수 있다는 이유로 반대의견을
제시하였다.[40] 그리고 유방 확대용 실리콘의 제조물책임 집단소송에서
화해안이 ① 30년간의 물가 상승에 맞춰 조정되지 않았고, ② 배우자의
권리(consortium) 상실을 무시했으며, ③변호사 보수결정은 변론절차를
거쳐야 한다는 이유로 반대의견을 제시하였다.[41] GM 트럭 연료탱크 제
조물책임 집단소송에서는 ① 1,000달러의 쿠폰이 양도되면 500달러로
가치가 감소하고, ② 변호사 보수를 결정하는 절차가 공정하지 않으며,
③ 집단에 대한 고지에 문제가 있다는 이유로 반대의견을 제시하였다.[42]
증권집단소송인 Epstein v. MCA, Inc. 사건은 MCA와 마쓰시타 간의 거대
합병을 둘러싸고 제기된 것으로서 델라웨어주 법원에서 해당 주법에 따
라 진행된 사건과 캘리포니아주 연방법원에서 연방증권법에 따라 진행
된 두 개의 집단소송과 관련되어 있는데, 공통된 주장은 MCA의 내부관
계자 2인이 미공개정보를 이용하여 다른 MCA 주주들에 비해 마쓰시타
로부터 더 큰 혜택을 받았다는 것이다(델라웨어주 법원에서의 소송은 화
해가 허가되었는데, 화해조건에 따르면 MCA 주주들은 몇 푼 안 되는 보
상금을 받고 마쓰시타를 포함한 피고들 전체에 대하여 집단 구성원들은
연방법을 포함하여 모든 청구권을 포기하여야 했다).[43] 이 사건에서 PC

38) In re Telectronics Pacing Systems, Inc, 186 F.R.D. 459 (1999).
39) In re Diet Drugs Products Liability Litigation, 1999 U.S. Dist. Lexis 14881 (E.D. Pa.).
40) Georgine v Amchem Products Inc., 157 F.R.D. 246 (E.D. Pa. 1994), rev'd, 83 F.3d 610 (3d Cir. 1996), aff'd as Amchem Products Inc. v Windsor, 521 U.S. 591 (1997).
41) In re Silicone Gel Breast Implant Litigation, 1994 U.S. Dist. Lexis 12521 (N.D. Ala.).
42) In re General Motors Pickup Truck Fuel Tank Product Liability Litigation, 55 F.3d 768 (3d Cir. 1995).

는 법정조언자로서 관여하여, "대표당사자들이 주법 상의 소송을 화해하는 대가로 별다른 보상을 받지도 못하였으면서, 수백만 달러에 이를 수 있는 연방법상의 청구권까지 포기한 것으로 볼 때, 구성원들은 대표에 의한 적절한 대리를 받지 못하였음이 자명하다"는 반대의견을 개진하였으나, 받아들여지지는 않았다.[44]

3. 공익단체의 역할 평가

1) 성공의 기준

집단소송에서 반대의견의 제시가 성과를 거두었는지를 객관적으로 평가하기는 쉽지 않다. 먼저, 반대자들이 구성원에 대한 배상금을 늘리게 한 경우 반대의견의 제시가 성공했다고 볼 수도 있지만, 구성원에 대한 추가 지불은 단지 공익단체 반대자를 매수하여 반대 없이 법원의 화해 허가를 이끌어 내기 위한 편법의 일종이라고 볼 여지도 있다.[45] 한편, 변호사 보수의 지급 여부가 성공을 측정하는 가장 쉬운 방법이라고도 볼 수도 있는데, 이는 반대의견이 화해허가 과정에 의미 있는 도움을 주었다고 평가되는 경우에만 보수가 지급될 것이기 때문이다. 그렇지만, 변호사에 대한 보수 지급여부로 성공여부를 판단하는 데에는 중대한 결함이 있다. 왜냐하면, 앞서 본 바와 같이 반대의견이 아주 적절한 것이어서 1심 법원이 제안된 화해를 거부해 버릴 경우에는 변호사 보수지급의 원천이 될 수 있는 공동기금 자체가 조성되지 못하므로 변호사 보수를 받는 것 자체가 불가능하다. 실제로, TLPJ가 반대의견을 제시한 20개의

---

43) Epstein v. MCA, Inc., 50 F.3d 644 (9th Cir. 1995), rev'd and remanded, Matsushita Elec. Indus. Co. v. Epstein, 516 U.S. 367 (1996).

44) Epstein v. MCA, Inc., 126 F.3d 1235 (9th Cir. 1997), op. withdrawn and aff'd, 179 F.3d 641 (9th Cir. 1999), cert. denied, 120 S.Ct. 497 (1999).

45) Brunet, *supra* note 20), at 460.

집단소송 중에서 TLPJ가 보수를 받은 것은 단지 두 건에 불과하였다.[46]

2) 공익단체의 활동에 대한 평가

공익단체를 대표해 반대자를 대리하는 변호사들은 그들이 다루는 영역에 관한 전문성을 가지고 있고(예컨대, TLPJ는 주로 인권, 환경, 소비자, 사회정의에 관련된 집단소송에, PC는 주로 건강, 안전, 민주주의에 관련된 집단소송에 주로 관여하여 그 분야에 특화된 전문지식이 있다), 집단소송에 참여해 본 경력을 가진 유능한 재원들이다. 공익단체가 법원에 중립적인 충고를 제공할 수 있고, 의심스러운 집단소송에 대해 문제점을 지적하는 중요한 역할을 할 수도 있다.[47] 한편, 이에 반하여 공익단체의 형성과 영향력은 기껏해야 비논리적이거나 최악의 경우 무력하기까지 하다는 비판도 있다.[48] 그러나 공익단체들은 소송과 입법 과정에서 커다란 성공을 거두었고,[49] 집단소송 수행과정을 감독하는 공익단체의 변호사들은 그 단체의 사명에 부합하는 결과를 얻기 위한 동기로 충만해 있다고 볼 수 있다.[50]

4. 우리의 경우

이상과 같이 미국에서의 집단소송과정에 관여하는 공익단체의 활약을 살펴보았다. 모든 사례들을 조사한 것은 아니지만, 적어도 PC와 TLPJ의 경우 앞서 본 사례들과 인터넷 홈페이지 자료(PC의 경우 http://www.

---

46) Brunet, *supra* note 20), at 462.

47) Hensler, *supra* note 22), at 494-495.

48) Daniel Shaviro, "Beyond Public Choice and Public Interest: A Study of the Legislative Process as Illustrated by Tax Legislation in the 1980s", 139 *U. Pa. L. Rev.* 1, 94-95 (1990).

49) Shaviro, *supra* note 48), at 43-44.

50) Brunet, *supra* note 20), at 463.

citizen.org/print_article.cfm?ID=552, TLPJ의 경우 http://www.tlpj.org/key_current_
cases.html)를 살펴본 결과 대부분 제조물책임이나 환경, 공해소송 그리고
인종이나 성차별에 대한 집단소송에 개입하는 경우가 많았고, 증권집단
소송의 경우는 앞서 본 Epstein 사건과 Hancock 사건밖에 없었다. 이에 대
한 이유를 설명하는 문헌을 찾지 못하였지만, 생각건대, 첫째, 증권집단
소송은 매우 전문적이고 복잡한 이론과 법리전개가 수반되는바 공익단
체는 민간 로펌에 비해 전문성 확보가 어렵다는 점, 둘째, 보다 근본적으
로 공익단체는 그야말로 정의, 인권 등을 지향하는 단체로서 개인의 투
자손실 회복을 위한 증권집단소송과는 다소 거리가 있다는 점 등을 이
유로 들 수 있겠다.

　이러한 미국의 경험에 비추어 보면, ① 공익단체라고 해서 모든 유형의
집단소송에 개입하는 것은 아니라는 것, ② 각 공익단체의 이념과 특성에
부합하는 집단소송에 특화하여 집중적으로 개입한다는 것, ③ 실제 소송
에의 개입은 집단소송의 구성원을 공익단체 소속 변호사가 대리하는 형
식으로 개입한다는 것, ④ 각 공익단체는 오랜 기간 동안의 경험으로 해
당 분야에 전문지식과 경험을 확보한 경우에 법원에서 그 반대의견을 존
중한다는 것이라는 등의 큰 흐름을 읽을 수 있다. 우리나라에서 증권집단
소송에 관심이 있는 시민단체들은 이러한 점을 명심하고 먼저 특정 분야
에 관한 전문지식과 소송경험 등의 역량강화에 힘써야 할 것이다.

V. 특별대리인

1. 의　의

　미국의 집단소송에서 정부기관이나 공익단체보다는 덜하지만, 화해안
에 대하여 의미 있는 반대의견을 제기하는 역할을 담당하는 자가 바로

특별대리인(guardian ad litem)[51]이다. 특별대리인은 소송에 직접 관여하지 않는 구성원들의 이익을 대변해 원고측 소송대리인과 피고의 화해 협상 과정에서의 행동을 감독한다. 특별대리인은 구성원의 이익을 위하여 제안된 화해안을 검토하고 법원에 의견을 제시함으로써, 집단소송에 종종 결여되어 있는 대립당사자구조를 활성화시키는, 일종의 '의도적인 반대자(devil's advocate)' 역할을 한다. 이를 통해 원고측 소송대리인과 피고 사이의 협상과정에서의 문제점을 공론화하여 구성원의 이익을 대변하는 한편,[52] 법원의 중립성 확보에도 기여한다.[53]

  미국의 법원은 소송당사자가 자신을 충분히 대변할 수 없는 경우 특별대리인을 임명할 수 있는 포괄적인 형평법상의 권리를 가지고 있다.[54] 일반적으로 미성년자를 대변하나, 주 법원은 신체적 또는 육체적인 장애가 있는 자 또는 복역 중인 죄수를 위해 특별대리인을 선임하기도 한다. 또한 화해안을 허가하거나, 변호사 보수를 결정할 때 소송과정에 관여하지 아니한 집단 구성원들의 권익을 보호하기 위해 특별대리인을 선임하기도 한다.[55] Miller v. Mackey Int'l. Inc. 사건에서 법원은, "구성원들의 권리는 화해기금에서 변호사 보수를 지급받고자 하는 원고측 소송대리인의 이해관계와 상충하기 때문에 마땅히 보호받아야 한다. 피고의 소송대

---

51) 'guardian ad litem'을 '소송목적 후견인'이라고 번역하는 사전도 있고, 실제로 우리법상 후견인제도(민법 제928조 이하)와 특별대리인제도(민사소송법상 제62조)가 모두 미성년자, 한정치산자, 금치산자를 위하여 법률행위를 대리하도록 한다는 점에서 공통점이 있기도 하다. 그러나 당해 소송에 한하여 대리권이 인정되고, 법원의 선임에 의하여 대리권이 인정된다는 점에서 'guardian ad litem'은 우리법상 특별대리인제도와 더 비슷하다고 생각한다. 이 책에서는 'guardian ad litem'을 '특별대리인'이라고 부르겠다.

52) Brunet, *supra* note 20), at 466-467.

53) Haas v. Pittsburgh Nat'l. Bank, 77 F.R.D. 382, 383 (W.D. Pa. 1977).

54) Miller v. Mackey Int'l. Inc., 70 F.R.D. 533, 535 (S.D. Fla. 1976).

55) Ahearn v. Fibreboard, 162 F.R.D. 505, (E.D. Tex. 1995); Haas v. Pittsburgh Nat'l. Bank, 77 F.R.D. 382, 383-84 (W.D. Pa. 1977); Miller v. Mackey Int'l., Inc., 70 F.R.D. 533, 535 (S.D. Fla. 1976).

리인은 화해기금이 어떤 식으로 배분되는가에 대해 별 관심이 없으므로 대립당사자구조가 형해화된다. 따라서 구성원들을 위한 특별대리인이 필요하다"고 판시하였다.[56]

특별대리인은 화해안의 공정성을 평가하는데 필수적인 능력과 전문성 및 풍부한 경험을 가지고 있어야 한다. 특히 배상액이 고액인 집단소송일수록 대립당사자구조의 활성화를 위하여 특별대리인의 선임은 더더욱 필요하다.[57] 화해 집단 즉, 소송허가결정 전의 화해의 경우에도 대표당사자 및 원고측 소송대리인들과 구성원들 사이의 부득이한 이해관계의 대립이 발생할 수 있으므로, 특별대리인을 선임할 필요가 있다.

2. 미국의 사례

Ahearn v. Fibreboard Corp. 사건은 석면 노출에 대한 손해배상을 구하는 집단소송으로서 원고측은 강력한 발암물질인 석면 노출에 대한 석면제조사와 유통업체 등의 책임을 물어 집단소송을 제기하였고, 위 소송에 연관된 피고측의 보험사들이 개입하였다. 그 후 쌍방의 협의에 따른 여러 합의안이 법원의 허가를 얻기 위해 제출되었는데, 원고측의 소송대리인은 석면 관련 손해배상 집단소송에 깊이 개입한 상태로 지난 10~20여 년간 현재 케이스의 원고측 구성원 외의 다른 피해자들도 상당수 대리하고 있었기 때문에 원고측 소송대리인과 구성원들 사이의 이해관계에 갈등의 여지가 있었다. 이 때문에 법원은 구성원의 권익을 공정하게 대리할 수 있는 특별대리인의 선임이 필요한 것으로 판단하고 이 분야의 전문가이면서 석면관련 손해배상 소송의 원고측 대리 경험이 없는 자인 보스턴 대학 로스쿨 교수인 Eric Green을 특별대리인으로 임명하여 장래 청구권자의 이익을 대리하도록 하였다. 특별대리인은 '피고의 자산

---

56) Miller v. Mackey Int'l. Inc., 70 F.R.D. 533, 535 (S.D. Fla. 1976).

57) Brunet, *supra* note 20), at 468.

가치를 과소평가하였고, 한정된 금액만을 지급하기로 합의된 화해안'에 대해 반대의견을 제시하였다.58)

Pointer 판사는 실리콘 가슴 확대보형물 소송에서 하위 집단(subclass)들을 위해 특별대리인을 선임했고,59) Miller 사건에서 법원은 원고측 소송대리인이 변론에 소요되었다고 주장하는 1,845시간은 신빙성이 없다고 판단하여 변호사 보수산정을 위하여 특별대리인을 선임하였으며,60) Hass 사건에서도 특별대리인을 선임하여 변호사 보수를 산정하게 함으로써 구성원들의 이익을 대변하도록 하였다.61)

3. 특별대리인의 역할 평가

Ahearn 사건을 비롯하여 특별대리인이 화해안의 허가단계에서 많은 도움이 되는 경우가 있었다. 그러나 특별대리인의 선임 시점과 정보접근의 한계는 문제점으로 지적된다. 즉, 원고측 소송대리인과 피고 사이의 오랜 기간의 협상 끝에 합의에 이르러 화해안이 제출된 경우 법원이 그제서야 특별대리인을 선임한다면, 특별대리인은 협상 내용은 물론 소송 자체에 대하여도 정보가 부족하고, 화해안을 평가하기에 앞서 소송내용과 과정을 이해하는 것만으로도 벅찰 것이다. 따라서 특별대리인을 협상의 조기에 선임할 필요가 있고,62) 필요한 경우 증거개시의 권리도 인정해 주자는 견해가 있다.63)

---

58) Ahearn v. Fibreboard Corp. 162 F.R.D. 505, (E D Tex 1995), aff'd as In re Asbestos Litigation, 90 F.3d 963 (5th Cir 1996), vacated and remanded, 521 US 591 (1997), aff'd on remand, 134 F.3d 668 (5th Cir 1998), rev'd, Ortiz, 527 US 815.

59) John C. Coffee, JR., "Class Wars: The Dilemma of the Mass Tort Class Action", 95 *Colum. L Rev.* 1420 (1995).

60) Miller v. Mackey Int'l. Inc., 70 F.R.D. 533, 535 (S.D. Fla. 1976).

61) Haas v. Pittsburgh Nat'l. Bank, 77 F.R.D. 382, 383-84 (W.D. Pa. 1977).

62) Christopher P. Lu, "Procedural Solution to the Attorney's Fee Problem in Complex Litigation", 26 *U. Rich. L. Rev.* 63 (1991).

특별대리인은 소송에 관여하지 않은 구성원들의 이익을 위하여 법원에 의하여 선임된 자로서, 화해안을 평가하고 법원에 의견을 제시함으로써 결과적으로 판사의 화해안 심사에 도움이 된다는 의미에서 판사의 보조자라고도 할 수 있다. 여기서 스페셜마스터(special master)[64]라든지, 전문가 증인(expert witness)[65]도 집단소송에서 법원에 의하여 선임되고 법원의 기능을 보조한다는 점에서 특별대리인과 비교할 만하다. 그러나 특별대리인의 경우 기본적으로 구성원의 이익을 도모하여야 하고 그 충성의무는 구성원에 대한 것이지만, 스페셜마스터 등은 판사에 대해 충성의무를 부담하고 있다는 점에서 양자는 엄격히 구별된다.[66]

4. 우리의 경우

법에는 특별대리인에 관한 명문의 규정이 없으므로, 현행 제도하에서는 미국에서와 같은 특별대리인 선임은 어려울 것이다. 그러나 법원이 원고측 소송대리인과 피고 사이의 화해 협상과정에서의 통모 가능성에 대한 심증은 가지만 이를 확인할 방법이 없고, 구성원, 기관투자자, 정부기관 및 공익단체 등으로부터 아무런 반대의견이 없는 경우 특별대리인을 선임할 필요가 있는바, 입법론으로 이 제도의 도입을 신중히 검토해 볼 필요가 있을 것이다. 특히 화해안의 전면적 심사를 위하여 특별대리인을 선임하는 것이 다소 법원과 특별대리인에게 부담이 된다면, 특정한 쟁점에 한정하여 업무를 맡기는 것도 한 방법이 될 수 있겠다.

---

63) Brunet, *supra* note 20), at 468-469.
64) Hensler et al., *supra* note 22), at 360-63.
65) Hensler et al., *supra* note 22), at 495.
66) Brunet, *supra* note 20), at 470-471.

제5절 법원의 기능 활성화

Ⅰ. 개 설

증권시장에서의 피해자를 구제하고 기업경영의 투명성을 확보하기 위해 도입된 증권집단소송에서, 법원은 단순한 절차 진행자에 그치는 것이 아니라, 구성원의 후견자로서의 기능까지도 수행하여야 하므로, 그 역할의 중요성은 아무리 강조해도 지나치지 않을 것이다. 특히 앞서 본 바와 같이 법원은 당사자들이 합의한 화해안의 허가여부를 결정할 수 있는 권한이 있는데(법 제35조 제1항), 이러한 권한을 이용하여 제안된 화해안이 바람직한 내용인지 여부를 평가하고 변호사 보수가 적정한지 여부를 조사함으로써 원고측 소송대리인을 통제할 수 있고, 나아가 제3절에서 살펴본 집단소송 운영원리의 실현여부를 심사함으로써 바람직한 화해제도의 운영에 기여할 수 있다.

법원의 화해안 허가기준에 관하여 법에는 구체적인 언급이 없으나, 미국의 Rule 23과 같이 '공정성·상당성·적정성'을 기준으로 하여야 한다는 것과 심사방법에는 실체적 심사방법과 절차적 심사방법이 있다는 것을 앞서 보았다. 그러나 실체적 심사방법의 한계로 인하여 절차적 심사방법에 관심이 부각되고 있다는 사정도 살펴본 바 있다. 한편, 원고측 소송대리인에 대한 내부적 통제로서 변호사 보수에 대한 법원의 심사기능을 보충하기 위하여 여러 가지 대안이 제시되고 있다. 이러한 시도들은 변호사 보수 산정절차가 복잡하여 법원에 큰 부담이 되고 있는 현실에서 법원의 기능을 활성화하기 위한 장치들을 제시하거나, 사실상 형해화될 우려가 있는 보수심사단계에서의 대립당사자구조를 실질화하기 위한 대책으로 제시되기도 한다.

이하에서는 화해안 심사에 있어서 절차적 심사방법의 가치에 대하여 먼저 살펴보고, 변호사 보수심사에 대한 대안적 접근방법들을 소개하고자 한다.

II. 화해안 심사방법 - 절차적 심사의 비중확대

1. 의 의

화해안의 심사기준은 앞서 본 바와 같이 공정성·상당성·적정성이다. 그런데 이는 사실상 실체적 심사와 절차적 심사를 혼합한 것이다. 따라서 법원은 화해안을 심사할 때 앞의 제2장에서 나열한 기준에 입각하여 실체적 측면도 심사를 하여야 하겠지만, 그 개념의 불명확성과 법원의 사실인정능력의 제한으로 실체적 심사방법에는 한계가 있다는 것도 앞서 살펴보았다.

따라서 화해안을 심사할 때 절차적 심사방법에 보다 많은 관심을 가져야 할 필요가 있다. 절차적 심사를 강조하는 견해는, 화해안이 실체적으로 불공정하다면 이는 아마도 절차적 결함에 그 원인이 있을 가능성이 크다는 전제하에,[1] 절차적 측면을 심사한 결과 일정한 기준에 부합한다고 판단되면, 공정성·상당성·적정성이 추정되고 실체적 심사에서 특별한 하자가 발견되지 않는 한 법원은 화해안을 허가할 수 있다는 입장이다.[2] 절차적 심사의 기준이 무엇인지에 관하여, ① 협상과정이 전문성을 갖춘 변호사들에 의해, ② 충분한 증거조사절차를 거쳐, ③ 독립적

---

1) Donald Puckett, "Peering into a Black Box: Discovery and Adequate Attorney Representation for Class Action Settlements", 77 *Texas Law Review* 1310 (1999).
2) Puckett, *supra* note 1), at 1277.

이고 객관적으로 통모나 결탁 없이 이루어진 협상을 말한다는 견해3)와, ① 집단 변호사의 능력, ② 화해 교섭에서의 행동, ③ 집단 내 충돌을 관리하는 능력, ④ 집단 구성원들과의 개인적 충돌의 부재 등이라는 견해4) 등도 있으나, 앞서 본 집단소송의 운영원리 즉, ① 광범위한 정보공개, ② 대립당사자구조의 활성화, ③ 의사 결정권자의 전문성, ④ 의사 결정권자의 독립성 등이 갖춰진 경우에도 절차적 심사의 기준을 통과한 것으로 볼 수도 있을 것이다. 이 기준을 이용함으로써 화해안의 공정성·상당성·적정성을 심사할 수 있을 뿐만 아니라 '운영원리'의 준수여부도 감독할 수도 있을 것이다(하지만 위 기준들의 내용을 들여다보면, GM 사건에서 말하는 것과 비슷한 면이 많은데, 광범위한 정보공개는 충분한 증거개시에 대응하고, 대립당사자구조의 활성화와 의사 결정권자의 독립성은 독립적이고 객관적으로 통모나 결탁 없이 이루어진 협상에 대응하며, 의사 결정권자의 전문성은 전문성을 갖춘 변호사에 대응한다고 하겠다. 그러나 이 책에서 제안하는 '운영원리'의 기준은 GM 사건의 기준보다 포괄적이고 다양한 협상과정을 포섭한다는 점에서 차이가 있다).

2. 비판과 반론

절차적 심사의 확대로 실체적 심사방법의 한계를 극복하여야 한다는 입장에 대하여 다음과 같은 비판이 있다.

1) 철저한 심사로도 절차적 하자를 밝혀낼 수 없다는 비판

소송의 현실상 아무리 철저하게 절차적 하자를 찾아내려고 해도 적발되지 않는 절차적 하자가 있을 수 있다. 하지만 대부분의 경우, 절차적

---

3) In re General Motors Corp. Pick-Up Truck Fuel Tank Prod. Liab. Litig., 55 F.3d 768, 796 (3d Cir.), cert. denied, 116 S. Ct. 88 (1995).

4) Puckett, *supra* note 1), at 1310.

하자의 증거가 있기 마련이고, 이를 찾아내기 위한 노력이 적정하게 투입된다면, 절차적 심사는 제 기능을 다 할 수 있다.5)

예컨대, Amchem Products Inc. v. Windsor 사건에서 1심 법원은 모든 석면 소송에 대한 광범위한 화해를 허가했으나 상소심에서 번복되었다. 이 사건에서 현재의 원고들과 미래의 원고들 사이의 충돌은 원고측 소송대리인에게도 명백하게 인식되었을 것이다. 즉, 현재의 원고들은 즉시적인 보상에 관심이 있기 때문에 물가인상에 따른 변동조정이나, 화해의 다른 장기적인 측면들을 희생해서라도 더 많은 현재의 보상액을 선호했고, 반면 미래의 원고들은 장차 자신들의 주장이 제기되거나 피해가 발견될 때 얻게 될 배상을 최대화하는 것을 선호하였다. 이런 집단 내 충돌은 각각의 구성원들을 위해 효과적인 협상을 하지 못하게 했기 때문에 화해 과정 초기에 법원에 공개되었어야 했다. 만일 1심 법원에서 반대자들이 화해협상 과정을 면밀하게 분석하고, 화해안에 대한 설득력 있는 반대의견을 제시하였더라면, 더 많은 자원이 투입되기 이전에 다른 해결책을 모색할 수 있는 기회가 있었을 것이다. 연방항소법원은 이와 같은 이유로 원심결정을 취소하였다.6)

2) 광범위한 정보공개는 구성원의 이익을 위협할 수 있다는 비판

원고측 소송대리인의 의견이나 화해절차에 대한 광범위한 정보공개가 집단의 전략을 공개하고, 청구원인의 약점을 지나치게 노출시켜, 집단의 이익을 해칠 가능성이 절차적 심사로 얻는 이익보다 크다는 비판도 있다.7) 그러나 이런 문제는 화해의 허가신청이 거부되었을 때에만 생

---

5) Puckett, *supra* note 1), at 1313.

6) Amchem Products Inc. v. Windsor, 521 U.S. 591 (1997).

7) Mars Steel Corp. v. Continental Ill. Nat'l Bank and Trust Co., 834 F.2d 677, 684 (7th Cir. 1987).

기는 문제이다. 화해가 허가될 경우, 소송전략이나 약점의 노출은 아무런 문제가 되지 않을 것이다. 문제는 화해허가 신청이 거부된 후 추가적인 화해협상 없이 재판으로 진행되어 이러한 청구원인의 약점을 이용해 배상책임이 없다는 판결로 이어질 가능성이 있다는 점이다. 그러나 본안에서의 승소가능성이 미약한 경우에는 적은 금액의 화해안이라도 허가될 여지가 많다는 점은 앞서 본 바와 같은바, 결국 이런 경우에는 당초 화해안이 허가될 가능성이 많기 때문에 판결로 이어져 패소판결을 받게 되리라는 우려는 다소 현실성이 없는 것이라고 할 수 있다.

3) 변호사가 법원에 대해 허위 기록을 제출할 수 있다는 비판

원고측 소송대리인이 비윤리적이라면 피고와의 통모 하에 구성원에게 불리한 화해를 하고서도, 객관적이고 독립적인 교섭의 결과인 것처럼 외양을 조작할 가능성이 있다는 비판이 가능하다.[8] 그러나 바로 이러한 문제점을 시정하기 위하여 앞서 본 바와 같이 반대자의 확대, 법원의 화해안 심사, 변호사 보수통제 등이 필요한 것이다. 반대자들이 화해를 수행한 변호사들의 대립당사자가 되어 화해안의 문제점을 지적하고, 보수 산정의 근거를 추궁하는 과정에서 협상과정의 문제점이 드러날 수 있다.

4) 판사들은 재량권을 사용하여 화해를 장려할 것이라는 비판

절차적 하자가 발견되더라도 판사들은 업무부담 등으로 인하여 화해안을 허가하고자 하는 경향이 있으므로, 절차적 심사의 한계가 있다는 비판도 가능하다.[9] 판사들이 화해를 허가하는 쪽으로 미리 편향되어 있

---

8) Puckett, *supra* note 1), at 1316.
9) Puckett, *supra* note 1), at 1317.

다면 절차적 심사 체제를 강화한다 해도 별 도움이 되지 못할 것이다. 이에 대해서는 증권집단소송의 공익성과 법원이 단순한 사건 처리자가 아니라 구성원의 후견자적 지위에 있다는 점을 상기시키면서 법원의 각성을 촉구하는 것 이외에는 뚜렷한 방도가 없다.

Ⅲ. 변호사 보수의 심사

앞서 본 바와 같이 변호사 보수는 비율방식을 기본으로 하되, 지표방식을 이용하여 대조(cross-check)하는 산정방식이 최근 미국에서 유행하고 있다. 그러나 여전히 그 산정절차가 복잡하여 법원에 큰 부담이 되고 있는 실정인바, 미국에서는 이에 대한 대안으로 소송비용 산정에 관하여 이를 보다 간편하고 원활하게 할 수 있도록 하는 여러 가지 논의들이 있다. 이하에서는 우리 제도의 운영에 참고할 만한 것으로서 스페셜마스터(special master), 재판 전 보수관련 협의(pretrial fee conference), 업무수행기록표의 제출(contemporary time record) 등에 관하여 살펴보기로 한다.

1. 스페셜마스터(special master)

1) 의 의

미국에서는 법률분쟁의 증가와 복잡화로 인하여 분쟁의 사법적 해결비용이 많이 들고 사건부담이 많아지게 되자, 노동집약적이고 형식적이며 비교적 재판업무와 관련 없는 업무들을 처리하기 위하여 다양한 대안을 모색하게 되었다.[10] 그 일환으로 Rule 53에서, 일정한 사항에 관한

---

10) Christopher P. Lu, "Procedural Solution to the Attorney's Fee Problem in Complex Litigation", 26 *U. Rich. L. Rev.* 51 (1991).

사실확인 등의 업무를 맡기기 위하여 법원으로 하여금 판사의 보조자로서 '마스터(master)'를 임명할 수 있도록 하였다. 마스터의 일종인 '스페셜마스터(special master)'[11]는 단순히 사건조사 및 법원에의 보고에 그치지 아니하고, 나아가 제한적 범위에서나마 문제해결을 위한 독자적인 결정권이 있다는 점에서 차이가 있다고 한다.

판사들은 Rule 53에 의하여 스페셜마스터를 임명할 수 있다. 일반적으로 변호사, 은퇴한 판사, 법학교수 등을 스페셜마스터로 임명하여 사법부의 업무를 일부 위임한다.[12] 스페셜마스터는 사건을 지속적으로 감독하기 위해서 가능한 소송의 초기에 임명될 필요가 있다.[13] 변호사 보수산정 절차를 주재하기 위해서는 전문지식을 갖추어야 하고, 사실관계 및 법률문제뿐만 아니라, 당사자들의 성격, 행동 양식, 그들의 생활상까지도 알고 있어야 하는데, 이런 지식은 소송의 초기부터 면밀하고 지속적인 관심을 통해서만 얻을 수 있는 것이기 때문이다.[14] 법원은 스페셜마스터를 임명할 때, 그의 권한, 책임 그리고 결정의 최종성에 대해 구체적인 범위를 명확히 하여야 한다.[15]

2) 미국의 사례

미국에서는 스페셜마스터가 집단소송의 보수산정 절차에서 사실확정과 쟁점정리 등 중요한 역할을 담당하고 있다. 예컨대, 지나치게 많이 청

---

11) '스페셜마스터(special master)'란, 특정한 행위나 조치를 법원을 대표해서 행하도록 임명된 마스터로서, 일본에서는 '특별법원직원' 또는 '특별보조재판관'으로 해석하고 있는데, 그 역할은 우리법상 '사법보좌관'과 유사한 것으로 보인다.

12) Wayne D. Brazil, "Special Masters in the Pretrial Development of Big Cases: Potential and Problems", 1982 *AM. B. FOUND. RES. J.* 287, 294 (1982)(Lu, *supra* note 10), at 52, n. 58에서 재인용).

13) Lu, *supra* note 10, at 51.

14) Brazil, *supra* note 12), at 302-303(Lu, *supra* note 10), at 53 n. 62에서 재인용).

15) Young v. Pierce, 640 F. Supp. 1476, 1477-78 (E.D. Tex. 1986).

구되거나 반복적으로 청구된 것으로 보이는 업무시간기록표(time sheet)를 검토하고, 보수산정에 관한 심문절차를 주재하며, 변호사들 간의 업무 분담을 감독할 뿐만 아니라, 판사에게 적정한 보수를 건의할 수도 있다.[16] ① Asbestos 사건에서는 스페셜마스터가 화해에 관여하기도 하였다.[17] 어떤 이는 스페셜마스터가 전문성에 있어서 판사보다 더 우월할 수 있고, 그렇기 때문에 소송대리인들은 전문지식이 부족한 판사들에게 대하는 것과 달리 스페셜마스터에게는 전략적 계책이나 거짓 변론을 늘어놓지 않는다고 한다.[18] ② Kronfeld v. Transworld Airlines 사건에서, Kimba Wood 판사는 스페셜마스터로 변호사인 Laura Bartell을 임명하면서, 변호사 보수 책정에 관한 특별한 책임을 부여하였다. Bartell은 변호사의 업무시간과 시간당 단가 및 비용을 결정하였을 뿐만 아니라 위험에 기초하여 1.25의 승수까지 결정하고, 증빙서류가 없는 비용청구는 부인하였다. Wood 판사는 Bartell의 보고서를 그대로 인용하였다.[19] ③ Rothfarb v. Hambrecht 사건에서, William Orrick 판사는 "원고측 소송대리인이 청구한 시간이 중복된 것인지, 낭비적인 것인지를 확인하기 위하여 소송대리인이 제출한 서류들은 면밀히 검토되어야 한다"고 했다. 하지만, 현실적으로 판사 스스로 그 작업을 하기는 어려우므로, 구성원의 이익을 보호하기 위하여 스페셜마스터를 임명한 다음 그에게 보수신청서를 검토하고, 의견을 제출하도록 명하였다.[20] 이 사건의 스페셜마스터인 James Thacher는 변호사가 청구한 업무시간에 대한 소명자료가 부족한 경우나, 신청이나 항소가 법원에서 기각당한 경우 그 부분에 대한 보수는 부인하였다. Orrick 판사도 보고서를 '합리적인 보수를 책정하는데 매우 귀중

---

16) Lu, *supra* note 10), at 51.

17) William Gifford, "Problem for Manville Trust: Torts Mount, Cash Dwindles", *LEGAL TIMES* (July 30, 1990) at 19.

18) Brazil, *supra* note 12), at 295, 304(Lu, *supra* note 10), at 52 n. 61, at 53 n. 62에서 재인용).

19) Kronfeld v. Transworld Airlines, 129 F.R.D. 598, 599, 613-617 (S.D. N.Y. 1990).

20) Rothfarb v. Hambrecht, 641 F. Supp. 71, 72, 74 (N.D. Cal. 1986).

한 도구'라고 칭찬하며 거의 그대로 인용하였다.21) ④ 한편, Naye v. Boyd 사건은 위 두 사안과는 매우 다른 경우인데, Barbara Rothstein 판사는 Richard Bilby 판사(당시 Arizona 연방지방법원 판사)를 스페셜마스터로 임명하였으나 변호사 보수를 책정하는 데에 거의 재량을 부여하지 않았고, 그의 보고서를 채택하지 않았다. 이 사건에서 Rothstein 판사는 "이 법원은 Bilby 판사에게 의견서를 의뢰하였지만, 적절한 변호사 보수를 책정할 권한을 포기하려고 했던 적이 없다. 이 법원은 이 사건은 물론 관련 사건인 Bradshaw v. Jenkins와 Seafirst v. Jenkins 등도 4년 이상 그 진행 과정을 관리해 왔다. 스페셜마스터의 노력에 대해 법원은 감사를 표하나 법원의 자체 판단과 이 사건에 대한 지식이 더 정확하다고 생각하면, 필요에 따라 스페셜마스터의 의견보다 자체 의견을 우선시 할 수 있다"라고 하였다. 그 결과 Rothstein은 Bilby의 비율방식을 택하지 않고 시간당 단가를 비롯하여 세세한 부분까지 모두 다시 결정하였다.22)

3) 스페셜마스터의 역할 평가

스페셜마스터는 보수산정이라는 복잡한 문제에 관하여 중립적인 입장에서 사실관계를 확정하고 법원에 실용적 해결책을 제안함으로써,23) 법원의 업무부담을 덜어주고, 법원의 중립성을 유지하게 할 수 있다. 그렇지만, 스페셜마스터의 업무처리에 소요되는 시간이 많이 필요하다는 점이 단점으로 지적될 수 있는데, 예컨대, Activision 사건에서 Patel 판사는 스페셜마스터가 능숙한 방법으로 보수산정 관련 기록을 철저히 분석했다고 칭찬하면서도, "앞으로는 스페셜마스터를 임명하는 대신 비슷한 결론을 빨리 얻을 수 있는 비율방식을 쓰겠다"고 하였다.24)

---

21) Rothfarb v. Hambrecht, 649 F. Supp. 183, 236, 237 (N.D. Cal. 1986).
22) Naye v. Boyd, 911 F.2d 604 (11th Cir. 1990).
23) Young v. Pierce, 640 F. Supp. 1476, 1484 n. 9 (E.D. Tex. 1986).
24) In re Activision Sec. Litig., 723 F. Supp. 1373, 1379 (N.D. Cal. 1989).

스페셜마스터의 보수는 당사자들로부터 나오거나, 법원이 관리하고 있는 공동기금이나 계쟁물로부터 나온다[Rule 53(h)(2)]. Pray v. Lockheed Aircraft Corp. 사건에서 스페셜마스터의 보수 103,000 달러는 원고측 소송대리인이 부담하였고,[25] Young v. Pierce 사건에서는 12,500 달러의 보수를 원고와 피고 양측이 부담하도록 하였다.[26] 그러나 스페셜마스터는 전체 구성원을 위하여 봉사하고 있으므로, 대개의 경우에는 공동기금에서 보수가 지급된다.[27] 만약, 공동기금이 존재하지 않는 경우 법원은 피고에게 책임이 있다는 이유로 피고에게 스페셜마스터를 고용하는 데 소요된 비용을 부담하라고 한 사례도 있다.[28] 한편, Agent Orange 사건에서 스페셜마스터로 활동한 변호사 Kenneth Feinberg 등은 300만 달러 이상을 보수로 지급받는 등 스페셜마스터의 보수가 상당히 높은 경우도 있지만,[29] 그들을 고용함으로써 판사들은 다른 사건과 쟁점에 몰두할 수 있는 시간을 확보하게 된다는 점에서 이익이 된다.[30] 그러나 판사는 스페셜마스터를 임명한 이후에도 사건에서 관심을 떼어서는 안 되고 재판전 준비과정을 감독하고, 화해협상을 토의하는 데에 지속적으로 관여해야 한다.[31]

4) 우리의 경우

(1) 사법보좌관의 의의

우리 법에서 스페셜마스터와 비교될 만한 기관은 사법보좌관이라고

---

25) Pray v. Lockheed Aircraft Corp., 644 F. Supp. 1289, 1291 n. 1 (D. D.C. 1986).
26) Young v. Pierce, 640 F. Supp. 1476, 1478 (E.D. Tex. 1986).
27) Lu, *supra* note 10), at 59.
28) Trout v. Ball, 705 F. Supp. 705, 708 (D. D.C. 1989).
29) Stephen Labaton, "Five Years after Settlement, Agent Orange War Lives on", *N.Y. TIMES*, May 8, 1989, at D1, D2.
30) Lu, *supra* note 10), at 60.
31) Mary K. Kane, "Of Carrots and Sticks: Evaluating the Role of the Class Action Lawyer", 66 *TEX. L. REV.* 385, 407 (1987).

할 수 있다. 사법보좌관은 판사의 사무 중 법령이 정하는 바에 따라 재판 이외의 사무를 위임받아 처리하는 자를 말하는데, 대표적으로 민사소송법상의 제110조 내지 제115조에서 정한 소송비용액 확정절차에서의 법원의 사무를 담당하도록 되어 있다(법원조직법 제54조 제2항 제1호, 사법보좌관규칙 제2조 제2항 제1호).

(2) 현재의 권한

변호사의 보수는 대법원규칙이 정하는 바에 따라 소송비용으로 인정되고(민사소송법 제109조), 소송비용에 산입되는 변호사의 보수는 당사자가 보수계약에 의하여 지급한 또는 지급할 보수액의 범위 내에서 일정한 기준에 의하여 산정하되, 이를 전부 소송비용에 산입하는 것이 현저히 부당하다고 인정되는 경우에 법원은 상당한 정도까지 감액 산정할 수 있다고 되어 있으므로(변호사 보수의 소송비용 산입에 관한 규칙 제3조 제1항, 제6조), 결국 일반적인 민사소송에서는 제한적 범위에서나마 사법보좌관에게 변호사 보수에 관한 평가권한(재량감액권)을 부여하고 있는 셈이다. 그러나 위 규정만으로 사법보좌관이 증권집단소송의 변호사 보수(법 제44조 제1항 제1호)를 결정할 수 있다거나, 변호사 보수산정을 위한 조사를 할 수 있다는 것은 아니다. 증권집단소송의 변호사 보수의 경우 분배기금에서 제외되도록 하고, 경우에 따라 법원이 이를 감액할 수 있다고 별도의 규정을 두고 있는데(법 제44조 제1항 제1호, 제3항, 규칙 제36조), 법원조직법이나 사법보좌관규칙은 이러한 경우를 언급하고 있지 않기 때문이다. 한편 이러한 형식상의 이유 외에 보다 본질적인 차이로는, 위 규정에 따른 소송비용액 확정권한 내에 포함되는 변호사 보수평가권은 소송비용의 패소자 부담원칙을 선언하고 있는 민사소송법에서 패소자가 승소자의 변호사 보수를 일부 부담하도록 하고, 그 구체적인 액수를 법원(사법보좌관)으로 하여금 결정하도록 한 것으로서, 이를 초과하는 범위의 변호사 보수는 여전히 승소자인 의뢰인에게 채무로 남아있다. 하지만, 증권집단소송에서 분배기금에서 제외되는 변호사 보수는 이와 달리 변호사가 승소자인 의뢰인에게 청구할 수 있는 보수 전액을 말하는 것이므로, 법 제44조 제1항 제1호에 포함되는 것으로 인정되지 아니한 금액이나, 같은 조 제3항에 의하여 감액된 변호사 보수는 누구에게도 청구할 수 없게 된다는 점에서 차이가 있다. 따라서 현재 사법보좌관에게 변호사 보수에 관한 평가권한(재량감액권)을 부여하고 있다고 하더라도, 증권집단소송에서 법 제44조 제1항 제1호에 따라 변호사 보수를 결정할 수 있는 권한을 부여받았다고 볼 수는 없다.

(3) 사법보좌관의 활용 범위

사법보좌관으로 하여금 증권집단소송에서의 변호사 보수산정이라는 복잡한 절차를 대행하거나 적어도 판사의 업무를 보좌할 수 있도록 한다면, 판사로서는 본연의 재판업무에 충실할 수 있다는 장점이 있다. 그러나 앞서 본 바와 같이 변호사 보수산정방식들인 비율방식과 지표방식모두 상당 부분 본안에 대한 지식과 경험을 필요로 하고, 그 사실관계에 입각하여 변호사의 변론내용에 대한 평가가 수반되어야 한다. 미국에서 보수산정절차가 제2의 본안심리가 되어 간다는 비판이 있는 것은 역설적으로 보수산정절차가 실체에 대한 판단과 밀접한 관련이 있기 때문이라고 생각한다. 따라서 증권집단소송에서의 변호사 보수산정업무를 '전적으로' 사법보좌관에게 맡기는 것은 위헌의 소지가 있다고 본다. 위와 같은 문제점과 사법보좌관의 활용가치를 종합하여 살펴보면, 증권집단소송의 화해의 국면에서는 사법보좌관으로 하여금 보수산정의 기초가되는 사실조사(예컨대, 업무수행기록표의 조사)와 기록검토 등을 맡기고, 이에 기초하여 수소법원이 최종적으로 변호사 보수를 포함한 화해안의 공정성·상당성·적정성을 판단하는 방안이 바람직하다고 생각한다. 물론, 현행 법원조직법과 사법보좌관규칙은 이와 같이 판사의 재판행위에 대한 기초조사와 분석의 역할은 맡기고 있지 아니한데, 이에 대한 입법이 선행되어야 할 것이다.

2. 재판 전 보수관련 협의

1) 의 의

법원이 집단소송의 초기 단계에서부터 철저한 통제를 할 수 있다면, 원고측 소송대리인들로 하여금 수임하고 있는 사건에 계속 관심을 기울이도록 함으로써 사건은 보다 충실하게 처리되도록 할 수 있으면서도, 그 변호사 보수는 줄일 수 있을 것이다.[32] 변호사들에 대한 통제 방법으로 가장 효과적인 것 중 하나는 사전에 그들의 변호사 보수를 통제하는 것이다.[33] 미국의 판사들은 변호사 보수와 관련하여 법원이 개입을 정당화하는 근거로는, Rule 16(a)(2) '사건이 관리 체계의 부족으로 지체되는 것을 방지하기 위하여 사건의 초기부터 계속되는 통제를 하기 위한 조치', (a)(3) '소송 전 불필요한 과정을 생략하기 위한 조치', (c)(8) '관련 사건에 대한 마스터 등에게 조언을 구하는 것을 권유', 그리고 (c)(12) '복잡한 사안을 포함하여 어렵고 길어질 염려가 있는 사건에 대한 특별 조치' 등을 들고 있는데, 이러한 권한을 가지고 사용할 수 있는 방법 중 하나가 '재판 전 보수관련 협의(pretrial fee conference)'이다. 변호사 보수와 관련하여 문제가 발생할 가능성이 있는 모든 소송에서, 법원은 처음부터 그 변호사 보수를 결정하는데 필요한 절차 또는 변호사가 청구하는 보수 중에서 불필요한 비용을 여과할 수 있는 절차를 마련하여야 한다.[34] 재판 전 협의와 그에 따른 명령은 반드시 변호사들에게 다음과 관련하여 분명한 지침을 마련해 주어야 한다. 즉, 적절한 시간당 단가, 변호사별 역할(예컨대 파트너에게는 어떤 일이 적절한 것인지 결정), 변론이나

---

32) Jaquette v. Black Hawk County, 710 F.2d 455, 463 (8th Cir. 1983).

33) Kane, *supra* note 31), at 391.

34) Annotated Manual for Complex Litigation § 24.2.

증거조사절차에 참석할 수 있는 변호사 수, 법원에 제출하여야 할 기록
(예컨대, 업무수행기록표), 그 기록의 제출 주기, 보수청구가 가능한 업
무와 그렇지 않은 업무(예컨대, 문서검토 시간은 보수청구가 가능한지),
보조인(paralegal)의 사용 관련 지침, 변호사 보수를 줄이기 위한 대책(예
컨대 주도적 변호사 혹은 대표변호사 지명), 그리고 분배절차에서의 보
수 지급기준 등이다.[35] 만약 스페셜마스터나 특별대리인 등이 선임된 경
우 그들이 당해 소송에서 담당할 역할을 명확하게 설정하여야 한다.[36]
그리고 변호사들 간의 보수분배약정도 공개되어야 한다.[37]

2) 미국의 사례

미국에서는 많은 판사들이 변호사 보수에 관한 분쟁으로 자칫 지연될
가능성을 피하기 위해 재판 전 명령(pretrial order)을 사용한다. 가장 대표
적인 사례는 Continental Illinois Securities 사건인데, John Grady 판사는 재
판 전 명령을 통해 "변호사들은 반드시 독립적으로 활동해야 하고, 변론
이나 증거조사, 재판 전 협의절차에 참석한 변호사 중 한 명만이 보수를
지급받을 수 있으며, Senior partner들은 그들의 지위에 합당한 업무를 한
경우에만 그들의 높은 시간당 단가를 주장할 수 있다"고 기준을 설정하
였고, 법조인들에게 잘 알려져 있는 사실에까지 불필요하게 리서치를 하
거나 다른 변호사의 업무를 검토하는 경우에는 보수청구를 할 수 없으
며, 변호사들 사이에 과도한 정보 교환에 대해서도 보수청구를 할 수 없
다고 경고하였다.[38] 다음으로, In re American Integrity Securities Litigation

---

35) William Schwarzer, Managing Antitrust and Other Complex Litigation 190, 191
(1982)(Lu, *supra* note 10), at 67-68에서 재인용).
36) Young v. Pierce, 640 F. Supp. 1476 (E.D. Tex 1986); Annotated Manual for
Complex Litigation §20.14.
37) In re Agent Orange Product Liability Litig. (Appeal of Dean), 818 F.2d 216, 226
(2d Cir. 1987).
38) In re Continental Ill. Sec. Litig., 572 F. Supp. 931, 933-934.

의 경우, 법원은 재판 전 명령을 통해 대표변호사를 정하고, 정기적으로 업무수행기록표를 제출하도록 명하였다. 이에 따르면 변호사들은 대표변호사에게 다음달 20일 내에 업무수행기록표를 제출하여야 하고, 대표변호사는 전체 변호사의 업무수행기록표를 다음달 30일 이내에 법원에 제출하도록 명하였다. 이 명령에는 대표변호사가 제출된 업무수행기록표를 확인할 의무가 있다는 뜻이 함축되어 있다. 법원은 처음 제출할 때부터 기입되어 있지 아니한 시간이나 충분한 증빙서류가 없는 시간에 대한 청구는 받아들여지지 않을 것이고, 뒤늦게 제출된 업무수행기록표에 대해서는 보수가 주어지더라도 승수(가중치)는 적용되지 않는다고 하였다.[39] 한편, Fisher Bros. v. Cambridge Lee Industries 사건에서, Shapiro 판사는 소송대리인으로 선임된 23개의 로펌들의 업무가 중복되는 것을 방지하고, 보수청구에 대비하기 위하여 몇 가지 재판 전 명령을 내렸다. 그 내용은 공동대표 변호사를 임명하고, 그들의 임무를 정하였으며, 업무수행기록표를 작성할 때 수행된 업무에 대한 자세한 기입을 요구하는 것이었다. 공동 대표변호사 중 한 명은 업무수행기록표를 검토하여 소요시간이 '적절하고 대표당사자와 대표당사자가 대변하는 집단의 이익을 위하여 사용되었다는 것'을 확인하는 임무를 부여받았다.[40] 특히, 이 사건에서는 "문서화되지 않은 시간에 대한 보수는 인정되지 않는다"라는 점이 강조되었다고 한다. 끝으로, WICAT Securities 사건에서, Greene 판사는 대표변호사 및 연락담당 변호사(liaison counsel)를 선임했을 뿐만 아니라 선임된 9개의 로펌들에게 각각 사건의 개별적 부분에 대한 임무를 부여하였다.[41] 이렇게 자세한 주문은 업무의 중복 가능성을 낮추지만, 변호인들이 스스로 소송전략을 개발해 내는 자립성을 제한하며 판사의 중립

---

39) In re American Integrity Securities Litigation, Fed. Sec. L. Rep. (CCH) ‖ 94,738 (E.D. Pa. Aug. 8, 1989).

40) Fisher Bros. v. Cambridge Lee Industries, No. 82-4921, 1987 WL 26480 (E.D. Pa. Nov. 30, 1987).

41) In re WICAT Sec. Litig., 671 F. Supp. 726 (D. Utah 1987).

성에 대한 의문을 초래하기도 한다는 비판이 있다.[42]

3) 한 계

재판 전 명령의 범위를 정함에 있어 판사들은 구성원이나 소송대리인의 정당한 권익을 저해하지 않도록 조심해야 한다. 비록 한 설문조사에서 대다수의 변호사들이 수임료를 조절하기 위해 재판 전 명령의 필요성을 인정하였지만, 그 중 절반 이상은 Grady 판사의 기준을 지지하면서도 법률서비스가 과다하게 경직되거나, 비실용적이거나, 질적으로 제한될 것이라고 걱정하기도 하였다.[43] 재판 전 명령이나 협의가 집단소송절차에서 변호사를 통제 하나의 수단임은 틀림없으나, 그 자체로 모든 문제가 해결될 수는 없다.

4) 우리의 경우

규칙 제36조 제2항에 의하면, 법원은 변호사 보수를 감액하는 경우 변호사 보수에 관한 약정, 소송의 소요기간 및 난이도, 승소금액 · 권리실행금액 · 구성원에게 분배되는 금액, 소송대리인의 변론내용, 소송대리인이 변론준비 및 변론에 투입된 시간, 그 밖에 변호사 보수의 적정성을 판단하기 위하여 필요한 사항 등을 고려하여야 한다고 되어 있는바, 이러한 고려사항에 관한 법원의 입장을 사전에 밝힘으로써, 재판 전 협의 내지 명령과 같은 효과가 있을 수 있다고 본다. 물론 이 규정은 법 제44조 제3항에 의해 변호사 보수 감액신청이 있는 경우 적용되는 규정이긴 하나, ① 증권집단소송에서 법원의 후견자적 지위 그리고 본안 소송 뒤에 변호사 보수에 대한 판단 역시 법원이 하여야 한다는 점, ② 감액사

---

42) Lu, *supra* note 10), at 70.

43) Thomas E. Willging, "Judicial Regulation of Attorneys' Fees: Beginning the Process at Pretrial", at 11 (Fed. Judicial Ctr. Annual Report 1984)(Lu, *supra* note 10), at 70 에서 재인용).

유에 관한 법원의 입장을 미리 공표하는 것을 금지할 이유가 없다는 점, ③ 오히려 소송대리인에게 보수에 관한 예측가능성을 제공해 준다는 차원에서 도움이 될 수 있다는 점 등의 이유로 이 규정을 근거로 법원이 변론에 대한 기준을 미리 밝히는 것은 가능하다고 생각한다.

3. 업무수행 기록표의 작성

1) 의 의

아마도 모든 절차적인 도구들 중에서 가장 흔하게 쓰일 수 있는 것은 소송대리인으로 하여금 정기적으로 업무수행 기록표를 제출하도록 하는 것이다.[44] 업무수행 기록표(time record)란, 소송대리인이 당해 사건의 변론을 준비하거나 변론을 진행하면서 작성한 업무수행 내역서로서, 변호사의 성명, 소요된 시간, 시간당 단가, 수행한 작업의 명세, 그리고 수행된 작업의 날짜가 포함되는 것이 보통인데, 여기서 특히 강조하는 것은 사후에 소급하여 작성하여서는 안 되고 "업무를 수행하면서 그때그때 작성하여야 한다"는 취지로, '동시적(contemporaneous) 업무수행기록표의 작성'을 요구하는 것이다. 일반적으로 월(月) 단위로, 경우에 따라서는 주(週) 단위로 제출할 것을 요구한다. 다른 절차적인 도구들과 함께 사용될 때, 동시적 업무수행기록표는 더 효과를 발휘한다. 예컨대, 수인의 소송대리인이 있는 경우 그 중 대표변호사로 선임된 자는 반드시 법원에 제출하기 전에 이들을 검토하여야 하고, 스페셜마스터는 적절한 보수를 결정함에 있어 이 기록표들을 기초자료로 사용해야 한다.

2) 미국의 사례

대부분의 법원들은, 동시적 업무수행 기록표를 작성하지 아니한 경

---

44) Lu, *supra* note 10), at 78.

우에는 변호사 보수를 감액하는 경향이 있다.[45] Dutchak v. International Brotherhood of Teamsters 사건에서 법원은 "업무수행기록표 작성을 지연하는 것은 결국 소요시간의 연장을 가져온다는 것을 잘 인식하고 있다. 변호사는 그가 하루 종일 어떤 사항에 대하여 일을 하고 사무실을 밤늦도록 떠나지 못했던 것을 기억하고 있겠지만, 다른 일을 처리하느라 발생했던 잠시의 중단을 기억하지 못한다. 따라서 업무수행 기록표가 동시적으로 작성되었는지를 확인하는 것은 매우 중요하다"라고 판시하였다.[46] Continental Illinois Securities 사건을 담당하였던 Grady 판사는 각 활동별 업무수행 기록표의 작성을 요구하면서 활동별 또는 프로젝트별 시간을 기록하는 것은 변호사가 그와 그가 속한 변호인단의 서비스의 가치를 입증하는 좋은 방법이라고 하였다.[47] Hutchinson v. Wells 사건에서, 보수산정절차를 감독한 하급법원 판사는 재판 전 협의에서 소송대리인들에게 그들이 소장의 개별적 청구원인별(each count of the claimant)로 보수를 분할하여 산정할 것을 요구하였다. 사건이 종결된 다음에 변호사들이 이러한 요구조건에 대하여 불만을 표하자, 판사는 "보수를 청구하는 사람은 그러한 보수를 획득하기 위해서는 소요시간을 기록하여야 할 책임이 있다"고 하였다.[48] Johnson v. Kay 사건에서, 원고측 소송대리인은 사후에 재구성된 업무수행 기록표를 제출하였다. 그 결과 원고측 소송대리인은 자발적으로 20%의 비용을 줄이는 것을 제안하였고, 판사는 이런 제안을 받아 들였다.[49]

---

45) Weinberger v. Great Northern Nekoosa Corp., 925 F.2d 518, 527 (1st Cir. 1991); Major v. Treen, 700 F. Supp. 1422 (E.D. La. 1988); Genden v. Merrill Lynch Inc., 700 F. Supp. 208, 210 (S.D. N.Y. 1988).

46) Dutchak v. International Brotherhood of Teamsters, No. 76-C-3803, 1989 WL 36210 (N.D. Ill. Apr. 10, 1989).

47) In re Continental Ill. Secur. Litig., 572 F. Supp. 931, 935 (1983).

48) Hutchinson v. Wells, 719 F. Supp. 1435, 1441 (S.D. Ind. 1989).

49) Johnson v. Kay, 742 F. Supp. 822, 837 (S.D. N.Y.1990).

3) 우리의 경우

규칙 제36조 제3항에 의하면, 변호사 보수의 감액의 판단기준 중 하나인 '소송대리인이 변론준비 및 변론에 투입한 시간'을 판단하기 위하여 필요한 자료는 대표당사자의 소송대리인이 제출하거나 법원이 그 제출을 요구할 수 있다고 되어 있는바, '업무수행 기록표'의 제출도 이 조항에 포섭된다고 할 것이다. 다만, 이 규정은 원칙적으로 분배관리인이나 구성원 등으로부터의 법 제44조 제3항 소정의 변호사 보수 감액신청이 있는 경우에 적용되는 규정이라는 점, 또 반드시 업무수행 기록표를 업무수행과 동시에 작성할 것을 요구하고 있지는 않다는 점이 미국의 경우와 차이가 있다. 하지만, ① 변호사 보수의 허가권한은 법원에 있다는 점, ② 규칙상 위 자료들에 대한 제출 요구의 시기에 관한 제한은 없을 뿐만 아니라 '변론준비 및 변론에 투입한 시간'을 평가하는 방법으로서 '동시적 업무수행기록표'를 '소송 계속 중에' 요구하는 것은 규칙 제36조에서 부여된 법원의 재량권 범위 내에 속한다고 볼 수 있는 점 등을 근거로 동시적 업무수행기록표의 제출을 요구하는 것은 가능하다고 본다.

제6절 화해 협상시의 주의사항

I. 개 설

지금까지는 바람직한 화해제도의 운영방안 모색이라는 비교적 거시적 측면에서 접근을 해 보았다. 한편, 화해당사자인 원고측과 피고측의 입장에서는 이러한 거대 담론보다 어쩌면 당해 화해협상절차에서 당사자들의 이해관계를 잘 대변할 수 있는 화해조항의 모색이 더욱 절실할 수도 있을 것이다.

이하에서는 당해 사건의 화해협상절차에서 바람직한 화해안 마련을 위하여 반드시 짚어보아야 할 몇 가지 사항-화해전략, 화해금액, 기업지배구조의 개선, 임원책임보험, 잔여금처리조항, 그리고 비금전 화해조항 등-에 대하여 살펴보고자 한다. 물론 개별 협상의 전략에 영향을 미치는 요소들은 이 보다 더 많을 것이지만, 이러한 요소들의 분석을 통하여 화해협상의 기본을 제시하는 데 의의가 있을 것이다.

II. 화해전략

1. 원고의 입장

원고로서는 일반 소송전략과 마찬가지로 사전에 주장과 증거관계를 정리하여 효과적으로 피고를 압박하고 법원을 설득할 방책을 마련하여야 하고, 특히 증권집단소송의 절차적 요건을 준수하여 법원의 허가를 받는 데 최선을 다하여야 한다. 법원의 허가가 거부되면, 더 이상 소송은

진행될 수도 없으나, 일단 허가결정이 내려지면 소송 진행에서나 화해협
상에서나 원고의 발언권이 고양될 수 있기 때문이다.

2. 피고의 입장

앞서 본 화해에 영향을 미치는 요인들을 감안하여 집단소송을 제기당
한 피고가 화해를 제안하고자 할 때 다음과 같은 사항을 유념해야 한다.
즉, 원고측의 주장과 증거관계를 충분히 분석하여 소송으로 진행할 것인
지 또는 화해로 해결할 것인지에 대한 전략을 수립할 필요가 있고, 최선
의 조건으로 집단 전체를 상대로 화해를 얻어내려면 법원의 허가로 인
해 원고측의 협상력이 배가되기 이전에 화해를 성사시킬 필요가 있다.
원고측 소송대리인의 명성과 경력, 전문지식, 유사소송에서의 성과 등을
파악하여야 하며, 대표당사자 개인과 화해협상을 진행할 때에는 유사소
송의 제기여부를 확인하여야 한다. 아울러 소송으로 전개되었을 때 소요
될 비용과 화해를 통한 이익 예컨대, 법원의 허가나 판결을 회피하여 원
고측이 주장하는 피고의 책임 유무의 문제를 덮어둠으로써 유지할 수
있는 사회적 평판을 비교하여야 하고, 화해금액으로 지출될 배상금이 회
사의 재무상태에 미칠 영향 등을 예측하여야 한다.[1]

III. 화해금액

피고의 지불능력은 제안된 화해안이 합리적인지 여부를 결정하는데
중요한 요소 중 하나이다. In re American Bank Note Holographics Inc.[2] 사

---

1) 4 Newberg on Class Actions § 11:11.
2) In re American Bank Note Holographics Inc., 127 F. Supp. 2d 418 (S.D. N.Y.
   2001).

건에서 법원은 피고의 불안정한 자금상태 때문에 당사자들이 화해를 하게 되었다는 점을 확인하였다. 판결에서 피고들에게 불법행위에 대한 책임이 인정된다고 하더라도, 피고들의 책임재산이 부족하다면 그들이 충분한 보험에 가입되어 있지 않은 이상 결과적으로 판결을 집행할 수 없을 것이다. 마찬가지 이유로, 피고가 형사책임을 받게 될 가능성이 있다면, 원고는 더 적은 금액으로라도 화해를 하고자 할 것이다.[3] 앞서 본 바와 같이 증권집단소송의 화해는 주로 현금과 비현금적 요소의 조합으로 이루어진다. 주식, 풋 옵션, 신주인수권증권(warrant) 등 유가증권적 성질의 요소들은 그 가격이 변동하기 때문에 협상을 할 때 증권의 평가 기준일을 언제로 정하는지가 가장 중요한 전략요소 중 하나가 된다. 시장의 가격 등락의 문제점을 해결하는 한 방법으로 '경계조항(collar provision)'이 있다. '경계조항'은 유가증권의 가치에 최저가 혹은 최고가를 정해놓고 만약 이런 제한폭을 벗어난다면 화해안을 무효로 할 수 있게 하는 방식이다.[4] 이 조항은 화해 협상 후의 지나치게 불리한 주가 변동에 대비하기 위한 것이다.

한편, 우리 법에는 화해단계에서의 제외신고를 인정하지 아니하므로, 일단 소송허가 직후 제외신고 기간이 경과하면 더 이상 제외신고가 불가능하므로 화해 제안 당시의 구성원의 수와 분배시의 구성원의 수가 일치하기 때문에 문제가 없다. 그러나 화해 허가신청 이후 제외신고를 인정하는 미국에서는 제외신고를 하는 구성원이 생김에 따라 화해금액을 분배받을 구성원의 수가 변동하기도 한다. 일부 구성원들이 제외신고를 하게 되면서 분배구조에 변동이 생기거나 청구해 가지 않는 금액이 남게 되기도 한다. 이러한 경우 많은 구성원이 제외신고를 할 경우 생기는 폐해를 조정하기 위해, 피고측은 화해금액을 청구단위별 및 총액별로 각각 책정하는 것을 선호한다. 이 방법은 각 구성원에게 돌아가는 분배

---

3) Bruce D. Angiolillo, "Settlement Issues in Securities Class Actions: The Defense Perspective in 2004", 1442 *PLI/Corp* 297, 321 (September-October, 2004).
4) Angiolillo, *supra* note 3), at 322.

금을 정해놓고 피고나 보험사에게 자금이 복귀될 수 있는 가능성을 열어놓게 해 준다.[5]

IV. 기업지배구조의 개선

1. 의 의

시민사회의 성숙과 주주민주주의의 확대로 인하여 기업지배구조의 개선을 요구하는 목소리가 커지고 있다. 예컨대, 2004년 (주) SK의 정기 주주총회를 앞두고 소버린 자산운용은 서면투표 및 전자투표제 도입, 이사 총수에 하한 설정(5인) 및 전체이사 중 사외이사의 비율(1/2) 명시, 집중투표제의 도입, 이사의 임기 단축 및 이사자격조항 신설(이사의 임기를 현행 3년에서 1년으로 조정하고, 금고 이상 유죄판결 확정 등의 경우 이사 자격이 자동으로 상실되는 조항 신설), 이사보수위원회 신설(스톡옵션을 포함한 이사의 보수는 이사보수위원회의 심의를 거쳐 주주총회의 허가를 받도록 함), 내부거래위원회 신설(내부자와 특수 관계자와의 거래의 공정성을 확보하기 위해 내부거래위원회를 신설), 내부거래 사전허가제도 신설 등을 요구한 적이 있고, 2004년 SK텔레콤의 주주총회를 앞두고 참여연대는 최태원, 손길승의 이사 해임을 제안하여 이를 관철시킨 적도 있다.[6]

이러한 시대상황을 감안하면, 증권집단소송이 제기되고 화해 협상이 이루어질 경우 원고측으로부터 배상문제와 별도로 기업지배구조에 대한 개선이 요구될 가능성이 높다. 요구되는 개선안은 주로 기업의 이사회에 사외이사의 수를 조정하거나 소송제기의 원인이 되었던 행위들을 감독

---

5) Angiolillo, *supra* note 3), at 323.

6) http://www.sov.com, http:///www.midas.co.kr/fbbin/output?f=b4s&n=200403120351 &main=1 참조.

할 위원회를 만드는 내용일 것이다. 기업지배구조의 개선은 이로 인해 청구원인이 되었던 행위가 추후에 재발하는 것을 방지할 수 있다는 전제하에 기업과 구성원들에게 이익이 된다는 차원에서 정당화된다.[7] 그러나 피고측의 불법행위 이후 주주들은 주식을 처분하는 경우가 많을 것인데, 더 이상 주주가 아닌 구성원들에게 기업지배구조의 개선이 어떠한 이익을 가져다준다고 보아야 할지를 평가하는 데에는 많은 어려움이 있다. 이와 같이 가치평가에 어려움이 많다는 점을 악용하여 원고측에게 배상금을 지급하는 대신 형식적인 기업지배구조의 개선을 내세움으로써, 화해의 통모가 은폐되는 경우도 있다.[8] 그렇기 때문에 법원은 화해안에 기업지배구조의 개선이 포함되었다는 이유만으로 무조건 호의적으로 평가해서는 안 될 것이고, 청구원인이 되었던 행위를 개선하는데 사실상 효과가 없거나 기업에 최선의 이익이 되지 않는 지배구조 개선안이 포함된 화해안은 허가하지 말아야 한다.[9]

2. 미국의 사례

Cendant사의 화해안을 보면, Cendant 측에서 현금 28억 달러, Ernst & Young 측에서 3.35억 달러와 Ernst & Young 측에 대한 추후 소송에서 인정되는 금액의 50%를 원고측에게 지급하기로 합의하였다.[10] 이외에도 Cendant는 다음과 같은 기업지배구조 개선에 동의했다. ① 이사회의 감사위원회, 인사위원회와 보상위원회는 각각 모두 사외 이사로만 구성한다, ② 이 화해가 최종 허가된 후 2년 내에 이사회의 과반수를 사외이사

---

7) Keith l. Johnson, "Deterrence of Corporate Fraud through Securities Litigation: The Role of Institutional Investor", 60 *AUT Law & Contemp. Probs.* 164 (1997).

8) Bell Atlantic Corp. v. Bolger, 2 F.3d 1304, 1311 (3rd Cir. 1993).

9) Angiolillo, *supra* note 3), at 327.

10) In re Cendant Corp., 109 F. Supp. 2d 235, 240 (D. N.J. 2000), aff'd, 264 F.3d 201 (3d Cir. 2001).

로 구성한다, ③ 모든 이사진은 매년 선출되도록 한다는 내용 등이다.[11]
일부 구성원은 이 제안이 실질적으로 구성원에게 이익이 되지 않는다고
반대의견을 제시하였음에도 불구하고, 법원은 화해안을 허가하였다.

미국에서는 Cendant 사건 이후에도 기업지배구조개선안을 화해내용에
포함하는 사례가 나타나고 있는데, 2003년 5월에 Hanover Compressor Co.
의 경우 8,000만 달러에 증권집단소송을 화해하면서, Sarbanes-Oxley 법에
서 요구하는 내용을 훨씬 능가하는 기업지배구조 개선내용을 포함하였
다.[12] 그 내용은 ① 전체 이사의 ⅔를 사외이사로, 보상위원회, 감사위원
회와 인사위원회의 모든 이사진을 사외이사로 구성될 것, ② 전 이사진
을 총괄하는 대표 사외이사를 새로 영입할 것, ③ 1~2명의 이사는 주주
들의 추천으로 임명할 것, ④ 내부자거래를 관리·통제할 것, ⑤ 임원진
의 옵션 플랜에 변동이 있을 경우 주주 동의를 받도록 할 것 등이다.[13]
2003년 12월에는 Sprint Corporation과 WorldCom, Inc.의 합병불발로 인해
야기된 두 건의 소송에서 상당한 액수의 화해가 있었는데 비금전적 보
상이 주목할 만한 부분을 차지했다. Sprint사는 전체 이사진의 ⅔를 사외
이사로 구성할 것, 대표 사외이사제를 도입할 것, 그리고 주주들의 모든
제안을 이사회 내의 독립적인 위원회에서 검토할 것 등을 포함하였다.[14]

3. 주의사항

기관투자자들이 대표당사자의 역할을 맡게 되거나 혹은 반대자로서
나서게 될 경우 점점 더 빈번하게 기업지배구조개선을 요구할 가능성이
있다. 그러나 한편으로, 기업지배구조의 변경은 기업의 이사진과 경영진

---

11) Angiolillo, *supra* note 3), at 327.
12) Amalia Deligiannis, "SEC Plan Fuels Heated Debate Over Shareholder Access", *Corporate Legal Times* (Jan. 2004) at 2.
13) http://www.lerachlaw.com/lcsr-cgi-bin/mil?templ=hanover_settle.html.
14) http://www.lerachlaw.com/lcsr-cgi-bin/mil?%20templ=featured/sprint_enhance.html.

에게 제약을 주어 궁극적으로 투자가들에게 불리하게 될 수 있는 위험
도 있다.15) 법원의 화해안 허가권한은 이러한 위험에 대한 중요한 견제
수단으로 작용한다. 따라서 법원은 기업지배구조 개선에 대한 제안들이
과연 청구원인이 되는 문제점들을 개선할 수 있는지, 기업에 실질적으로
어떠한 혜택이 생길 수 있는지 등의 관점에서 평가되어야 한다.16)

V. 임원책임보험

1. 의 의

임원(directors & officers, D&O) 배상책임보험이란, 회사의 임원이 회사
경영상 그들의 자격 내에서 행한 부당행위(의무위반, 부주의, 과실, 허위
진술, 태만, 기타 부당한 행위)로 인하여 개인 또는 집단이 피해를 입게
되었을 경우, 보험기간 중 제기된 손해배상청구로 피보험자인 회사 또는
임원 개인이 부담하게 되는 손해를 보상해 주는 책임보험을 말한다.17)
2005.5.10. 기준으로 작성된 자료에 의하면, 주권상장법인의 임원배상책
임 보험가입률은 34.4%(655개사 중 225개사)이고, 그 중에서 자산 2조 원
이상 주권상장법인의 보험가입률은 90.9%(77개사 중 70개사)에 이른다
고 한다.18) 이러한 가입현황은 증권집단소송을 대비한 상당수의 기업들
이 방어수단의 일환으로 위 보험에 가입하였기 때문이라고 해석된다.

---

15) Angiolillo, *supra* note 3), at 332.
16) Angiolillo, *supra* note 3), at 332-333.
17) 최병규, "회사임원배상책임보험", 『보험학회지』 제54집, 1999.12, 23쪽.
18) 한국상장회사협의회, "주권상장법인 임원배상책임보험 가입현황"(available at http://www.klca.or.kr).

2. 보험회사의 개입

미국의 경험에 비추어 보면, 합의금 중 현금지급분이 대부분 보험에 의해 충당됨에 따라, 원고들은 보험회사가 협상과정에 참여하기를 원한다. 피고들은 우선 자신들이 배상책임보험의 적용을 받는다는 사실을 입증하고, 이후 보험회사와 함께 원고들과의 협상에 임하게 된다. 보험회사는 종종 사건의 평가 및 합의금 중 현금의 지급비중, 지출형태 및 향후 소송의 포기 등을 정하는데 자문역할을 하게 된다.[19] 일반적으로 화해는 보험료를 받을 수 없는 '고의적 허위진술(intentional misrepresentation)'보다 책임이 덜한 '부주의에 의한 허위진술(negligent misrepresentation)'의 경우에 성사된다.[20]

3. 주의사항

그런데 주의하여야 할 것은, 첫째, 임원배상책임보험 보통약관 7조 5항에 의하면, 미공개정보이용행위에 대한 손해배상청구의 경우에는 보험회사가 면책된다는 점, 둘째, 유가증권관련 법인담보 특별약관 1조 4항에 의하면, 최종판결에 의하여 입증된 피보험자의 부정직, 사기행위, 부작위 또는 고의적인 법위반에 기인한 손해에 대하여는 보험회사가 면책된다는 점, 셋째, 이사를 상대로 집단소송이 제기될 경우 응소에 필요한 비용을 조달받는 것이 필요할 텐데, 보통약관 20조 1항과 3항에 의하면, 보험회사는 필요하다고 인정하는 경우에는 소송비용의 선급을 할 수 있다고 되어 있으나, 이 경우 피보험자가 손해배상책임의 전부 또는 일

---

19) Angiolillo, *supra* note 3), at 334-336.
20) Howard M. Downs, "Federal Class Actions: Diminished Protection for the Class and the Case for Reform", 73 *Neb. L. Rev.* 686-687 (1994).

부를 허가하거나 소송비용 및 변호사 비용을 지급하고자 하려면 미리
보험회사의 서면동의를 얻어야 한다고 되어 있다는 점이다. 따라서 임원
배상책임보험에 가입하였다는 것만으로는 모든 화해금액을 보험금으로
충당할 수 있는 것은 아니라는 것을 명심하여야 할 것이고, 특히 보험회
사가 부작위나 고의적인 법위반과 관련하여 면책을 주장할 가능성도 있
으며, 소송비용의 선급은 전적으로 보험회사의 재량에 달려 있다는 점
또한 현행 임원배상책임보험의 한계라고 지적될 수 있을 것이다.21)

VI. 잔여금 처리조항

1. 의 의

증권집단소송의 손해배상액 산정은 집단 전체를 기준으로 하는 것으
로서 표본적, 평균적, 통계적 방식에 의하여 산정되는바(법 제34조 제2
항), 이는 개별적인 구성원의 권리신고에 따라 인정된 금액과 반드시 일
치하지 않는다는 것을 전제로 하고 있는 셈이다. 또한, 구성원들에게 충
분한 고지가 이루어지지 아니한 경우, 고지가 되었더라도 분배금액보다
분배청구비용이 더 소요되는 경우, 기타의 사정으로 어떤 경우에는 구성
원들에 대한 분배기간이 종료된 후에도 청구되지 않은 잔액이 남아 있
는 경우도 있다. 이러한 경우 법은 "법원은 분배종료보고서가 제출된 경
우 잔여금이 있는 때에는 직권 또는 피고의 출급청구에 의하여 피고에
게 지급한다"(법 제55조)고 하여, 피고 반환방식을 택하고 있다. 그러나
이는 강행규정은 아니라고 할 것이므로, 화해의 경우에는 당사자들 사이
의 합의로 잔여금에 대한 처리조항을 만들 수 있다.

---

21) 최문희, "증권관련집단소송과 비례적 책임 도입에 관한 소고", 증권법학회
     제107회 정기세미나 발표자료, 2005, 9~10쪽.

2. 대 안

먼저, 미국에서는 개개인의 피해자에게 귀속되지 못한 잔여금은 피고의 불법행위를 저지하기 위한 목적, 피고의 불법적 이익을 환수하기 위한 목적 등을 고려하여 형평법 원리에 따라 손해를 입은 불특정 다수인들의 이익이 될 수 있도록, 유동적 배상(fluid recovery) 또는 근사적 회복(cy pres) 방식이 이용되기도 한다.[22] 집단소송절차에서 피고측의 부정적인 면이 언론에 공개되어 명예나 신뢰가 실추된 경우, 대학 장학금이나 연구소 기타 공익단체에 대한 유동적 배상방식의 출연을 통하여 피고는 그 이미지 개선효과를 노릴 수 있다.[23] 그러나 유동적 배상방식을 택함에 있어서는 제3의 기관에 대한 기부가 구성원들에게 이익이 되는지, 유동적 배상이 피고에게 억지력을 갖고 있는지 살펴보아야 한다. 그리고 원고측 소송대리인과 특수관계에 있는 자에게 유동적 배상을 기부하는 대신에 구성원들에 대한 전체 배상액을 줄이기로 하는 내용으로, 원고측 소송대리인과 피고 사이의 통모나 결탁행위가 없는지도 주의 깊게 살펴보아야 할 것이다.

다음으로, 이미 분배금을 지급받은 구성원들에게 그들의 주식비율에 따라 잔여금을 재분배하는 방법을 생각해 볼 수 있다.[24] 잔여금은 구성원들의 손해를 배상하기 위하여 피고로부터 출연된 손해배상금의 일부이므로, 구성원들에게 귀속되는 것이 타당한 것처럼 보이기도 한다. 하지만, 재분배를 실시하더라도, 기존에 분배청구를 하지 아니한 구성원들보다는 이미 분배청구를 하여 배상금을 지급받은 구성원들이 재차 분배

---

22) Nelson v Greater Gadsden Housing Authority, 802 F.2d 405 (11th Cir. 1986); In re Motorsports Merchandise Antitrust Litigation, 160 F. Supp. 2d 1392 (N.D. Ga. 2001).

23) Angiolillo, *supra* note 3), at 324-325.

24) In Beecher v Able, 575 F.2d 1010 (2nd Cir. 1978).

청구를 할 가능성이 더 높기 때문에, 초과보상의 문제가 생길 수 있을 뿐만 아니라, 재분배 이후에도 잔여금이 남게 되는 경우도 상정할 수 있어 근본적인 문제해결방법으로서는 부적절한 면이 있다.

끝으로, 잔여금을 국고로 귀속시키는 방법도 있을 수 있다.[25] 잔여금은 권리자가 확인되지 않거나 권리를 포기한 돈일 뿐만 아니라, 피고 반환방식이나 구성원에 대한 재분배방식도 부적절하기 때문에 국고 귀속이 바람직하다는 견해이다. 이 방식은 피고에 대한 징벌적 효과를 유지함으로써 불법행위에 대한 억지력을 확보한다는 측면에서는 의의가 있으나, 왜 국가가 이익을 보아야 하는지에 대하여는 적극적인 설명이 부족하다.

요컨대, 화해 협상시 당사자들은 자유롭게 잔여금 처리방안을 논의할 수 있다. 피고 반환방식을 포함하여 유동적 배상방식, 구성원에 대한 재분배, 국고귀속 등이 모두 가능하다. 그러나 당사자들은 증권집단소송의 목적과 구체적 사실관계에 비추어 가장 합리적이고, 타당하다고 생각하는 잔여금 처리방안을 모색하여야 할 것이고, 이것이 증권집단소송의 취지를 더욱 더 충실하게 실현하는 길이기도 하다.

VII. 비금전 화해조항

1. 의 의

비금전 화해조항은 법원으로 하여금 그 평가에 곤란함을 겪게 한다. 이에 대하여 미국의 다수 학자들은 화해안의 평가와 관련한 정보의 양을 확대시키고, 질을 높임으로써 해결할 수 있다고 한다.[26] 혹자는 이를

---

25) Six Mexican Workers v. Arizona Citrus Growers, 904 F.2d 1301 (9th Cir. 1990), 116 CCH LC ∥ 35375, 107 A.L.R. Fed. 779.

26) Note, "In-Kind Class Action Settlement", 109 *Harv. L. Rev.* 823 (1996).

위해 화해협상을 감독하는 특별대리인의 선임을 제안하기도 하고,[27] 혹
자는 구성원과 소송대리인 사이의 이해관계 충돌을 의무적으로 보고할
것을 요구하기도 한다.[28] 이러한 시도들은 법원과 소송대리인들 사이의
정보의 편재를 시정하는 데 목적이 있으나, 통모의 가능성을 완전히 없
애지는 못한다. 이하에서는 이러한 문제점에 대한 대안으로서 두 가지
시도를 소개하려고 한다.

2. 배상액 최소한도 조항

일반적으로 화해안이 피고에게 가져올 재정적 부담은 화해의 공정성
·상당성·적정성을 평가하는 기준이 되지는 못하지만, 때로는 비금전
화해조항이 피고의 현금지불을 얼마나 요구하고 있는지가 그 평가기준
이 되기도 한다.[29] 법원이 화해안의 가치에 대해 확신하지 못하더라도,
만일 그 화해안이 피고로 하여금 일정한 경제적 부담을 지우고 있다면
그런 불확실성은 어느 정도 해소될 수 있다.[30] 피고가 지불한 현금은 구
성원들에게 분배될 수도 있고, 유동적 배상방식으로 제3의 기관에 기부
될 수도 있다. 이로써 구성원들에게 최소한의 현금보상을 줄 수 있다는
점, 화해 당사자들은 구성원들의 쿠폰 행사를 장려하기 위하여 보다 유
용한 쿠폰조항을 고안하려고 노력하게 된다는 점 등의 장점이 있다.[31]

---

27) Sylvia R. Lazos, "Abuse in Plaintiff Class Action Settlements: The Need for a Guardian
during Pretrial Settlement Negotiations", 84 *Mich. L. Rev.* 326 (1985).

28) Deborah L. Rhode, "Class Conflicts in Class Actions", 34 *Stan. L. Rev.* 1183, 1186-
91 (1982).

29) In re General Motors Corp. Pick-Up Truck Fuel Tank Prod. Liab. Litig., 55 F.3d
768, 803 (3d Cir.), cert. denied, 116 S.Ct. 88 (1995).

30) Note, *supra* note 26), at 825.

31) Lisa M. Mezzetti & Whitney R. Case, "The Coupon Can Be the Ticket: The Use
of 'Coupon' and Other Non-Monetary Redress in Class Action Settlements", *Georgetown
Journal of Legal Ethics* (Fall. 2005) at 1438.

미국의 몇몇 쿠폰화해에서는 발행된 쿠폰 중 일정한 수나 비율만큼 사용되지 아니한 경우, 그 차액만큼 피고로 하여금 최소한의 현금지불을 하도록 명시하고 있다. 예를 들면 Nintendo 사건에서, 피고는 5달러짜리 쿠폰을 행사한 구성원이 100만 명 이하인 경우에는 Nintendo사가 그 차액(최대 500백만 달러까지)을 독점금지법의 집행을 위한 재단에 기부하기로 하였다.32) 여기서 차액의 계산방식은 다음과 같다. 즉, 일정한 기준을 정하고(이 사례에서는 500만 달러 = 5달러 × 100만 명), 행사된 쿠폰의 가치(행사한 쿠폰 수 × 5달러)를 위 기준에서 공제한 만큼의 차액을 피고로 하여금 현금으로 지불하도록 하는 방식이다. 한편, ITT 사건에서는 피고가 최소한의 현금지불 조항을 설정하지 않았다는 이유로, 법원은 그 화해안의 허가를 거부하였다.33)

이러한 관점에서 증권집단소송에서 주식이나 옵션 등을 교부하는 비금전 화해의 경우에도 유사한 조항을 마련할 수 있을 것이다. 즉, 교부한 주식이 일정시점을 기준으로 일정한 주가에 도달하지 못하는 경우, 당해 주식이 풋 옵션 가액 이상으로 거래되어 풋 옵션의 가치가 없어진 경우, 당해 주식의 주가가 신주인수권증권의 행사가격에 이르지 못하는 경우 등에는 피고는 집단 구성원들에 대하여 사실상 아무런 보상도 해 주지 아니한 셈이 되므로, 이런 경우에는 일정한 현금보상을 약속해 두는 방법이 있을 수 있겠다.

3. 쿠폰 화해 관련조항

미국의 2005년 집단소송 공정화법은, 제안된 화해안이 구성원에게 쿠폰 발행으로 손해배상을 하도록 하면서, 변호사 보수를 성과기준으로 계산하기로 한 경우 변호사 보수는 쿠폰의 발행가치가 아닌 실제 행사된

---

32) New York v. Nintendo of Am. Inc., 775 F. Supp. 676, 679 (S.D. N.Y. 1991).
33) Buchet v. ITT Consumer Fin. Corp., 845 F. Supp. 684, 696 (D. Minn. 1994).

쿠폰의 가치를 기준으로 해야 한다고 규정하였다(28 USCA §1712). 이는 형식적인 쿠폰 발행으로 구성원에게는 사실상 아무런 이익을 가져다주지 않으면서, 변호사들만 과다한 보상을 챙겨가는 현실에 대한 반성에서 비롯된 입법이다.

위 조항은 증권집단소송과는 직접적 관련은 없지만, 우리 증권집단소송에서도 변호사 보수를 산정함에 있어서 명목상 가치가 아니라 구성원들에게 실질적으로 귀속되는 이익 즉, 교부된 주식이라든지, 풋 옵션과 신주인수권증권의 실제 가치를 기준으로 보수를 산정하여야 한다는 점을 지적해 주고 있다는 데에 의미가 있을 것이다.

제5장 결 론

1.

지금까지 증권시장에서 발생하는 기업의 분식회계·허위공시·부실감사·내부자거래·주가조작 등과 같은 각종 불법행위로 인하여 발생하는 소액투자자들의 집단적 피해를 보다 효율적으로 구제할 수 있도록 함과 동시에 간접적으로 기업경영의 투명성을 높이려는 목적으로 제정된 '증권관련집단소송법'이 본격적으로 시행됨에 따라, 미국의 논의를 참고하여 증권집단소송에서의 바람직한 화해제도 운영을 위한 방안을 살펴보았다.

우리나라와 미국은 법문화와 증권시장의 특성 등 기본적인 논의의 전제가 다른 것이 사실이지만, 증권집단소송의 복잡성과 소송에 소요되는 시간과 비용, 소송에 휘말림으로써 생기는 소송외적 비용, 승소가능성, 패소시의 부담, 조기 분쟁해결의 이익, 변호사의 이해관계 및 최근 법원의 경향 등에 비추어 보면, 우리나라의 경우에도 다분히 화해의 방법으로 증권집단소송이 종료될 가능성이 높다. 그런데 미국의 경험에서 보듯이, 집단소송에서 소송대리인에게 절차적 주도권이 인정되고, 구성원이나 대표당사자의 경우 소송대리인을 감독할 경제적인 동기나, 자원 및 능력이 부족하기 때문에 화해과정에서 원고측 소송대리인에 대한 통제가 쉽지 않을 것이다. 이러한 집단소송의 구조적 특성 즉, 당사자들 대부분이 화해를 선호하는 경향과 원고측 소송대리인이 사실상 집단소송의 화해과정을 주도한다는 점 때문에 변호사 보수라는 소송대리인 개인의 이익에 급급한 나머지 구성원에게 불리한 내용으로 합의에 이르는 부적절한 화해사례가 발생할 수도 있다. 이러한 폐단을 사전에 예방하고 기왕에 마련된 증권집단소송제도가 피해자의 권리구제와 기업의 경영투명성 확보라는 입법목적에 충실하게 운영될 수 있도록 하기 위해서, 바람직한 화해제도 운영을 위한 방안을 마련할 필요가 있다.

2.

이 책에서는, 증권집단소송제도의 취지와 특성을 이해하고, 입법목적에 부합하는 효과적인 제도 운영을 위하여, 보다 근본적이고 포괄적인 해결책으로서, 법령의 해석과 운용에 지침이 되는 이념적 지표 이른바 '집단소송의 운영원리(principles for class action governance)'라는 개념을 소개하였다. 바람직한 화해를 위한 집단소송의 운영원리란, 구성원, 대표당사자, 원고측 소송대리인 및 반대자 등 집단소송에 관여하는 소송관계인들과, 소송절차를 감독하고 화해안을 심사하는 법원 사이의 관계를 효과적으로 조정하고 규율하기 위한 이념적 지표이다. 운영원리는 구성원, 대표당사자, 원고측 소송대리인, 반대자 및 법원 등 집단소송 관여자들에게 각자의 역할에 대한 행위기준을 제시해 줄 뿐만 아니라, 화해안을 심사하는 법원에게는 사법적 심사기준을 제공한다. 이와 같이 운영원리 하에서 조직화된 절차규정과 행위기준 또는 심사기준은 바람직한 화해 도출의 가능성을 높일 수 있다.

운영원리의 구체적인 세부원칙은 ① 광범위한 정보 공개, ② 대립당사자구조의 활성화, ③ 의사 결정권자의 전문성 확보, ④ 타인 또는 자신의 이익으로부터 의사 결정권자의 독립성 유지 등을 들 수 있는데, ① 광범위한 정보공개의 원칙은 구성원, 대표당사자 및 법원의 의사결정에 필요한 정보제공을 확대하기 위함이고, ② 대립당사자구조의 활성화는 화해안 심사절차가 형해화되는 것을 막고 실질적인 공정성 심리절차로 운영되는 것을 지향하며, ③ 의사결정권자의 전문성과 ④ 의사결정권자의 독립성에 관한 원칙은 원고측 소송대리인으로 하여금 전체 구성원의 이익을 적절하게 대리하도록 하고, 그의 전횡을 견제하기 위한 요청이다.

첫째, 광범위한 정보공개의 원칙은, 정보의 공개가 효과적으로 이루어지기 위해서는, ① 포괄적이고, ② 이해하기 쉬운 내용을 의사결정과정의 ③ 적절한 시기에 공개할 것을 요구한다. 정보공개의 형태와 양에 따라서 소송절차에서의 주도권의 향배가 결정될 것이므로, 가급적 최대한의 정보공개가 필요하다. 이와 관련하여 입법론으로, 분배계획의 고지에 있어서도 법 제18조 제2항과 제3항을 준용하도록 하는 것이 바람직하고, 반대자에게도 문서제출명령 등의 증거신청권을 인정하는 것이 바람직하다고 본다.

둘째, 대립당사자구조의 활성화 원칙은, 화해안의 공정성 심리를 위한 심문절차에서 원고측과 피고 소송대리인에 의하여 '화해안이 공정하고 상당하며 적절할 뿐만 아니라 열심히 협상한 결과물임'을 강조하는 일방적 주장과 입증만이 나열됨으로써, 형식적인 절차로 전락할 우려가 있음을 직시하고, 화해안의 가치를 제대로 평가하고 문제점을 지적해 내기 위해서 적극적인 대립당사자의 공방이 이루어지도록 하는 것이다. 이를 위하여, 기관투자자로 하여금 반대자로 나설 것을 장려하기도 하고, 금융감독 당국이나 공익단체, 그밖에 법원이 선임한 특별대리인(guardian ad litem)으로 하여금 그 역할을 담당하도록 할 수도 있을 것이다. 이와 관련하여, 절차의 편의를 이유로 화해 허가단계에서 제외신고의 기회를 부여하지 않고 있는 우리 법은 적법절차의 원칙상 분명 문제가 있다. 따라서 우리의 경우도 제외신고의 기회를 허용하여야 할 것이고, 나아가 대립당사자구조의 활성화를 위하여 반대의견을 촉진하려면 제외신고를 심문절차가 끝날 때까지로 하는 것이 입법론상 바람직하다고 본다.

셋째, 의사결정권자의 전문성 확보의 원칙은, 원고측 소송대리인과 판

사 그리고 반대자측 변호사들의 자질이 집단소송의 절차에서 매우 중요
함을 강조한다. 원고측 소송대리인이나 반대자측 변호사의 경우 다른 집
단소송이나 청구원인과 관련된 소송을 처리한 경험, 관계법령에 대한 지
식, 소송을 수행하는 데에 투입할 수 있는 자원 등을 갖추어야 하고, 판
사들 또한 증권집단소송의 운영에 있어 필요한 전문성이 요구된다. 이와
관련하여 입법론으로, 특별대리인 제도의 도입이나 사법보좌관 등의 활
용을 통하여 판사의 전문성을 보완하는 방법도 있을 것이다.

넷째, 타인 또는 자신의 이익으로부터 의사결정권자의 독립성 유지에
관한 원칙에 있어서, 원고측 소송대리인에 대하여는 법원이 보수를 심사
함으로써 독립성 유지가 가능하고, 판사에 대하여는 상소로써 가능하며,
반대자에 대하여는 반대자와 원고측 소송대리인 사이의 관계를 심사하
고, 보수를 보장함으로써 가능할 것이다. 이와 관련하여 입법론으로, 판
사의 부적절한 화해허가에 대처하고, 구성원의 권리를 보호한다는 차원
에서 구성원에 의한 불복절차를 명문화할 필요가 있고, 반대자의 보수를
보장함으로써 독립성을 유지하기 위하여 원고측 소송대리인이나 피고로
하여금 화해안 허가신청을 할 때 보증금을 예치하도록 하는 방법을 도
입할 필요가 있으며, 반대의견을 제기한 반대자가 그 반대의견을 철회하
는 경우 그 이유를 소명하고 법원의 허가를 받도록 할 필요가 있다.

3.

앞서 본 운영원리의 구체적 원칙 중 대립당사자구조의 활성화와 관련
하여, 특히 반대자들의 확대가 필요하다.

첫째, 넓은 자산 포트폴리오를 가진 기관투자자들은 원고측 소송대리
인을 감독하고, 손해의 배상과 불법행위의 억지라는 목표를 모두 추구할
수 있는 특별한 위치에 있지만, 대표당사자로서 소송을 수행하는 데에
수반하는 비용과 위험에 대한 불확실성을 회피하기 위하여 대표당사자

로 나서는 것을 꺼리는 경향이 있다. 따라서 법원은 기관투자자들로 하여금 대표당사자가 아닌 구성원의 지위에서 소송에 발언권을 행사할 수 있도록 장려할 필요가 있다.

둘째, 정부기관인 금융감독위원회는 당해 증권집단소송의 배경과 가치 등에 대하여 깊이 있는 조사자료를 보유하고 있고, 이를 바탕으로 하여 전문가적 관점에서 화해안을 평가할 수 있을 것이다. 금융감독위원회가 적극적으로 민사소송에 개입하기는 어렵다고 할지라도, 법원은 당해 화해안에 대한 금융감독위원회의 의견을 조회할 수 있을 것이다. 이와 관련하여 입법론으로 2005년 집단소송 공정화법의 규정과 같이 화해안이 제출된 경우 법원은 그 사본을 금융감독위원회에 통보하는 절차를 마련할 필요가 있다.

셋째, 공익단체 또는 시민단체도 중요한 반대자의 역할을 수행할 수 있다. 그러나 미국의 사례에서 보듯이 각 공익단체의 이념과 특성에 부합하는 집단소송에 특화하여 집중적으로 개입한다는 것, 각 공익단체는 오랜 기간 동안의 경험으로 해당 분야에 전문지식과 경험을 확보한 경우에 법원에서 그 반대의견을 존중한다는 것 등의 경향에 비추어 우리나라에서 증권집단소송에 관심이 있는 시민단체들은 이러한 점을 명심하고 먼저 전문지식과 소송경험 등의 역량강화에 힘써야 할 것이다.

넷째, 법원이 원고측 소송대리인과 피고 사이의 화해 협상과정에서의 통모 가능성에 대한 심증은 가나 이를 확인할 방법이 없고, 구성원이나 기관투자자나 정부기관이나 공익단체 등으로부터 아무런 반대의견이 없는 경우 특별대리인을 선임할 필요가 있다. 명문의 규정이 없는 우리로서는 입법론으로 이 제도의 도입을 장기적 관점에서 검토해 볼 필요가 있다.

4.

증권집단소송에서 법원의 역할은 매우 크고 중요하다. 그 중에서도 법원은 화해안을 허가하고, 변호사 보수를 심사함으로써 원고측 소송대리인을 통제할 수 있고, 동시에 운영원리의 실현여부를 심사함으로써 바람직한 화해제도의 운영에 기여한다. 법원은 화해안을 심사할 때 실체적 측면도 심사하여야 하겠지만, 그 개념의 불명확성과 법원의 사실인정능력의 제한으로 인하여 실체적 심사방법에는 한계가 있기 때문에, 절차적 심사방법에 보다 관심을 가져야 할 것이다. 그 기준은 앞서 본 집단소송의 운영원리라고 할 것이다.

복잡한 변호사 보수산정의 대안으로 첫째, 사법보좌관으로 하여금 보수산정의 기초가 되는 사실조사와 기록검토 등을 맡기고 이에 기초하여 법원이 최종적으로 변호사 보수를 포함한 화해안의 공정성을 판단하는 방법이 있고,[1] 둘째, 소송수행과 관련하여 변호사들에게 적절한 시간당 단가, 변호사별 역할, 변론이나 증거조사절차에 참석할 수 있는 변호사 수, 법원에 제출하여야 할 기록, 그 기록의 제출 주기, 보수청구가 가능한 업무와 그렇지 않은 업무 및 분배절차에서의 보수 지급기준 등에 관한 법원의 분명한 지침을 미리 공표하는 방법이 있다. 이로써 소송대리인 스스로 더 많은 보수청구를 위하여 소송을 지연하거나 증거신청을 남용하는 일을 방지할 수 있을 것이다. 셋째, 업무수행 기록표를 그때그때 제출하도록 함으로써 추후 보수산정시 필요한 기초자료의 진실성을 담보하는 방법이 있겠다.

5.

그 밖에 화해 당사자들은 바람직한 화해안을 마련하기 위하여 화해전략, 화해금액의 결정, 기업지배구조의 개선, 임원배상책임보험의 확인, 잔여금 처리조항 및 비금전 화해의 대책 등도 주의 깊게 살펴야 할 것이다.

---

1) 물론, 현행 법원조직법과 사법보좌관규칙은 사법보좌관에게 이와 같은 판사의 재판행위에 대한 기초조사와 분석의 역할은 맡기고 있지 아니한데, 이에 대한 입법이 선행되어야 할 것이다.

6.

이 책은 이상과 같이 증권집단소송제도에 있어서 바람직한 화해제도의 운영을 위한 방안을 제시하고자 하였다. 증권집단소송제도가 집단적 피해의 효율적 구제와 기업 경영의 투명성 확보라는 그 입법목적을 달성하기 위하여 이 책에서 제시한 시스템 차원의 대안이 원활히 작용하여야 할 것이다. 그러나 어떠한 제도라도 완벽하기는 어려운 만큼, 결국 증권집단소송에 관여한 당사자들의 마음가짐이 무엇보다도 중요하다고 할 것이다.

즉, 대표당사자는 총원을 대표하여 증권집단소송절차를 수행한다는 점을 명심하여 총원의 이익을 공정하고 적절히 대표하여야 할 의무가 있고, 원고측 소송대리인 역시 대표당사자의 소송대리인일 뿐만 아니라 구성원 전체의 소송대리인이라는 점을 명심하여 총원의 이익을 공정하고 적절히 대리하여야 할 의무가 있다. 또한 반대자는 형해화될 우려가 있는 공정성 심리를 위한 심문절차를 실질적인 대립당사자구조하에서의 변론절차로 승화시키기 위한 역할을 담당하여야 한다. 구성원도 자기의 권리보호를 게을리 해서는 안 되고, 소송절차에 적극적으로 참여하여 화해안에 대한 반대의견의 개진이나 변호사보수 감액 신청권 등을 적절히 행사할 필요가 있다. 그리고 법원은 증권집단소송에서 가장 중요한 역할을 담당하고 있는데, 증권집단소송이 허가된 경우의 법원은 절차의 주재자 및 심판자인 동시에 구성원의 후견적 보호자라는 지위를 명심하여야 하고, 동시에 협상절차에서나 화해안 허가절차에서 중립성을 견지하기 위하여 노력하여야 한다.

Federal Rules of Civil Procedure 23.
Class Actions

(a) 집단소송의 전제조건

한 명 또는 그 이상의 구성원은 다음 사항이 모두 충족된 경우에만 대표당사자로서 소송을 제기하거나 소송에 응소할 수 있다. (1) 집단의 인원이 너무 많아 개별적 소송을 병합하여 공동소송을 진행하는 것이 현실적으로 불가능한 경우, (2) 집단에 공통된 법률적 내지 사실적 쟁점들이 존재하는 경우, (3) 대표당사자의 청구원인 또는 항변사항이 그 집단 구성원들의 청구원인 또는 항변사항들의 전형적인 내용인 경우, 그리고 (4) 대표당사자가 공정하고 적절하게 구성원들의 이익을 대변할 수 있는 경우

(b) 집단소송의 유지조건

(a)항의 전제조건 외에 다음 사항이 충족되어야 집단소송의 자격을 부여받을 수 있다.
(1) 개별적 소송의 진행이 다음의 위험을 초래하는 경우
  (A) 개별 구성원에 대한 판결의 결과가 서로 모순되거나 불일치하여 집단의 반대당사자에게 양립할 수 없는 행동기준을 야기하는 경우
  (B) 개별 구성원에 대한 판결의 결과가 사실상 그 판결의 당사자가 아닌 구성원들의 이익을 결정하거나 그들의 이익보호에 지장을 초래하는 경우

(2) 집단의 반대당사자가 집단 전체에 대하여 영향을 미치는 일정한 행위를 하거나 행위를 하기를 거부함으로써, 그 행위에 대하여 최종적으로 금지명령이나 확인명령이 필요한 경우

(3) 법원이 집단 전체에 해당되는 공통된 법적 문제가 개별적 문제에 비하여 훨씬 큰 비중을 차지하여야 하고, 집단소송이 가능한 다른 방법들에 비해 가장 공정하고 효율적인 판결을 낳을 수 있다고 판단한 경우. 이에 관련된 요소들로는

    (A) 개별적인 소송의 진행이 집단의 구성원들의 이익에 미치는 영향

    (B) 이미 구성원들에 의해 개별적으로 착수되거나 관련된 소송의 정도 및 성격

    (C) 한 법원에 모든 청구소송을 집합시키는 것의 바람직한지 여부

    (D) 집단 소송의 진행과정에서 예상되는 문제점

(c) 집단 소송의 허가; 변호인의 선임; 집단 구성원의 정의 및 고지; 판결; 복수집단과 하위집단

(1) (A) 법원은 개인이 한 집단의 대표당사자 자격으로 소송을 제기하거나 제기당한 경우 가능한 한 조기에 집단 소송의 허가 여부를 결정하여야 한다.

    (B) 집단 소송을 허가하는 법원명령은 해당 집단과 그에 대한 청구 사항, 쟁점, 또는 변론을 정의하고 제23조 (g)항에 따라 변호인을 선임하여야 한다.

    (C) 위 제 23조 (c)(1)항의 명령은 최종 판결 이전에 변경되거나 수정될 수 있다.

(2) (A) 제23조 (b)(1)항 또는 (2)항에 의해 허가된 집단의 경우 법원은 구성원들에게 적절한 고지를 하도록 명할 수 있다.

    (B) 제23조 (b)(3)항에 의해 허가된 집단의 경우 법원은 당시 상황에서 최선의 방법으로 구성원들에게 고지할 것을 명해

야 한다. 이는 합리적인 노력으로 주소를 알 수 있는 구성원들에 대한 개별고지를 포함한다. 고지서는 간결하고 명백한 이해가 쉬운 말로 소송의 성격, 허가된 집단의 정의, 집단과 관련된 청구, 쟁점, 또는 항변사항, 구성원이 희망할 경우 변호인(대리인)을 통해 법정에 출석할 수 있다는 사실, 모든 구성원은 제외신고를 할 수 있다는 사실과 제외신고의 시기와 방법, 제23조 (c)(3)항 소정의 집단에 대한 판결의 구속력 등을 명시해야 한다.

(3) (b)(1)항 또는 (b)(2)항에 의해 집단 소송으로 허가된 소송의 판결은 그 결과가 집단의 유·불리와 상관없이 법원이 인정한 모든 집단 구성원에게 효력이 미친다. (b)(3)항 소정의 집단소송의 경우 그 결과는 집단의 유·불리와 상관없이 (c)(2)항 소정의 고지를 받은 후 제외신고를 하지 아니한 집단 구성원에게 효력이 미친다.

(4) 경우에 따라 (A) 개별적 쟁점에 국한된 집단소송을 제기하거나, 또는 (b) 집단을 여러 개의 하위 집단들로 나누어 각 하위 집단을 하나의 집단으로 간주하여 그에 맞추어 관련 법령들을 해석하고 적용시킬 수 있다.

(d) 소송운영에 대한 명령

법원은 이 규정이 적용되는 소송의 원활한 진행을 위해 다음의 명령을 내릴 수 있다.

(1) 증거제출 및 변론에 있어 불필요한 반복 또는 복잡함을 방지하기 위한 재판 절차 또는 변론방법의 설정 / 제한

(2) 공정한 소송의 운영과 집단의 구성원들의 보호를 위해 소송의 제반 단계에서, 제안된 조정안의 내역, 또는 대표자들이 소송을 공정하고 적절하게 수행하는지에 대해 의사표시를 할 수 있는

기회, 직접 참가를 통한 청구 또는 항변을 할 수 있는 기회, 또는 기타 소송에 참여할 수 있는 기회 등에 대해 법원이 지정하는 방법에 따라 집단 구성원 전체 또는 일부에 대하여 고지할 것

(3) 대표자 또는 참가인에 대한 조건 / 제한의 설정

(4) 불참한 자들에 대한 대표성 논쟁여지를 방지하기 위한 소장의 수정

(5) 기타 유사한 절차적 문제

(e) 화해 또는 소취하

(1) (A) 법원은 집단소송으로 허가된 집단의 청구, 쟁점 또는 항변사항에 대한 화해나 소취하에 대하여 반드시 허가하여야 한다.

   (B) 법원은 제안된 화해나 소취하로 인하여 그 효력이 미치게 될 모든 구성원에 대하여 (그 사실을) 상당한 방법으로 고지할 것을 명하여야 한다.

   (C) 법원은 심문절차를 개최하여 제안된 화해나 소취하가 공정하고 · 상당하며 · 적절한지를 확인한 다음에만 구성원들에게 효력이 미치게 될 화해나 소취하를 허가할 수 있다.

(2) Rule 23(e)(1)에 의거한 화해나 소취하의 허가 신청을 하려는 당사자들은 제안된 화해나 소취하와 관련된 일체의 합의를 담은 진술서를 법원에 제출해야 한다.

(3) 법원은 Rule 23(b)(3)에 의해 집단소송으로 허가되었던 소송에서, 집단소송 허가사실을 고지받고도 제외신고 기간에 제외신고를 하지 아니하였던 구성원들에게 다시 한 번 제외신고의 기회를 주지 아니한 경우, 화해의 허가를 거절할 수도 있다.

(4) (A) 구성원은 누구든지 Rule 23(e)(1)(A)에 따라 법원의 허가를 받아야 하는 화해나 소취하에 대하여 반대의견을 제시할 수 있다.

   (B) Rule 23(e)(4)(A)에 따라서 제시된 반대의견은 법원의 허가가 있어야만 철회될 수 있다.

(f) 항소

항소법원은 재량에 따라 지방법원의 집단소송 허가 또는 불허가 명령 후 10일 내에 신청된 지방법원의 위 명령에 대한 상소를 받아들일 수 있다. 그러나 해당 지방법원 내지 항소법원의 판사가 별도의 명령을 내리지 않는 이상 허가된 집단소송절차는 정지되지 않는다.

(g) 집단의 소송대리인

(1) 소송대리인 선임

   (A) 특별한 사정이 없는 한 집단을 허가한 법원은 집단을 위한 소송대리인을 선임하여야 한다.

   (B) 집단의 소송대리인으로 선임된 변호사는 공정하고 적절하게 집단의 이익을 대변하여야 한다.

   (C) 집단의 소송대리인 선임에 있어 법원은

      (i) 당해 소송에서 가능한 청구 사항을 확인하거나 조사·연구하는 데 있어서 변호사의 역할, 변호사의 집단소송, 복잡소송 및 당해 소송의 청구원인과 관련된 소송 등을 경험, 해당 법령에 대한 변호사의 지식, 당해 소송을 위해 변호사가 투입할 수 있는 자원 등을 고려해야 한다.

      (ii) 변호사가 공정하고 적절하게 집단의 이익을 대변할 수 있는 능력과 관련된 기타 사항들을 참고해야 한다.

      (iii) 선임과 관련된 모든 주제의 정보를 소송대리인이 되기를 희망하는 후보자에게 요구할 수 있고 변호사 보수와 비용을 산출해 제출할 것을 요구할 수 있다.

      (iv) 선임과 관련된 기타 명령을 내릴 수 있다.

(2) 선임절차

   (A) 법원은 집단 허가 이전에 임시로 소송대리인을 정하여 구

성원들의 이익을 대변하게 할 수 있다.

(B) 집단의 소송대리인으로 선임되길 원하는 변호사가 1인일 경우라도 법원은 그 변호사가 제23조(g)(1)(B)항의 요건들을 충족시켰을 경우에만 집단의 소송대리인으로 선임할 수 있다.

(C) 집단의 소송대리인을 선임하는 명령은 변호사의 보수 및 비용에 대해 명시할 수 있다.

(h) 변호사의 보수

집단소송으로 허가된 소송에서 법원은 합당한 변호사 보수 및 비용을 해당 법령 또는 당사자들의 동의에 따라 다음과 같이 지급할 수 있다.

(1) 변호사 보수 지급 신청: 변호사 보수 및 비용의 청구는 제54조 (d)(2)항과 이 조항에 의거하여 법원이 정한 기간 내에 신청되어야 한다. 신청에 대해서는 당사자들 모두에게 고지되어야 하고, 집단의 소송대리인에 의한 신청은 그 집단의 구성원들에게 적절한 방법으로 고지되어야 한다.

(2) 신청에 대한 이의: 집단 구성원 또는 지급이 요구된 당사자는 그 신청에 대해 반대의견을 제시할 수 있다.

(3) 법원은 심문을 통해 사실관계를 파악하고 제52조(a)항에 따라 법적 결론을 내려야 한다.

(4) 스페셜마스터 또는 하급법원판사의 의뢰: 법원은 지급될 금액에 대한 쟁점들에 관한 조사를 제54조(d)(2)(D)항에 따라 스페셜마스터 또는 하급법원판사에게 의뢰할 수 있다.

<h1 align="center">〈참 고 문 헌〉</h1>

Ⅰ. 국내문헌

1. 단행본

금융감독원, 『미국 증권집단소송제도의 현황과 시사점』, 2005.

김건식, 『증권거래법』, 두성사, 2006.

법무부, 『증권관련집단소송법 시안 해설』, 2001.

_____, 『증권관련집단소송법 제정 공청회 자료집』, 2001.

법원행정처, 『증권재판실무편람』, 2002.

_____, 『증권관련집단소송 실무』, 2005.

사법연수원, 『증권거래법』, 2004.

윤승한, 『미국증권법 강의』, 삼일인포마인, 2004.

이상복, 『증권집단소송론』, 삼우사, 2004.

임재연, 『증권거래법』, 박영사, 2004.

2. 논문 등

고창현, "미국 95년법과 국내법의 남소방지장치 비교 및 시사점", 증권집단
　　　소송 ISSUE 시리즈, 전국경제인연합회, 2005.

김건식, "외부감사인의 부실감사로 인한 손해배상책임", 상사판례연구(Ⅳ),
　　　박영사, 2000.

김광일, "외부감사인의 부실감사로 인한 제3자에 대한 손해배상책임", 상사
　　　판례연구(Ⅳ), 박영사, 2000.

김병연, "증권거래법상의 공시의무론 - 우리나라의 공시의무와 미국증권법의
　　　의무론을 비교하여", 상사법연구 20권 2호, 한국상사법학회, 2001.

김성태, "소수주주 보호의 법리 - 증권집단소송 찬반론을 중심으로", 울산대
　　　학교 사회과학논집 제11권 제2호, 2001.

김성호, "미국 증권집단소송에서의 면책범위", 상사법연구 제20권 제4호, 한

국상사법학회, 2002.

김정호, "증권관련집단소송제도에 관한 법경제학적 연구", 숭실대학교 법학
      박사 학위논문, 2003.

김정호·박양균, "증권집단소송제도에 대한 경제학적 검토", 증권법연구 제1
      권 제1호, 한국증권법학회, 2000.

김주영, "증권집단소송제의 운용방식과 이에 따른 긍정적 효과", 상장협 제
      44호, 한국상장회사협의회, 2001.

김홍엽, "미국 Class Action의 법리와 실제", 외국사법연수논집[9](재판자료 58
      집), 법원행정처, 1992.

김화진, "증권집단소송에 있어서 기관투자자의 위치와 대응전략", 증권집단
      소송 ISSUE 시리즈, 전국경제인연합회, 2005.

노혁준, "증권집단소송과 피해주식의 범위－미국의 방법론과 사례에 관한 비
      판적 검토", 증권집단소송 ISSUE 시리즈, 전국경제인연합회, 2005.

류근관·송옥렬·이상승, "증권집단소송의 손해배상액 산정 방법에 관하여",
      기업소송연구, 2004.

박민영, "미국 Class Action 제도의 현황과 문제점", 집단소송의 법리(법무자료
      149집), 법무부, 1991.

송옥렬, "증권집단소송, 어떻게 대비할 것인가", 상장협 세미나자료, 한국상
      장회사협의회, 2005.4.

오정후, "증권관련집단소송법에 대한 민사소송법적 고찰", 증권법연구 제5권
      제1호, 한국증권법학회, 2004.6.

유병현, "증권관련집단소송법 제정안에 대한 검토", 상사법연구 20권 4호, 한
      국상사법학회, 2002.

윤영신, "주주대표소송의 변호사 보수 등 소송비용의 부담", 상사법연구 20
      권 1호, 한국상사법학회, 2001.

이규호, "증권관련 집단소송제도의 법적, 경제적 분석", 규제연구 제10권 제2
      호, 한국경제연구원, 2001. 12.

이상복, "증권집단소송에 관한 연구－미국의 증권집단소송제도와 한국의 증
      권관련집단소송법률안에 관한 검토를 중심으로", 고려대학교 법학박
      사 학위논문, 2004.

이정환, "미국의 증권집단소송제도와 우리나라의 증권집단소송법제정에 관
      한 검토", 기업지배구조연구 7권, 좋은기업지배구조연구소, 2003.

이준섭, "증권집단소송의 도입과 증권거래법상 손해배상책임체계의 개선방

안", 증권법연구 4권 2호, 한국증권법학회, 2003.

장덕조 · 김기호, "증권관련집단소송법안의 검토", 민주법학 24호, 민주주의 법학연구회, 2003.8.

전삼현, "증권집단소송제 시행을 위한 보완과제", 증권집단소송제 시행에 관한 정책토론회 자료집, 전국경제인연합회, 2004.8.

_____, "국내 분식회계 관련사례 및 시사점", 증권집단소송 ISSUE 시리즈, 전국경제인연합회, 2005.

정동윤, "미국의 대표당사자소송 — 그 운용실태와 도입상의 문제점", 집단소송의 법리(법무자료 149집), 법무부, 1991.

_____, "집단소송제도의 도입과 상장회사의 대응", 상장협 36호, 한국상장회사협의회, 1997.11.

최문희, "증권관련집단소송과 비례적 책임 도입에 관한 소고", 증권법학회 제107회 정기세미나, 한국증권법학회, 2005.

최정식, "증권관련집단소송제도에 관한 법적 연구", 연세대학교 법학박사 학위논문, 2005.

한석훈, "증권관련집단소송법의 평가 — 남소방지대책을 중심으로", 성균관대학교 법학박사 학위논문, 2003.

한충수, "증권관련집단소송법의 허가요건과 허가절차상의 몇 가지 문제점", 인권과 정의 331권, 대한변호사협회, 2004.3.

_____, "증권관련집단소송에서의 손해산정과 분배절차", 저스티스 72호, 한국법학원, 2003.4.

함영주, "집단소송에 관한 연구 — 우리나라의 집단소송법 시안에 대한 검토를 겸하여", 고려대학교 법학박사 학위논문, 1997.

황이석, "회계수정과 집단소송", 증권집단소송 ISSUE 시리즈, 전국경제인연합회, 2005.

II. 외국 문헌

1. 독일 문헌

Braun & Rotter, "Die Diskussionsentwurf zum KapMuG — Verbesserter Anlegerschutz?", Bank und Kapitalmarktrecht (BKR 8/2004), S. 296 ff.

Fabian Reuschle, "Das Kapitalanleger-Musterverfahrengesetz", Neue Zeitschrift für

Gesellschaftsrecht (NZG 13/2004), S. 590 ff.

HansDiekmann & Marco Sustmann, "Gesetz zur Verbesserung des Anlegerschutzes", Neue Zeitschrift für Gesellschaftsrecht (NZG 20/2004), S. 929 ff.

Joachim Preussner, "Deutscher Corporate Governance Kodex und Risikomanagement", Neue Zeitschrift für Gesellschaftsrecht (NZG 7/2004), S. 303 ff.

Uta Kunold & Michael Schlitt, "Die Neue EU-Prospektrichtlinie", Betriebs-Berater (BB 10/2004), S. 501 ff.

2. 미국 문헌

1) 단행본

Alan R. Palmiter, Securities Regulation (2nd Edition) — Examples & Explanations, Aspen Law & Business (2002).

Alba Conte & Herbert B. Newberg, Newberg on Class Actions (4th Edition) (Current through June 2005), West Group (http://www.westlaw.com).

David F. Herr, Annotated Manual of Complex Litigation (Current through 2005), West Group (http://www.westlaw.com).

David L. Ratner & Thomas Lee Hazen, Securities Regulation in a Nutshell (7th Edition), West Group (2002).

David Siegel & Colleen P. Mahoney, Securities Litigation & Enforcement 2005, Practising Law Institute (2005).

Deborah R. Hensler, Nicholas M. Pace, Bonita Dombey, Moore Beth Giddens, Jennifer Gross & Erik K. Moller, Class Action Dilemmas — Pursuing Public Goals for Private Gain, Rand Institute for Civil Justice (2000).

Donna M. Nagy, Securities Litigation and Enforcement — Cases and Materials, American Casebook Series, West Group (2003).

John C. Coffee, Jr. & Joel Seligman, Securities Regulation — Cases and Materials (9th Edition), Foundation Press (West Group) (2003).

Peter Newman, The New Palgrave Dictionary of Economics and the Law, Palgrave Macmillan (2002).

Robert H. Klonoff, Class Actions and Other Multi-Party Litigation in a Nutshell (2nd Edition), West Group (2004).

Robert H. Klonoff & Edward K. M. Bilich, Class Actions and Other Multi-Party

Litigation—Cases and Materials, American Casebook Series, West Group (2000).

Thomas Lee Hazen, Treatise on the Law of Securities Regulation (5th Edition) (Current through July 2005), West Group (http://www.westlaw.com).

2) 논문 등

Alexandra Lahav, "Fundamental Principles for Class Action Governance", 37 Indiana Law Review 65 (2003).

Alon Harel & Alex Stein, "Auctioning for Loyalty: Selection and Monitoring of Class Counsel", 22 Yale Law and Policy Review 69 (Winter 2004).

Alon Klement, "Who Should Guard the Guardians? A New Approach for Monitoring Class Action Lawyers", 21 Review of Litigation 25 (Winter 2002).

Andree Sophia Blumstein, "A New Road to Resolution the Class Action Fairness Act of 2005", 41 Tennessee Bar Journal 16 (April 2005).

Anne L. Austin, "Comment: Fair Settlement and the Non-Settling Defendant: In re Masters, Mates & Pilots Pension Plan and IRAP Litigation", 43 Case Western Reserve Law Review 1449 (Summer 1993).

Armando M. Menocal, "Proposed Guidelines for Cy Pres Distribution", Judge's Journal (Winter 1998).

Bruce D. Angiolillo, "Settlement Issues in Securities Class Actions: The Defense Perspective in 2005", Securities Litigation & Enforcement 2005, Practising Law Institute (2005).

Christopher P. Lu, "Procedural Solutions to the Attorney's Fee Problem in Complex Litigation", 26 Univesity of Richmond Law Review 41 (1991).

David M. Levine & Adam C. Pritchard, "The Securities Litigation Uniform Standards Act of 1998: The Sun Sets on California's Blue Sky Laws", 54 Business Law 1 (1998).

Dianne M. Hansen, "The Effect of Partial Settlements on the Rights of Non-Settling Defendants in Federal Securities Class Actions: In Search of a Standardized Uniform Contribution Bar Rule", 60 University Missouri Kansas City Law Review 91 (1991).

Donald C. Langevoort, "The Reform of Joint and Several Liability under the Private Securities Litigation Reform Act of 1995: Proportionate Liability, Contribution Rights and Settlement Effects", 51 Business Law 1157 (August 1996).

Donald Puckett, "Peering into a Black Box: Discovery and Adequate Attorney Representation for Class Action Settlements", 77 Texas Law Review 1271 (1999).

Edward Brunet, "Class Action Objectors: Extortionist Free Riders or Fairness Guarantors", 2003 University of Chicago Legal Forum 403 (2003).

Edwin Lamberth, "Injustice by Process: A Look at and Proposals for the Problems and Abuses of the Settlement Class Action", 28 Cumberland Law Review 149 (1997~1998).

Elaine Buckberg, Todd Foster & Ronald I. Miller, "Recent Trends in Shareholder Class Action Litigation: Are WorldCom and Enron the New Standard?", Nera Economic Consulting (July 2005).

Geoffrey C. Hazard, Jr., "The Settlement Black Box", 75 Boston University Law Review 1257 (1995).

Geoffrey P. Miller & Lori Singer, "Nonpecuniary Class Action Settlements", Working Paper #CLB-98-013, New York University Center for Law and Business (1998) (http://papers.ssrn.com/paper.taf?abstract_id=169526).

Geoffrey P. Miller, "Payment of Expenses in Securities Class Actions: Ethical Dilemmas, Class Counsel and Congressional Intent", Public Law and Legal Theory Research Paper Series Research Paper No. 52 and Center for Law and Business Working Paper Series Working Paper No. 02-10 (2003) (http://ssrn.com/abstract_id=361081).

Geoffrey P. Miller & Theodore Eisenberg, "Attorneys Fees in Class Action Settlements: An Empirical Study", New York University Center for Law & Business Research Paper Series Working Paper No. CLB 03-23, Cornell Law School Legal Studies Research Paper Series Research Paper No. 04-01 (December, 2003) (http://ssrn.com/abstract_id=456600).

Hailyn Chen, "Attorneys' Fees and Reversionary Fund Settlements in Small Claims Consumer Class Actions", 50 University of California at Los Angeles Law Review 879 (February 2003).

Jack B. Weinstein & Karin S. Schwartz, "Notes from the Cave: Some Problems of Judges in Dealing with Class Action Settlements", 163 Federal Rules Decisions 369 (1995).

Janet Cooper Alexander, "Do the Merits Matter? A Study of Settlements in Securities

Class Actions", 43 Stanford Law Review 497 (1991).

_____, "The Value of Bad News in Securities Class Actions", 41 University of California at Los Angeles Law Review 1421 (1994).

_____, "Rethinking Damages in Securities Class Actions", 48 Stanford Law Review 1487 (July 1996).

Jill E. Fisch, "Class Action Reform: Lessons from Securities Litigation", 39 Arizona Law Review 533 (Summer 1997).

Jonathan R. Macey & Geoffrey P. Miller, "The Plaintiffs' Attorney's Role in Class Action and Derivative Litigation: Economic Analysis and Recommendations for Reform", 58 University of Chicago Law Review 1 (1991).

Joseph A. Grundfest & Michael A. Perino, "Securities Litigation Reform: The First Year's Experience", Securities Regulation 1997, Practising Law Institute (1997).

Keith L. Johnson, "Deterrence of Corporate Fraud through Securities Litigation: The Role of Institutional Investors", 60 Law and Contemporary Problems 155 (Autumn 1997).

Laura E. Simmons & Ellen M. Ryan, "Post Reform Act Securities Settlements — Updated through December 2004", Cornerstone Research (2005) (http://www.cornerstone.com).

Lawrence J. Zweifach & Samuel L. Barkin, "Recent Developments in the Settlement of Securities Class Actions", 33rd Annual Institute on Securities Regulation, 1279 PLI/Corp 1329 (2001).

Lisa M. Mezzetti & Whitney R. Case, "The Coupon Can Be the Ticket: The Use of 'Coupon' and Other Non-Monetary Redress in Class Action Settlements", 18 Georgetown Journal of Legal Ethics 1431 (2005).

Marc I. Steinberg & Christopher D. Olive, "Contribution and Proportionate Liability under the Federal Securities Laws in Multidefendant Securities Litigation after the Private Securities Litigation Reform Act of 1995", 50 Southern Methodist University Law Review 337 (1996).

Martha Pacold, "Attorneys' Fees in Class Actions Governed by Fee Shifting Statutes", 68 University of Chicago Law Review 1007 (2001).

Michael A. Perino, "Did the Private Securities Litigation Reform Act Work?", 2003 University of Illinois Law Review 913 (2003).

Mohsen Manesh, "The New Class Action Rule: Procedural Reforms in an Ethical Vacuum", 18 Georgetown Journal of Legal Ethics 923 (Summer 2005).

Mukesh Bajaj, Summon C. Mazumdar & Atulya Sarin, "Empirical Analysis: Securities Class Action Settlements", 43 Santa Clara Law Review 1001 (2003).

Note, "In-Kind Class Action Settlements", 109 Harvard Law Review 810 (1996).

Patricia M. Hynes & Deborah Clark-Weinraub, "Current Issues in Class Action Securities Litigation", 540 PLI/Lit 991 (1996).

Patricia M. Hynes, "Plaintiff's Class Action Attorneys Earn What They Get", 2 Journal of the Institute for the Study of Legal Ethics 243 (1999).

Reagan W. Silber & Frank E. Goodrich, "Common Funds and Common Problems: Fee Objections and Class Counsel's Response", 17 Review of Litigation 525 (Summer 1998).

Robert B. Gerard & Scott A. Johnson, "The Role of the Objector in Class Action Settlements — A Case Study of the General Motors Truck Side Saddle Fuel Tank Litigation", 31 Loyola of Los Angeles Law Review 409 (1998).

Samuel Issacharoff, "Governance and Legitimacy in the Law of Class Actions", 1999 Supreme Court Review 337 (1999).

Sherrie R. Savett, "Securities Class Actions since the 1995 Reform Act: A Plaintiff's Perspective", Securities Litigation & Enforcement 2005, Practising Law Institute (2005).

Stephen J. Choi, "Do the Merits Matter Less after the Private Securities Litigation Reform Act?" (March 2004) (http://olin.stanford.edu/schedule/CHOI%20seminar%20March%2018.pdf#search='pslra').

Stuart M. Grant & Denise T. DiPersio, "Appointment of Lead Plaintiff under the Private Securities Litigation Reform Act: Update 2003", Securities Litigation & Enforcement Institute 2003, 1386 PLI/Corp 553 (2003).

Sylvia R. Lazos, "Abuse in Plaintiff Class Action Settlements: The Need for a Guardian during Pretrial Settlement Negotiations", 84 Michigan Law Review 308 (1985).

Thomas E. Willging, Laural L. Hooper & Robert J. Niemic, "Empirical Study of Class Actions in Four Federal District Courts: Final Report to the Advisory Committee on Civil Rules", Federal Judicial Center (1996) (http://classaction.findlaw.com/research/fjcca4.pdf).

Timothy A. Duffy, "The Appealability of Class Action Settlements by Unnamed

Parties", 60 University of Chicago Law Review 933 (1993).

Tower C. Snow Jr., Michael D. Torpey & Rolf B. Johnson, "The Settlement of Class and Derivative Claims", Securities Litigation 1996, 958 PLI/Corp 1105 (1996).

Vaughn R. Walker & Ben Horwich, "The Ethical Imperative of a Lodestar Cross-check: Judicial Misgivings about 'Reasonable Percentage' Fees in Common Fund Cases", 18 Georgetown Journal of Legal Ethics 1453 (Fall, 2005).

Vincent P. Liberti, "Joint and Several Liability under Rule 10B-5: The Apportionment of Liability for Contribution Claims Involving Non-Settling Defendants", 7 DePaul Business Law Journal 45 (Fall/Winter 1994).

William D. Henderson, "Clear Sailing Agreements: A Special Form of Collusion in Class Action Settlements", 77 Tulane Law Review 813 (March 2003).

William S. Lerach, "Securities Class Actions and Derivative Litigation Involving Public Companies: A Plaintiff's Perspective", 358 PLI/Lit 385 (1988).

_____, "Ten Things We Know and Ten Things We Don't Know about the Private Securities Litigation Reform Act of 1995" (http://securities.stanford.edu/research/articles/19970723sen1.html).

_____, "The Private Securities Litigation Reform Act of 1995 — 27 Months Later: Securities Class Action Litigation under the Private Securities Litigation Reform Act's Brave New World", Washington University Law Quarterly (Summer 1998).

용어색인

ㄱ

ㄴ

ㄷ

판례색인

Percodani v. Riker-Maxson Corp., 50 F.R.D. 473 (S.D. N.Y. 1970) 112

Quirke v. Chessie Corp., 368 F. Supp. 558 (S.D. N.Y. 1974) 110, 125

Reed v. General Motors Corp., 703 F.2d 170 (5th Cir. 1983) 115

Rudolph v. S3 Inc., No. C-97-4066-VRW (N.D. Cal. filed Nov. 3, 1997) 258

Seidman v. American Mobile Systems, 965 F. Supp. 612 (E.D. Pa. 1997) 150

Shaw v. Toshiba America Information Systems Inc., 91 F. Supp. 2d 942 (E.D. Tex. 2000) 120

State v. Levi Strauss & Co., 224 Cal. Rptr. 605 (1986) 153

US West Inc. v. MacAllister, 1992 WL 427772 (D. Colo. 1992) 108

Weiser v. Grace, No. 106285/95 (N.Y. Sup. Ct. filed Sept. 1996) 257

Welch & Forbes Inc. v. Cendant Corp. (In re Cendant Corp. Prides Litigation), 233 F.3d 188 (3rd Cir. 2000) 122

Wellman v. Dickinson, 497 F. Supp. 824 (S.D. N.Y. 1980) 112

White v. Auerbach, 363 F. Supp. 366 (S.D. N.Y. 1973), rev'd on other grounds, 500 F.2d 822 (2d Cir. 1974) 111

박 철 희

서울대학교 법과대학 졸업
서울대학교 대학원 졸업(법학석사 · 법학박사)
제37회 사법시험 합격, 사법연수원 수료(제27기)
육군법무관
서울지방법원, 서울북부지방법원 판사
변호사(김 · 장 법률사무소)
현재 Harvard Law School 유학중

<주요 논저>

「사모방식을 통한 전환사채의 제3자 배정에 관한 연구」(서울대 석사학위논문, 2000)
「증권관련집단소송의 분배절차」(BFL, 서울대 금융법센터, 2004)
「증권관련집단소송제도의 이해」(민형사실무연구, 서울북부지방법원, 2004)

증권집단소송과 화해   값 18,000원

2007년 9월 10일	초판 발행
2008년 8월 8일	재판 발행

저   자 : 박 철 희
발 행 인 : 한 정 희
발 행 처 : 경인문화사
편   집 : 장 호 희
　　　　　서울특별시 마포구 마포동 324-3
　　　　　전화 : 718-4831～2, 팩스 : 703-9711
　　　　　이메일 : kyunginp@chol.com
　　　　　홈페이지 : http://www.kyunginp.co.kr
　　　　　　　　　: 한국학서적.kr
등록번호 : 제10-18호(1973. 11. 8)

ISBN : 978-89-499-0485-6 94360
ⓒ 2008, Kyung-in Publishing Co, Printed in Korea